GEDANKEN
FÜR DEN TAG

Omraam Mikhaël Aïvanhov

GEDANKEN
FÜR DEN TAG

Ausgabe 2008

PROSVETA VERLAG

Aus dem Französischen übersetzt.
Originaltitel:
PENSÉES QUOTIDIENNES

ISBN 978-3-89515-508-6

Druck 2007: Interpress, Ungarn

»Jeden Morgen, bevor ihr irgendetwas anderes unternehmt, sammelt euch einen Moment lang in andächtiger Stille, damit Frieden und Harmonie in euch einziehen und um euch mit dem Schöpfer zu verbinden, dem ihr den beginnenden Tag durch euer Gebet und eure Meditation weiht.

Der Beginn ist sehr wesentlich. Denn zu diesem Zeitpunkt werden neue Kräfte ausgelöst und auf ein Ziel ausgerichtet. Um in der rechten Weise zu handeln, muss immer die Suche nach dem Licht am Anfang stehen. Denn auch in der Nacht stürzt ihr euch nicht in die Dunkelheit, um irgendwo einen Gegenstand zu holen oder eine Arbeit zu beginnen, sondern ihr macht zuerst eine Lampe an, damit ihr etwas seht, und dann handelt ihr. Und in gleicher Weise ist es notwendig, in allen Situationen des Lebens zuerst ein Licht anzumachen, das heißt, sich zu konzentrieren und innerlich zu sammeln, damit man weiß, wie man vorzugehen hat. Wenn ihr dieses Licht nicht habt, werdet ihr hin und her laufen, an etliche Türen klopfen und doch nichts Rechtes ausrichten.

Der ganze Tagesverlauf ist durch die Richtung, die ihr am Morgen euren Gedanken gebt, schon vorgegeben. Denn je nachdem, ob ihr achtsam und wachsam seid oder auch nicht, räumt ihr euch den Weg frei oder, im Gegenteil, ihr versperrt ihn euch mit allerlei unnützen, ja sogar schädlichen Dingen. Ein Schüler in der Einweihungswissenschaft weiß, wie er den Tag beginnen muss, damit es ein fruchtbarer, mit der Gnade Gottes erfüllter Tag werde und er diese Gnade dann um sich herum an alle Geschöpfe austeilen kann. Er weiß, dass er schon früh am Morgen einen grundlegenden Gedanken hegen muss, um den herum im Tagesverlauf alle weiteren Gedanken kreisen.

Wenn ihr für jeden Tag ein bestimmtes Ziel, eine bestimmte Ausrichtung und ein Ideal habt, dem ihr zustrebt, dann werden sich nach und nach eure sämtlichen Aktivitäten ordnen und regeln und so zur Verwirklichung dieses Ideals beitragen. Und selbst wenn fremde, negative Gedanken und Empfindungen in euch eindringen wollen, werden sie umgelenkt und in den Dienst der göttlichen Welt gestellt; auch sie werden die Richtung nehmen müssen, für die ihr euch entschieden habt. Auf diese Weise könnt ihr dank des grundlegenden Gedankens, den ihr früh am Morgen in euer Denken aufgenommen habt, diesen Tag in das große Buch des Lebens einschreiben.

Und da ja alles aufgezeichnet wird, so wird, wenn ihr einmal einen großartigen Tag gelebt habt, einen Tag des ewigen Lebens, dieser nicht nur registriert und unvergänglich, sondern er hat auch die Tendenz, alle weiteren Tage auf seinen Weg zu ziehen, sodass sie ihm gleichen. Versucht, zumindest einen einzigen Tag gut zu leben, denn dieser wird die folgenden beeinflussen; er wird sie ermuntern, ihnen zuflüstern und sie überzeugen, so wie er zu werden, ausgeglichen, geordnet, harmonisch.«

Omraam Mikhaël Aïvanhov

1. Januar

Am ersten Tag dieses neuen Jahres ist es mein Wunsch, alle Segnungen des Himmels auf euch herabzurufen.

Möge euer Körper gesund und kräftig sein. Möge euer Herz sich mit reiner, spiritueller Freude füllen. Möge euer Verstand das wahre Licht empfangen, damit es euren Weg erhelle. Möge eure Seele die Übermittlerin göttlicher Liebe werden. Möge euer von allen Fesseln befreiter Geist allen physischen und psychischen Gefängnissen entkommen.

Ich wünsche euch, dass ihr mit der großen Hierarchie der himmlischen Wesen verbunden bleibt, um mit ihnen an der Errichtung des Gottesreiches auf Erden zu arbeiten.

Ich wünsche euch, dass ihr in der Lage seid, jedes vor euch auftauchende Hindernis zu überwinden, auf dass jeder Tag eine Gelegenheit wird, den Schöpfer zu preisen.

Welcher Art unsere scheinbaren Unzulänglichkeiten auch seien, in Wirklichkeit besitzen wir alles, was wir brauchen, um uns täglich der Heiligkeit zu nähern. Die Heiligkeit ist jener Zustand von Reinheit und Licht, das Attribut Gottes selbst, das in der Apokalypse genannt wird, wo die Seraphin vor Seinem Thron unablässig wiederholen: »Heilig, heilig, heilig ist der Herr…« (Off 4,8). Doch Gott hat uns so vollständig ausgestattet, dass Er uns auch Elemente gab, die gegen die Heiligkeit gehen. An der Verwandlung gerade dieser Elemente müssen wir arbeiten, denn auf diese Weise werden wir die wahre Heiligkeit erlangen.

Die Heiligkeit ist ein Zustand, den man ganz bewusst erlangt. Welchen Vorteil hätten wir, auf dem Weg des Guten wie ein Automat voranzuschreiten, ohne zu wissen warum und wie wir vorwärtskommen? Um das Licht zu schätzen, muss man die Finsternis besiegt haben, denn unsere Erkenntnis des Lichts bereichert sich durch die Kenntnis der Finsternis.

Auf der physischen Ebene sind die Wesen individuell und getrennt, und das, was der Einzelne erlebt, berührt die anderen nicht direkt. Euer Leid oder eure Freude sind scheinbar nicht ihr Leid und nicht ihre Freude. Wenn ihr unbedingt eine unverdauliche Nahrung essen wollt, dann schädigt ihr nicht ihren Magen, sondern euren eigenen. Aber Oben, auf den feinstofflichen Ebenen, gibt es zwischen den Wesen keine Grenzen mehr und alle eure Zustände wirken sich auf sie aus. Ja, denn Oben existiert nur noch ein einziges Wesen, der kosmische Mensch, der die Synthese aller Menschen ist.

Wir leben in dem kosmischen Menschen, wir selbst sind dieser kosmische Mensch, kein Geschöpf existiert als getrenntes Wesen. Daraus ergibt sich folgendes Moralgesetz: Wir können den anderen nichts Gutes und nichts Schlechtes antun, ohne dieses Gute und Schlechte auch uns selbst anzutun. Macht das scheinbar keinen Sinn? Oh doch, im Gegenteil, das macht sehr viel Sinn, denn im kosmischen Menschen sind wir alle eins.

4. Januar

Sehnt ihr euch nach innerem Frieden? Es gibt wenige Dinge, die so schwierig zu erlangen sind. Arbeitet aber an der Idee, zu lieben, Gutes zu tun, zu verzeihen und überall Harmonie zu bringen… Es wird ein Moment kommen, wo diese Idee so mächtig wird, dass sie alle eure Zellen durchdringt, sodass sie beginnen, mit ihr in Einklang zu schwingen. Zu diesem Zeitpunkt wird nach und nach auch der Friede in euch einziehen, um euch nie mehr zu verlassen.

Natürlich ist das Leben auf der Erde so gemacht, dass ihr unvermeidlich noch ab und zu von bestimmten Ereignissen gestört werden könnt. Aber sie werden nur einige oberflächliche Wellen erzeugen; in der Tiefe werdet ihr fühlen, dass immer Friede in euch herrscht.

5. Januar

Ihr müsst euer Leben täglich dem Himmel weihen und sagen: »Oh ihr erhabenen Geister, ich glaube nur an euch, denn nur ihr seid wahrhaftig und treu. Daher gebe ich euch mein Leben, verfügt über mich, führt mich, erleuchtet mich, stärkt mich, manifestiert euch durch mich.«

Ihr fragt euch, auf welche Weise ihr euer Leben dem Himmel geben könnt? Das ist ganz einfach: indem ihr die niedere Welt der Unordnung und Dunkelheit verlasst und in die höhere Welt der Harmonie und des Lichts eintretet. Denn man kann nicht gleichzeitig in den Abwasserkanälen und im Himmel leben – im Gegensatz zu dem, was manche glauben, die ein Leben voller Ausschweifungen führen und sich dabei einbilden, die Gottheit werde trotzdem vor ihnen erscheinen. Nein, für diese Leute ist der Himmel geschlossen. Wenn man in bestimmte leidenschaftliche Zustände eintaucht, hat man zu den himmlischen Regionen keinen Zutritt mehr, sie sind verschlossen. Um dort akzeptiert zu werden, muss man sich befreien, man muss im mystischen Sinne des Wortes »sterben«. Das bedeutet es, sein Leben dem Himmel zu geben.

Überall im Universum manifestiert sich die Liebe. Wenn ihr am Morgen erwacht und eure Augen für die Welt öffnet, spürt ihr dann nicht, dass ihr bereits Liebe empfangt? All dieses Leben des Himmels und der Erde, das zu euch kommt, ist Liebe, eine Liebe die der göttlichen Quelle entspringt. Dankt dafür und versucht, euch mit dieser Liebe zu erfüllen.

An dem Tag, an dem ihr gelernt haben werdet, die Liebe zu empfangen, werdet ihr euch nicht nur wunschlos glücklich fühlen, sondern ihr werdet auch überall, wo ihr hingeht, diesen überströmenden Reichtum um euch her verbreiten. Wie sollten die, die diesen Reichtum empfangen, euch da nicht lieben? Sie werden euch lieben, denn ihr gebt, ohne etwas zu verlangen. Werdet ihr schlussendlich akzeptieren, dass einzig diese Art, die Liebe zu verstehen und zu leben, euch die Liebe bringen wird?

Der technische Fortschritt hat das Leben komfortabler gemacht, aber seid auf der Hut vor dem Komfort. Vielleicht gefällt euch dieser Gedanke nicht, aber in Wahrheit lähmt der Komfort die Intelligenz, während der Mangel an Komfort sie stimuliert, er stimuliert den schöpferischen Drang. Die meisten großen Meisterwerke der Menschheit wurden in einer Situation geschaffen, wo es an Komfort mangelte. Ihr fragt, ob heute keine Meisterwerke mehr geschaffen werden? Doch, aber die Meisterwerke unserer Zeit sind weniger Meisterwerke der Kunst oder des Denkens, sondern vielmehr extrem komplizierte Apparate und Maschinen, also Meisterwerke der Technik. Die Apparate und Maschinen sind die beachtlichsten Errungenschaften unserer Epoche und wirklich bewundernswert. Doch gerade diese so bewundernswerten Errungenschaften sind dabei, die Menschen zu lähmen und zu betäuben.

Wir sind auf der Erde, um uns zu entwickeln. Und sich entwickeln heißt, die Macht des Geistes über die Materie auszuüben. Nicht nur über die Materie außerhalb von uns, sondern vor allem über die Materie in uns; wir werden die äußere Materie nur dann in intelligenter Weise beherrschen können, wenn wir zuvor gelernt haben, unsere innere Materie zu beherrschen, andernfalls werden wir von ihr übermannt.

Wie viele Mystiker haben unter dem Gefühl gelitten, von Gott verlassen zu sein! In Wirklichkeit hatte Gott sie nicht verlassen, sondern sie selbst hatten es nicht geschafft, das Bewusstsein Seiner Gegenwart aufrechtzuerhalten. Gott verlässt uns niemals, die Veränderungen geschehen in unserem Bewusstsein. Natürlich ist es schwierig, die Überzeugung und die Empfindung, von der göttlichen Gegenwart bewohnt zu sein, dauerhaft aufrechtzuerhalten, aber in diesem Sinne müssen wir arbeiten, indem wir unser ganzes Wesen zu einem Tempel des Göttlichen machen. Ja, nicht einmal zu einem Palast, sondern zu einem Tempel. Selbstverständlich ist es schon gut, wenn es einem gelingt, einen Palast daraus zu machen, aber in einem Palast fehlt das Element der Heiligung, welches im Tempel zu finden ist.

Bei jemandem, der es erreicht hat, aus sich selbst einen Tempel zu machen, wird Gott einziehen und ihn nicht mehr verlassen. Die Gottheit verlässt nicht den Altar, der ihr geweiht wurde und an dem weiterhin in Reinheit und Licht ein Gottesdienst für sie abgehalten wird.

Wir atmen und unsere Atmung ist ein Spiegel der immensen kosmischen Atmung, der Atmung Gottes selbst. Gott atmet: Er atmet ein und Er atmet aus… Wenn Er ausatmet, erscheint ein neues Universum und wenn Er einatmet, verschwindet alles und geht in Ihm auf.

Der Mensch atmet achtzehn Mal pro Minute ein und aus, während die kosmische Ein- und Ausatmung sich über Jahrmillionen erstreckt, die man unmöglich berechnen kann. Das Leben der Menschen beginnt mit dem ersten Einatmen und endet mit dem letzten Ausatmen. Zwischen diesen beiden Momenten ist das ganze Leben nur eine ununterbrochene Folge von Ein- und Ausatmungen… Es ist an uns, deren Bedeutung tiefer zu verstehen.

10. Januar

Das Licht ist die Schöpfungsmaterie und obwohl es überall im Raum verbreitet ist und alle Dinge durchdringt, sehen und spüren die Menschen es nicht, weil sie geistig noch nicht ausreichend entwickelt sind, um eine so subtile Realität wahrzunehmen. Hier haben sie noch viel zu arbeiten. Wer sich angewöhnt, sich auf das Licht zu konzentrieren, verfeinert seine Wahrnehmung derart, dass er nicht nur beginnt, es zu spüren, sondern es auch innerlich anzieht.

Ihr sagt, ihr wisst nicht, über welche Themen ihr meditieren sollt? Konzentriert euch auf das Licht, fühlt, wie ihr es anzieht, wie ihr es in euch hineinlasst, dann werden nach und nach alle alten Partikel eures Körpers durch neue, reine, lichtvolle Teilchen ersetzt. Hört nie auf, das Licht zu suchen, das alleine in euch die vollkommene Harmonie wiederherstellen kann. Indem ihr diese Übung macht, arbeitet ihr an eurem Heil.

Allein die Erfahrung kann uns Zugang zur Realität der göttlichen Welt verschaffen. Die Bücher, die wir zu diesem Thema lesen können, lassen uns einen Schimmer erkennen und geben uns Orientierung, aber das genügt nicht, man muss danach an einem anderen Ort lernen und etwas erleben können. Diese Reise zu jenem anderen Ort, die die Mystiker Ekstase nennen, ist ein Hinaustreten des Menschen aus seinem Körper.

Die wahre Erkenntnis, die uns in Fleisch und Blut übergeht, können wir nur wirklich erlangen, wenn es uns gelingt, uns bis in die Regionen zu erheben, in denen die Schöpfung und die Geschöpfe ihren Ursprung haben. Die großen Religionsgründer bekamen ihre Inspiration von Oben. Der Überlieferung zufolge wurden sie von den Erzengeln unterrichtet; so wird gesagt, Metatron habe Moses instruiert, der Erzengel Gabriel habe Mohammed unterrichtet, usw. Damit wird ausgedrückt, dass die wahre Erkenntnis von Oben kommt und dass man sie Oben suchen muss. Allen, die fähig sind, sich zu den höheren Regionen des Bewusstseins zu erheben, werden die gleichen Wahrheiten enthüllt; die Formen, die Ausdrucksweisen sind unterschiedlich, aber die Prinzipien sind dieselben.

Die Lyra ist nicht nur jenes Musikinstrument, das der griechischen Legende zufolge von Gott Hermes erfunden wurde, sondern sie ist ein Symbol für den Menschen, wobei jede Saite einem seiner Körper entspricht. Die meisten Menschen begnügen sich jedoch damit, nur eine einzige Saite zum Schwingen zu bringen, ihren physischen Körper nämlich. Sie kümmern sich nicht so sehr um die anderen Saiten, den Astral-, Mental-, Kausal-, Buddhi- und Atmankörper; deswegen ist die Musik, die von ihnen erklingt, derart armselig!

Die Schüler einer Einweihungsschule studieren die Natur und die Eigenschaften jeder Saite, jedes Körpers und üben sich darin, sie zu entwickeln. Diese Übungen betreffen die Gesamtheit des Menschen. Sie beinhalten daher eine neue Lebensweise, die sich um die kleinsten alltäglichen Beschäftigungen kümmert, denn das Ziel ist, dahin zu gelangen, dass es keinerlei Dissonanz mehr gibt zwischen dem physischen Körper, dem Herzen, dem Verstand, dem Willen, der Seele und dem Geist. Wer die tiefe Symbolik der Lyra verstanden hat, wird selbst zu einer Lyra, die mit dem ganzen Kosmos in Einklang schwingt, und er wird aufgenommen unter den Söhnen des Himmels.

Es kann jedem passieren, dass er sich innerlich fühlt, als durchquere er eine öde Wüste: Er hat an nichts mehr Geschmack, er hat nichts, das er sich wünscht, alles wird fad, fremd und leer. Dies ist der schlimmste Zustand, in den ein Mensch geraten kann. Das Schlimmste ist nicht, Niederlagen zu erleiden, krank oder bankrott zu sein, sondern keine Liebe, keinen Elan, keinen Glauben mehr zu besitzen und den Sinn des Lebens zu verlieren. Man muss also daran denken, innerlich alle nötigen Elemente vorzubereiten, um mit dieser Art von Situation fertig zu werden.

Jede Schwierigkeit hat ihre eigene Lösung; diese Lösung kann das Licht sein oder der Wille, die Demut, die Reinheit oder die Liebe… Deshalb darf der Schüler einer spirituellen Lehre nichts vernachlässigen, nichts außer Acht lassen, um alle Hindernisse überwinden zu können, die sich im einen oder anderen Moment auf seinem Weg befinden. Wenn er bestimmte Elemente heute nicht benötigt, ist das kein Grund, nicht zu versuchen, sie zu erlangen, denn eines Tages werden sie für ihn notwendig werden.

Jesus sagte: »Ich bin der Weg, die Wahrheit und das Leben«. Um seinen Gedanken richtig zu interpretieren, muss man diese drei Worte so anordnen, dass sie ein Ganzes ergeben. Und wie? Dank dem Bild eines Flusses. Am Ursprung des Flusses ist die Quelle, sie ist die Wahrheit. Aus der Quelle strömt das Wasser, das Leben. Und mit der Zeit gräbt das Wasser ein Flussbett, den Weg.

Wisst ihr warum ich meine Philosophie auf die drei Worte, Liebe, Weisheit und Wahrheit gegründet habe? Weil sie in Verbindung stehen zu den Worten Jesu: »Ich bin der Weg und die Wahrheit und das Leben« (Jh 14,6). Am Ursprung ist also die Quelle (die Wahrheit); aus dieser Quelle strömt das Leben (die Liebe); und der Weg, den das Wasser nimmt, um herabzuströmen, das Flussbett, ist die Weisheit. Das Wasser kommt von Oben. Es kommt herab, um uns zu beleben. Aber um es in seiner ganzen Reinheit zu trinken, müssen wir es an der Quelle holen. Das Wasser strömt herab, aber wir erhalten seinen ganzen Segen nur, wenn wir uns durch Gebet und Meditation bis zur göttlichen Quelle erheben.

Wie oft hört man sagen: »Wenn es Gott gäbe, würde Er nicht erlauben, dass so viele Ungerechtigkeiten geschehen.« Um diese Geduld Gottes zu verstehen, darf man das Gesetz von Ursache und Wirkung, welches eine der Grundlagen der Schöpfung ist, nicht aus den Augen verlieren. Nirgends gibt es Ursachen ohne Wirkungen und jede Tatsache, jedes Element ist die Konsequenz einer Ursache. Allein die Kürze ihres Lebens hindert die Menschen daran, eine richtige Sicht und ein richtiges Verständnis der Ereignisse zu erlangen. Die Ursachen und Wirkungen entgehen ihnen. Außerdem sind sie ungeduldig.

Die Geduld ist eine Tugend, dass man sich dessen bewusst wird, dass alles seine Zeit dauert. Solange man dieses Bewusstsein der Dauer nicht besitzt, ist man ungeduldig und zieht voreilige Schlüsse, indem man überall nur Verirrung und Ungerechtigkeit wahrnimmt. Wer in der Lage ist zu sehen, wie das Gesetz von Ursache und Wirkung vorgeht, stellt dagegen fest, dass alles gerecht ist und einen Sinn hat.

16. Januar

Die Erde ist das Feld aller Verwirklichungen. Einerseits ist das sehr ermutigend, aber es ist ebenfalls auch sehr gefährlich, weil sich sowohl das Gute wie das Böse verwirklicht. Es gibt im Universum Regionen, auf die das Böse keinerlei Zugriff hat, aber, das muss man wissen, auf der Erde hat alles das Recht, sich zu verwirklichen. Deswegen ist es nutzlos, sich angesichts so vieler begangener Verbrechen, angesichts von so viel Unglück, das die Menschheit heimsucht, zu fragen: »Wie kommt es nur, dass Gott solche Dinge erlaubt?« Es ist nicht eine Frage der Erlaubnis, sondern es ist eine Frage der Natur der Dinge. Es ist so, weil wir auf der Erde sind und weil auf der Erde das Gute wie auch das Böse die Bedingungen vorfinden, um sich zu realisieren.

Sowohl für das Gute als auch für das Böse müssen wir also Geduld entwickeln: Geduld, um die Machenschaften des Bösen, das uns leiden lässt, zu ertragen, und Geduld, um auf die Verwirklichung der guten Dinge zu warten, die wir wünschen und für die wir arbeiten.

Entgegen einer weitverbreiteten Meinung muss man etwas geben, um etwas zu bekommen. Es stimmt, dass man nichts geben kann, wenn man nicht bereits etwas besitzt und dass man nichts besitzen kann, wenn man nichts bekommen hat. Die Frage ist jedoch, zu wissen woher und von wem man etwas bekommt.

Nun ist es so, dass die meisten Menschen, anstatt das, was sie brauchen, in der spirituellen Welt zu schöpfen, es bei anderen Menschen holen und ihnen auf diese Weise nach und nach alles, was sie haben, wegnehmen: nicht nur ihr Geld und ihren Besitz, sondern auch ihre Kräfte, ihre Ideen, ihre Gefühle… Man kann sogar sagen, dass die Verliebten die größten Diebe sind, die es gibt! Und da es überall, in der Poesie, in Romanen, im Theater und im Kino nur um Liebesgeschichten geht, haben wir hier lauter Geschichten von Dieben. Aber ja, es geht darum, wem es gelingt, das Herz, die Aufmerksamkeit und die Zeit des anderen zu stehlen. Beobachtet, denkt nach, dann werdet ihr feststellen, dass man überall, auf der psychischen wie auf der physischen Ebene, nur Diebstähle sieht.

Wir haben zwei Arten von Kenntnissen: diejenigen, die uns wirklich gehören, weil wir sie tatsächlich gekostet und erlebt haben, und diejenigen, die uns in gewisser Weise fremd sind, weil sie theoretisch und angelesen bleiben. Wer sich mit theoretischen Kenntnissen zufrieden gibt, kommt in der nächsten Inkarnation so unwissend und begrenzt wieder, als hätte er nie etwas gelernt. Während der bescheidenste und unauffälligste unter den Menschen, der daran gearbeitet hat, das im Bereich der Tugenden Erlernte in die Tat umzusetzen, mit Fähigkeiten wiederkommen wird, die es ihm erlauben, sich als wirklich intelligent und weise zu offenbaren.

Jede Kenntnis, die ihr erfahren und erlebt habt, bleibt für immer in eurem Besitz. Auf welchem Planeten ihr auch eines Tages wohnen werdet, ihr nehmt sie mit euch. Aber alle theoretischen Kenntnisse, die in Wirklichkeit nur geliehenes Wissen darstellen, werden ausgelöscht und bleiben für euch verloren.

Es kommt vor, dass ich von manchen Leuten, die dabei an Familienmitglieder oder an sich selbst denken, gefragt werde, ob es besser ist, einen Toten zu begraben oder aber einzuäschern. Diese Frage kann nur schwer mit Bestimmtheit beantwortet werden.

Für die meisten Menschen ist ein Begräbnis gewiss vorzuziehen, weil ihre Seele viel Zeit braucht, um den physischen Körper zu verlassen: Sie hängen so sehr am materiellen Besitz und an den irdischen Freuden, dass ihre Seele hier bleibt und um ihren Körper herumirrt. Manche glaubten nicht einmal an ein Leben nach dem Tode und jetzt verstehen sie nicht, wo sie sich befinden. Sie müssen erst von den Wesen der unsichtbaren Welt aufgeklärt und geführt werden. Wenn man also ihren Körper nach dem Tode verbrennt, so wird die brutale Trennung von Seele und Körper sie verwirren. Ein spiritueller Mensch hingegen, der während seines ganzen Lebens gelernt hat, sich von der Materie zu lösen, kann eingeäschert werden. Das Feuer wird ihm helfen, alle Verbindungen mit dem physischen Körper schneller zu lösen. Jedoch müssen diejenigen, die eine solche Einäscherung durchführen, bestimmte spirituelle Kenntnisse haben, um sich darüber bewusst zu sein, was sie tun. Auch wenn er tot ist, kann ein menschlicher Körper nicht so verbrannt werden, als handle es sich um ein altes Möbelstück.

Die von den Religionen vorgeschriebenen Rituale sind Formen. Diese Formen sind natürlich nützlich, aber nur dann, wenn der Gläubige in der Lage ist, sie zu beleben und ihnen einen Inhalt zu verleihen.

Für die Christen ist das wichtigste Ritual die Kommunion. Aber das Empfangen von Hostie und Wein kann ihnen nur nützen, wenn sie gelernt haben, durch die einfachsten, alltäglichsten Handlungen mit dem Schöpfer in umfassenderer und tieferer Weise Kommunion zu halten: beim Essen, beim Spazierengehen, beim Atmen, während sie zuhören, schlafen, lieben, etwas anschauen, arbeiten… Ja, während wir atmen, während wir schlafen, während wir die Natur, die Berge, das Meer, die Sterne betrachten, können wir großartige Bewusstseinszustände erleben, die eine Kommunion sind. Diese Art der Kommunion gibt anschließend der christlichen Kommunion erst ihren wahren Sinn.

21. Januar

Weder die Erde noch unser physischer Körper sind eine Bleibe, die wir für die Ewigkeit bewohnen. Deshalb dürfen wir in unserem psychischen und spirituellen Leben niemals den materiellen Bedingungen nachgeben, sondern müssen immer nach Mitteln suchen, damit der Geist triumphiert. Die Materie mit all ihren Hindernissen wurde uns gegeben, um den Geist zu stimulieren. Mit »Materie« ist hier nicht nur die physische, sondern auch die psychische Welt gemeint, die ebenfalls eine Materie ist; sie ist zwar weniger dicht als die physische Materie, aber trotzdem eine Materie.

Sagt also nicht mehr: »Ich kann nichts machen, Sie sehen doch all diese Schwierigkeiten und Hindernisse!« Indem ihr diese Wirklichkeit feststellt, glaubt ihr, sie gäbe euch recht, weil sie die Wirklichkeit ist; aber es existieren noch andere Sichtweisen, die euch entgangen sind. Ihr kapituliert vor einer materiellen, objektiven Sichtweise. Wenn ihr jedoch wisst, wie ihr handeln müsst, so wird eine ebenso offensichtliche Sichtweise das letzte Wort bekommen: die göttliche Sichtweise.

22. *Januar*

Die Alchimisten bezeichneten die Herstellung des Steins der Weisen als »Frauenarbeit und Kinderspiel«. Man muss verstehen, dass es sich hier um ein ganz bestimmtes Spiel und um eine ganz bestimmte Arbeit handelt, die in Beziehung stehen zu der Rolle und Berufung der beiden Prinzipien, dem männlichen und dem weiblichen. Die wahre Arbeit der Frau ist jene, die der Mann nicht tun kann: Kinder austragen und zur Welt bringen. »Spiel des Kindes« hingegen ist den Männern vorbehalten. Der Mann muss »spielen«, um der Frau den Samen zu geben, den sie tragen und zur Reife bringen wird.

Wer das Geheimnis des Steins der Weisen durchschauen will, muss die Elemente und Prozesse verstehen, die in Gang gesetzt werden, wenn Mann und Frau ein Kind zeugen; und danach, wenn das Kind gezeugt ist, wie es sich im Schoß der Mutter heranbildet. Die Herstellung des Steins der Weisen gehorcht den gleichen Gesetzen wie die Zeugung und die Schwangerschaft, weil es die gleichen Gesetze sind, die die unterschiedlichen Reiche der Schöpfung regieren.

Warum ist es für die Menschen so schwierig, zusammen zu leben? Weil sie für einander nicht die geringste Aufmerksamkeit und keinen Respekt haben. Deshalb ist das Leben in der Gemeinschaft eine großartige Gelegenheit, sich weiterzuentwickeln und sein Bewusstsein zu erweitern. Wer ein Leben als Einzelgänger führt, der kann egoistisch und launenhaft sein, es gibt niemanden, für den er sich die Mühe machen muss, sein Verhalten zu beobachten und zu verbessern. Sobald er aber mit anderen zu tun hat, muss er enorme Anstrengungen unternehmen!

Man erkennt einen entwickelten Menschen an seinem Bewusstsein, einem Ganzen anzugehören, das viel größer ist als er und für das er achtsam ist, um nicht durch seine Handlungen, seine Gedanken, seine Gefühle, seinen inneren Lärm, die Harmonie zu stören. Ihr fragt: »Was denn für ein innerer Lärm?« Jeder Lärm ist das Resultat einer Dissonanz. Der Lärm, den wir innerlich durch unsere Gefühle, Qualen und Widerstände erzeugen, stört die psychische Atmosphäre. Wer solch einen Lärm macht, weiß nicht, dass er damit auch sich selbst schadet, denn eines Tages wird dieser Lärm in ihm als psychische oder sogar als körperliche Störung sichtbar.

Die wenigen Gebets- und Meditationsminuten vor den Mahlzeiten schaffen die Bedingungen, damit die Ernährung zu einer heiligen Handlung wird. Warum also verliert sich diese Angewohnheit nach und nach, sogar bei den Christen? Aber, egal ob ihr Christen seid oder nicht, versucht zu verstehen, dass es wichtig ist, euch vor dem Essen einen Moment zu sammeln, damit euch bewusst wird, wie wichtig alle eure Gesten während der Mahlzeit sind und damit ihr sie die ganze Zeit über beherrschen könnt.

Die Beherrschung der Gesten ist eine Bedingung für die Beherrschung der Gedanken und Gefühle. Bewahrt also die Stille während einiger Sekunden vor jeder Mahlzeit, verinnerlicht die Wichtigkeit dieser für das Leben so unverzichtbaren Handlung und betrachtet die Nahrung mit Respekt. Legt in eure Gesten eine solch außergewöhnliche Geschmeidigkeit, Harmonie, Sanftheit und Liebe, dass dies sich in euch widerspiegeln wird. Danach werden euch eure alltäglichen Aufgaben viel leichter von der Hand gehen!

Ihr trefft ständig unglückliche und gepeinigte Männer und Frauen. Was für Möglichkeiten habt ihr, ihnen zu helfen? Ihr werdet mitfühlen, mit ihnen leiden… Aber selbst wenn sie gerührt sind, zu sehen, dass ihr ihrem Unglück gegenüber nicht gleichgültig bleibt, was wird ihnen euer Mitleid wirklich bringen?

Ihr könnt den anderen nur dann helfen, wenn ihr euch angewöhnt, jeden Tag ein Land aufzusuchen, in dem es Reichtum, das heißt Liebe, Licht und Freude in Fülle gibt. Und dieses Land ist die göttliche Welt. Wie können arme, beunruhigte, freudlose Menschen den anderen helfen? Ihr müsst zu Gott gehen, um alle Nahrung für Herz und Seele zu finden. Danach könnt ihr sie um euch herum verteilen und, durch euer Beispiel, den anderen beibringen, das Gleiche zu tun.

26. *Januar*

In der Familie, in der Gesellschaft, muss jeder Funktionen ausüben und Rollen spielen und sich dabei seiner Verantwortungen bewusst sein. Aber gleichzeitig darf er auch nie vergessen, dass alles in dieser Welt vergänglich ist und dass diese Rollen nur Übungen sind, die die kosmische Intelligenz für die Menschen vorgesehen hat, um sie dazu zu drängen, sich zu vervollkommnen. In diesem Sinne kann man sagen, dass die Erde gleichzeitig eine Schule und eine Theaterbühne ist. Man muss die Übungen so eifrig und so gut wie möglich ausführen, aber dennoch seine Rolle nicht zu ernst nehmen, das heißt, sich nicht daran klammern, als gäbe es nichts Wichtigeres und als müsse diese Situation ewig andauern.

Was würde man über einen Schauspieler sagen, der sich auch hinter der Bühne noch für König Lear, für Napoleon oder für Scheherazade* hielte? Nun, die Menschen neigen dazu, gerade dies zu tun, vor allem jene, die ehrenvolle Posten haben. Sie identifizieren sich mit ihrer Funktion und vergessen, dass sie nur sehr kurze Zeit auf der Bühne stehen. Die Eingeweihten hingegen vergessen dies nie. Sie sind sich der vergänglichen Natur ihres Aufenthaltes auf der Erde und ihrer zu spielenden Rolle bewusst, deshalb handeln sie immer voller Klarheit, Maß und Selbstlosigkeit.

* Prinzessin aus 1001 Nacht.

Durch Meditation und Gebet lernen wir, mit den höheren Regionen zu kommunizieren und die subtilsten Teile unserer Seele zum Himmel zu schicken, damit sie uns bei ihrer Rückkehr neue, geistigere Elemente bringen, die wir bis dahin nicht besaßen. So wird es uns gelingen, über uns selbst hinauszuwachsen, anstatt ewig die gleichen Fehler, die gleichen irrtümlichen Verhaltensweisen oder die gleiche Mittelmäßigkeit zu wiederholen.

Wenn die Tiere sich nur wenig weiterentwickeln, so deshalb, weil ihnen diese Fähigkeit, die die Menschen besitzen, fehlt. Seit Jahrtausenden reproduzieren sie sich immer in identischer Weise und wenn sie sich weiterentwickeln, so vor allem dank ihres Kontaktes zu den Menschen. Der Mensch hingegen hat diese Fähigkeit, sich in die göttlichen Regionen zu versetzen und zieht damit reinere, lichtvollere Elemente an. Auf diese Weise gelingt es ihm, sich zu übertreffen, sich selbst zu erschaffen und grandiose Werke zu verwirklichen. Dies nennt man Evolution.

Begebt euch nicht in eine Beziehung nur aufgrund einer Anwandlung von Sympathie oder, wenn ihr es tut, wisst, was euch erwartet. Denn anschließend wird es nichts nützen, wenn ihr euch überall über diese oder jene Person beklagt und dabei sagt: »Sie hat mich enttäuscht… sie hat mich betrogen… ich hätte nie geglaubt, dass sie mir das antun könnte.«

Wollt ihr lieben und geliebt werden? Das ist völlig normal! Aber wisst wenigstens, wie ihr eure Beziehungen auswählt und vor allem wie ihr sie erhaltet. Um sie zu erhalten, gebt besonders acht auf das, was ihr sagt. Manchmal genügen ein paar negative Worte, um ein jahrelanges gutes Verhältnis zu zerstören. Achtet sorgfältig auf die kleinsten Worte, die ihr aussprecht, denn jedes dieser Worte hinterlässt Spuren.

Ihr habt euch daran gewöhnt, eure inneren Zustände – seien sie auch noch so negativ – zu ertragen. Warum? Wenn ihr ein psychisches Unwohlsein verspürt, so konzentriert eure Gedanken darauf und durchdringt es mit Licht und Wärme. Auf diese Weise wird es euch gelingen, die Teilchen eures Astral- und Mentalkörpers* zu harmonisieren und ihr werdet nach wenigen Minuten eine Besserung feststellen.

Das Denken ist eine noch unbekannte Macht, aber um Resultate zu erzielen, müsst ihr euch darin üben, es zu konzentrieren, damit es in euren psychischen Organismus eindringt und dort die negativen Elemente neutralisiert. Die Konzentration der Gedanken ist eine der großen Regeln des spirituellen Lebens. Setzt sie in die Praxis um, dann werdet ihr ihre Wirksamkeit entdecken.

* Siehe Anmerkung und Abbildung auf Seite 393.

»Darum sollt ihr vollkommen sein, wie euer Vater im Himmel vollkommen ist« (Mt 5,48). Vor zweitausend Jahren hat Jesus diesen Satz ausgesprochen, aber haben die Christen wirklich versucht, ein wenig von dieser Vollkommenheit ihres Himmlischen Vaters zu verwirklichen? Sie zeigen sich immer noch gierig, schwach, neidisch, rachsüchtig, jähzornig und sinnlich. Die Lehren, die man ihnen seither hat zuteil werden lassen, waren also nicht ausreichend, um sie zu verändern, sie brauchen daher eine Ergänzung. Einige werden sagen: »Wie bitte? Wir haben doch alles, alles ist in den Evangelien!« Ja, das ist richtig, aber habt ihr die Evangelien auch verstanden? Hat man euch die Tiefe der in ihnen enthaltenen Wahrheiten gezeigt? Nein, man hat sich damit begnügt, einige Brocken aus ihnen herauszuholen, die man übrigens oft nicht richtig zu interpretieren wusste.

Es stimmt, dass in den Evangelien alles enthalten ist, aber in den Köpfen der Christen ist nicht alles enthalten, weil sie weder die Erklärungen noch die Methoden bekommen haben, um die Evangelien zu befolgen.

Weil sie nicht viel darüber wissen, glauben die meisten Leute, man könne einfach alles Mögliche über die Spiritualität und über die Spiritualisten sagen. Nein! Bei jemandem, der keinerlei Licht in seinem Gesicht hat, ist es klar: Er ist spirituell unterernährt, weil er nicht wusste, in welchem inneren Restaurant er sich ernähren soll. Ihr sagt: »Ja, aber wenn er betet und meditiert, wenn er aufrichtig, nächstenliebend, bescheiden und seiner Frau treu ist?« Er kann all das sein, aber wenn von ihm keinerlei Helligkeit ausstrahlt, so weiß er sich innerlich nicht zu ernähren. Wie kommt es, dass von all seinen Tugenden nichts an ihm sichtbar wird?

Wenn ich aber einem strahlenden Menschen begegne: Was immer man mir auch über ihn sagt, werde ich doch denken: »Dieser da hat das Geheimnis des spirituellen Lebens. Von ihm möchte ich dieses Geheimnis lernen, denn er ist eine Sonne, eine sprudelnde Quelle!«

Lernt, eine Wahrheit ihrer selbst willen zu schätzen, ohne euch um Status und Titel der Person zu kümmern, die zu euch spricht. Denn jede Wahrheit hat ihren eigenen Wert und sie behält ihn, egal durch welchen Mund sie verkündet wird. Genauso wie ein Stück Gold immer Gold bleibt, egal in wessen Tasche es sich befindet. Natürlich, wenn ihr ein Goldstück aus der Hand eines Königs empfangt, wird es für euch einen speziellen Wert erhalten, denn dies berührt eure Eitelkeit. Es wird kein Milligramm Gold mehr enthalten, aber ihr könnt sagen: »Der König hat es mir gegeben!« Und möglicherweise könnt ihr es teurer verkaufen, so wie Gegenstände und Möbel, die berühmten Personen gehört haben, teurer verkauft werden können. Doch das ist nur Snobismus.

Eine Wahrheit hat ihren eigenen Wert, sei sie nun wissenschaftlicher, philosophischer oder spiritueller Art. Wenn ihr entwickelt genug seid, um nicht bei der Form stehen zu bleiben, werdet ihr einer Wahrheit, die euch ein Unbekannter sagt, die gleiche Aufmerksamkeit schenken, als hättet ihr sie von einer berühmten Person gehört.

Ihr nehmt ein Stück Schwefel, es ist fest und hart. Wenn ihr es nun erhitzt, wird es weich, fast flüssig. Doch wenn ihr es noch mehr erhitzt, wird es wieder hart. Eine Substanz, die unter Hitzeeinwirkung zuerst weich und dann wieder hart wird, stellt in der Chemie eine Ausnahme dar, und es ist interessant herauszufinden, welche Entsprechung es in unserem psychischen Leben für dieses Phänomen gibt.

In der alchimistischen Wissenschaft stellen Schwefel und Quecksilber die beiden Prinzipien Männlich und Weiblich, also Verstand und Herz, dar. In der Verwandlung des Schwefels unter Hitzeeinwirkung kann man die unterschiedlichen Phasen erkennen, die der menschliche Intellekt durchläuft, wenn er mit der Frage des Glaubens und der Religion konfrontiert wird. Ein Mensch, dessen Intellekt wenig entwickelt ist, glaubt hart wie Stahl an alles, was man ihm über die Religion beibringt. Aber nun beginnt er, etwas zu lernen, er entwickelt einen kritischen Geist und so schleichen sich nach und nach Zweifel in ihn ein. Seine Überzeugungen werden weich, er verliert seinen Glauben. Wenn er nun jedoch weiterlernt, in die Tiefe geht, dann findet er den Glauben wieder, einen wahren, unerschütterlichen Glauben, der auf einem Wissen gründet.

Der Mensch ist auf der Erde, um zu arbeiten; und wenn ich sage arbeiten, bedeutet dies zuerst die Arbeit an sich selbst, die Anstrengungen, um sich selbst zu übertreffen, um über sich hinauszuwachsen. Natürlich sieht man täglich Leute zur Arbeit gehen, aber die Anstrengungen, die sie machen, haben vor allem das Ziel, ihr Dasein, ihr Wohlbefinden zu sichern und ihre materielle Sicherheit zu gewährleisten. Zu der Arbeit mit den Gedanken, dank der sie alle Situationen meistern könnten, sind sie nicht wirklich bereit. Sie zählen auf ein leichtes Leben, in dem ihnen nichts Schwieriges oder Ärgerliches zustößt. Der Herr selbst muss sie beschützen, ihnen Ruhe und Gesundheit schenken. Gerade dafür beten sie auch zu Ihm. Die Ungläubigen hingegen erwarten den Schutz und die Hilfe von der Gesellschaft.

Aber nein, die Menschen müssen wissen, dass sie niemals völlig geschützt und in Sicherheit sein werden. Sie sind auf der Erde, um zu lernen, um sich weiterzuentwickeln und die Schwierigkeiten und Prüfungen sind eben da, um sie hierzu zu zwingen, sie können ihnen nicht entgehen. Anstatt also hin und her zu laufen, um sich zu beklagen, zu protestieren und Forderungen zu stellen, sollte jeder innerlich arbeiten, denn er wird die Heilmittel, den Trost und die Hoffnung zuerst in sich selbst finden.

4. Februar

Der Augenblick ist gekommen, da die Gläubigen aller Religionen aufhören müssen, in der Konfrontation mit anderen, ihre heiligen Bücher als alleinige und alleinige Quelle des göttlichen Wortes hinzustellen. Denn dies ist falsch, ja falsch und lächerlich und der wahre Glaube profitiert gar nicht von diesen Streitereien. Warum erzählt man den Gläubigen aller Religionen weiterhin, Gott selbst habe zu den Propheten gesprochen und die sogenannten heiligen Schriften enthielten nur ewige Wahrheiten? Alle heiligen Bücher sind bisher nur Brocken, unvollständige und unvollkommene Kopien des einzigen großen Buches, das Gott wirklich geschrieben hat. Dieses Buch ist das Universum, das heißt auch der Mensch, der nach dem Bilde des Universums geschaffen wurde.

Einige werden nun schreien, das sei Gotteslästerung und Ketzerei. Nun, sie können schreien, was sie wollen. Nur die Unwissenden können sich darüber entrüsten, denn sie wissen nicht, wie der Schöpfer das Universum und den Menschen gedacht hat. Selbst wenn sie vom Himmel inspiriert sind – und es ist sicher, dass sie vom Himmel inspiriert wurden –, enthalten die heiligen Bücher nicht ausschließlich unwiderlegbare und endgültige Wahrheiten.

Auch wenn sie nicht völlig darüber im Unklaren gelassen werden können, ist es doch besser, dass die Kinder sehr reicher Familien den Umfang des Vermögens, das sie eines Tages erben werden, nicht kennen. Kinder, die auf ihr zukünftiges Erbe zählen, glauben natürlicherweise, sie bräuchten sich nicht anzustrengen und müssten nicht lernen, alleine zurechtzukommen. So werden sie faul, träge und launisch. Auf diese Weise verursacht der Reichtum der Eltern den moralischen Untergang der Kinder. Die Eltern sollten ihre Kinder also so gut wie möglich im Unklaren lassen über die Erbschaft, die sie erwartet. Erst wenn sie richtig gelernt haben zu arbeiten und sich selbst zu beherrschen, stellt es für sie keine Gefahr mehr dar, wenn man es ihnen sagt.

Wie verfährt der Herr mit den Menschen? Da Er der größte Erzieher und Pädagoge ist, zeigt Er ihnen nicht gleich das Erbe, das sie Oben in den himmlischen Wohnungen erwartet. Weil sie sich also für arm und mittellos halten, arbeiten und schuften sie. Wenn sie sich dann schließlich nach viel Leid und Tränen ihres Erbes würdig erweisen, wird ihr Himmlischer Vater ihnen alle Schätze zeigen, die Er für sie angesammelt hat.

Die unsichtbare Welt ist, genau wie auch die sichtbare Welt, von bestimmten sehr weit entwickelten Geschöpfen, von reinen und wahrhaftigen Lichtwesen bevölkert, aber auch von anderen, die es darauf abgesehen haben, die Menschen zu täuschen, um ihnen zu schaden. Leider erscheinen oft Letztere bei den spiritistischen Sitzungen oder beim Tischrücken. Ja, wie kann man sich nur einbilden, die höchsten Wesen würden auf die Anrufungen des erstbesten angeblichen Mediums antworten oder sich herbemühen, nur um die Neugierde und die Launen der Teilnehmer zu befriedigen.

Natürlich hat jeder die Freiheit, seine Illusionen zu behalten, aber die Wahrheit ist eine andere. Die Wesenheiten, die auf die Anfragen eines Mediums antworten, sind oft Larven oder Elementarwesen der niederen Astralebene und nicht jene, die das Medium glaubt, herbeigerufen zu haben. Wollt ihr Geister beschwören? Dann wisst wenigstens, dass die Qualität und der Wahrheitsgehalt ihrer Botschaften von eurem und vom Entwicklungsgrad des Mediums abhängen. Es sind die Menschen, die durch die Qualität ihres inneren Lebens lichtvolle oder finstere Wesenheiten anziehen.

Die Frau hat die Berufung, Erzieherin des Mannes zu sein. Durch ihre Gedanken und Gefühle, durch ihre Haltung kann sie ihn mitreißen, sodass er die edelsten Taten vollbringt. Der Mann möchte nichts anderes, als von ihr erhoben und inspiriert zu werden. Solange die Frauen also kein hohes Ideal haben, solange sie nur an ihr Verlangen und Vergnügen denken, bleiben sie daher ihrer wahren Berufung fern. Ihr sagt: »Die Frau ist aber doch so viel schwächer und empfindlicher als der Mann! Wie soll sie sich ihm widersetzen?« Es ist nicht nötig, dass sie sich ihm widersetzt. Es gibt Haltungen und Ausdrucksformen, die viel wirksamer sind als alle Worte und Gesten. Und die Frau besitzt noch ein weiteres Mittel, um den Mann zu erziehen: indem sie ihre Söhne erzieht. Diese Söhne werden ihr ganzes Leben lang die Frauen respektieren, dank ihrer Mutter. Ja, durch den täglichen Einfluss, den sie auf ihre Söhne haben können, sind die Mütter fähig, aufrechte, edle und großzügige Charaktere zu prägen.

8. Februar

Die ganze Natur, die Berge, Flüsse, Bäume, Kristalle, Metalle, alle Lebewesen und auch die Menschen sind nichts anderes als inkarnierte Zahlen. Wenn man diese Frage vertieft, wird man entdecken, dass außerhalb der Zahlen nichts existiert. Alles ist Zahl. Die Natur, wie auch das gesamte Universum sind auf Zahlen aufgebaut, die ein dem Knochenskelett vergleichbares, unzerstörbares geometrisches Gerüst bilden.

Die Mathematik ist also nur auf der Ebene der Prinzipien abstrakt; in der erschaffenen Welt nimmt sie Gestalt an. Im Moment arbeiten die Mathematiker, ohne zu wissen, wo die Ergebnisse ihrer Berechnungen ihre Entsprechung in der Wirklichkeit haben. Eines Tages werden sie entdecken, dass alle physischen, psychischen und kosmischen Prozesse durch die Zahlen und ihre verschiedenen Kombinationen erklärbar sind.

Viele sagen sich angesichts der vor ihnen auftauchenden Schwierigkeiten schlussendlich: »Warum soll ich mir bei der Suche nach Lösungen den Kopf zerbrechen? Von jetzt an werde ich die Dinge so laufen lassen wie sie laufen.« Nun, auf diese Weise geht man seinem Untergang entgegen. Das Denken ist ein Instrument. Ja, die Fähigkeit zu denken und in jeder Situation vernünftige Schlüsse zu ziehen, ist das Beste, was Gott uns gegeben hat. Warum sollte man darauf verzichten wollen? Das wäre genauso, als würde man mit verbundenen Augen an einem Abgrund entlang spazieren. Natürlich ist es schwierig zu denken und richtig zu denken, aber es ist das einzige Mittel, um sich weiterzuentwickeln.

In Wirklichkeit gibt es zwei Arten des Denkens: Die eine bringt Kummer und Leiden, weil man das Nachdenken nicht gelernt hat und die andere führt zu Frieden und Freude. Wenn ihr euch beobachtet, werdet ihr genau dies feststellen. Bemüht euch deshalb, nur solche Gedanken zuzulassen, die etwas dazu beitragen, dass ihr aufrecht durchs Leben geht.

Es genügt nicht, wenn eine Einweihungslehre euch ausschließlich über das Leben jenseits eures physischen Körpers und eurer feinstofflichen Körper unterrichtet. Sie muss euch ebenfalls Kriterien geben, dank derer ihr die Qualität der unterschiedlichen Zustände eures Bewusstseins sowie die ihnen entsprechenden Gefühle und Gedanken unterscheiden könnt. Und sie muss euch auch Methoden bringen, um die spirituellen Organe zu entwickeln, dank derer ihr die Bereiche der illusorischen Wahrnehmungen durchqueren und die Regionen von Seele und Geist sicher erreichen könnt.

Es wird ein Tag kommen, an dem ihr dank eurer Arbeit, dank eurer Übungen, die Wirklichkeiten der psychischen und geistigen Welt genauso klar, deutlich und präzise wahrnehmen könnt, wie die Wirklichkeiten der physischen Ebene. Dann werdet ihr das wahre Leben erschauen, ihr habt eine vollständige Sicht der Dinge und wenn ihr sie erklären oder beschreiben müsst, wird eure Darstellung genau der Realität entsprechen.

Wenn ihr ein Wesen liebt, so liebt Gott es durch euch. Indem ihr es liebt, empfindet ihr also die Liebe Gottes. Deswegen kann das Lieben euch ebenso oder noch mehr erfüllen, wie das Geliebtwerden.

Zweifellos habt ihr diese Liebe bereits gefühlt. Sie hat euch besucht, aber ist dann wieder weggegangen. Das wird sie so lange tun, bis sie in euch Nahrung und ein endgültiges Zuhause gefunden hat. Denn sie braucht viel Nahrung! Das nächste Mal, wenn sie euch besucht, solltet ihr also über die Bedingungen ihres Kommens nachdenken, damit ihr sie wieder herbeirufen könnt. Denn ihr seid es, die bewusst oder unbewusst für günstige Bedingungen sorgt. Die Liebe kommt in der Reinheit, jener Reinheit, die durch die Transparenz eines Kristalls symbolisiert wird, und sie verlässt euch, wenn sie Unreinheit vorfindet. Ihr seht, das ist eine sehr ernste Frage. Denkt darüber nach, anstatt euch zu beklagen, dass ihr alleine und verlassen seid. Ihr könnt die Liebe, die in euch wohnt, nicht verlieren. Wenn ihr euch verlassen fühlt, so deshalb, weil ihr selbst nicht mehr liebt.

12. Februar

Warum hält die Kirche bei den Christen Illusionen aufrecht, indem sie ihnen Versprechungen macht, die sich nie realisieren? Sie sind körperlich oder geistig arm, schwach und krank, aber dennoch tröstet die Kirche sie, indem sie sagt: »Macht euch keine Sorgen, das ist nur eine schlechte Phase, die vorbeigehen wird. Die Erde ist ein Tal der Tränen, aber wenn ihr sie verlasst, werdet ihr in den Heiligtümern des Herrn empfangen werden.« Oh nein, so läuft das nicht ab, denn sie haben nichts getan, um so einfach und so schnell eine derartige Gnade zu erfahren.

Warum täuscht man die Leute? Man sollte ihnen lieber sagen: »Ihr Faulpelze, macht euch an die Arbeit! Wenn ihr schlechte Bedingungen erlebt, so deshalb, weil ihr sie verdient habt. Aber ihr könnt, egal unter welchen Bedingungen, immer an euch selbst arbeiten und obendrein noch den anderen helfen«. Stattdessen beruhigt man sie: »Hier ist das so, aber im Jenseits wird Herrlichkeit und Fülle auf euch warten.« Wenn sie keine echte spirituelle Arbeit getan haben, wird es im Jenseits in Wirklichkeit nicht besser – eher schlechter.

13. Februar

Weil sie um die Sonne kreisen, erhalten die Planeten von ihr Licht, Wärme und Leben. Würden sie diese Verbindung durchtrennen, müssten sie sterben. Und da im Universum alles nach diesem Schema gebaut ist, geht es auch mit den Organen und Zellen bergab, sobald sie nicht mehr, so wie die Planeten mit der Sonne, mit dem Geist des Menschen, mit seinem göttlichen Ich verbunden bleiben. Diese Wahrheit sehen die Eingeweihten überall in der Natur geschrieben. Ja, überall steht sie geschrieben, außer leider in den Köpfen der Menschen.

Die Leute bilden sich ein, sie würden Charakterstärke zeigen, indem sie Anarchie und Auflehnung kultivieren und es ablehnen, sich den großen kosmischen Gesetzen zu unterwerfen. Nein, damit zeigen sie nur ihre Ignoranz. Denn sie schwächen sich im Gegenteil immer mehr und beginnen, zu zerfallen. Die wahre Kraft des Menschen entsteht, wenn er es schafft, alle instinktiven Regungen seines Wesens mit einem unwiderstehlichen Schwung auf seine Sonnenmitte hin zu lenken. Wenn ihm das gelungen ist, werden sich Harmonie, Fülle und Frieden in ihm niederlassen.

Nur allzu oft versuchen wir, uns von Problemen zu befreien, indem wir äußerliche Lösungen wählen, dabei sollten wir versuchen, sie innerlich anzugehen, um wirklich Klarheit über sie zu erlangen. Man kann diese Haltung mit der einer Mutter vergleichen, die ein ungehorsames Kind ermahnen muss. Statt zuerst die Gründe seines Verhaltens verstehen zu wollen, bei denen es ganz sicher etwas zu verstehen gilt, gibt sie ihm nur ein paar Ohrfeigen, um ihre Ruhe zu haben. Sie verwendet so das einfachste Mittel, aber das Kind wird ungehorsam bleiben.

Nun, man muss wissen, dass unsere Probleme in gewisser Weise auch unsere Kinder sind und dass es uns, je nachdem wie wir sie behandeln, gelingen wird, sie zu lösen oder sie überhaupt nicht zu lösen!

Das alte Testament, wie auch die Kabbala, bezeichnen Gott mit verschiedenen Namen. Einer dieser Namen ist das Tetragramm Jod, He, Vav, He. Diese vier Buchstaben entsprechen den vier Prinzipien im Menschen, dem Geist (Jod), der Seele (He), dem Verstand (Vav) und dem Herzen (das zweite He).

Aber diese vier Prinzipien müssen sich dank eines fünften Prinzips inkarnieren. Dieses ist das Schin, das Symbol der Vereinigung von Geist und Materie, das sich in die Mitte der vier genannten Buchstaben schiebt. Dann ergeben sie den Namen Jesu, auf Hebräisch Jeshuah. So ist Jesus gekommen, um die durch seinen Namen symbolisierte Mission zu erfüllen. Er bezeichnete nicht nur sich selbst als Sohn Gottes, sondern er bestand darauf, dass alle Menschen Gottes Kinder sind, und im »Vater Unser« bittet er sie, an der Verwirklichung des Gottesreiches auf Erden mitzuarbeiten: »Dein Reich komme, Dein Wille geschehe, wie im Himmel, so auch auf Erden.« Jesus lehrte die Menschen, dass sie, indem sie sich auf Erden inkarnieren, zur physischen Offenbarung des Göttlichen werden. Und er zeigte ihnen den Weg.

Ihr erwartet voller Ungeduld die Verwirklichung all der vielen Dinge, die ihr euch wünscht! Das ist natürlich, aber es wäre dennoch besser, die Natur des Gewünschten sorgfältig zu überprüfen, anstatt nur auf den Tag ihrer Verwirklichung zu warten. Denn das Gewünschte wird kommen, doch wenn ihr nicht wusstet, was ihr hättet wünschen sollen, ist es nicht sicher, dass ihr euch auch freut, wenn es kommt. Bevor ihr um jeden Preis eure Gebete und Wünsche erhört sehen wollt, stellt euch die Frage: »Wird das Gewünschte denn mir und den anderen auch wirklich etwas Gutes bringen?«

Bevor man irgendetwas verlangt, muss man ganz sicher sein, dass es in Übereinstimmung mit den göttlichen Gesetzen steht. Wenn ihr euch dessen sicher seid, wünscht es euch weiter, mit der Überzeugung, dass es sich verwirklichen wird.

Die Praxis des spirituellen Lebens beginnt mit der verfeinerten Wahrnehmung eures inneren Wesens und es ist ganz normal, wenn ihr über das, was ihr da entdeckt, nicht so glücklich seid. Doch das ist kein Grund entmutigt zu werden und mit der Arbeit aufzuhören. Nach und nach werdet ihr Kraft schöpfen und eure Möglichkeiten erweitern.

Wer auf einem Stuhl sitzen bleibt, kann sich lange einbilden, er sei zu allen Heldentaten fähig. Erst wenn er versucht aufzustehen, wird er sich seiner tatsächlichen Kräfte bewusst und muss seine Illusionen begraben. In seiner Enttäuschung glaubt er sich sogar noch schwächer als er in Wirklichkeit ist, dabei ist diese Bewusstwerdung der Beginn seiner Stärke. Die Schwierigkeiten, die ihm begegnen, während er sich von seiner früheren Lebensweise entfernt, beweisen, dass er wirklich dabei ist, Anstrengungen zu unternehmen und sich vorwärtszubewegen. Und wenn er leidet, so deshalb, weil er endlich beginnt zu spüren, zu leben und sich auf eine neue Welt zuzubewegen.

Unsere inneren Schwierigkeiten haben Ähnlichkeiten mit einem Sumpf. Solange der Sumpf nicht trockengelegt ist, leben wir im Nebel und werden von Mücken überfallen. Der Sumpf bietet ja die besten Bedingungen für ihre Vermehrung und so bleibt unser Leben ein endloser Kampf gegen den Nebel und die Mücken.

Wenn man bestimmte Personen sieht, die sich jahrelang mit unlösbaren Problemen herumschlagen und dabei jeden Tag das gleiche Unwohlsein ausbreiten und die gleichen Klagen wiederholen, dann würde man ihnen gerne helfen, da herauszukommen. Aber wie? Man redet mit ihnen, man erklärt ihnen, dass die äußeren Bedingungen sich nicht ändern werden, dass sie sich selbst ändern müssen. Nichts zu machen, sie bleiben in ihrem Sumpf mit ihren Mücken. Jeder von uns hat, natürlich mehr oder weniger stark, Sümpfe trockenzulegen und aufzufüllen, damit die Mücken – die Qualen und Sorgen – keinen Lebensraum mehr vorfinden.

Ein Subjekt, ein Verb und ein Objekt, so definiert man im Allgemeinen einen Satz. Das Subjekt ist der Handelnde, das Objekt ist das, auf das eingewirkt wird und das Verb zeigt diese Handlung und stellt die Verbindung zwischen den beiden her. Das Verb verbindet. Ohne es geschieht nichts. In der spirituellen Grammatik ist Gott, die Quelle des Lebens, das Subjekt. Das Objekt ist der Mensch oder die Erde, die den Strom des Lebens empfangen. Das Verb sind die Engelwesen, die die physische mit der spirituellen Welt verbinden.

Gott, die Engel, die Menschen, das heißt, die göttliche Welt, die geistige Welt als Übermittler und die physische Welt. In der spirituellen Grammatik nehmen die Engel also den Platz des Verbs ein. Sie sind die Vermittler zwischen der göttlichen und der menschlichen Welt. Gerade deshalb nennt man sie Engel, denn das heißt Bote.

Ihr wünscht das Gute und ihr ruft es herbei, aber das genügt nicht, damit es sich niederlässt. Solange ihr nicht gewisse unreine, schädliche Elemente entfernt, wird das Gute außen herumkreisen, aber es kann nicht eindringen.

Ihr wollt beispielsweise einen Gegenstand weihen. Dazu müsst ihr damit beginnen, alle unreinen Partikel und fluidischen Schichten zu entfernen, die sich auf ihm abgelagert haben. Es ist immer gut, mit den Kräften des Guten in Kontakt treten zu wollen, aber ihr müsst wissen, dass auf der materiellen Ebene der Gegenstand zuerst exorziert, das heißt von allen Unreinheiten befreit werden muss, bevor man ihn mit segensreichen Kräften füllen kann. Nur unter dieser Bedingung wird es euch gelingen, die Gegenstände mit einer magischen Kraft zu durchtränken.

21. Februar

Auf dem langen Weg des Lebens sind wir von allen möglichen Gefahren umgeben und wissen nie, was mit uns geschehen wird. Doch welche Gefahren auch lauern, das Wichtigste ist, dass man die Angst zu beherrschen lernt.

Die Angst lähmt das Denkvermögen und bringt den Körper zu ungeordneten Handlungen der Angst einflößenden Sache gegenüber. Wenn euch also etwas erschreckt, so bleibt zunächst einige Sekunden reglos stehen und atmet tief, um die Herrschaft über euer Herz, euer Nervensystem und eure Arme und Beine wiederzuerlangen. Wenn ihr eure Arme und Beine zappeln lasst, verliert ihr die Kontrolle über sie. Es ist als hättet ihr einen Raubtierkäfig geöffnet: Wenn die Raubtiere einmal draußen sind, ist es sehr schwierig, sie wieder in den Käfig zu bringen. Wenn ihr euch hingegen statt der Aufregung andere Reaktionen angewöhnt, werdet ihr ruhig, alles kommt wieder in Ordnung und ihr könnt wirksam handeln.

22. Februar

Die Menschen spazieren auf den Wegen des Lebens herum wie leere Gefäße, die darauf warten, gefüllt zu werden. Aber wozu warten? Jedes Wesen, jedes Ding, das ihnen begegnet, besitzt bestimmte positive Wirkungen. Sie sollten diese zu erkennen lernen, dann würden sie sich nie wieder leer und alleine fühlen.

Alles, was auf der Erde und im Himmel existiert, kann euch etwas Gutes geben. Aber es hängt von euch ab, es zu empfangen. Um etwas zu empfangen, muss man bewusst sein und sich öffnen. Wenn ihr nicht nur mit geschlossenen Augen und Ohren, sondern vor allem mit verbarrikadiertem Herz und Verstand durchs Leben geht, verharrt ihr natürlich in Armut und Einsamkeit. Öffnet ihr euch jedoch, so werdet ihr erkennen, dass alles zu Nahrung für euer inneres Leben werden kann.

23. Februar

Lasst euch nicht vom Schein täuschen: In Wirklichkeit ist nichts wirksamer als die spirituelle Arbeit. Wenn sie keine sofortigen Resultate bringt, so deshalb, weil die Welt der Seele und des Geistes für uns schwerer zu erreichen ist, als die materielle Welt. Aber man darf sich nicht entmutigen lassen; wenn ihr den Mut verliert, heißt das, dass ihr weder Wissenschaft noch Unterscheidungsvermögen besitzt. Wie lange braucht ein Salat, um zu wachsen? Und wie lange braucht eine Eiche? Aber wie lange hält ein Salat? Und wie lange kann eine Eiche leben? Die gleichen Gesetze gelten für das innere Leben. Wenn ihr euch mit einem Salat zufriedengebt, werdet ihr diesen sehr schnell bekommen, aber er wird auch sehr schnell welk. Wollt ihr hingegen eine Eiche, müsst ihr viel länger warten, aber sie wird Jahrhunderte überdauern!

24. Februar

Setzt euch nicht vor lauter Ehrgeiz Kräfte raubenden Rivalitäten aus. Wählt eine Aktivität, bei der ihr genügend Platz habt oder vielleicht auch alleine seid, dann wird euch niemand am Wachsen hindern. Wenn ihr neben einem großen Baum Wurzeln schlagen wollt, so wird dieser protestieren, weil ihr mit ihm ins Gehege kommt. Und was passiert, wenn ihr euch in das Revier eines Raubtieres begebt? Seid lieber wie ein Vogel: Er hat einen ganz kleinen, leichten, schwachen Körper und einen kleinen Schnabel, aber er ist für die Luft, für die Freiheit geschaffen. Der Vogel hat nicht den Ehrgeiz, das Raubtier zu besiegen, er verlangt vom Schöpfer nur Freude, Bewegungsfreiheit und Gesang.

Die wahren Söhne und Töchter Gottes sind wie die Vögel. Sie wollen sich nicht im Dschungel niederlassen. Sie versuchen sich täglich in die luftigen Höhen aufzuschwingen, um von dort Frieden, Licht und Freude mitzubringen, die sie dann mit ihren Brüdern und Schwestern teilen.

25. Februar

Die Wahrheit ist keine Entdeckung, die jeder für sich alleine macht, und die Menschen können erst dann behaupten, die Wahrheit gefunden zu haben, wenn es ihnen gelungen ist, alle gemeinsam in Harmonie zu leben. Ja, die Wahrheit ist nichts Abstraktes, sondern der Ausdruck einer derartigen Ordnung, dass alle in Einklang und Frieden miteinander sind. Um dies zu erreichen, müssen natürlich viele Korrekturen, Anpassungen und Verbesserungen vorgenommen werden und gerade dies ist die Arbeit von uns allen.

Man muss wissen, dass nur das Wahrheit sein kann, was universell ist, dass die Wahrheit also nur in der Einheit erreicht wird. Wie offenbart sich diese Einheit? Wenn alle Menschen spüren, dass sie die gleichen Grundbedürfnisse haben, wenn sie Entbehrungen, die anderen auferlegt werden, so empfinden, als müssten sie sie selbst ertragen und wenn sie spüren, dass alles Böse, das anderen angetan wird, sich auch schädlich auf sie selbst auswirkt.

26. Februar

An dem Tag, an dem euch bewusst wird, dass alles, was ihr braucht, bereits in eurem Besitz ist, werdet ihr entdecken, wie reich ihr seid. Warum unternehmt ihr keine Bohrungen? Es würde Erdöl zum Vorschein kommen. Warum grabt ihr nicht in eurer Erde? Ihr würdet auf Wasser oder auf Edelsteine stoßen. Aber ihr wartet, ohne etwas zu tun, ihr seid wie Bettler, die Passanten belästigen: Ständig behelligt ihr den Herrn und Seine Engel.

Es ist wahr, das Kostbarste, das der Herr uns geschenkt hat, ist tief verborgen, man sieht es nicht. Warum? Weil er ein sehr weiser Vater ist. Hätte er allen Reichtum vor den Augen der Menschen ausgebreitet, würden diese keinerlei Anstrengungen unternehmen, sie würden nur nehmen. Und wie würden sie mit diesem Reichtum umgehen, da sie sich seines Werts nicht bewusst wären? So hingegen sind sie gezwungen, sich abzumühen, um ihn zu entdecken und dann werden sie ihn auch zu schätzen wissen und ihn für das Gute verwenden.

27. Februar

Tragt immer das höchste Ideal in eurem Herzen und in eurer Seele. Ist es unerreichbar, nicht zu verwirklichen? Bewahrt und nährt es trotzdem. Gerade weil es unerreichbar ist, ist das Leben wunderbar. Alles Erreichbare verliert schnell seinen Reiz. Stürzt euch in eine Unternehmung, bei der ihr von vorneherein wisst, dass sie nie realisiert werden wird. Gerade das wird euch stimulieren, wird eure Begeisterung entfachen und eurem Leben Poesie verleihen. Die Psychologie hat diesen Aspekt der Dinge noch nicht ausreichend erforscht. Ihr sagt: »Aber das ist doch keine Psychologie«. Und ob! Das ist die wahre Psychologie. Fragt euch also nicht, ob ihr fähig seid oder nicht, setzt euch selbst das höchste Ideal zum Ziel: Lasst das göttliche Leben in euch und um euch herum fließen.

Ob es sich um die Ausübung familiärer, sozialer, beruflicher oder politischer Verantwortung handelt, es ist wichtig, dass jeder sich bemüht, innerlich einen erhöhten Standpunkt zu finden, von dem aus er alle Aspekte der zu lösenden Probleme überblicken kann. So wird er für alle die gerechtesten Entscheidungen treffen.

Ihr wendet ein: »Aber es ist gar nicht sicher, dass diese gerechten Entscheidungen akzeptiert werden; die meisten Leute sind nur damit beschäftigt, ihre egoistischen Interessen zu verteidigen, es ist nicht so einfach, sie dazu zu bringen, die Interessen der anderen anzuerkennen.« Das ist wahr, aber selbst wenn einige eurer richtigen Analysen und Schlussfolgerungen nicht akzeptiert werden, ist das kein Grund, eure Bemühungen einzustellen. Wenn es euch einmal gelungen ist, euch bis zu jenem erhöhten Standpunkt zu erheben, wird es noch mehr Gelegenheiten im Leben geben, bei denen ihr ihm zum Sieg verhelfen könnt. Keine der Anstrengungen, die man unternimmt, um auf dem Weg der Klarheit und der Uneigennützigkeit voranzuschreiten, ist jemals verloren.

29. Februar

Wenn man jemanden kennenlernt, befasst man sich natürlich zuerst mit dem ansprechenden Äußeren oder mit der vorteilhaften gesellschaftlichen Position dieser Person. Aber solche Vorteile beeindrucken nur kurze Zeit, wenn man hinter diesem Schein nicht noch etwas Subtiles, Lebendiges wahrnimmt, das dem entspricht, was jeder in der Tiefe seines Wesens am meisten benötigt. Ihr wisst das, ihr habt diese Erfahrung bereits gemacht, aber habt ihr auch den Schluss daraus gezogen, dass ihr an euch selbst arbeiten müsst, um der wahren Liebe zu begegnen, dass ihr in euch etwas Reines, Lichtvolles, Poetisches und Musikalisches erschaffen solltet? Dies ist die einzige Art und Weise, wie ihr Männer und Frauen anziehen könnt, die ebenfalls die Reinheit, das Licht, die Poesie und die Musik suchen. Vergesst nie, dass darin das Wesentliche liegt: in diesen subtilen Schwingungen, diesen Energieströmen, die zwischen den Menschen zirkulieren.

Spiritualität bedeutet nicht, den physischen Körper zu vernachlässigen, sondern im Gegenteil, ihn von allen angesammelten Unreinheiten zu befreien, die den Geist daran hindern, sich durch ihn zu manifestieren.

Was ist die Lehre der Universellen Weißen Bruderschaft? Eben gerade eine Lehre, die Methoden für die Regeneration des physischen Körpers vermittelt. So können die natürlichsten, alltäglichsten und lebensnotwendigsten Verrichtungen, wie Atmen, Essen, Trinken, Sich Waschen, Gehen und Schlafen allesamt zu Gelegenheiten werden, diese Arbeit der Regeneration zu tun. Das ist eine richtige Wissenschaft, die die meisten angeblichen Spiritualisten nicht kennen – was übrigens zu vielen Komplikationen, Anomalien und Unausgeglichenheiten bei ihnen führt; und nicht nur bei ihnen, sondern auch bei den Materialisten, die nicht wissen, dass dieser physische Körper, auf den sie so sehr achten, dem Menschen gegeben wurde, um aus ihm ein Instrument des Geistes zu machen.

Sobald eine Schwierigkeit, eine Prüfung auftaucht, müsst ihr euch konzentrieren, nachdenken, beten, in alle Richtungen schauen, um endlich die benötigten Mittel, die Energien und vor allem das Licht zu finden. Anstatt zu klagen und euch übermannen zu lassen, sagt euch: »Das hier ist eine günstige Situation, um in mir mit dem Bau von etwas Dauerhaftem, etwas Unerschütterlichem zu beginnen.« Wartet aber nicht, bis ihr in großen Schwierigkeiten steckt, um diese Art von Vorsatz zu fassen. Jeden Tag, bei jeder kleinen Unannehmlichkeit, bei jeder kleinen Enttäuschung, bei jeder kleinen Verletzung eures Stolzes müsst ihr wachsam sein. Statt zu sagen: »Warum stößt so etwas mir zu? Ich verdiene es nicht, so behandelt zu werden!« ergreift die Gelegenheit, um zu arbeiten, verpasst diese Chance nicht, euch für die Zukunft einen Schutz aufzubauen.

Wie die äußeren Bedingungen auch seien, in der inneren Welt, in der Welt der Gedanken, können wir uns frei fühlen. Aber wenn wir uns auf der physischen Ebene ausdrücken wollen, sind wir von den Umständen abhängig und begrenzt. Falls wir die erhofften Resultate nicht erlangen, dürfen wir nicht betrübt sein, sondern sollten wissen, dass wir innerlich alle Möglichkeiten besitzen, ein reiches, schönes, weites und für alle Geschöpfe nützliches Leben zu leben. Unsere Gedanken und Gefühle gehen sehr, sehr weit in den Raum hinaus und dank ihnen können wir mit dem gesamten Universum in Kontakt treten, während unsere Handlungen nur wenige Personen berühren.

Selbst der mächtigste Mensch ist in seiner Handlungsfähigkeit begrenzt. Wenn wir aber unsere innere Welt verbessern, indem wir unsere Liebe und unseren Glauben stärken, werden wir immer mehr Einfluss, auch auf die äußere Welt, erlangen.

Jene, die den Herrn verlassen, den Kontakt mit Ihm abbrechen, lassen die Quelle der Liebe in ihrem Inneren versiegen und fragen sich eines Tages, nach mehreren fehlgeschlagenen Liebesbeziehungen, wie sie all diese Männer oder Frauen so sehr lieben konnten. Im ersten Moment der Begegnung fanden sie sie unwiderstehlich, aber nach und nach wurden sie in ihren Augen immer bedeutungsloser oder sogar unerträglich. Das kommt ganz einfach daher, weil das höchste Wesen, welches jenen Mann oder jene Frau bewohnte, für sie nicht mehr da ist. Sie liebten nicht ihn oder sie, sondern dieses einzigartige Wesen, das sie durch diesen Mann oder durch diese Frau betrachtete und sie haben nicht das Richtige getan, um es zu halten. Sie zeigten sich nachlässig, egoistisch, leichtsinnig und so entfernte sich das Wesen, welches in diesem Mann oder in dieser Frau wohnte.

Sucht also nicht die Männer und Frauen um ihrer selbst willen, sondern um ihn ihnen das höchste Wesen zu entdecken, das euch durch sie besuchen wird.

Es ist wichtig, die Bedeutung körperlicher Schmerzen zu verstehen. Sie warnen uns, wenn wir uns vom richtigen Weg entfernt haben. Würden wir keinen Schmerz empfinden, wäre dies der direkte Weg zum Friedhof. Nichts ist gefährlicher als eine Krankheit, die sich ohne das geringste Alarmsignal im Körper niederlässt, denn dann sind die entstandenen Schäden oft irreparabel, wenn schließlich der Schmerz einsetzt und uns warnt.

Statt sofort Schmerzmittel einzunehmen, solltet ihr deshalb, sobald ihr einen Schmerz empfindet, euch fragen, was dessen Ursache sein könnte und überlegen, wo ihr unvorsichtig oder nachlässig wart. Wenn ihr diese Warnsignale nämlich nicht beachtet, wird das Übel, das sich da bei euch niederlässt, immer schwieriger zu bekämpfen sein.

Ihr könnt eure Gegenwart nur richtig interpretieren, wenn ihr einen Blick auf die Vergangenheit werft, denn jedes Ereignis ist die Konsequenz eines vorhergehenden Ereignisses. Ihr wisst das zwar, aber ihr müsst euch auch bewusst werden, dass ihr an dieser Gegenwart, die die Konsequenz der Vergangenheit ist, arbeiten könnt, damit die Zukunft all eure guten Wünsche und Vorhaben verwirklicht.

Um den Sinn seines Lebens und des Lebens anderer Menschen richtig zu verstehen, muss man es als Konsequenz einer fernen Vergangenheit sehen. Aber, und das ist das Wichtigste, man muss es auch als Ausgangspunkt für ein neues Leben betrachten. Wer ein Menschenleben betrachtet, ohne dabei zu berücksichtigen, dass es nur ein Glied in einer langen Kette darstellt, der kann nur fehlerhafte Urteile fällen.

Die Menschen sehen den Reichtum der sie umgebenden Welt nicht wirklich. Warum? Weil sie nur eine materialistische, also oberflächliche Auffassung von ihr haben. Sie trachten nur danach, alles, was darin entdeckt wird, einzig und allein dazu zu benutzen, um ihren Egoismus zu befriedigen. Und genau aus dem gleichen Grund wissen sie nicht, wie sie ihren eigenen Körper nutzen können.

Lungen, Herz, Ohren, Augen, Hände, Leber, Füße usw. sind ein großer Reichtum, dessen sich die meisten Leute nicht zu bedienen wissen. Getrieben von Kräften, die sie nicht beherrschen und die ihnen nicht bewusst sind, irren sie umher, lassen ihre Arme und Beine baumeln, schauen hierhin, hören dorthin und knabbern, was ihnen so gerade in die Hände fällt. Die materialistische Philosophie hat ihre Sicht derart verdunkelt, dass sie vom wahren Leben nichts mehr sehen. Es ist jetzt Zeit, dass sie erkennen, wie sie die Ressourcen der Natur und die ihres eigenen Körpers nutzen können, um zu wachsen und sich geistig zu erheben.

Was ist Religion in Wirklichkeit? Die Wissenschaft von der Verbindung. Es nützt also nichts, zu wiederholen, dass das Wort Religion vom lateinischen »religare« (verbinden) stammt, wenn die Gläubigen in ihren Köpfen nur Trennungen haben.

Ihr wendet ein: »Aber die in dem Wort Religion gemeinte Verbindung ist doch die Verbindung mit Gott.« Einverstanden, nur, was bedeutet eine Verbindung mit Gott, wenn sie mit einer Trennung alles Übrigen einhergeht? Die gleiche Verbindung, die den Schöpfer mit den Geschöpfen verbindet, verbindet alle Geschöpfe und ebenfalls alle Elemente der Schöpfung untereinander. Die wahre Religion besteht darin, diese Verbindung zu verstehen. Die wahre Religion beinhaltet also auch die Wissenschaft, die Kenntnis der Natur und ihrer Gesetze. Die Trennung zwischen Wissenschaft und Religion, auf die viele so stolz sind, macht deshalb keinen Sinn. Wenn man Religion und Wissenschaft trennt, hat man weder die eine noch die andere richtig verstanden.

Kether, die Krone; Chokmah, die Weisheit; Binah, die Intelligenz; Chesed, die Gnade; Geburah, die Kraft; Tiphereth, die Schönheit; Netzach, der Sieg; Hod, der Ruhm; Jesod, das Fundament; Malkuth, das Königreich. Lernt, über die zehn Sephiroth, über den Lebensbaum zu meditieren, mit dem Bewusstsein, dass dieser Lebensbaum auch in euch ist und dass die einzig lohnende Aktivität die ist, ihn zum Wachsen, Blühen und Früchte-Tragen zu bringen.

Dabei sollt ihr euch nicht darum kümmern, wie viel Zeit ihr brauchen werdet, bis ihr euch wirklich mit diesem Lebensbaum identifizieren könnt. Vielleicht müsst ihr Tausende Male auf die Erde zurückkommen, um diese Arbeit fortzusetzen. Bis zu dem Tag, an dem diese in euch wohnenden zehn Sephiroth zu schwingen beginnen. Dann wird euer ganzes inneres Wesen von den Lichtern des Lebensbaumes* erleuchtet sein.

* siehe Abbildung und Anmerkung auf Seite 394-395.

10. März

Wenn ich auf meinen Reisen in eine neue Stadt komme und die vielen Menschen in den Straßen sehe, dann denke ich daran, dass all diese Männer und Frauen ihr eigenes Leben, ihre eigene Geschichte, ihre Probleme, ihre Leiden, ihre Lieben haben und dass es ein Wesen gibt, das sie alle unterstützt, weil Es in ihnen lebt... Versucht auch ihr, ab und zu diesen Gedanken zu hegen, dann werdet ihr euer Bewusstsein erweitern, ihr werdet neue Regionen entdecken, in denen ihr mit höheren Wesen in Kontakt tretet.

Anstatt euch über alle möglichen unnützen oder belanglosen Beschäftigungen aufzuregen, die euch nur schwächen, konzentriert euch auf den universellen Geist, auf den Himmlischen Vater, der uns geschaffen hat, der uns trägt, uns unterstützt und der in all Seinen Geschöpfen lebt. Auf diese Weise entgeht ihr der Schwere des alltäglichen Lebens und ihr fühlt, dass sich euer irdisches Wesen wieder mit eurem himmlischen Wesen verbindet.

Im Laufe der Jahrhunderte haben die Menschen es geschafft, der Natur immer mehr ihren Willen aufzuzwingen. Natürlich ist sie geduldig, aber wenn sie spürt, dass die Menschen hartnäckig die dort herrschende Ordnung stören, wird sie einen Gegenangriff starten. Diesen Gegenangriff bekommen sie dann nicht nur in ihrer Umwelt zu spüren, sondern auch in sich selbst. Sie glauben, sie könnten ungestraft allen möglichen Missbrauch betreiben, ohne vorherzusehen, dass sie die gleiche Unordnung, die sie in der Natur anrichten, ebenfalls in ihrem physischen und psychischen Organismus schaffen. Und wenn sie sich untereinander nicht vertragen können, so kommt das auch, weil sie die vom Schöpfer in der Natur und in ihnen errichtete Ordnung nicht respektieren.

Wer gelernt hat, sich mit der vom Schöpfer gewollten Ordnung in Einklang zu bringen, der zwingt weder der Natur noch den Menschen etwas auf. Er quält sie nicht und er versucht auch nicht, sie für seinen persönlichen Vorteil zu gewinnen.

Jeder versucht, seine Rechnungen zu begleichen, indem er auf seinem Recht beharrt. Aber das muss man ein wenig beiseite lassen. Wer immer auf seinem Recht beharrt, macht viel Lärm und zeigt sich am Ende oft genauso ungerecht oder sogar noch ungerechter als jene, über die er sich beklagt.

Ihr folgt einer spirituellen Lehre, um eine bessere Art und Weise zu erlernen, eure Rechnungen zu begleichen. Wisst, dass in der Zukunft die heutige Art von Gerichtsverhandlungen nicht mehr stattfinden wird. Die Gerichte werden jene Klagen, bei denen es um angeblich verletzte Eigeninteressen geht, nicht mehr so sehr beachten, sondern sie werden vielmehr die Bitten jener Menschen in Betracht ziehen, die das gemeinschaftliche Interesse und das göttliche Recht verteidigen. Bis dahin müsst ihr euch aber noch etwas gedulden und wissen, dass die Gerechtigkeit existiert und dass sie sich eines Tages offenbaren wird, auch wenn es lange dauert, bis sie sich durchsetzt.

Ihr glaubt Wasser und Feuer zu kennen, aber ihr werdet sie erst dann wirklich kennen, wenn ihr in der Lage seid, sie in ihrer kosmischen Dimension, als die zwei Prinzipien der Schöpfung, wahrzunehmen. Ihre Aktivität wird durch das Kreuz symbolisiert. Die horizontale Linie repräsentiert die Bewegung des weiblichen Prinzips, des Wassers, das immer die Tendenz hat, sich auszubreiten, sich über die Fläche des Bodens zu verteilen und dabei so viel Platz wie möglich einzunehmen. Die vertikale Linie stellt die Aktivität des männlichen Prinzips, des Feuers dar, welches im Gegenteil die Tendenz hat, sich zu sammeln und aufzusteigen.

Das Wasser ist also mit der Fläche und das Feuer mit der Höhe verbunden. Diese beiden Richtungen, horizontal und vertikal, die in der Figur des Kreuzes zusammengefasst sind, repräsentieren am besten die Aktivität der beiden Prinzipien, Männlich und Weiblich, in der Schöpfung und in den Geschöpfen. Das Universum ist erfüllt von diesem Symbol.

Jemand sagt: »Ich bin ehrlich, ich sage, was ich denke, vor allem zu meinen Freunden«, und man kann zuschauen, wie er alles kaputt macht, wo immer er vorbeikommt. Die Ehrlichkeit ist sicher eine gute Eigenschaft, aber bei dieser Art von Ehrlichkeit gibt es keinen Grund, besonders stolz zu sein. Hat er sich denn einmal die Frage gestellt, ob das, was er denkt, auch richtig ist? Nein. Warum sollte er auch? Ist die Gedankenfreiheit nicht eine große Errungenschaft der Menschheit?

Einverstanden, die Gedankenfreiheit ist eine kostbare Sache, aber unter der Bedingung, dass man weiß, was wirkliches Denken ist. Wie viele Leute bezeichnen mit »denken« jeden beliebigen Aufruhr ihres Intellekts über etwas, das ihnen gefällt oder missfällt! Sie irren sich. Das wahre Denken ist nicht mit Gefallen oder Missfallen verbunden, es beginnt nicht einmal mit der Mentalebene, mit dem Intellekt, sondern mit der Kausalebene.* Es setzt die Kenntnis der großen kosmischen Gesetze voraus. Die erstbeste Idee ist noch kein Gedanke. Viele, die angeblich sagen, was sie denken, müssten begreifen, dass wenn sie wirklich dächten, sie schweigen würden oder dass sie erst reden würden, nachdem sie sich gefragt haben, was ihre Meinung wert ist.

* Siehe Anmerkung und Abbildung auf Seite 392-393.

Der Meister Peter Deunov sagte: »Muss man weinen, wenn es Zeit ist, das Hemd zu waschen? Muss man weinen, wenn es Zeit ist, die Saat in den Boden zu legen? Muss man weinen, wenn es Zeit ist, den Weizen zu mahlen?«

Das Hemd waschen, die Saat in den Boden legen, den Weizen mahlen – hier handelt es sich um Entsprechungen zu Aktivitäten des spirituellen Lebens. Welche? Das Hemd waschen bedeutet, sich zu reinigen. Die Saat in den Boden legen bedeutet, gute Gedanken in seinen Kopf und gute Gefühle in sein Herz und auch in den Verstand und in das Herz der anderen zu legen. Den Weizen mahlen bedeutet, das Brot des Lebens zuzubereiten. Diese drei Aktivitäten sind mit einem gewissen Leiden verbunden, aber dieses Leiden ist derart heilsam! Es ist dieses bewusst ertragene, göttliche Leiden, welches alles, was wir anschließend erleben, mit Schönheit, Duft und Geschmack durchtränkt.

Man fragt sich manchmal, woher jener Ausdruck der Gelassenheit kommt, der die Züge bestimmter Weiser charakterisiert. Ganz einfach daher, dass es ihnen gelungen ist, die Angst vor jeglichem Verlust zu überwinden. Sie haben sich bis zu jenem Gipfel erhoben, auf dem sie spüren, dass in ihnen etwas Unzerstörbares existiert, was ihnen nicht genommen werden kann. Ein echter Weiser ist sich bewusst, dass die einzige Realität in ihm und in allen Wesen jener dem Bösen unzugängliche und vor aller Drangsal geschützte Gipfel ist: Der Geist, der Funke, den Gott dem Menschengeschöpf übertragen hat.

Aber wie gelangt man dorthin? Indem man an sich selbst arbeitet, indem man seine Gedanken und Gefühle reinigt, um nach und nach die dichten Schichten aufzulösen, die uns von jenem Funken trennen und die uns daran hindern zu fühlen, dass er die einzige Wirklichkeit ist. Was die Religion göttliche Fügung nennt, ergibt sich aus dieser in bestimmten Wesen verankerten Gewissheit, die die Erfahrung gemacht haben, dass in ihnen etwas absolut Unangreifbares existiert, das über jegliche Widrigkeit erhaben ist.

Wie auch die äußeren Umstände aussehen, gewöhnt euch an, in euch selbst hinabzusteigen, um dort jene Quintessenzen zu finden, die Liebe, Weisheit, Sanftmut, Güte, Frieden, Inspiration, Reinheit und Dankbarkeit genannt werden. Einfache Gegenstände, die ihr in eurer Hand haltet, können euch helfen, das an die Oberfläche zu bringen, was tief in euch verborgen ist. Eine Vogelfeder, das Blatt eines Baumes, ein Stein – alles kann zum Vermittler werden, zum Mittel, um mit eurer inneren Welt in Verbindung zu treten.

Es genügt sogar ein Wort auf einem Stück Papier: Ihr schreibt es auf und dank dieses einzigen Wortes findet ihr in eurem inneren Labor das »Fläschchen« mit dem gleichen Namen. Dieses geschriebene Wort ist wie ein Muster, ein Detektor; ihr haltet es in der einen Hand und mit der anderen Hand sucht ihr nach dem Fläschchen. Und weil es eine Affinität gibt zwischen dem Wort und einem bestimmten Fläschchen, werdet ihr es schlussendlich finden. Ich kann es nicht genug wiederholen: So viele Dinge stehen euch zur Verfügung, aber nur unter der Bedingung, dass ihr euch die Mühe macht, sie zu benutzen!

18. März

Eure wirkliche Wohnstätte baut ihr mit Weisheit und Liebe. Die Baustoffe der Weisheit sind fest, aber damit sie lange halten, müssen sie von einer lebendigen Seele im Inneren unterstützt werden, sonst sieht man auf den Wänden bald Schimmel. Diese lebendige Seele ist die Liebe.

Wenn ein Haus bewohnt ist, geht es nicht so schnell kaputt als wenn es leer steht. Die Anwesenheit des Menschen, seine Aktivität, seine Atmung, beleben es. Es sagt: »Da hier jemand bei mir Schutz sucht, muss ich stehen bleiben.« Wenn man es hingegen verlässt, beginnt es zu zerfallen. Baut also eure Wohnstätte mit der Weisheit als Gerüst, aber füllt sie mit Liebe aus, um sie zu erhalten und zu befestigen. Wenn keine Liebe da ist, wenn im Inneren kein Leben strömt, bricht sie zusammen. Der Beweis: Wenn die Seele den Körper des Menschen verlässt, zersetzt sich dieser nach und nach. Wer hat diese Wohnstätte unterstützt? Der Fluss des Lebens im Inneren.

Für die Christen ist es der Sonntag; für die Juden der Samstag; für die Moslems der Freitag… Jede Religion hat einen Tag, der speziell für den Gottesdienst vorgesehen ist. Doch was für einen Unterschied gibt es in Wirklichkeit zwischen diesen Tagen? Keinen. In den Augen des Schöpfers von Himmel und Erde sind alle Tage heilig, alle Tage sind göttlich. Der Freitag ist da, um Gutes zu tun, der Samstag ist da, um Gutes zu tun und der Sonntag ebenfalls.

Alle Tage müssen geheiligt werden. Was ist sonst der Sinn einer Religion? Übertritt man während sechs Tagen in aller Ruhe die Gesetze und geht am siebten in die Kirche, die Moschee oder Synagoge, um zu versuchen, die an den sechs anderen Tagen begangenen Fehler auszumerzen? Das ist doch grotesk! Ein Tag in der Woche reicht nicht aus, um auf dem Weg der Weisheit, der Liebe und der Reinheit voranzuschreiten, es braucht dafür die ganze Woche. Ja, jeden Tag, den ganzen Tag, die ganze Nacht muss man in der Kirche Gottes verbringen, denn die Kirche Gottes ist die ganze Schöpfung.

Das Wasser birgt große Mysterien und einige dieser Mysterien sind mit dem Blut verbunden. Das Blut ist ein sublimiertes Wasser. Zwischen Wasser und Blut gibt es große Analogien und nicht nur zwischen Wasser und Blut, sondern auch zwischen Wasser, Blut und Licht. Das Licht der Sonne, welches ihr Blut ist, ist ebenfalls eine Form von Wasser, eine höhere Form von Wasser. Deswegen sagte Jesus während dem letzten Abendmahl, das er mit seinen Jüngern einnahm: »Wer mein Fleisch isst und mein Blut trinkt, der hat das ewige Leben« (Jh 6,54). Dieses Blut ist das Licht, das von der Sonne kommt.

Ihr glaubt das Wasser zu kennen, weil es Teil eures täglichen Lebens ist. Nein, ihr kennt von ihm nur einige Aspekte, einige Verwendungsmöglichkeiten. Erst an dem Tag, da es euch gelingt, das Wasser als Blut und als Licht zu denken und zu fühlen, werdet ihr es wirklich kennen und ihr werdet wissen, wie ihr es in eurer geistigen Arbeit verwenden könnt.

Die kompakte Form des Würfels macht aus ihm ein Symbol der Stabilität, aber auch ein Bild der Begrenzung, des Eingeschlossenseins, des Gefängnisses. Im Moment, wo er sich jedoch öffnet und seine Oberflächen sich zur Form eines Kreuzes entfalten, erlebt man eine Art Befreiung. Ja, deshalb dürfen wir im Kreuz nicht nur ein Instrument des Leidens und des Todes sehen; es ist auch ein kosmisches Symbol, welches alle Möglichkeiten des Lebens ausdrückt.

Warum folgt in den Texten der Evangelien auf den Tod Jesu seine Auferstehung? Weil der Tod kein Ende ist, er ist nur eine notwendige Etappe, die auf die Auferstehung vorbereitet. Natürlich spreche ich über die Auferstehung von einem symbolischen, spirituellen Standpunkt und nicht von einem physischen Standpunkt aus betrachtet. Die Auferstehung setzt zunächst den Tod voraus, aber sie folgt anschließend als ein Prozess der Verwandlung, der in aufeinander folgenden Etappen vor sich geht. So verstanden, kann sie mit einer Geburt verglichen werden.

Während des Winters konzentriert der Erzengel Gabriel die Energien im Samenkorn. Aber wenn der Frühling kommt, werden sie von Erzengel Raphael befreit. Um sie zu befreien, lässt er zunächst das Samenkorn sterben, damit alles, was es enthält, herauskommen und zu Wurzeln, Stängeln, Ästen, Blättern, Blüten und Früchten werden kann. Die Früchte werden neue Samenkörner erzeugen. Bis dahin war das Samenkorn ein starres, gelähmtes, stagnierendes Geschöpf und dies vielleicht sogar seit Tausenden von Jahren, die es auf die richtigen Bedingungen warten musste.

Das Samenkorn scheint tot zu sein, ein wenig wie die Leiche in einem Sarg. Aber im Frühling, wenn die Wärme zurückkommt, ist überall, wo es Samenkörner gibt, Auferstehung. Jedes ist wie ein kleines Grab, das sich öffnet, der Erzengel Raphael macht sich an die Arbeit, der Stein wird weggerollt und der Keim sprießt hervor. Die Ursache für diese Auferstehung ist die Wärme der Sonne.

Ein in die Erde gelegtes Samenkorn ist vergleichbar mit einem im Grab eingeschlossenen Geschöpf. Wenn der Engel der Wärme kommt, weckt er es mit den Worten: »Steh nun auf, komm heraus aus deinem Grab!« Und schon beginnt dieses verschüttete Leben sich zu regen: Ein kleiner Stängel bricht das Samenkorn entzwei und es entsteht ein Trieb, aus dem eines Tages ein wunderschöner Baum wird. Dies ist die Auferstehung.

Um aufzuerstehen, muss man das Grab öffnen, und allein die Wärme öffnet die Gräber. Mit der Wärme ist die Liebe gemeint. Wer viel Liebe, viel selbstlose, geistige Liebe in seinem Herzen trägt, der öffnet das Grab seiner Zellen. Solange seine Zellen nicht belebt und angeregt werden, bleiben sie inaktiv und er kann all seinen inneren Reichtum nicht erkennen. Aber nach dieser Auferstehung, nach dem Erwachen seiner Zellen, erweitert sich sein Bewusstsein; durch alles, was er fühlt und erlebt, bewegt er sich in einer anderen Dimension, der Dimension des Geistes.

Von welchem Land spricht der Psalmist, wenn er sagt: »Ich werde wandeln vor dem Herrn auf der Erde der Lebendigen«? (Ps 116,9). In Wirklichkeit ist diese Erde der Lebendigen ein Bewusstseinszustand, und in gewisser Weise ist es auch unsere Erde, es sind die ätherischen Regionen unserer Erde. Denn die Erde ist nicht nur das, was wir von ihr sehen, sie ist auch eine feinstoffliche Welt, auf der die Lichtwesen, die Engel und Gottheiten leben.

Selbst Jesus befindet sich auf jener Erde, er hat sie nicht verlassen, denn er sagte: »Und siehe, ich bin bei euch alle Tage, bis an der Welt Ende« (Mt 28,20). Natürlich hat er die physische Erde verlassen, aber er lebt auf der lebendigen, lichtvollen, göttlichen, ätherischen Erde. Wenn es einem Menschen hier auf unserer Erde gelingt, sich zu reinigen, sich geistig zu erheben, dann beginnt auch er auf dieser Erde der Lebendigen zu leben, er tritt in Kontakt mit den großen Meistern, mit den Engeln, mit den Gottheiten, mit Christus.

25. März

Alles, was existiert, ist lebendig – natürlich in zu unterschiedlichen Graden – und das Leben ist dadurch charakterisiert, dass es immer neue Ausstrahlungen hervorbringt. Selbst das Metall einer Halskette, eines Ringes oder einer Uhr, die ihr tragt, schwingt jeden Morgen anders als am Vortag. Wenn ihr wirklich sensibel genug wärt, könntet ihr spüren, dass es in der Bewegung der winzigsten Teilchen, aus denen die Materie besteht, einen Unterschied gibt. Warum? Weil diese Gegenstände mit den Strömungen im Kosmos in Verbindung stehen, die sich unablässig erneuern. Ihr spürt es nicht und glaubt deshalb, es gäbe keinen Unterschied, aber in Wirklichkeit bleibt nichts nirgends das Gleiche.

Auch die Sonne ist neu, wenn sie am Morgen aufgeht. In der Sonne gibt es ein richtiges Leben: Ströme, Strahlungen, Ausbrüche… Wenn es also Veränderungen in der Sonne gibt, wie sollten sich diese Veränderungen nicht durch das gesamte Sonnensystem hindurch auf die Menschen, Tiere, Pflanzen, Steine und auch auf die Metalle auswirken?

Ihr hättet gern, dass man euch liebt, ihr seid unglücklich, weil ihr findet, dass man euch nicht oder nicht genug liebt! Aber ihr solltet verstehen, dass ihr durch diese Haltung nur immer noch unglücklicher werdet. Wie soll man jemanden lieben, der überall mit einem langen Gesicht herumläuft und die anderen vorwurfsvoll anblickt, als wären sie an seinem Unglück schuld? Nehmen wir einmal an, ihr würdet wirklich nicht geliebt werden. Einverstanden, es ist ein großes Unglück, wenn man nicht geliebt wird. Aber das größte Unglück ist, selbst nicht lieben zu können. Wer nicht liebt, der unterzeichnet sein eigenes Todesurteil. Nun, was hindert euch daran, zu lieben? Ihr seid frei. Ihr könnt die anderen nicht dazu zwingen, euch zu lieben, das hängt von ihnen und nicht von euch ab; aber selbst zu lieben, hängt nur von euch ab.

Bemüht euch, den ersten Schritt zu tun, auf die anderen zuzugehen. Wartet nicht, dass immer sie beginnen, weil ihr glaubt, ihre Liebe verdient zu haben. Liebt, dann werdet ihr glücklich. Wenn die anderen in euch dieses Glück spüren, das durch eure Liebe entsteht, dieses Glück, das sich durch ein Licht und durch eine Wärme offenbart, dann werdet ihr sehen, dass auch sie beginnen, euch zu lieben.

Es gibt immer etwas Neues zu lernen, immer Anstrengungen zu machen; unter dieser Bedingung bleibt man jung und lebendig.

In der heutigen Zeit entstehen in den reichen Industrieländern Krankheiten, die früher unbekannt waren und dies trotz der riesigen Fortschritte in der Medizin. Warum? Und warum leiden so viele Menschen unter Depressionen, Ängsten und nervlichen Störungen? Weil die Menschen, obwohl sie arbeiten, immer ein komfortables Leben, voller Leichtigkeit und Vergnügen, zum Ideal haben. Doch in der Natur steht das Programm eines leichten Lebens nirgends geschrieben. Der Komfort, die Leichtigkeit, die Suche nach Vergnügen bringen Keime von Krankheiten in den Menschen hinein und zerstören das Leben selbst. Die Zellen werden faul, sie scheiden keine Unreinheiten mehr aus, sie lassen sich vergiften und der Organismus verliert seine Widerstandfähigkeit. Misstraut dem Komfort, der Leichtigkeit und den Vergnügungen, vertreibt dieses Ideal aus eurem Kopf, denn in Wirklichkeit trägt es den Tod in sich.

Die Wälder, Berge, Seen und Meere, alles, was wir in der Natur sehen, ist nur ihre äußere Hülle, ihr physischer Körper. Wir müssen uns bemühen, darüber hinauszugehen, um ihren ätherischen Körper mit seinen Schwingungen, Ausstrahlungen und Strömungen zu entdecken.

Aber in Wirklichkeit genügt es nicht, sich nur mit dem ätherischen Körper der Natur zu befassen, man muss noch weitergehen. Das ist es, was man die Schüler in den Einweihungen der Antike lehrte: »den Schleier der Isis zu heben«. Die Göttin Isis ist in der ägyptischen Religion die Gemahlin von Gott Osiris. In dieser großen weiblichen Gestalt haben die Eingeweihten ein Symbol der ursprünglichen Natur gesehen, aus der alle Wesen und Elemente der Schöpfung hervorgegangen sind. Diese für den gewöhnlichen Menschen undurchdringliche Natur ist für die Eingeweihten zum wichtigsten Studienobjekt geworden. Sie wollen sie kennenlernen und bemühen sich zu diesem Zweck, alle von ihr erzeugten Lebensformen, durch die sie sich offenbart, zu verstehen.

Wenn man wirklich das Bedürfnis hat, von den anderen verstanden und geschätzt zu werden, so ist es besser, die, von denen man diese Wertschätzung erhalten möchte, sorgfältig auszuwählen. Ihr sagt: »Ach, das wissen wir.« Seid ihr da so sicher? Seid ihr sicher, dass ihr niemals irgendetwas entgegen Güte und Gerechtigkeit tut, um die Anerkennung und den Beifall der Leute auf euch zu ziehen?

Wenn ihr bei Spott und Kritik mitmacht, was tut ihr dann? Im Grunde eurer selbst wisst ihr genau, dass diese Spöttelei und Kritik oft sehr übertrieben wird, aber um den anderen zu gefallen, um sie zum Lachen zu bringen, gebt ihr euren Beitrag dazu. Ja, und im Bereich der Kunst und auch in der Politik; wie viele schaden sich da selbst, um Erfolg zu haben! Sie trachten nicht danach, von den Weisen geschätzt zu werden, das ist uninteressant, denn die sind so gering an der Zahl! Da hätten sie nur ein ganz mageres Publikum oder nur sehr wenige Wählerstimmen. Aber lohnt es, für diese Art von Erfolg sich selbst zu schaden?

Die Alchimisten sagen, um Gold herzustellen müsse man als Ausgangspunkt, gleich einem Samen, wenigstens ein Goldatom besitzen, denn in der Natur kann sich nichts ohne einen Samen fortpflanzen. Der alchimistische Prozess ist also ähnlich wie das Wachstum oder die Vermehrung eines Samenkorns. Ein Weizenkorn ergibt zunächst eine Ähre, aber eines Tages entsteht daraus ein ganzes Weizenfeld! Genauso kann sich für den, der das Geheimnis kennt, ein Goldkorn bis zur Unendlichkeit »vervielfältigen«. Auch wir besitzen dieses Goldkorn, diesen göttlichen Keim, den der Schöpfer uns geschenkt hat. Da Er ihn uns nun einmal geschenkt hat, hat nichts und niemand die Macht, ihn uns wegzunehmen und wir können ihn auch durch nichts verlieren. Aber es ist an uns, bewusst zu werden, dass dieser Keim existiert und ihn zu erwecken, zu beleben, damit er sich zu einem Baum, zu einem Tempel, zum Neuen Jerusalem, zum Christuskind, entwickelt. So viele Bilder und Symbole haben bereits dazu gedient, diese Tatsache zu vermitteln! Alle Menschen besitzen diesen Samen. An dem Tag, an dem sie wissen, wie und wo sie ihn suchen müssen, um mit ihm zu arbeiten, werden die Worte »Leben« und »Auferstehung« einen wirklichen Sinn für sie erhalten.

Sich auf eine großartige, göttliche Unternehmung einzulassen und fähig zu sein, sie ohne zu straucheln bis zum Ziel fortzusetzen, ist eine der seltensten Eigenschaften. Deshalb ist eine Gemeinschaft, eine spirituelle Bruderschaft nötig, ja sogar unverzichtbar, damit die Menschen sich gut weiterentwickeln können. Sie gibt ihnen die besten Bedingungen, um in ihren Anstrengungen beharrlich zu bleiben.

Ihr seid inspiriert von einem Buch, das ihr gelesen habt und ihr beschließt, eure Lebensweise zu verbessern und einige Übungen zu machen; aber wenn ihr alleine seid, werdet ihr nach einer gewissen Zeit sicher eure Anstrengungen unterbrechen, weil euch nichts mehr stimuliert. In einer Gemeinschaft, einer spirituellen Bruderschaft hingegen, werdet ihr, selbst wenn ihr müde, entmutigt seid und alles aufgeben wollt, von der Stimmung und vom Beispiel der anderen beeinflusst und aufs Neue mitgerissen. So setzt ihr eure Arbeit fort.

Die spirituelle Praxis wird euch nicht von allen Übeln befreien. Es ist gut, wenn man sich auf dem richtigen Weg befindet, aber es bedeutet nicht, dass man bereits am Ziel angekommen ist. Je mehr ihr euch reinigt und in Harmonie mit der Welt des Lichts lebt, desto mehr werden auf der einen Seite tatsächlich bestimmte Arten des Leidens verschwinden. Aber deshalb werden die Konsequenzen bereits begangener Übertretungen aus diesem Leben oder aus früheren Leben nicht plötzlich ausgelöscht.

Seid also nicht erstaunt, wenn euch bestimmte Leiden nicht verlassen, obwohl ihr eine neue Richtung eingeschlagen habt. Vereinfacht kann man sagen, dass sich die guten Taten in dem einen und die schlechten Taten in einem anderen Gefäß ansammeln. Für unsere schlechten Taten müssen wir Sanktionen erhalten und für unsere guten Taten bekommen wir Belohnungen. Wir durchlaufen also Ereignisse sowie psychische und physische Zustände, die die Konsequenzen unseres mehr oder weniger weit zurückliegenden Verhaltens sind.

Das Salz ist ein täglicher Teil unserer Nahrung. Man stellt es auf den Tisch wie Wasser und Brot und dies erscheint einem völlig natürlich. Doch von wie vielen Ereignissen war sein Weg in der Geschichte gesäumt, seitdem es im Urozean erschien, aus dem nach und nach die Erde auftauchte! Das Salz ist von unserem Ursprung nicht zu trennen. Es ist für uns lebensnotwendig. Und es gibt nicht nur unseren Lebensmitteln Geschmack und macht sie haltbar. Denkt ihr an das Salz, während ihr es in eine Speise oder auf euren Teller streut? Ihr kostet ein wenig, um zu prüfen, ob es genug hat und eure Zunge antwortet euch, während euer Kopf woanders ist.

Doch glaubt ihr nicht, dass es an der Zeit ist, diesen Brief, den der Schöpfer euch durch das Salz geschickt hat, zu entziffern? Welch langen Weg hat es durchlaufen, aus dem Meer, von den Sonnenstrahlen getrocknet, bis es bei euch, auf eurem Tisch landete! Und jetzt, da ihr es in euch aufnehmt, könnt ihr auch seine symbolische Bedeutung vertiefen und über die Worte Jesu: »Ihr seid das Salz der Erde« (Mt 5,13) meditieren.

Genauso wie die Gesundheit das Resultat einer Übereinstimmung zwischen den verschiedenen Teilen unseres physischen Körpers ist, ist der Friede das Resultat einer Übereinstimmung zwischen den verschiedenen Prinzipien, aus denen der psychische Organismus aufgebaut ist, also zwischen Geist, Seele, Verstand, Herz und Willen. Wenn es so schwierig ist, den Frieden zu erreichen, so gerade deshalb, weil diese Prinzipien nur selten in Übereinstimmung stehen. Jener Mensch hat klare und weise Gedanken, aber sein Herz, in das sich leidenschaftliche Gefühle eingeschlichen haben, drängt ihn dazu, törichte Dinge zu tun. Oder er hat wunderbare Wünsche, aber sein Wille ist gelähmt, usw. Wie kann er inmitten dieser Widersprüche den Frieden finden?

Solange man nicht begriffen hat, dass er eine Folge, eine Konsequenz ist, wird man nie wissen, was der Friede ist und man wird ihn noch viel weniger verwirklichen können. Ja, der Friede ist in erster Linie ein Bewusstseinszustand, der beinhaltet, dass alle Funktionen, alle physischen und psychischen Aktivitäten des Menschen vollkommen ausgeglichen und harmonisiert sind.

Anstatt überall unbeteiligt oder mit kritischem Geist herumzulaufen, versucht der Schüler einer Einweihungsschule, jede ihm begegnende Person zu verstehen: ihre Bedürfnisse, ihre Schwächen, ihre Schwierigkeiten. Wenn er sieht, wie viele verzweifelte, bedrückte Geschöpfe es gibt, die vergebens versuchen, sich aufzurichten, wird sein Herz von Liebe und Mitgefühl überflutet. Er stellt sich die Frage: »Wie kann ich nur meinem leidenden Bruder, meiner unglücklichen Schwester helfen?« Dann wird er sich all der Schätze bewusst, die in ihm seit Jahrtausenden angehäuft liegen und die schon fast vermodert wären, weil sie so lange vergessen waren; er beginnt daraus zu schöpfen, um sie zu verteilen und entdeckt dabei, wie sehr er dadurch auch selbst bereichert wird.

Wie oft konntet ihr im täglichen Leben feststellen, dass es euch an Geduld mangelt! Und dieser Mangel an Geduld schadet der Manifestation all euerer guten Eigenschaften. Bemüht euch also, jeden Tag ein wenig mehr von dieser Fähigkeit des Ertragens zu erlangen. Das heißt, anstatt sofort auf die Worte und Ereignisse zu reagieren, lasst Stille in euch einkehren, atmet tief, um alle Mächte des Friedens, der Harmonie und des Lichts herbeizurufen. Sie werden euch helfen, die beste Haltung zu finden.

Es ist so wichtig, mit der Atmung zu arbeiten! Deswegen könnt ihr am Morgen, wenn ihr die Atemübungen macht, innerlich das Wort »Geduld« wiederholen und euch dabei von seinem Sinn, seinen Schwingungen und seiner Aura durchdringen lassen. Wenn ihr das Wort aussprecht, so fügt ihm ein Bild bei, das seine Wirkung verstärkt. Auf diese Weise wird diese Tugend schließlich in euer ganzes Bewusstsein einziehen.

6. April

Viele halten die Werke der Mystiker oder Poeten lediglich für Trugbilder. Nein, jene Mystiker und Poeten haben nur eine andere Dimension der Wirklichkeit betreten. Diese andere Dimension kann man Traum nennen, unter der Voraussetzung, dass man sie nicht verwechselt mit dem einfachen Umherschweifen der Fantasie oder mit den Abenteuern, die wir im Schlaf erleben. Der Traum, wie ihn die Einweihungswissenschaft versteht, ist der Keim jeglicher Wirklichkeit. Die materielle, physische Welt ist nur die Kristallisation eines Traumbildes und selbst wenn sie verschwände, würde doch das Traumbild weiter bestehen, weil nur es wirklich ist: Es erzeugt alle wahrnehmbaren Formen. Versucht jeden Tag, die Pforten dieser Art des Traumes bewusst zu öffnen. Gerade im Traum werdet ihr jene Elemente finden, die unabdinglich sind, um euer Leben neu zu erbauen und ihm einen Sinn zu geben. Dann wird selbst euer Gesicht etwas von jener Welt des Lichts, der Schönheit und der ungetrübten Freude widerspiegeln. Das ist das wahre Leben.

Der Mensch neigt natürlicherweise dazu, das Vergnügen zu suchen, dies ist wohlbekannt und auch normal. Aber soll er dieser Anwandlung seiner Natur, die ihn dazu drängt, seine instinktiven Bedürfnisse zu befriedigen, vertrauen? Soll er ihr nachgeben, ohne sich zu fragen, wohin sie ihn führen wird? Manche finden Vergnügen darin, maßlos zu essen oder zu trinken, die anderen anzugreifen, ihnen alles wegzunehmen und das, was sie stört, zu zerstören. Man kann wohl verstehen, dass sie dabei Vergnügen empfinden, die Natur ist so reich an Möglichkeiten! Aber wenn sie nicht richtig gelenkt und von keiner Weisheit oder Überlegung beherrscht wird, ist die Neigung zum Vergnügen nicht absolut gerechtfertigt. In ihrem Schwung hat sie eine gewisse Rechtfertigung, aber nicht in ihrer Ausführung und man darf ihr nicht die Freiheit gewähren, sich unkontrolliert zu realisieren. Alle Bedürfnisse sind großartige Impulse und Kräfte; sie haben an sich nichts Schlechtes; sie werden jedoch schlecht, wenn die Weisheit nicht eingreift, um ihr Wort mitzureden.

Die wahre Liebe ist eine Offenbarung von Gott Selbst, von Seiner Unendlichkeit, Seiner Allmacht. Um diese Liebe, diese Kraft, diese Schwingung, die die Materie beherrscht, zu erlangen, müsst ihr euch bemühen, mit dem geliebten Wesen nur Lichtteilchen auszutauschen. Wenn zwei Personen füreinander eine sehr hohe Liebe empfinden, wenn sie sich um ihrer Seele, um ihres Geistes willen lieben, dann genügt ihnen ein Blick, um in Entzücken, in Ekstase zu kommen. Es heißt in der Einweihungswissenschaft, dass wenn Mann und Frau in einer fernen Zukunft ein Kind zur Welt bringen wollen, sie sich nur umarmen und sich dabei betrachten, als wollten sie sich den Himmel schenken. Ihr Denken wird so konzentriert und ihre Liebe so intensiv sein, dass sich kurze Zeit später ein Geistwesen bei ihnen inkarniert. Sein Körper wird aus den reinen, lichtvollen Teilchen bestehen, die ihm seine Eltern einzig durch ihre Ausstrahlungen übermitteln. Es handelt sich hier natürlich um eine sehr ferne Zukunft, aber diese Entwicklung gehört zu den Plänen der kosmischen Intelligenz.

Wenn ihr im Familienkreis, mit Freunden oder auch alleine esst, denkt ihr dann daran, mit den Gegenständen, die ihr benützt, keinen Lärm zu machen? Ihr sagt: »Warum diese Frage?« Weil das wichtig ist. Wenn ihr auf eure Bewegungen achtet, während ihr Löffel, Gabeln, Messer, Teller, Schüsseln, Gläser und Flaschen verstellt, so entwickelt ihr Qualitäten der Aufmerksamkeit, der Präzision, der Voraussicht, die ihr anschließend während eures ganzen Lebens gebrauchen könnt.

Beginnt also damit, die Selbstbeherrschung in solch einfachen Situationen zu üben, sonst werdet ihr weiterhin, euer ganzes Leben lang, Fehler begehen, Menschen oder Dinge anstoßen und ungeschickte Worte aussprechen, was dazu führt, dass ihr Freundschaften verliert und sich vor euch Türen verschließen. Nutzt die Zeit während der Mahlzeiten, um die Achtsamkeit und die Beherrschung eurer Gesten zu lernen. Ihr erweckt auf diese Weise innere Fähigkeiten, die euch später erlauben, viele schwierige Situationen zu meistern.

10. April

Für jene, die den spirituellen Weg eingeschlagen haben, besteht die größte Schwierigkeit nicht so sehr darin, zu einem höheren Bewusstseinszustand zu gelangen, sondern ihn aufrechtzuerhalten. Einen Tag tragen sie einen Sieg davon und am nächsten Tag lassen sie sich ein wenig gehen, weil die äußeren oder inneren Bedingungen sich geändert haben.

Man muss wissen, dass es fast unmöglich ist, sich in endgültiger und beständiger Weise auf den Höhen des spirituellen Lebens zu halten. Die Beständigkeit ist der Höhepunkt der Einweihung. Es ist der Moment, in dem der Jünger endlich, wie der Hierophant im alten Ägypten, sagen kann: »Ich bin beständig, Sohn des Beständigen, gezeugt und empfangen im Territorium der Beständigkeit.« Das Territorium der Beständigkeit ist die Sephira Binah*, die Region der Vierundzwanzig Ältesten. Verbindet euch mit dieser Sephira – selbst wenn die Beständigkeit ein unerreichbarer Gipfel ist – sie wird euch helfen, ihm näher zu kommen.

* Siehe Abbildung und Anmerkung auf Seite 394-395.

11. April

Warum ist der Mensch zum Besten und zum Schlimmsten fähig? Weil er durch sein Bewusstsein zwischen die niedere und die höhere Welt gestellt ist. Wenn er nicht wachsam ist, wenn sein Bewusstsein nicht erweckt ist, fangen die finsteren Kräfte an, die Oberhand zu gewinnen. Und wenn er sich im Gegenteil mit den Kräften der höheren Welt verbindet, wird er zum Kanal mächtiger, segensreicher Ströme.

Wenn er das weiß, muss jeder Mensch verstehen, wie wichtig seine Rolle im Universum ist, denn es hängt von ihm ab, ob sich die Tore des Himmels oder die der Hölle öffnen. Ja, da er an der Grenze der zwei Welten steht, hängt es von ihm, von seiner Haltung ab, ob sich das Gute oder das Böse auf der Erde manifestiert. Genauso wie die Sonne das Tor der göttlichen Kräfte im Sonnensystem ist, ist der Mensch das Tor für die Sonnenkräfte auf der Erde. Die Rolle, die er im Universum zu spielen hat, ist also immens.

Die Einweihungswissenschaft erklärt, dass die Geister des Bösen die Menschen überfallen, indem sie sie mit dichten fluidischen Schichten, die wie schwarze Wolken sind, umhüllen; richtet man jedoch die Spitze einer Klinge auf sie, lösen sich diese Schichten auf und die dunklen Wesenheiten ergreifen die Flucht. Man sagt, Paracelsus habe ein Schwert besessen, dessen er sich bediente, um die Ströme aus Hass, die ihn verfolgten, abzuwehren. Seine Wissenschaft, seine Kenntnisse und auch sein Charakter hatten ihm viele Feinde beschert, die nach seinem Untergang trachteten. Wenn er sich also im Unsichtbaren von den dunklen Kräften, die sie auf ihn schleuderten, angegriffen fühlte, schwang er sein Schwert in alle Richtungen.

Es genügt natürlich nicht, eine Waffe zu schwingen, um sich von dunklen Wesenheiten zu befreien, man muss diese Waffe bereits in sich selbst besitzen: einen geübten Willen, der von klaren, mächtigen Gedanken gelenkt und von einem Gefühl selbstloser Liebe unterstützt wird. Ja, die materiellen Waffen sind im spirituellen Leben nicht sehr hilfreich und ich rate euch nicht, sie zu verwenden. Um die wahren Siege davonzutragen, müsst ihr mit eurem Verstand, eurem Herzen und eurem Willen arbeiten.

Zum Beginn der Schöpfung sprach Gott: »Es werde Licht!« Aus diesem Licht machte Er die Materie des Universums. Am Morgen, beim Sonnenaufgang, haben wir, dank dem in der Luft enthaltenen »Prana«, die Möglichkeit, in uns dieses lebendige Licht zu intensivieren. Das Prana ist eine überall in der Natur, in der Erde, im Wasser, in der Luft und im Feuer verbreitete Energie; es wird jedoch vor allem von den Sonnenstrahlen gebracht und wir können es durch die Atmung auffangen und in uns aufnehmen.

Jedes Pranateilchen ist wie ein kristallklarer Wassertropfen, eine kleine, mit Licht gefüllte, schwebende Kugel. Wenn wir uns auf die Sonne konzentrieren, nehmen wir durch die Atmung einige dieser Kugeln, dieser subtilen Teilchen auf und stärken auf diese Weise unseren physischen, aber auch unseren psychischen Organismus.

14. April

Die Reise, die wir vor langer Zeit angetreten haben, endet nicht mit unserem gegenwärtigen Leben. Dieses Leben ist nur eine Etappe auf dem Weg, den alle aus dem Schoß Gottes hervorgegangenen Wesen durchlaufen müssen. Wie viele unterschiedliche Regionen werden sie besuchen müssen, bis sie eines Tages zur Quelle zurückkehren!

Wir dürfen nicht vergessen, dass wir auf der Erde nur Reisende sind. Doch selbst unter den Spiritualisten sind nur sehr wenige in der Lage, diesen Gedanken ständig innerlich präsent zu halten: dass sie nämlich Reisende sind, die nirgends stehen bleiben dürfen, um Wurzeln zu schlagen. Der zurückzulegende Weg ist lang, sehr lang; ihr müsst ständig beobachten, studieren, Schlüsse ziehen, um in der richtigen Richtung weiterzugehen. Und, um den Mut nicht zu verlieren, solltet ihr die Augen auf zu erreichende Ziel gerichtet halten.

Die erhellende Weisheit erlaubt uns, das Gute vom Bösen zu unterscheiden und so Maßnahmen zu ergreifen, um das Böse abzuwehren. Wenn wir jedoch immer nur die Weisheit zu Hilfe rufen, bleiben sogar unsere Freunde nicht lange bei uns. Natürlich wirkt die Weisheit anziehend, weil sie strahlt und von ferne gesehen wird, aber sie ist kalt und die Leute bleiben nicht gerne bei einem kalten Licht. Deshalb verweilen die Weisen oft in der Einsamkeit, während die weniger weisen, dafür aber warmherzigen Menschen von Freunden umgeben sind. Was sollen wir also tun? Soll man sich entscheiden, die Weisheit zu vernachlässigen, um nicht alleine zu bleiben? Nein, natürlich nicht, denn derjenige, der sich nur von der Liebe leiten lässt, läuft Gefahr, ständig belagert zu werden und wird am Ende aufgefressen.

Die Liebe knüpft und die Weisheit löst Bindungen. Deshalb muss man lernen, die beiden Ströme in sich zu harmonisieren. Man muss wissen, wann es vorzuziehen ist, die Liebe zu offenbaren und wann die Weisheit.

Christus, die zweite Seite von Gott Selbst, hat niemals einen physischen Körper angenommen, er tritt nur in jene Seelen und Geister ein, die bereit sind, ihn zu empfangen und mit ihm zu verschmelzen. Jesus, wie alle anderen großen Meister und Religionsgründer der Menschheit auch, musste also einen langen Weg durchlaufen, bevor dieser Geist in ihn herabstieg. Er wurde nicht Jesus Christus genannt, weil er Christus selbst war, sondern weil er Christus empfangen hat. Man kann sagen, Jesus war Gott, aber in dem gleichen Sinne wie wir, die Tiere, Bäume, Steine, Sterne… ebenfalls Gott sind. Da alles Existierende aus der göttlichen Substanz hervorgegangen ist, ist in diesem Sinne alles Gott. Der einzige Unterschied liegt im Bewusstsein und Jesus hatte das höchste Bewusstsein von der Gegenwart Gottes in sich. Dieses Bewusstsein müssen wir also entwickeln, bis wir mit der Gottheit verschmelzen und eines Tages wie Jesus sagen können: »Ich und der Vater sind eins« (Jh 10,30).

Obwohl sie ihr Leben der Suche nach der Wahrheit gewidmet haben, obwohl sie die deutlichsten Beweise ihrer Selbstlosigkeit, Größe und Güte gebracht haben, werden die Eingeweihten und großen Meister oft als Personen mit merkwürdigen Ideen betrachtet; die gewöhnlichen Leute hingegen, die sich damit zufriedengeben, dahinzuvegetieren, werden als normal betrachtet und als Vorbild gewählt! Doch was sagt das Buch der lebendigen Natur zu diesem Thema?

Hier ein Beispiel unter vielen anderen: Wenn die Sonne am Morgen aufgeht, welche Gegenden der Erde empfangen ihre Strahlen als erste? Die Täler oder die Berggipfel? Nun ja, es sind die Berggipfel. Es sind also die reinsten, edelsten und lichtvollsten Wesen, die als Erste die Wahrheiten entdecken. Und bei den gewöhnlichen Leuten weiß man nicht, wie viele Jahrhunderte später sie ein bisschen empfangen werden.

Weil das Leben in ihm von den unterirdischen Wurzelspitzen bis hin zu den höchsten, dem Himmel zustrebenden Ästen strömt, ist der Baum zweifellos die beste Darstellung von der Einheit der Schöpfung.

Aber die Eingeweihten haben diese Einheit auch durch das Symbol der sich in den Schwanz beißenden Schlange ausgedrückt. Der Kopf entspricht der Welt des Geistes und der Schwanz der materiellen Welt. Geist und Materie sind die beiden Aspekte Gottes, der sich in Seiner ganzen Schöpfung offenbart und in ihr wirkt. Nichts von dem, was wir sehen, ist von Gott getrennt: Er stellt die Ganzheit dar und wir sind irgendwo in Ihm wie Zellen Seines immensen Körpers. Und weil auch wir Geist und Materie sind, müssen wir uns bemühen, unserer Materie unablässig das ewig sich erneuernde Leben des Geistes einzuhauchen.

19. April

Nichts von dem, was wir besitzen, und auch keines der Wesen, die uns wichtig sind, gehört uns wirklich und endgültig. Jeden Augenblick laufen wir Gefahr, sie zu verlieren und im Moment, da wir sie verlieren, sind wir gezwungen, all unsere inneren Kräfte herbeizurufen, damit sie uns helfen, diesen Verlust zu ertragen. Diese Kräfte befinden sich im Licht, in der selbstlosen Liebe, in der Demut, im Opfer. Warum sie also nicht sofort und bewusst suchen?

Wenn alles gut läuft, ist es schwierig, die Menschen davon zu überzeugen, dass sie sich auf das Wesentliche konzentrieren sollten, um an dem Tag, an dem die Prüfungen kommen, bereit zu sein. Denn sie werden kommen, das ist sicher, sie bleiben niemandem erspart. Wartet also nicht, bis ihr krank seid, im Elend oder Unglück steckt, um eine spirituelle Ausrichtung zu suchen. Wenn ihr bereits gut gerüstet seid, werdet ihr die Prüfungen nicht nur überwinden, sondern ihr werdet gestärkt aus ihnen hervorgehen.

Indem ihr über heilige Bilder und Symbole meditiert, erreicht ihr einen bestimmten inneren Zustand, der euch mit den Wesen der unsichtbaren Welt in Verbindung bringt. Die Magie, die natürliche Magie, wie sie in der Überlieferung genannt wird, gründet auf diesem Prinzip der Beziehungen, die man zwischen den Gegenständen der materiellen Ebene und den Wesen der spirituellen Welt knüpfen kann. Darin unterscheidet sie sich von der göttlichen Magie, der Theurgie, die nur mit Namen und Zahlen, also mit Prinzipien, arbeitet.

Es ist nicht nötig, eine materielle Stütze zu haben, um mit den himmlischen Wesen in Kontakt zu treten, die Eingeweihten brauchen dies nicht mehr. Aber das ist ein langer Lernprozess. Wir beginnen damit, die Dinge zu berühren, sie zu kosten, danach können wir sie atmen, sie hören, sie sehen; und erst am Ende gelingt es uns, sie zu fühlen, sie zu verstehen. Mit der Empfindung und dem Verstehen betritt man die spirituelle Welt.

Wenn ihr sowohl den Glauben, als auch die Geduld in euch nährt, um die begonnene Arbeit fortzusetzen, so werdet ihr all eure spirituellen Sehnsüchte konkretisieren können. Jemand sagt: »Aber ich wünsche seit Jahren so viele Dinge, die sich nicht verwirklichen!« Das kommt daher, dass Sie nicht wissen, wie Sie arbeiten sollen oder dass Ihre Wünsche aus bestimmten Gründen noch nicht erhört werden können.

Wenn eure Wünsche die Gemeinschaft, die gesamte Menschheit betreffen, so sind sie ganz offensichtlich viel schwieriger zu verwirklichen, als wenn sie nur euch alleine betreffen. Ihr wünscht den Frieden in der Welt, aber wie viele Leute wünschen gleichzeitig den Krieg! Und so widersetzt sich ihr Wunsch natürlich der Verwirklichung eures Wunsches. Wenn man daher für den Frieden in der Welt, für das Wohl der ganzen Menschheit arbeiten möchte, so braucht es viel mehr Menschen, viel mehr Kräfte und viel mehr Zeit, denn dies ist ein gigantisches Unterfangen, das sehr viel Ausdauer erfordert. Aber es ist nicht unmöglich. Der Friede würde sich auf Erden verwirklichen, wenn zahlreiche spirituelle Bruderschaften in der Welt entstehen würden, um sich dieser Arbeit zu widmen.

22. April

Die Menschen sind so sehr damit beschäftigt, ihre materiellen und körperlichen Bedürfnisse zu befriedigen, dass sie nicht einmal mehr die innere Anwesenheit einer anderen Welt spüren; ihre Seele, ihr Geist sind für sie zu einem fremden Land geworden. Selbst wenn sie erwähnt werden, sind diese Worte für sie ohne Sinn, sie sagen ihnen nichts und so irren sie wie arme Unglückliche in dürren, unfruchtbaren Regionen herum…

Wer aus dieser elenden Situation herauskommen möchte, der muss sein Möglichstes tun, um die Natur seiner Bedürfnisse zu ändern und den Sinn seines Lebens in den subtilen Regionen der Seele und des Geistes zu suchen. Erst wenn man diese Regionen erreicht hat, lebt man endlich das wahre Leben. In einem seiner Lieder spricht der Meister Peter Deunov von einem wunderbaren Land in dem »die Bäche fließen, die Blumen erblühen, die Früchte reifen, ein Land, in dem die Vögel in himmlischer Harmonie singen, und in dem alle Menschen als Brüder leben«… Ihr sagt, dieses wunderbare Land sei unerreichbar… Nein, es befindet sich in der menschlichen Seele.

Die Anstrengungen, die ihr auf der spirituellen Ebene unternehmt, sind niemals vergebens. Wenn es euch nur gelungen ist, bestimmte Schwächen zu besiegen, bestimmte Qualitäten zu erlangen, ist es schon, als hättet ihr in euch neue Muster, neue Prägungen gelegt und ihr werdet euch mit diesen letzten Prägungen wieder inkarnieren. Der neue physische Körper, den ihr bekommen werdet, wird ebenfalls nach dem von euch erreichten Grad der Vervollkommnung gestaltet sein, denn die Anstrengungen, die ihr gemacht habt, um eure feinstofflichen Körper zu reinigen, erzeugen Veränderungen bis in euren physischen Körper hinein: Er wird widerstandsfähiger und ist besser in der Lage, die Impulse der geistigen Welt zu empfangen und ihnen in allem, was ihr tut, einen konkreten Ausdruck zu verleihen.

Die einzige Arbeit, die für die Ewigkeit Früchte trägt, ist, aus seinem Körper einen Tempel des Herrn zu machen.

Wer hat noch nicht von den unendlichen Kämpfen gehört, die ein Raucher oder Alkoholiker austragen muss, wenn er sich von seinen unseligen Gewohnheiten befreien will? Warum dieser Kampf? Weil die Gewohnheiten Verbindungen sind, die man mit den Zellen, diesen lebendigen Wesen, geschaffen hat und es ist schwierig, diese Verbindung zu durchtrennen – sie akzeptieren das nicht. Das ist genauso als wolle man sich von einem Mann oder von einer Frau scheiden lassen, der bzw. die die Trennung verweigert. Der Entschluss, etwas zu ändern, ist ein heldenhaftes Unterfangen.

Tabak, Alkohol und Drogen sind Beispiele, die jeder leicht begreift. Aber das Gleiche gilt für alle schlechten Eigenschaften und Neigungen. Fehler, Laster, wie auch Krankheiten sind mit einem Eigenwillen ausgestattete Wesenheiten und leisten deshalb Widerstand.

25. April

Nichts in der Welt ist bedeutsamer, als die Begegnung der beiden Prinzipien Männlich und Weiblich. Weder Männer noch Frauen können daran zweifeln, dass die beiden Prinzipien, die sie darstellen, mächtig und wirksam sind, und dass sie sich gegenseitig beeinflussen, mit dem Ziel, etwas zu erschaffen. Was sie jedoch nicht wissen, ist, welche Haltung sie haben sollten und in welcher Weise sie sich betrachten sollten, um in Harmonie, Schönheit und Fülle zu leben, anstatt ständig Unordnungen, Enttäuschungen und Tragödien zu provozieren.

Das gesamte Universum ist in Bewegung dank der Kräfte, die von den beiden Prinzipien Männlich und Weiblich, ausgehen, wenn sie zusammengebracht werden. Werden diese Kräfte richtig gelenkt, so können sie derart mächtige Lichtstrahlen aussenden, dass dadurch Phänomene von kosmischer Bedeutung entstehen.

Da wir nun einmal auf die Erde herabgekommen sind, müssen wir zwangsläufig ihre Gesetze ertragen, indem wir die besten Möglichkeiten suchen, um uns zu offenbaren. Niemand kann den Gesetzen der Erde entkommen.

Ihr sagt: »Und was ist mit den sehr weit entwickelten Wesen, den Eingeweihten und großen Meistern?« Auch sie nicht. Sie kommen mit den Düften des Himmels durchtränkt hier an, aber die Erde ist eine völlig andere Welt. Oben in den feinstofflichen Ebenen ist die Materie gehorsam, formbar, sie unterwirft sich den kleinsten Gedanken und Wünschen. Aber die Materie, in der wir hier leben, leistet den größten Widerstand. Indem sie uns auf die Erde herabkommen ließ, auf der wir immer Prüfungen zu bestehen haben, gibt uns die kosmische Intelligenz die Möglichkeit, uns hier, in der Materie zu entfalten. Denn die Hindernisse und Prüfungen sind auch Materie, eine Form von Materie.

Wenn man beginnt, ernsthaft eine spirituelle Lehre zu studieren, zu meditieren und zu beten, dann sieht man die Wirklichkeit in einem anderen Licht, weil es einem gelingt, mehr Abstand zu wahren. Man ist nicht nur weniger von den Schwächen und Mängeln der anderen besessen, sondern man entdeckt bei ihnen auch Qualitäten, die man zuvor nie bemerkt hatte.

Das Paradies auf Erden gibt es nicht und ihr werdet überall, wo ihr hingeht, auch an dem besten Ort, unvollkommene Menschen vorfinden und Grund zum Klagen haben. Wenn ihr nur das sehen wollt, findet ihr natürlich jeden Tag etwas, um euch zu ärgern und um zu leiden. Ja, aber das Wesensmerkmal des Menschen ist seine Fähigkeit, nie den Umständen unterworfen zu bleiben. Sein inneres Leben ist ein weiter Raum, den er ständig gestalten kann.

Ein Krieg bricht aus, und noch einer und dann noch ein anderer, an den verschiedensten Orten der Welt und alle klagen und fragen sich, warum diese Kriege sein müssen. Ganz einfach, weil die Menschen nicht wissen, wie sie von den guten Bedingungen, die der Friede ihnen bietet, profitieren können. Es braucht ein großes Wissen, um herauszufinden, womit man sich in friedlichen Zeiten beschäftigen soll.

Aber in Wahrheit führen die Menschen auch in Friedenszeiten weiterhin Krieg; in allen Bereichen treffen sie ständig aufeinander: In der Politik, im Handel, bei den Finanzen, in der Religion und auch in der Familie gibt es Fronten und regelrechte Schlachtfelder. Da ist es nicht verwunderlich, wenn anschließend überall bewaffnete Konflikte ausbrechen, die so viel Leid bewirken! Und dann fleht man den Herrn an, Er möge diese Kriege beenden und den Frieden bringen. Aber sagt mir doch einmal, was der Herr damit zu tun hat. Die Menschen muss man bitten, in sich selbst die Mittel zu finden, um Frieden zu schaffen.

Der Spiritualist darf die Materie nicht verachten, sondern er soll in sie herabsteigen, um sie zu beleben und zu organisieren. Und mit »Materie« ist hier auch der physische Körper gemeint. Wenn wir ihn vernachlässigen, unter dem Vorwand, uns den edlen Funktionen des Verstandes, des Geistes zu widmen, wird es auch mit diesen Funktionen schließlich bergab gehen.

Man darf den physischen Körper nicht in den Zustand eines verlassenen Hauses bringen, das am Ende nur noch von Insekten und Nachtvögeln bewohnt wird. Sein Besitzer muss sich im Gegenteil oft darum kümmern, ihn zu säubern, zu beleben und instandzuhalten. Wenn man mit dieser Absicht in die Materie herabsteigt, ist dies niemals ein Absturz. Man muss eben gerade Abstieg und Absturz gut voneinander unterscheiden lernen. In die Materie herabsteigen ist eine Sache, in sie herabstürzen eine andere. Wir müssen in die Materie herabsteigen mit der Absicht, sie zu beleben und zu erleuchten, damit aus unserem Körper die Wohnstätte des lebendigen Gottes werde.

Im Unterschied zum Baum, dessen Aktivität eine Periodizität aufweist, ist der Fluss ständig am Strömen, obwohl niemals dasselbe Wasser in ihm fließt. Dass es da Ausnahmen gibt, Bäume, die nie ihre Blätter verlieren oder Flüsse, die austrocknen, überfließen oder das Flussbett wechseln, ist eine andere Frage; ich spreche hier ganz allgemein von dem Baum und von dem Fluss als Symbole für unsere inneren Zustände. Symbolisch stellt der Baum den einen und der Fluss den anderen Prozess dar.

Nehmen wir das Beispiel der Liebe. In einem bestimmten Moment ihres Lebens nähern sich alle Menschen einem anderen Menschen; man sagt, sie lieben einander und dank dieser Liebe produzieren sie Blüten und Früchte. Doch was geschieht dann? Sehr oft entfernen sie sich schlussendlich wieder voneinander, sie werden ablehnend und gleichen dann nackten, unfruchtbaren Bäumen, die auf einen neuen Frühling – auf eine neue Liebe – warten müssen, um wieder zu grünen, zu blühen und Früchte zu tragen. Doch dies ist die Liebe der gewöhnlichen Wesen. Bei den entwickelten Wesen, den Eingeweihten, offenbart sich die Liebe wie ein niemals versiegender Fluss; alle Geschöpfe, die an seinen Ufern leben, stillen hier ihren Durst.

Warum verursachen so viele bemerkenswerte Leute schreckliche Feindschaften? Weil die dunklen Kräfte, die sie aus ihrer inneren Welt hinausgeworfen haben, zurückkommen, um sie durch andere Personen, die sich von ihren Qualitäten, Tugenden und Charakterstärken gestört fühlen, anzugreifen. Die Leute, die ein gewöhnliches Leben führen, stören dagegen niemanden und alle sind mit ihnen zufrieden.

Doch selbst wenn es schwierig ist, den äußeren Feinden die Stirn zu bieten, sind diese weniger gefährlich als die inneren Feinde und man sollte sie mit Liebe, Sanftmut und Geduld behandeln. Mit den inneren Feinden hingegen muss man streng, autoritär und unnachgiebig sein. Leider tun die Menschen meist das Gegenteil: Mit ihren inneren Feinden sind sie geduldig und nachsichtig, während sie ihre äußeren Feinde extrem streng behandeln. Da ist es nicht erstaunlich, wenn sie sich weiterhin mit unlösbaren Schwierigkeiten herumschlagen.

Der größte Nutzen eines Meisters besteht darin, dass er die Aufmerksamkeit des Schülers auf das lenkt, was in ihm mangelhaft ist, denn gerade in dem Mangelhaften befindet sich der Ursprung seiner Schwierigkeiten und Leiden. Solange ihr nicht wisst, welches eure Schwachpunkte sind, werdet ihr angegriffen und seid den Feinden ausgeliefert. Um euch verteidigen zu können, müsst ihr lernen, den in einem Fehler, in einer schlechten Angewohnheit, in einer falschen Auffassung verborgenen Feind zu erkennen.

Es gibt nichts Schlimmeres, als nicht zu wissen, woher die Schwierigkeiten, Leiden und Unglücke kommen, denn ihr verschießt euer ganzes Pulver, indem ihr ins Leere zielt; eines Tages habt ihr dann keine Munition mehr, aber der Feind ist noch immer unbesiegt. Versteht also wenigstens, dass euer Meister euer bester Verbündeter ist. Er lehrt euch nicht nur, wo sich der Feind befindet und wie er sich zeigt, sondern er gibt euch auch die Mittel, um zu reagieren. Auf diese Weise werdet ihr früher oder später siegen können.

Wie soll man das Jesuswort: »Bittet, so wird euch gegeben« (Mt 7,7) interpretieren? Es ist die Bestätigung, dass das Beten, das Wünschen, das Beharren die Macht hat, bestimmte Veränderungen, wenigstens in unserem Bewusstsein, zu bewirken. Vielleicht können wir die äußeren Umstände nicht ändern, aber wir können unsere innere Haltung diesen Umständen gegenüber ändern; unsere Art und Weise zu sehen und zu fühlen, damit wir von ihnen nicht mehr so bekümmert und erdrückt werden.

Unsere größte Macht ist nicht auf der physischen, sondern auf der psychischen Ebene. Wie viele Personen, die echten Grund zum Leiden, zum Verzweifeln gehabt hätten, konnten durch das Gebet den Frieden, das Licht und die Freiheit wiederfinden! Und ihr, wie viele negative Bewusstseinszustände könnt ihr verwandeln, dank der Fähigkeit zu bitten, zu beten, die Gott einem jeden gegeben hat!

Es genügt nicht, die Wahrheit zu finden. Man muss ihr auch treu bleiben und ihr mit Zähigkeit, Ausdauer und Geduld zu Diensten stehen, wenn man sie einmal gefunden und verstanden hat. Sonst ist alles nutzlos. Aber wie viele Leute, die behaupten, die Wahrheit in einer Religion oder in einer spirituellen Bewegung gefunden zu haben, begnügen sich damit, den anderen zu predigen oder tun gar nichts mehr! In Wirklichkeit ist das Finden der Wahrheit eine Arbeit ohne Ende, mit der man sich unermüdlich befassen muss, um sie in seinem alltäglichen Leben realisieren zu können.

Leider muss man zugeben, dass die Ausdauer und die Beständigkeit keine unter den Menschen sehr verbreiteten Tugenden sind. Dabei werden in der Einweihung gerade diese Eigenschaften von dem Jünger verlangt. Im alten Ägypten bedeutete es für den Eingeweihten den größten Sieg, wenn er eines Tages sagen konnte: »Ich bin beständig, Sohn des Beständigen, gezeugt und empfangen im Territorium der Beständigkeit.«

Selbst wenn ihr sie noch nicht erleben könnt, solltet ihr doch wissen, dass es höhere Formen der Liebe gibt, nach denen ihr streben solltet, wenn ihr wirklich wollt, dass eure Liebe euch glücklich macht.

Eine Frau kann einem Mann und ein Mann kann einer Frau nicht alles geben. Sie sollten sich also gegenseitig sagen: »Du musst wissen, dass ich dir nicht die Fülle bringen kann, selbst wenn ich dir alles gäbe, was ich habe. Dein Herz ist so weit, dass auch das gesamte Universum es nicht ausfüllen könnte und deine Intelligenz braucht ein Licht, das ich nicht besitze. Gott allein kann dir alles geben. Betrachte mich also lediglich als ein Mittel, um zu Gott zu gelangen. Ich bleibe bei dir, aber das, was du durch mich suchen wirst, ist Gott.« So sollten die Männer und Frauen zueinander sprechen, dann würde die Liebe sie nicht mehr verlassen. Sie würde zu einem dauernden, inneren Bewusstseinszustand, der durch nichts gestört werden könnte. Wenn man die Liebe in dieser Weise als einen Bewusstseinszustand lebt, fühlt man in sich eine beständige Wärme und ein nie verlöschendes Licht.

Die Alchimisten und auch die Chemiker arbeiten mit einem Element, das sie Salz nennen. Doch was die Alchimisten als Salz, Quecksilber oder Schwefel bezeichnen, hat nichts mit den gleichnamigen chemischen Substanzen zu tun. Allein die Entsprechung ist identisch: So wie das Salz in der Chemie das Produkt einer Säure und einer Lauge ist, ist es in der Alchimie das Produkt von Schwefel und Quecksilber.

Überträgt man diese drei Elemente auf die psychische und geistige Ebene, so ist unter Schwefel das männliche Prinzip zu verstehen, welches sich in uns als Geist und Verstand manifestiert; unter Quecksilber ist das weibliche Prinzip zu verstehen, das sich als Seele und Herz offenbart. Das Salz, welches den Willen darstellt, repräsentiert das Gleichgewicht, das idealerweise zwischen den beiden herrschen sollte. Der Wille drückt sich durch Taten aus und durch seine Taten enthüllt der Mensch, wie weit er in der Lage war, die Harmonie zwischen seinem Verstand und seinem Herz, zwischen seinem Geist und seiner Seele, herzustellen.

Ihr seid kein Bergsteiger, wollt aber den Montblanc erklimmen: Ihr wisst, dass ihr einen Führer benötigt. Hier bezweifelt niemand den Nutzen, ja die Notwendigkeit eines Führers. Aber wie viele bilden sich ein, für das spirituelle Leben keinen zu brauchen! Dabei ist das spirituelle Leben ein weitaus riskanteres Abenteuer als eine Bergbesteigung, es gibt dabei eine viel größere Gefahr, sich zu verirren, von Lawinen erfasst zu werden oder in einen Abgrund zu stürzen. Doch eigenartigerweise glauben sie hier, sie bräuchten niemanden und könnten sich ganz alleine durchschlagen!

Heute, da die Spiritualität oder das, was einige Spiritualität nennen, in Mode kommt, muss man nicht erstaunt sein, dass man so viele unausgeglichene, gestörte Leute trifft. Sie wollten sich ohne einen wahren Führer zum Gipfel aufmachen und das konnte nur mit einem Absturz enden.

Es genügt nicht, wenn eine Aktivität euren Wissensdurst stillt, euch Freude macht, euch beruhigt oder entspannt. Ihr solltet in jeder Aktivität eine Gelegenheit suchen, euch zu vervollkommnen, euch innerlich zu befreien. Doch sogar die Art und Weise wie die Menschen die Kunst, die Wissenschaft, aber auch die Religion praktizieren, enthüllt, dass sie darin nicht wirklich ein Mittel zur Vervollkommnung suchen. Ihr fragt: »Aber was bedeutet es, sich zu vervollkommnen und was müssen wir tun, um dahin zu gelangen?« Sich vervollkommnen bedeutet, die Qualität eurer Schwingungen zu verändern, um sie intensiver, das heißt, geistiger zu machen. Alles liegt in der Intensität der Gedanken, der Gefühle und des Lebens. So enthüllt es uns die Einweihungswissenschaft. Wenn es dem Menschen gelingt, dieses intensive Leben zu leben, werden all seine Aktivitäten, seien sie physisch oder geistig, nur dazu beitragen, dass er sich weiterentwickelt.

Das Feuer ist unter den vier Elementen dasjenige Mittel, welches die tief greifendsten Verwandlungen bewirkt; nichts widersteht ihm. Deswegen lehrt die Überlieferung der Eingeweihten, dass die Menschen durch das Feuer gehen müssen, um sich zu wandeln. Aber natürlich müssen sie nicht durch das physische Feuer gehen, sondern durch das psychische und auf der psychischen Ebene gibt es das Feuer des Leidens und das der göttlichen Liebe. Durch das Feuer des Leidens müssen gezwungenermaßen all jene gehen, die so verhärtet sind, dass sie nur durch Prüfungen zum Nachdenken gebracht und gezwungen werden können, ihr Verhalten zu ändern.

Um dem Feuer des Leidens zu entgehen, müssen wir mit dem Feuer der Liebe arbeiten, das uns verwandeln wird, indem es uns lichtvoll und strahlend macht; es wird uns mit seinen Flammen umhüllen, ohne uns zu verbrennen. Und selbst wenn wir noch leiden müssen, weil wir noch auf der Erde sind, so werden wir dieses Leiden zu überstehen wissen. Das Feuer des Leidens zwingt und unterwirft den Menschen, das Feuer der Liebe befreit ihn.

Die Zahl der Erde ist die 4 und die Zahl von Saturn die 8: 4 x 2. Zwischen Erde und Saturn bestehen enge Verbindungen, denn die Zahlen 4 und 8 drücken die gleiche Realität auf zwei verschiedenen Ebenen aus. Der 4 entspricht die irdische und der 8 die göttliche Gerechtigkeit, die zwei Waagschalen. Die 4 ist das einsperrende, gefangen nehmende Quadrat, aber auch das Kreuz mit den 4 Himmelsrichtungen, dem Norden, Süden, Osten und Westen, welche den Raum, in dem wir uns bewegen, eingrenzen. Und die 8, die also ein doppeltes Kreuz ist, symbolisiert das kosmische Gleichgewicht.

Der Planet Saturn steht unter dem Einfluss der Sephira Binah*, wo die Herren des Schicksals regieren. Wenn die göttliche Gerechtigkeit die Gerechtigkeit der Erde benötigt, so schickt sie die Wesen auf die Erde, damit die 4 der Erde zu ihrem Gefängnis wird. Um diesem Gefängnis zu entgehen, müssen wir uns also bemühen, den höheren Teil der 8 zu erreichen.

* Siehe Anmerkung und Abbildung auf Seite 394-395.

Wenn wir manchmal die Empfindung haben, dass die Unendlichkeit die wahre Heimat unserer Seele sei, so handelt es sich dabei um keine Illusion. Diese Empfindung hat ihren Ursprung in der Struktur unserer Psyche. Deshalb fühlen jene, die sich weigern, die Bedürfnisse ihrer Seele zu berücksichtigen, in der Tiefe ihres Wesens immer eine gewisse Unzufriedenheit. Selbst inmitten von Erfolg, Ruhm, Ehren und Reichtum haben sie immer das Gefühl, dass ihnen etwas fehlt. Und es ist sinnlos, wenn sie versuchen, dieses Gefühl zu verdrängen oder zu verleugnen, denn es ist da, um uns zu zwingen, den Weg, der uns bis zur Quelle des Lichts führen wird, zu beschreiten.

Gott kann weder gesehen, noch gehört, noch angefasst, noch erklärt oder erreicht werden. Dennoch wohnt in uns das unwiderstehliche Bedürfnis, auf die Suche nach Ihm zu gehen. Gott selbst hat dieses Bedürfnis in uns hineingelegt, damit wir niemals aufhören, vorwärtszugehen. Denn genau dies ist das Wesentliche: niemals stehen zu bleiben.

Diejenigen, die die Gabe einer schönen Stimme bekommen haben, müssen wissen, dass sie einen großen Schatz besitzen, dank dem sie Wunder vollbringen können. Aber die Sänger sind oft wie verwöhnte Kinder, die den Wert ihres Talents nicht ermessen und vor allem nicht darüber nachdenken, wie sie am besten davon Gebrauch machen können. »Was für einen Gebrauch?« fragt ihr jetzt vielleicht… Die Menschen aus ihren mittelmäßigen, armseligen Beschäftigungen herauszureißen und ihnen den Wunsch einzuhauchen, ein neues, der Schönheit und dem Licht geweihtes Leben zu beginnen. Dann wird der Name dieser Sänger ins Buch des Lebens eingetragen: Es wird dort geschrieben stehen, dass sie Herzen geöffnet, Intelligenzen erleuchtet und Seelen vor den Wirren des Todes gerettet haben.

Jede Aktivität, die aus einer uneigennützigen Idee heraus geboren wird und im Dienst einer göttlichen Sache steht, besitzt den Keim der Unsterblichkeit. Wer sich dieses Gesetzes bewusst ist, erlangt den wahren Reichtum, denn es gibt nichts Höheres, als eine Seele für das Licht zu gewinnen.

Die Natur ist lebendig und intelligent. Doch die meisten Menschen verhalten sich ihr gegenüber, als wäre sie tot und dumm, deshalb schwingt sie nicht mehr so intensiv und mächtig in ihnen. Nach und nach lähmen sie all ihre von Gott gegebenen Fähigkeiten des Erkennens, des Verstehens und des Fühlens.

Wenn man denkt, dass weder die Steine noch die Pflanzen, das Wasser, die Luft und die Sonne lebendig sind, warum sollte man dann versuchen, mit ihnen in Kontakt zu treten? Dies ist bereits eine Art und Weise, seine Wahrnehmungsfähigkeiten abzustumpfen und indem man dies tut, begrenzt man sich. Wenn ihr hingegen glaubt, dass die Natur lebendig und intelligent ist, werdet ihr Anstrengungen unternehmen, um ihre Sprache zu verstehen und dann könnt ihr in euch selbst Ausdrucksmittel finden, um euch an sie zu wenden.

Jeder wird eines Tages so wie Gott ihn gedacht und gewollt hat, so wie er bereits in seinem höheren Selbst ist. Diese Gewissheit muss allem, was wir gerade erleben, einen Sinn verleihen. Auch wenn es schwierig ist, darf uns nichts auf dem Weg zum Licht aufhalten.

Schaut wie die Sonne aufgeht, vertieft euch ganz in dieses Leben, in diesen Glanz. In diesem hervorquellenden Licht, diesem Strahlen, welches ein Ausdruck der göttlichen Herrlichkeit ist, macht euch auf die Suche nach eurem wahren Selbst. An dem Tag, an dem ihr es entdeckt, an dem ihr euch mit ihm zu identifizieren lernt, werdet ihr erkennen, dass ihr niemals aufgehört habt, in der Macht, in der Liebe und im Licht zu leben, und dass ihr durch euer Leben, eure Aktivitäten, an der gigantischen Arbeit, die sich im Universum vollzieht, teilnehmen könnt.

Macht euch keine Illusionen, auf der Erde findet ihr kein einziges vollkommenes Geschöpf. Ob er es zeigt oder verbirgt, jeder hat eine und sogar mehrere Schwächen. Selbst die Eingeweihten haben mindestens eine Schwäche: Entweder ist es die Eitelkeit oder es ist der Hochmut, der Geiz, die Sinnlichkeit... Doch die Überlegenheit eines Eingeweihten besteht darin, dass er sich als Erstes seiner Schwäche bewusst ist und dass er danach mit allen Mitteln versucht, sie zu überwinden.

Sobald sich ein Wesen auf der Erde inkarniert, erhält es, wie hoch sein Geist auch stehen mag, ein mehr oder weniger schadhaftes Erbe, an dem es arbeiten muss; dies gelingt ihm dank seiner anderen Qualitäten und Tugenden. Und wenn es dabei erfolgreich war, wird es noch größer, weil es ihm gelungen ist, eine grobe, rohe Materie in eine verfeinerte Materie zu verwandeln, die es für seine Arbeit verwenden kann. Gerade bei den Eingeweihten entdeckt man, wie die Macht des Geistes alles zu beherrschen vermag, wohingegen die meisten Menschen ihr ganzes Leben lang Fehler mit sich herumschleppen, die zu korrigieren sie nicht in der Lage sind.

Der Meister Peter Deunov sagte: »Setze die Güte als Grundlage deines Lebens, die Gerechtigkeit als Maß, die Weisheit als Grenze, die Liebe als Freude und die Wahrheit als Licht«. Güte, Gerechtigkeit, Liebe, Weisheit und Wahrheit sind die fünf Tugenden, die der Mensch für seine harmonische Entwicklung benötigt. Die wahre Wissenschaft besteht darin, die Verbindungen kennenzulernen, die diese Tugenden mit unserem physischen, aber auch mit unserem psychischen und geistigen Körper unterhalten. Die Güte ist mit den Beinen, die Gerechtigkeit mit den Händen, die Liebe mit dem Mund, die Weisheit mit den Ohren und die Wahrheit mit den Augen verbunden. Die Wahrheit gehört zum Geist, die Liebe zu der Seele, die Weisheit zum Verstand, die Güte zum Herzen und die Gerechtigkeit zum Willen.

»Suchet zuerst das Reich Gottes und Seine Gerechtigkeit«, sagte Jesus, »so wird euch alles Übrige dazu gegeben werden« (Mt 6,33). Das Reich Gottes stellt das höchste Ideal dar, nach dem der Mensch streben kann. Indem ihr euch in den Dienst dieses Ideals stellt, zieht ihr alle Segnungen auf euch.

Alles, was ihr außer dem Reich Gottes und Seiner Gerechtigkeit, das heißt, außer dem Licht, der Liebe, der Großzügigkeit, der Brüderlichkeit wünschen könnt, kann euch nur belasten, ärmer machen, euch das Leben immer mehr erschweren. Vielleicht fühlt ihr euch einen Augenblick befriedigt, weil ihr Vergnügen genossen oder persönliche Erfolge errungen habt, aber ihr seid dessen schnell überdrüssig und müsst diesen Moment der Befriedigung danach vielleicht sogar sehr teuer bezahlen. Deshalb kann man sagen, dass die Worte Jesu: »Suchet zuerst das Reich Gottes und Seine Gerechtigkeit, dann wird euch alles Übrige dazu gegeben werden«, die absolute Quintessenz des Einweihungswissens darstellen.

Wie viele Gläubige bilden sich ein, der Himmel sei nur dazu da, ihnen Gesundheit und Erfolg zu verschaffen! Und wenn Krankheit oder Misserfolge auftauchen, so hat natürlich der Teufel sie ihnen geschickt. Nein, das kann auch der Himmel gewesen sein, der sich um ihre Vervollkommnung kümmert. Denn der Himmel, der möchte, dass sie sich bessern, berücksichtigt ihr Leiden nicht so sehr. Sie können lange schreien, weinen, schluchzen, drohen, das stört ihn nicht, denn er verlangt von ihnen, dass sie intelligenter, vernünftiger und heller werden. Und leider gelangen sie zu diesem Resultat durch Erschütterungen und Stöße.

Auf der ganzen Erde hallt das Dröhnen der Kriege wider und viele fragen sich, warum der Himmel nicht eingreift, um dem ein Ende zu setzen. Weil der Himmel sich nicht mit Gewalt dem Kopf und dem Herzen der Menschen aufzwingen kann, damit sie die Vorteile des Friedens erkennen. Sie sind frei. Er muss sie leiden lassen, damit sie selbst zu diesem Schluss kommen. Und das gilt ebenso für viele andere Ereignisse ihres Lebens.

Auf der Erde ist alles vergänglich, kurzlebig, aber über unseren Köpfen bleibt die unerschütterliche, ewige Sonne und auf sie müssen wir unsere Blicke lenken. Wenn man die Wahrheit sucht, muss man sich an das wenden, was nicht vergeht, sich nicht verändert. Aber wie es scheint, ist es für die Menschen schwierig, der Sonne gegenüber die richtige Haltung zu finden: Entweder vernachlässigen oder übertreiben sie ihre Rolle; entweder denken sie, die Sonne habe nichts mit der Religion zu tun oder sie machen sie zum Idol und betreiben einen Sonnenkult. In beiden Fällen begehen sie einen Irrtum. Wenn sie der Sonne gar keinen Platz in ihrem inneren Leben geben, lassen sie sich ein wesentliches Element entgehen. Aber sich mit der physischen Sonne zu befassen als wäre sie ein Idol, hieße, zur Mentalität der primitiven, die Naturkräfte anbetenden Menschen zurückzukehren.

Die Sonne soll nur ein Mittel sein, um Gott, unsere innere Sonne, zu finden. Indem wir sie betrachten, uns von ihr bestrahlen lassen, uns mit ihr identifizieren, erhöhen wir in unserem Inneren jeden Tag das göttliche Licht, die göttliche Wärme und das göttliche Leben.

Vom 21. April bis zum 20. Mai befindet sich die Sonne im Tierkreiszeichen Stier, in dem der Mond erhöht ist und in dem Venus, der Planet der Zeugung, ihr Domizil hat. Der Stier ist das Zeichen der Fruchtbarkeit, des Überflusses. Deshalb ist es während des Vollmondes im Mai wichtig, mit den Naturkräften zu arbeiten, um die Segnungen des Himmels für die Ernte, für das Vieh, aber auch für die Menschen anzuziehen.

Denn auch die Menschen können auf der physischen und ebenso auf der spirituellen Ebene davon profitieren, wenn sie wissen, wie sie die Einflüsse empfangen können, die während dieser Zeit durch den Kosmos gestrahlt werden. Deshalb arbeiten die Eingeweihten durch ihre Gesänge, Gebete, Meditationen und magischen Anrufungen daran, im Raum Kraftlinien zu erzeugen, welche die himmlischen Ströme anziehen. Diese projizieren sie dann auf die wachen, erweckten Wesen, die fähig sind, an all diesen Ereignissen, die sich im Himmel und auf der Erde abspielen, teilzunehmen.

Anstatt eurer niederen Natur das Feld zu überlassen, indem ihr euch ständig den anderen widersetzt und mit ihnen über alles und nichts Diskussionen anfangt, solltet ihr lieber lernen, ein wenig mit all den in euch wohnenden, dunklen Wesenheiten zu diskutieren. Diese Wesenheiten, die ihr seit vielen Inkarnationen mit euch herumschleppt und die sich schließlich als schlechte Gewohnheiten bei euch eingenistet haben, müsst ihr davon überzeugen, zu schweigen. Ruft gleichzeitig eure höhere Natur, die sich durch alle, ebenfalls in euch wohnenden weisen und erleuchteten Wesenheiten manifestiert. Lasst sie sprechen, nehmt ihre guten Vorschläge an; sie werden euch und den anderen nützen.

Wie viele Personen sagen, dass sie den anderen nützlich sein wollen! Aber gute Gefühle und Absichten genügen nicht. Wer den anderen helfen will, muss ein Träger des göttlichen Lebens werden und dafür sich von allem befreien, was in ihm dunkle Kräfte anziehen kann.

Der Grund, warum die Menschen so viele Fehler in ihrem Verhalten und in ihren Urteilen begehen und so viel Leid erfahren, ist, dass sie nicht wissen, wofür sie auf diese Erde gekommen sind. Sie kommen und gehen wieder. Woher kommen und wohin gehen sie? Das wissen sie nicht. Auf diese beiden Fragen gibt es eine einzige Antwort: Gott.

Wir sind aus Gott hervorgegangen und kehren eines Tages in Ihn zurück. Welche Wege durchlaufen wir im Zuge unserer zahlreichen Inkarnationen, bevor wir zur Quelle zurückkehren? Das hängt von uns ab. Gott hält für uns Menschen ein außergewöhnliches Schicksal bereit. Nur ab und zu haben wir davon flüchtige Visionen und an diese Visionen müssen wir uns mit aller Kraft klammern. Alles, was uns auf dem Rückweg geschieht, stellt Etappen dar. Diese Etappen dürfen niemals die Vision auslöschen oder sie uns vergessen lassen; die Vision von dem, was wir sein werden, wenn wir, mit all den gemachten Erfahrungen, mit all den erlangten und entwickelten Qualitäten und Tugenden in den Schoß des Ewigen zurückkehren.

Die kosmische Intelligenz hat uns nicht auf die Erde geschickt, damit wir, einmal angekommen, nur noch daran denken, sie zu verlassen, unter dem Vorwand, dass der Himmel unsere wahre Heimat sei. Für unsere physische und psychische Gesundheit ist es ebenso schädlich, wenn wir die Erde für den Himmel verlassen wollen, als wenn wir den Himmel für die Erde verlassen.

Weil sie beschlossen haben zu beten, zu meditieren, laufen manche Gefahr, sich der Faulheit oder gar der geistigen Verwirrung anheimzugeben, weil sie die Wirklichkeit und die Einbildung nicht mehr voneinander unterscheiden können. Dies muss man, um jeden Preis vermeiden. Selbst die Ekstasen, die doch für einen Mystiker die wünschenswertesten Zustände sind, ruinieren die Gesundheit, wenn sie nicht mit Maß, Vorsicht und Weisheit gelebt werden. Es heißt, Gott sei ein verzehrendes Feuer; der physische Körper ist nicht dafür gebaut, dieses Feuer lange Zeit zu ertragen.

Die Freiheit befindet sich nicht auf der physischen Ebene. Sie befindet sich auf der Atman-Ebene, welche die Welt des Geistes ist. Um frei zu sein, müssen wir uns also mit unserem Geist identifizieren. Je mehr diese Identifikation stattfindet, desto mehr stärken wir uns und entgehen den herrschenden Bedingungen.

Bildlich gesprochen kann man sagen, dass man über die Wolken steigt, indem man sich mit dem Geist identifiziert. Wer unterhalb der Wolken bleibt, ist immer abhängig. Um die Sonne zu sehen, muss er auf die Willkür der Wolken warten und während er wartet, ist er der Dunkelheit, der Kälte, dem Nebel und dem Regen ausgesetzt. Da er nicht merkt, dass er sich selbst in diese Lage gebracht hat, klagt er: »Die Sonne versteckt sich.« Die Sonne hat sich nicht versteckt, er selbst hat den Wolken – dunklen Gedanken und Gefühlen – erlaubt, sich zwischen die Sonne und seine Seele zu schieben. Er muss nur diese Wolken vertreiben oder sich über sie erheben: Sofort ist das Licht da und mit dem Licht fühlt er sich so frei!

Warum ist es so wichtig, spirituelle Gemeinschaften zu formen? Ich gebe euch ein Bild: Die Ingenieure bauen sehr leistungsstarke Kraftwerke, dank denen sie ganze Regionen mit Energie versorgen können. Nun, eine spirituelle Gemeinschaft ist mit einem Kraftwerk vergleichbar. Sie kann Energie bringen, um das Licht sehr weit in den Raum hinauszustrahlen. Denn die menschlichen Gehirne sind wahre Batterien; man muss sie nur vereinen und mit einer göttlichen Idee in Kontakt bringen: Die so ausgesandten Ströme werden von vielen anderen Gehirnen in der Welt empfangen, die dann ebenfalls beschließen, für diese Idee zu arbeiten.

Ihr betet, meditiert und singt zusammen, aber ihr bemerkt noch nicht, welche immensen Möglichkeiten für das Wohl der ganzen Menschheit euch all diese Aktivitäten bringen. Es ist Zeit, bewusst zu werden und zu arbeiten, damit das Licht des Gottesreiches auf der Erde von so vielen Gehirnen wie möglich empfangen wird.

Liebt den Schöpfer, der am Ursprung allen Lebens ist und ihr werdet spüren, wie Er sich durch jedes Geschöpf offenbart. Ihn, den Einzigen, werdet ihr in ihnen lieben, Er allein wird die Sehnsucht eures Herzens und eurer Seele stillen. Weil sie diese Wahrheit nicht verstanden hatten, erlebten so viele Männer und Frauen, deren Liebesabenteuer und Eroberungen geschichtlich überliefert sind, ein tragisches Schicksal.

Die Menschen aus Fleisch und Blut, die ihr zu suchen und zu lieben behauptet, sind nur Mittler, Überträger, mit der Bestimmung, die göttlichen Energien weiterzugeben. Wenn ihr sie weiterhin lieben wollt, so denkt daran, jeden Tag den Kontakt mit der höheren Welt wiederherzustellen. Sorgt euch nicht darum, zu wissen, wen ihr lieben werdet und von wem ihr geliebt werden wollt. Liebt Gott zuerst, dann wird Er zu euch kommen, Er wird euch zulächeln und euch durch die Geschöpfe mit Freude erfüllen. Ihr werdet sie lieben und werdet von ihnen geliebt, weil ihr die in ihnen wohnende Gottheit liebt und weil auch sie durch euch die Gottheit entdecken werden.

Ein junger Musiker ist dabei, ein Stück vom Blatt zu spielen. Wenn er nicht sehr wachsam ist, wird er einige Fehler machen und wenn diese Fehler einmal gemacht sind, prägen sie sich als Muster in ihm ein: Noch zwanzig oder dreißig Jahre später wird er, obwohl er das Stück vielleicht auswendig kann, in einem Moment der Unachtsamkeit die gleichen Fehler an den gleichen Stellen machen und es kostet viel Zeit und Mühe, dies zu korrigieren. Deshalb sollte ein Musiker, wenn er ein Stück vom Blatt spielt, die nötige Zeit aufbringen, um ein fehlerloses Muster zu erstellen. Eines Tages kann er dann sogar während des Spielens essen oder schlafen, ohne den geringsten Fehler zu machen, weil alles tadellos in seinem Unterbewusstsein eingeprägt ist.

Was bei der Musik wahr ist, gilt ebenso für viele andere Aktivitäten im Leben. Indem man mit Vorsicht und Weisheit beginnt, vermeidet man es, Fehler zu machen und spart sich dadurch Zeit, Energie und Mühen.

Ob es sich um die Familie, die Freunde, die Arbeitskollegen oder auch um Unbekannte handelt, die menschlichen Beziehungen sind immer etwas sehr Kompliziertes und wenn man die Harmonie und ein gutes Einverständnis bewahren will, muss man sich selbst ein wenig vergessen und seinen Standpunkt, seinen Geschmack nicht immer in den Vordergrund stellen. Man sollte sich vielmehr verständnisvoll, geduldig und nachsichtig zeigen. Es ist ein Opfer, das man bringen muss, aber dieses Opfer ist eine Kraft. Ja, vor diesem großen Gedanken müsst ihr euch verneigen. Natürlich ist da etwas in euch, das Widerstand leistet: Opfer beinhaltet Zwang, Verlust. Wisst jedoch, dass es eure niedere Natur ist, die protestiert; denn eure höhere Natur freut sich.

Hört auf, alles auf euch, auf eure Meinungen, Gefühle und Wünsche zu beziehen. Setzt euch ein hohes und lichtvolles Ideal; dieses Ideal wird all die tausend Schwierigkeiten, die euch täglich im Umgang mit den anderen begegnen, verschlucken. Ihr seht diese Schwierigkeiten dann nicht einmal mehr und selbst wenn ihr sie seht, werden sie euch nicht mehr betroffen machen.

Als Jesus sagte: »Ich bin das Licht der Welt« (Jh 8,12), identifizierte er sich mit der Sonne. Wer, wenn nicht die Sonne, ist denn tatsächlich das Licht der Welt? Die Sonne, sichtbares, strahlendes Bild des Göttlichen. Sich mit dem Licht zu identifizieren bedeutet, anzuerkennen, dass man etwas anderes ist, als das, was unsere physische Erscheinung verrät. Es bedeutet anzuerkennen, dass man eine andere Natur besitzt, dass man aus einer geistigen Quintessenz besteht und beschließt, ihr den Platz zu überlassen.

Um sagen zu können: »Ich bin das Licht der Welt«, um in sich dieses Licht gefunden zu haben und bis zu ihm aufzusteigen, muss es Jesus gelungen sein, sich mit der geistigen Sonne, mit Christus, zu identifizieren. Gerade dies ist die wahre Liebe, diese unwiderstehliche Macht, die einen Menschen dazu drängt, das Reinste, das Göttlichste in seinem Inneren zu suchen und mit dieser Realität zu verschmelzen, sobald er sie gefunden hat. Ja, die Liebe ist jene Anziehung, die bewirkt, dass der Mensch wegen des Funkens, den Gott in seine Seele gelegt hat, das Bedürfnis verspürt, Ihn wiederzufinden und mit Ihm zu verschmelzen.

Wenn ihr die nötigen Eigenschaften dazu habt, könnt ihr euch vielleicht den Menschen gegenüber behaupten, um ihnen eure Macht zu zeigen, aber vor dem Herrn müsst ihr euch im Gegenteil zurücknehmen, bis ihr mit Ihm verschmelzt und nur noch eins mit Ihm seid. Ja, indem ihr bis zum Verschwinden klein werdet vor dem Herrn, werdet ihr in Wirklichkeit groß. Wenn ihr euch Ihm gegenüber jedoch aufspielt, schwächt ihr euch nur und werdet ein Nichts.

Und was in euch muss vor dem Herrn klein werden? Eure niedere Natur. Sie, als von der Einheit getrenntes Element, muss sterben, damit ihr durch eure höhere Natur das unbegrenzte Leben der Einheit leben könnt. In dem Moment lebt nicht mehr ihr, sondern der Herr lebt in euch. Natürlich ist dieser Prozess auf der psychischen, spirituellen Ebene zu verstehen. Das Ziel jeglicher spiritueller Disziplin ist, dass der Mensch sich eines Tages als Gott-Selbst seiend erkennt. Dies ist der Sinn jener Formel des Jnani-Yoga: »Ich bin Er«.

Es gibt Vorbild und Vorbild. Jemand macht auf sich aufmerksam, weil er sich durchsetzt oder in diesem oder jenem Bereich Erfolg hat. Und dann wollen ihn sofort viele andere nachahmen. Aber wenn seine Überlegenheit vom Geld, vom Besitz oder von der sozialen Stellung herrührt, ist er kein gutes Vorbild. Warum? Weil er die Leute auf einen Weg bringt, auf dem man immer angetrieben wird, die anderen zu beherrschen, zu demütigen, sie auszuschließen. Ein Mensch hingegen, der sich durch seine spirituellen Qualitäten, durch Güte, Weisheit, Selbstbeherrschung, Großzügigkeit, Edelmut, Reinheit und Opferbereitschaft auszeichnet, ist ein gutes Vorbild, denn er wird den anderen helfen, auf dem rechten Weg zu gehen und das wahre Glück zu finden.

Alle Menschen brauchen Vorbilder, keine Vorbilder materiellen oder sozialen Erfolgs, sondern Vorbilder, die ihnen ihren wahren Reichtum bewusst machen; den Reichtum des Herzens, der Seele und des Geistes.

Während er die Aufgaben und Verantwortlichkeiten seines materiellen, familiären und sozialen Lebens erfüllt, bemüht sich der Spiritualist, sein Bewusstsein für die Wirklichkeiten jener fernen Welten zu erwecken, die uns unablässig Botschaften schicken.

Das beste Mittel, um seine Probleme zu lösen, ist nicht, darauf herumzukauen. Im Gegenteil, es ist besser, wenn man sie einen Augenblick vergisst und lernt, die geistigen Zentren zu benützen, die Gott in uns gelegt hat, um in Kontakt mit den höheren Regionen und ihren Bewohnern zu treten, um uns mit ihnen zu harmonisieren, in ihre Aura, in ihr Glück, in ihren Frieden einzutreten. An dem Tag, an dem es euch gelingt, nur einige Wellen davon aufzufangen, werdet ihr hören, wie all diese himmlischen Wesen euch etwas über eure Zukunft erzählen, über den Reichtum, den ihr besitzt und darüber, wie euer Leben sein wird, wenn euer Bewusstsein endlich für die göttliche Welt erwacht.

In der Natur reinigt sich das Wasser durch Einsickern oder durch Verdunsten. Wenn es in der Erde versickert, durchströmt es unterschiedliche Schichten, in denen es die in ihm vorhandenen Rückstände verliert und aus denen es gereinigt und trinkbar wieder hervorquillt. Symbolisch gesehen entspricht dieser Weg jenem, dem auch die meisten Menschen folgen: Sie werden ständig von den Ereignissen unter Druck gesetzt, übermannt und durch dieses Leiden, durch diesen sehr starken Druck reinigen sie sich.

Der Spiritualist hingegen versucht, die zweite Methode, die Verdunstung, zu wählen. Ihn reinigt die Sonne, nicht die Erde. Genauso wie das Wasser unter Einwirkung der Sonnenstrahlen verdunstet, erhebt und erwärmt sich – symbolisch gesprochen – derjenige, der sich den Strahlen der geistigen Sonne aussetzt. Auf diese Weise wird er gereinigt; und er empfindet in dieser Reinigung große Freuden. Danach kommt er wieder herab, um die Pflanzen, Tiere und Menschen zu »begießen«.

Die Form hat immer Wesensverwandtschaften mit der Materie und jene Menschen, die sich ausschließlich mit der Form befassen, verlieren die Intensität und Feinsinnigkeit des Lebens, sie erstarren. Dabei ist das Leben Weiterentwicklung: Neue Strömungen, neue Kräfte erscheinen unablässig, um die versteinerten Formen zu zerbrechen.

Schaut die Steine an, sie werden immer von Hämmern oder Maschinen zerbrochen und zermalmt. Das Schicksal der Steine ist, zerbrochen zu werden. Und das Schicksal all jener Menschen, die die Materie in sich überwiegen lassen, ist auch, eines Tages zerbrochen zu werden. Man kann sagen, das Leben bewegt sich zwischen zwei Polen, zwischen Geist und Materie, hin und her. Wenn der Geist sich manifestiert, der sich durch Beweglichkeit, Feinheit und Geschmeidigkeit auszeichnet, dann kann diesen erneuernden Kräften nichts widerstehen; alle gealterten, erstarrten Formen brechen auseinander. Die Zeit, das heißt die Kräfte des Lebens, werden sie schlussendlich immer umstoßen, um sie zur Erneuerung zu zwingen.

Das Problem der sozialen Ungleichheit kann weder gelöst, noch richtig verstanden werden, solange die Menschen nicht anerkennen, dass die Bedingungen, in denen sie sich in dieser Inkarnation befinden, von der Art und Weise abhängen, wie sie in den vergangenen Inkarnationen gelebt haben. Die Arbeiter, die von skrupellosen Vorgesetzten ausgebeutet werden, lehnen sich auf und fragen: »Warum diese Ungerechtigkeit?« Und die Vorgesetzten, die es normal finden, in Wohlstand und sogar im Luxus zu leben, tun alles, um ihre Privilegien zu behalten. Was aber weder die einen noch die anderen wissen, ist, dass der Arbeiter, der leidet und sich auflehnt, sehr oft früher ein ungerechter, grausamer Vorgesetzter war; deshalb wird er in dieser Inkarnation in Bedingungen gestellt, in denen er verstehen muss, was er seinen früheren Untergebenen angetan hat.

Jetzt sollte sich jeder Vorgesetzte, jeder Unternehmensleiter sagen: »Ich habe das Glück, in diesem Leben reich und mächtig zu sein, aber wenn ich meinen Untergebenen gegenüber ungerecht bin, werde ich in einem nächsten Leben die Konsequenzen zu tragen haben. Herr, hilf mir, sie glücklicher zu machen.« Und es ist auch den Angestellten nicht untersagt, für ihren Vorgesetzten zu beten, damit er mehr Klarheit bekommt; vielleicht werden sie davon dann auch einige Vorteile haben.

Die Magie ist die Wissenschaft und die Anwendung von Einflüssen. Wenn ein Wesen oder ein Objekt auf seine Umgebung einen günstigen Einfluss ausübt, so nennt man dies weiße Magie; und wenn es verwirrt, verunsichert oder zerstört, kann man das als schwarze Magie bezeichnen. In diesem Sinne sollte man bedenken, dass alles Magie ist: Gesten, Worte, Blicke, Klänge, Farben, geometrische Formen… Und sofern sie auf andere Wesen einwirken, sie anziehen oder abstoßen, sie heilen oder krank machen, besitzen auch Tiere, Pflanzen und Steine eine magische Kraft. Wenn wir die Sonne, die Sterne, die Berge und die Seen betrachten, fühlen wir, dass sie auf uns wirken und uns beeinflussen; und in gewisser Weise beeinflussen wir sie ebenfalls.

Alles im Universum ist Magie, weil alles nur gegenseitige Beeinflussung ist. Wenn ihr dies verstanden habt und wenn ihr euch bemüht, in konstruktiver, harmonischer Weise zu denken, zu fühlen und zu handeln, werdet ihr zum Weißmagier.

Die Wissenschaft ist ebenso sehr wie die Religion für die Weiterentwicklung der Menschheit verantwortlich. Die echten Gelehrten sind jene, welche die Konsequenzen sehen, die ihre Entdeckungen in allen Bereichen des Lebens, bis hin zum psychischen Bereich haben können. Denn die physische und die psychische Welt gehorchen den gleichen Gesetzen und jede Entdeckung in der physischen Welt kann auch in der psychischen Welt eine Anwendung finden.

Die Physiker haben Entdeckungen gemacht über die im Raum vorhandenen Wellen und Kraftströme sowie über das Licht und seine Fähigkeiten. Die praktischen Anwendungen, die sich daraus ergeben, sind natürlich großartig: Telefon, Radio, Fernsehen, Laser und noch so viele andere! Aber welchen Nutzen haben die Menschen selbst daraus gezogen, für ihre eigene Weiterentwicklung? Sie hätten verstehen müssen, dass sie selbst Sender und Empfänger von Wellen und Strömungen sind und dass die Gedanken die gleichen Fähigkeiten wie das Licht besitzen. Es ist gefährlich, für den wissenschaftlichen Fortschritt nur materielle, das Leben erleichternde Anwendungen zu finden. Um ein echter Fortschritt zu sein, muss der wissenschaftliche Fortschritt neue psychische und spirituelle Tendenzen anzeigen.

Beobachtet eure Art zu gehen, um sie nötigenfalls zu verbessern. Bemüht euch, mit Geschmeidigkeit, Leichtigkeit und aufgerichtetem Kopf zu gehen. Ein gebeugter Gang ist eine sehr schlechte Angewohnheit. Genauso, wenn man bei jedem Schritt stark mit den Fersen auftritt. Eine Person, die so geht, weiß nicht, dass sie dabei ihrem Gehirn Gewalt antut. Denn jeder Stoß wirkt sich sowohl auf das Gehirn, als auch auf das gesamte Nervensystem aus und einige Jahre später wird dieser Mensch in seiner Art zu denken und zu handeln, Grobheit und Gewalttätigkeit ausdrücken.

Seid ihr nach einer dreißig- oder sechzigminütigen Wanderung müde, so bedeutet auch dies, dass ihr nicht richtig geht. Wenn man den richtigen Rhythmus zu finden weiß, gibt das Wandern Energie und man fühlt nach und nach die Kräfte wiederkommen, selbst wenn man anfangs müde war. Es gibt einen Gehrhythmus, der nicht ermüdet und den jeder versuchen muss, zu finden. Wenn ihr beim Wandern spürt, dass die Kräfte in euch zu strömen beginnen, dann habt ihr den richtigen Rhythmus gefunden.

Jeder fühlt sich spontan von diesen oder jenen Personen angezogen, weil er sie sympathisch, angenehm, amüsant, originell oder verführerisch findet oder auch ohne zu wissen warum und dies geschieht ganz unabhängig von deren moralischem Wert. Das ist natürlich, aber warum nicht versuchen, die Personen, mit denen man sich verbinden will, besser kennenzulernen, denn Freundschaft und Liebe setzen Vertrauen voraus.

Im Allgemeinen besitzt jedes Wesen verschiedene Tugenden und gute Eigenschaften, die es je nach den Umständen mehr oder weniger offenbart. Aber es gibt andere Qualitäten, bei denen ihr sicher sein könnt, dass dieser Mensch sie, was immer auch geschieht, manifestieren wird. Versucht, sie zu entdecken, damit ihr wisst, auf was ihr zählen könnt. Und seine Fehler? Sie verhindern nicht, dass ihr für ihn Zuneigung empfindet, aber, um euch nicht Missverständnissen und Enttäuschungen preiszugeben, müsst ihr auch sie kennenlernen.

Eine Religion ist nur insoweit wahr, wie sie sich der Sonnenreligion annähert. Und was auch die Christen, die die Gedanken Jesu noch nicht richtig begriffen haben, sagen mögen, die Religion, die Jesus gebracht hat, war eine Sonnenreligion. Ja, wenn er zum Beispiel sagt: »Darum sollt ihr vollkommen sein, wie euer Vater im Himmel vollkommen ist« (Mt 5,48). Wie können wir eine Vorstellung von der göttlichen Vollkommenheit erlangen? Einzig indem wir die Sonne als Vorbild nehmen.

Um wirklich vollkommen zu werden, müssen wir nicht einmal Heilige oder Eingeweihte als Vorbild nehmen, sondern nur die Sonne. Ein Eingeweihter gibt euch natürlich das Beispiel großer Tugenden, aber er weiß, dass er nichts ist, verglichen mit der Sonne. Deshalb offenbart er sich mit Demut und verneigt sich vor dem Vorbild der Sonne. Er weiß, dass sein Licht, seine Wärme und sein Leben sich, was immer er auch tun mag, nicht mit dem Licht, mit der Wärme und mit dem Leben der Sonne vergleichen lassen.

Wie viele verschiedene Gedanken und Gefühle durchqueren einen Menschen an einem einzigen Tag! Deshalb ist er in seinen Schwingungen und Ausstrahlungen nie derselbe. Diese Veränderungen sind jedoch meist nicht wahrnehmbar und es braucht Jahre, bis man bemerkt, dass sein Gesicht, die Farbe seiner Haut, seine Gestalt oder selbst die Materie seines Körpers sich verändert haben.

Wer sich gehen lässt und ein chaotisches Leben führt, wer grobe Gedanken und Gefühle nährt, der ist dabei, sein ganzes Wesen herabzusetzen und bald wird diese Herabsetzung schließlich durch seinen Ausdruck, seinen Blick, seine Stimme und seine Gestik spürbar werden. Gibt er sich hingegen Mühe, sich mit der göttlichen Welt in Einklang zu bringen und ihre Gesetze zu respektieren, dann wird sich nach und nach in ihm etwas aufrichten, etwas erhellen und reinigen. Wie das Wasser eines unterirdischen Wildbaches die Steine und Felsen, über die es fließt, verändert, so durchtränken die durch den Menschen fließenden göttlichen Ströme die Teilchen seines Körpers mit Licht und es beginnt eine wahre Verwandlung in ihm.

Die Ankündigung eines tragischen Ereignisses oder einer sehr glücklichen Überraschung kann bei einem Menschen eine solche Emotion auslösen, dass er davon zu Boden gestreckt wird. Doch, was ist schon eine Ankündigung? Wie kommt es, dass diese immaterielle Sache in der Lage ist, jemanden so zu überwältigen, dass er davon krank oder verrückt wird oder gar daran stirbt… oder im Gegenteil eine Wunderheilung erlebt?

Eine Mutter ist seit Jahren gelähmt. Eines Nachts bricht Feuer im Haus aus. Ihr Kind schläft in einem anderen Zimmer. Der Gedanke, dass ihr Kind bei lebendigem Leib verbrennen könnte, löst einen derartigen Schock aus, dass sie aufspringt, um ihr Kind zu ergreifen und in Sicherheit zu bringen. Ja, unter der Einwirkung ihrer Liebe hat sich der Kontakt zwischen Nervensystem und Muskeln wiederhergestellt. Natürlich ist so etwas sehr selten, aber es ist bereits vorgekommen. Warum also diese Phänomene nicht erforschen? Ihr sagt, man kenne sie seit Langem. Ja, vielleicht, aber hat euch das dazu gebracht, diese Mechanismen zu studieren, um bei euch gewisse Zustände zu verbessern?

Keine korrekte Interpretation der heiligen Bücher ist möglich ohne eine auf die Entwicklung unserer spirituellen Sinnesorgane gegründete Disziplin. Indem wir diese Organe entwickeln, erlangen wir die Fähigkeit, uns in die höheren Welten zu versetzen, um sie zu erkunden. Von unten kann man nur eine zerstückelte Wirklichkeit sehen. Und solange man keine Ordnung, keine Struktur erkennt, das heißt, solange man die Verbindungen nicht sieht, die all diese Elemente, all diese Ebenen der Schöpfung untereinander vereinen, kann man Texte, die von der Vision göttlicher Einheit inspiriert sind, nicht richtig interpretieren.

Die heiligen Bücher der Menschheit sind die Übertragung von Erfahrungen, welche Menschen in der höheren Welt gemacht haben; in einer Welt, die nicht von unseren fünf Sinnen wahrgenommen werden kann. Um also diese Menschen zu verstehen, um ihre Gedanken zu kennen, muss man wie sie in den höheren Regionen suchen, auf dass man sehe, was sie gesehen haben und fühle, was sie gefühlt haben.

Wenn der Himmel einem sich auf der Erde inkarnierenden Eingeweihten eine großartige Mission vorschlägt, so verschweigt er ihm nicht all die Prüfungen, die er zu durchlaufen hat, denn indem er diese Prüfungen siegreich besteht, wird es ihm gelingen, seine Mission zu erfüllen. Natürlich ist es für ihn nicht erfreulich, zu sehen, was ihn erwartet, aber es zählt nichts anderes als das Ziel und deshalb akzeptiert er. Im Moment, wo er sich reinkarniert, löschen die Herren des Schicksals jedoch sein Gedächtnis und er weiß nichts mehr von seiner Mission und auch nicht von den zu durchlaufenden Prüfungen, er ist wie ein gewöhnlicher Mensch und leidet… bis zu dem Tage, an dem er begreift, dass sich der Himmel seiner bedient hat, um großartige Vorhaben zu realisieren. Er begreift, dass er nichts erreicht haben würde, wenn er ein leichtes Leben gehabt hätte – er hätte, wie so viele, nur Löcher in die Luft gestarrt.

Natürlich kann nicht jeder Mensch seine Prüfungen mit einer grandiosen Mission erklären, die der Himmel ihm anvertraut hat; aber jeder muss wissen, dass der Himmel anhand der Art, wie er seine Prüfungen durchläuft, beurteilen wird, ob man in der Zukunft auf ihn zählen kann oder nicht.

Warum kommentiert man immer die Unvollkommenheiten der anderen? Versucht lieber, euch selbst zu vervollkommnen. Wenn eure Verwandten und Freunde sehen, wie sehr ihr euch verändert habt, werden auch sie gezwungen sein, sich zu ändern. Die Arbeit an sich selbst ist ansteckend, magisch: Die anderen spüren sie und fühlen sich, manchmal ohne es zu wollen, dazu gedrängt, etwas zu tun, um sich zu verbessern. Es ist nicht einfach, die Menschen zu ändern. Noch nicht einmal dem Herrn selbst ist es gelungen, wie solltet dann ihr es schaffen?

Lasst also die anderen in Ruhe und denkt nur daran, an euch selbst zu arbeiten. Wenn sie spüren, dass ihr weiser, stärker, großzügiger und brüderlicher geworden seid, werden sie vielleicht dazu gedrängt, euch nachzuahmen. Verliert nicht eure Zeit mit Kritik und Klagen. Kümmert euch nur um euch selbst; in dem Moment habt ihr nicht mehr so viele Sorgen, ihr reibt euch nicht mehr auf und die Anstrengungen, die ihr auf diese Weise macht, werden eure Entwicklung beschleunigen.

Mit den ihnen heute zur Verfügung stehenden technischen Mitteln gelingt es den Chemikern aus Metallen, Mineralien und Pflanzen eine Vielzahl von Elementen herauszuziehen, die man später für die Herstellung verschiedener Produkte verwendet. Sie werden immer mehr in die geheimen Schätze der Natur eindringen und entdecken, dass alles, was existiert, aus mit besonderen Eigenschaften ausgestatteten Elementen besteht, aus denen man einen Nutzen ziehen kann.

Und seid nicht erstaunt, wenn ich euch sage, dass die Natur auch der Mensch ist. Wenn ihr beschließen werdet, in dieses riesige Labor, das ihr selbst seid, einzudringen, werdet ihr darin alle Elemente finden, die ihr für eure körperliche, seelische und geistige Entwicklung benötigt. Nichts verbietet euch, diese Elemente außen zu suchen, aber vergesst nie, dass alles in euch ist und dass ihr euch bemühen müsst, dieses Bewusstsein eures Reichtums, eurer Macht, zu erlangen und zu entwickeln. An dem Tag, an dem ihr euch wirklich als Träger all dieser Elemente begreift, werdet ihr unablässig aus euren inneren Schätzen schöpfen.

Um welche wissenschaftlichen und technischen Entdeckungen es sich auch handelt, man darf nicht auf sie zählen, um Lösungen für die Probleme der Menschheit zu finden. Und selbst die Wissenschaftler, seien sie auch noch so außergewöhnlich, werden den Sinn ihres Lebens nicht finden, wenn sie sich damit begnügen, die Materie zu erforschen. Warum? Weil der Bereich, in dem sie ihre Forschungen anstellen, genauso wie ihre Apparate, Labors und Studienobjekte außerhalb von ihnen liegen.

Man hat Wissenschaftler gesehen, die fantastische Entdeckungen gemacht und sogar den Nobelpreis bekommen hatten, und die doch innerlich den Boden unter den Füßen verloren. Hätten sie die Philosophie der Eingeweihten gekannt und deren Methoden angewendet, so hätten ihre Entdeckungen sie auch innerlich gestärkt und erhellt. Es ist so schade um sie! Welchen Sinn hat es, Entdeckungen zu machen, die den anderen das Leben erleichtern, wenn man dabei selbst in Dunkelheit und Verzweiflung stecken bleibt?

Gibt es in der Gesellschaft nicht viel Platz für euch? Findet ihr nicht die Bedingungen, um zu handeln und eure Fähigkeiten unter Beweis zu stellen? Das ist kein Grund, euch unnütz oder minderwertig zu fühlen. In Wirklichkeit könnt ihr einen außerordentlichen, einzigartigen Wert gewinnen, indem ihr an der Arbeit für die Ankunft des Gottesreiches und Seiner Gerechtigkeit auf Erden teilnehmt. Wenn ihr in jeden Gedanken, in jedes Gefühl, in jede Handlung die Idee des Gottesreiches hineinlegt, werdet ihr spüren, wie sich etwas in euch entwickelt, was euch euren wahren Platz gibt und was euch durch nichts und niemanden weggenommen werden kann.

Was kümmern euch die, die vorne auf der Weltbühne spielen! Eines Tages werden sie sie so oder so verlassen müssen. Und während dieser Zeit arbeitet ihr, fern von allen Blicken, für das Reich Gottes; ihr spürt in eurer Seele etwas wachsen, was durch keine menschliche Wertschätzung, durch keinen menschlichen Ruhm erreicht oder in den Schatten gestellt werden kann.

Wir müssen von der Sonne lernen, denn sie ist das Bild der Vollkommenheit. Ihr sagt: »Aber was kann uns dieser Feuerball denn lehren? Die Sonne denkt und spricht doch nicht!« Nun, gerade da täuscht ihr euch. Ihr Licht, ihre Wärme und ihr Leben sind eine Sprache, eine der aussagekräftigsten Sprachen. Schaut, dieses Licht und diese Wärme, die sie ins Universum schickt, ohne sich darum Gedanken zu machen, ob die, die davon profitieren, es verdienen oder dankbar sind; ist das etwa keine Sprache? Sie erhellt, erwärmt und belebt ausnahmslos alle.

Mit der Sonne habt ihr immer das Bild eines strahlenden, großzügigen Wesens und wenn ihr sie betrachtet, werdet ihr beeinflusst. Selbst wenn wir annehmen, sie sei kein intelligentes, vernünftiges Wesen wie wir es verstehen, so kann der Kontakt mit ihrer Wärme und ihrem Licht uns doch nur die brüderlichsten Gefühle wie Geduld, Nachsicht und Vergebung den anderen gegenüber einflößen.

Das persönliche Leben ist etwas Winziges, warum sollte man es zum Mittelpunkt seiner Hauptinteressen machen? Was sind eure kleinen Probleme im Vergleich zur Unendlichkeit, zum Reichtum jenes Lebens, das euch eine spirituelle Lehre präsentiert? Wenn ihr immer nur euren Blick um euch selbst kreisen lasst, um das, was euch gefällt oder missfällt, um das, was euch bei den anderen passt oder nicht, werdet ihr euch niemals wirklich an die Arbeit machen und bleibt unter einem Berg unbedeutender Dinge stecken, während sich doch der unendliche Raum vor euch öffnet.

Hört auf um euch selbst zu kreisen, um euren Partner, eure Kinder, eure Nahestehenden, eure Nachbarn… Glaubt ihr, die Sterne richten ihren Blick auf euer gesellschaftliches oder familiäres Leben? Es liegt an euch, euren Blick zu den Sternen zu lenken, dann wird es allen besser gehen.

Damit man sagen kann, dass ein Gebäude existiert, muss es gebaut und sichtbar sein. Aber sein wahrer Schöpfer ist in Wirklichkeit der Architekt, der den Plan gemacht hat. Selbst wenn das Gebäude noch nicht sichtbar und greifbar ist, ist es bereits im Kopf von jemandem geschaffen worden. Es bleibt noch, es zu bauen, das heißt, es mit Hilfe verschiedener Materialien entstehen zu lassen. Die Schöpfung, die immer der Entstehung vorausgeht, findet sehr hoch oben, in der Welt der Ideen statt und sie kann augenblicklich geschehen.

Gott hat die Welt in einem Augenblick geschaffen. Aber die Entstehung hat Zeit gebraucht; mit der Entstehung ist die Zeit erst erschienen. Deshalb spricht man von sechs Schöpfungstagen. Natürlich sind diese sechs Tage symbolisch zu verstehen, sie stellen die Zeit dar, die für die Entstehung nötig war. Die Schöpfung, die augenblicklich geschieht, gehört zur Ewigkeit.

Der Erzengel Uriel herrscht über den Sommer, über die Jahreszeit der Reifung. Uriel ist das Feuer, die Hitze, die Flamme. Die Baumblüte ist schon lange vorbei und nun müssen die Blüten Früchte erzeugen. Doch was ist eine Blüte? Der Pflanzenteil, der dem Tierreich am nächsten kommt. Dieser animalische Teil der Pflanze besitzt Sensibilität, also etwas dem Nervensystem Ähnliches: Die Blüte öffnet sich im Licht und verschließt sich in der Dunkelheit.

Man kann noch weitergehen und sagen, dass sich in der Blüte der Astralkörper der Pflanze bildet. Die Blüte ist eigentlich das Geschlechtsorgan der Pflanze, hier findet die Befruchtung statt. Erzengel Uriel arbeitet also mit der Hitze, damit die Blüten Früchte hervorbringen.

Wie viele Spiritualisten geben die Arbeit auf, weil sie finden, dass die Resultate zu lange auf sich warten lassen! Dabei weist die Lehre, die sie empfangen haben, keine Mängel auf und auch die empfohlenen Methoden sind nicht unwirksam; sie selbst wussten es nicht richtig anzustellen. Und vor allem haben sie es eilig, weil sie faul sind. Sie sind der Anstrengungen schnell müde und lebten in der Illusion, es gebe ein Mittel, um die Schwierigkeiten schnell zu überwinden. Aber nein!

Natürlich geschieht mit der Medizin so etwas Ähnliches; man nimmt Tabletten oder bekommt ein paar Spritzen und es kommt vor, dass man dann schnell wieder auf den Beinen ist. Leider läuft das bei der spirituellen Arbeit ganz anders; da gibt es weder Tabletten noch Spritzen; da muss man lange an seiner eigenen Materie arbeiten, sie kochen, kneten, modellieren. Wer behauptet, er könne euch Geheimnisse verraten, die euch und euer Leben in kurzer Zeit verwandeln, der ist ein Scharlatan. Was plötzlich geschehen kann, ist die Enthüllung einer Wahrheit oder einer neu einzuschlagenden Richtung, aber danach muss man arbeiten und arbeiten… es ist ein Unterfangen ohne Ende.

Das Universum bildet eine riesige Einheit, in der alles verbunden ist. Jeder materielle Gegenstand hat also eine Entsprechung auf den feinstofflichen Ebenen und besonders auf der Astralebene. Auf diesem Gesetz beruht die Tätigkeit der Magier: Sie verbinden einen bestimmten materiellen Gegenstand mit dem ihm entsprechenden Kraftstrom. Der Gegenstand dient ihnen dabei als Hilfsmittel, um die Kräfte zu mobilisieren.

Ein Gegenstand mit harmonischen Linien und schönen Farben, der aus einem schönen Material gemacht ist, entspricht auf den feinstofflichen Ebenen etwas Wohltuendem, Belebendem. Ihr könnt ihn benutzen, um die höheren Schichten der Astralebene zu bewegen, dank der Kräfte, die die göttlichen Tugenden darstellen. Während ihr euch auf diese Tugenden konzentriert und sie in euch stärkt, dient euch dieser Gegenstand gleichzeitig dazu, die wohltuenden Kräfte zu berühren, die sich dann auf euch und auf die Wesen eurer Umgebung ergießen.

24. Juni

Die Franzosen benutzen den Ausdruck »Liebe machen«, ja, aber man kann nicht sagen, dass derjenige, der diesen Ausdruck erfunden hat, besonders gut inspiriert war. Denn die Liebe kann niemand machen, sie ist ein Kraftstrom der uns übertrifft, wir sind seiner nicht Herr und noch weniger sind wir seine Schöpfer.

Die Liebe ist eine Macht, ein Prinzip, das von Gott selbst kommt. Sie ist eine Energie und diese Energie lassen wir durch uns fließen, wenn wir lieben. Aber da die Menschen selten zu lieben wissen, fließt diese Energie nicht harmonisch. Sie sagen also sie »machen« Liebe, das heißt, sie nehmen bestimmte Stellungen ein, machen bestimmte Gesten, sprechen bestimmte Worte aus… aber ob dabei die Liebe anwesend ist? Das ist nicht sicher.

Die vier Elemente, Erde, Wasser, Luft und Feuer, die die Materie der Schöpfung darstellen, sind auch für uns eine Nahrung. Jeden Tag nehmen wir feste und flüssige Nahrungsmittel zu uns und auch die eingeatmete Luft ernährt uns. Das Feuer ist in diesen verschiedenen Nahrungsmitteln, aber auch im Sonnenlicht enthalten. Alle Geschöpfe profitieren vom Sonnenlicht, aber meist unbewusst. Würden sie es bewusst tun, wäre dies für sie eine Quelle außerordentlichen Reichtums, denn hier ist die wahre Nahrung.

Essen und atmen bringt uns das Leben. Aber wenn wir uns auf das Licht der aufgehenden Sonne konzentrieren, ernähren sich unsere Seele und unser Geist von Feuer und Licht, und dann fühlen wir uns erst richtig lebendig.

Um die unbewegliche Materie der Steine zu bewegen, hat Gott die Pflanzen geschaffen. Die Pflanzen sind intelligente Wesenheiten, aber ihre Seele schwebt sehr fern von ihnen im Raum, sodass wir mit ihnen nicht so in Kontakt treten können, wie wir das mit den Tieren tun oder noch mehr mit den Menschen, die von einer individuellen Seele bewohnt sind.

Durch die Pflanzen manifestiert sich der erste Strahl der Liebe Gottes. Die Pflanzen sind die Ersten, die die unbewegliche Materie beleben. Sie sprechen folgendermaßen zu ihr: »Oh ihr, Geschöpfe, die ihr in den Steinen lebt, ihr seid hier seit Milliarden von Jahren und glaubt euch verlassen. Aber Gott denkt an euch und ihr nehmt nach und nach den Weg des Lichts wieder auf. Es wird lange dauern, aber ihr werdet es schaffen…« Und sie arbeiten weiter an der mineralischen Materie, um sie weich zu machen und um sie zu durchfeuchten. Danach kommen die Tiere, die diese Ausarbeitung weiterführen und nach ihnen die Menschen… Auf diese Weise wird die Materie belebt, bereichert und durchlichtet.

27. Juni

Die Einheit ist eine Bedingung des Lebens und kann nur dann verwirklicht werden, wenn man die Ordnung der Dinge einhält. In dieser Ordnung akzeptiert nicht nur das Niedere, sich dem Höheren zu unterwerfen, sondern die Aktivitäten von allen richten sich entweder auf einen Gipfel oder auf ein Zentrum aus. Diese Ordnung der Dinge wird Hierarchie genannt.

Auch in uns existiert diese Hierarchie von den Füßen bis zum Gehirn. Damit die Gesamtheit, die wir bilden, harmonisch und ausgeglichen ist, müssen alle unsere Organe auf ein gleiches Ziel ausgerichtet sein. Indem sie sich zusammenschließen und einem Prinzip, dem Gipfel oder dem Zentrum, das heißt dem Geist, ihr Einverständnis geben, entsteht Einheit.

Offensichtlich bemerken sie es nicht, aber aufgrund ihrer jämmerlichen Lebensweise werden viele Leute zu wahren Feinden der Menschheit. Und wenn man versucht, es ihnen begreiflich zu machen, kontern sie: »Wie denn? Meine Lebensweise geht nur mich etwas an, ich bin frei, ich füge nur mir selbst Schaden zu.« Aber nein, sobald sie sich fortbewegen und mit anderen Personen in Kontakt kommen, verdunkeln und vergiften sie in Wirklichkeit die Atmosphäre und schaffen mit ihren Ausdünstungen auch bei den anderen Unordnung.

Man muss wissen, dass es sowohl für das Böse als auch für das Gute zwischen einem selbst und den anderen keine Grenzen gibt. Wenn ihr euch selbst etwas Böses antut, so tut ihr es auch der gesamten Menschheit an, denn das Böse sind Wellen, die sich verbreiten. Und für das Gute gilt das Gleiche. Wenn ihr euch also reinigt, wenn ihr das Licht sucht, so profitiert davon die Menschheit und sogar das ganze Universum. Versucht, dies zu verstehen, dann fühlt ihr euch verpflichtet, für euer Leben die beste Ausrichtung zu suchen.

Viele Tätigkeiten, denen sich die Menschen widmen, können symbolisch interpretiert werden. Zum Beispiel die Arbeit der Näherin oder der Stickerin. Beide arbeiten mit Stoff, mit Nadel und Faden. »Nun, was gibt es denn da so Interessantes zu verstehen?« höre ich euch fragen.

Für denjenigen, der es zu interpretieren weiß, stellt jedes der drei Dinge, Faden, Nadel, Stoff, etwas im Menschen dar. Der Faden ist sein Denken und die Nadel sein Wille, der das Denken mitzieht. Vom Willen gezogen führt das Denken seine Arbeit an dem Stoff aus, also an der physischen Ebene. Die Nadel und der Faden zeichnen auf den Stoff farbige oder dunkle, harmonische oder disharmonische, klare oder unklare Bilder. Diese Bilder hängen von der Intelligenz, vom Willen und auch von der Materie des Menschen ab; sie erzählen die Geschichte seines ganzen Lebens.

Die Hochzeit ist nicht nur eine menschliche Einrichtung, sie ist eine kosmische Realität. Denn die wahre Hochzeit ist jene zwischen Geist und Materie; aus ihr geht die ganze Schöpfung hervor. Jedes Atom ist die Frucht der Hochzeit zwischen dem Geist (der Energie) und der Materie. Wenn man in der Kernspaltung den Mann von der Frau trennt, zerstört diese Trennung alles. Der wütende Ehemann vernichtet seine Frau. Vereint lebten sie im Frieden und waren schöpferisch; durch Gewalt getrennt erzeugen sie Explosionen.

Die Energie muss sich mit der Materie vereinen, um sie zu gestalten, um ihr Form zu verleihen. Und da sich in der Schöpfung immer das gleiche Urmodell unter vielen verschiedenen Aspekten genau wiederholt, sieht man in der Natur und in den menschlichen Gesellschaften überall nur Hochzeiten.

Die Menschen haben alle denselben Ursprung und lebten, bevor sie ihre lange Reise fern ihrer himmlischen Heimat antraten, im Schoße des Ewigen. Von diesem Paradies haben sie daher zwangsläufig eine Erinnerung behalten, wie einen sehr weit entfernten Lichtschimmer. Aber nicht alle haben im Laufe ihrer Inkarnationen die gleichen Erfahrungen gemacht: Während einige sich auf dunklen, verschlungenen Pfaden verirrten, bewahrten andere in ihrem Inneren ein klareres Bewusstsein von ihrem göttlichen Ursprung. Daher sagen sie sich angesichts gewisser Erkenntnisse der Einweihungswissenschaft: »Ja, das ist die Wahrheit… ich wusste es bereits!«

Jene hingegen, die sich in Unordnung und Chaos hineinziehen ließen, sind für solche Erkenntnisse verschlossen. Um diese Wahrheiten wiederzufinden, müssen sie versuchen, den Weg nach oben wieder aufzunehmen, indem sie sich reinigen, das heißt, indem sie mit Liebe und Weisheit an ihren Gedanken und Gefühlen arbeiten.

Es ist wichtig, auf die Qualität der Nahrungsmittel zu achten, aber noch wichtiger ist der psychische Zustand, in welchem man isst, denn man kann sich sogar mit der gesündesten Nahrung vergiften, wenn man nicht gewisse Vorkehrungen trifft. Wie das? Wenn ihr durch negative Gedanken und Gefühle beunruhigt seid, während ihr eurem Mund Nahrung zuführt, so nehmen die Speisen die in diesen Gedanken und Gefühlen enthaltenen Gifte auf und verteilen sie in eurem gesamten Organismus. Ja, während ihr die Nahrung aufnehmt, wird sie von den schädlichen Elementen, die ihr ausstrahlt, durchdrungen und vergiftet euch. Natürlich ist auch das Gegenteil der Fall.

Es ist normal, dass euch gewisse Ereignisse vorübergehend aufregen oder beunruhigen; auch wenn es Zeit für eine Mahlzeit wäre, solltet ihr in diesem Fall aber noch mit dem Essen warten, bis ihr wieder inneren Frieden und Harmonie gefunden habt. Falls dies nicht möglich ist, weil gewisse Verpflichtungen es erfordern, dass ihr in diesem Moment esst, so bemüht euch wenigstens, euch auf die Nahrung zu konzentrieren, indem ihr sie mit eurer Anerkennung und Dankbarkeit erfüllt. Wenn diese Gefühle in euch einziehen, werden sie, über die Nahrung als Transportmittel, eure negativen Zustände verwandeln.

Der Satz: »Gott ist in mir das Licht, die Engel sind die Wärme, die Menschen sind die Güte«, wird dreimal gesprochen, und danach, ebenfalls dreimal: »Gott ist in mir das Licht, mein Geist ist die Wärme, ich bin die Güte«. Diese Formeln des Meisters Peter Deunov sind Affirmationen. »Ich bin die Güte.« Ja, selbst ein böser Mensch wird schließlich gut werden, wenn er diese Worte mit Überzeugung und dem ernsthaften Wunsch, sich zu bessern, ausspricht. Die Menschen kennen und verstehen so lange nichts von Gott, wie sie nicht fühlen, dass Er in ihnen ist, als Leben, als Kraft, als Liebe, als Licht. Die wahre Erkenntnis liegt in dem Gefühl, in der Gewissheit, dass Gott in uns ist und dass wir mit Ihm eins sind, dass es zwischen Ihm und uns nicht die geringste Trennung gibt.

Die Formeln des Meisters Peter Deunov erinnern an gewisse Worte Jesu, welche ebenfalls machtvolle Affirmationen sind: »Ich und der Vater sind eins« (Jh 10,30), »Mein Himmlischer Vater arbeitet, und ich arbeite mit ihm«, »Ich bin die Auferstehung und das Leben« (Jh 11,25), »Ich bin das Licht der Welt« (Jh 8,12). Diese Sätze, die Jesus ausgesprochen hat, zeigen das Ziel, welches auch wir erreichen sollen, um ein wahrer Gottessohn zu werden.

Wenn man sieht, was die Menschen Freiheit nennen, so wäre der Ausdruck »sich gehen lassen« zutreffender. Weshalb? Weil sie frei sein wollen, um sich der Faulheit, den Vergnügungen, den Leidenschaften hinzugeben und nicht merken, dass sie sich genau dadurch begrenzen und versklaven.

Die wahre Freiheit erwirbt man nicht, indem man sich von allen Einschränkungen befreit, sondern indem man zum Diener wird. Ja, aber zum Diener Gottes, des Einzigen, der absolut frei ist. Gott, das einzig wirklich freie und von nichts und niemandem abhängige Wesen im Universum hat sich in Seiner Schöpfung bewusst und freiwillig begrenzt. Wenn ihr wirklich frei sein wollt, so macht euch zum Diener Gottes, trachtet danach, mit Ihm zu verschmelzen: Dann wird Seine Freiheit in euch einziehen.

Unser physischer Körper besteht aus Materie, und weil die Materie der Zeit unterworfen ist, nützt sie sich ab, sie verwittert, sie zersetzt sich. Das nennen wir altern, und die Falten, die weißen Haare, die Gelenkabnützungen usw. sind die offensichtlichen Zeichen dieses Alterns, was natürlich keine angenehme Feststellung ist! Wir sind aber nicht nur ein physischer Körper, und wenn auch das Altern des Körpers ein natürlicher Vorgang ist, so zwingt uns innerlich nichts, mit ihm zu altern. Es gibt also nicht so viel Grund zur Besorgnis!

Jene Menschen, die über die täglich im Spiegel feststellbaren Zeichen des Alters bekümmert sind, sind in der Regel bereits innerlich gealtert. Anstatt das zu pflegen und sich mit dem zu befassen, was in ihnen warm und lebendig ist, nämlich mit dem Herzen, identifizieren sie sich mit ihrem Körper, sie identifizieren sich mit der Materie. Es ist aber nicht ihr Körper, sondern ihr Herz, welches ausmacht, ob sie jung oder alt sind, und wenn ihr Herz altert, so nur weil sie selbst dies zulassen. Um nicht zu altern, muss man seine Liebe für die Wesen und Dinge bewahren und darf nie das Interesse, die Neugier für das Leben verlieren, welches so reich und überfließend rund um uns vorhanden ist.

Die Biene ist ein Symbol des Eingeweihten, der gelernt hat, alles in sich zu transformieren, zu sublimieren und zu erleuchten, um Honig herzustellen. Der Bienenstock ist in seinem Inneren, und der Honig entspricht seinen Ausstrahlungen, den reinsten, feinsten Elementen, die von seinem ganzen Wesen ausströmen.

Jedes Wesen ist dazu aufgerufen, in sich selbst eine Quintessenz zu suchen und diese herbeizunehmen, um sie in Honig umzuwandeln. Dazu muss er mit dem Verstand, dem Herzen und dem Willen arbeiten, denn der Verstand, das Herz und der Wille sind die Werkzeuge, dank derer er in seinem inneren Destillierkolben alles herstellen kann. Und genau dies ist auch die wirkliche Alchimie. Der wahre Alchimist hat eine Sache gelernt: nämlich wie er zur Biene wird, wie er das Beste von allem, was sich in der Natur, und vor allem in den menschlichen Wesen findet, extrahieren kann. Er betrachtet die Wesen, spricht mit ihnen und jedes von ihnen ist eine Blume, von welcher er den Nektar sammelt, um Honig herzustellen.

Sogar in ihrem spirituellen Leben gelingt es den Menschen nicht, sich von der Materie zu lösen. Sie besuchen heilige Orte, unternehmen Pilgerreisen, verehren Reliquien… Aber indem sie sich so an Orte oder materielle Gegenstände klammern, gelingt es ihnen nicht, die großen Wesen zu berühren, die dort Spuren hinterlassen haben. Anstatt den Geist zu finden, finden sie nur Altertümer und Staub. Anstatt das Leben zu finden, finden sie den Tod.

Der Geist allein belebt. Die Verehrungsgegenstände hingegen kann man vergleichen mit Konservendosen. Wollt ihr Erbsen, Aprikosen oder Sardinen essen? Natürlich könnt ihr eine Konservendose öffnen, aber diese Erbsen, Aprikosen oder Sardinen besitzen nicht mehr das gleiche Leben in sich wie in dem Moment, wo sie gepflückt oder gefischt worden sind. Dies trifft noch mehr auf die spirituelle Ebene zu. Also lasst die Konserven sein und geht zu einem Restaurant, welches euch stets frische Nahrung bietet: Dieses Restaurant ist die Sonne. Ab dem Tag, an dem ihr euch entschließt, es zu besuchen, werdet ihr das Licht, die Wärme und das Leben finden, mit dem sich alle großen Wesen ernährt haben, deren Spuren ihr sucht.

Ihr findet immer Leute, die behaupten, es sei unmöglich zu wissen, was gut, und was schlecht ist. In Wirklichkeit wissen sie es ganz genau, aber es ist für sie von Vorteil, sich unwissend zu stellen: Sie können sich dann ruhig all ihren Trieben überlassen. Würden sie ein wenig nachdenken, wüssten sie, ob sie im Begriff sind gut oder schlecht zu handeln. Sie wollen zum Beispiel jemanden vertreiben, ihn in den Augen anderer herabsetzen oder ihn verführen, um ihn danach wieder fallen zu lassen? Nun, dann sollten sie sich in seine Situation hineinversetzen, sie sollten sich vorstellen, was sie an seiner Stelle fühlen würden, dann könnten sie sofort feststellen, dass dies schmerzhaft, ungerecht und unehrlich ist. Wie kommt es, dass ihnen so plötzlich ein Licht aufging? Nichts kann jene rechtfertigen, die behaupten, sie wüssten nicht, wie sie sich benehmen sollen.

Jesus sagte: »Tut den anderen das, was ihr möchtet, dass man für euch tut«. Also, das ist klar, nicht wahr?

An dem Tag, an dem die Menschen lernen werden, die kleinen Unannehmlichkeiten des Lebens gegen alle, ihnen von der Vorsehung so großzügig zugeteilten Reichtümer abzuwägen, werden sie nur noch Dankbarkeit empfinden. Doch bis dahin fahren sie fort sich zu quälen, indem sie das angeblich Wenige, das sie ihr Eigen nennen, mit allem vergleichen, was die anderen besitzen, die ihrer Meinung nach privilegierter sind. Ja nun, das sind sehr schlechte Vergleiche!

Wenn ihr unbedingt zwischen euch und den anderen Vergleiche anstellen müsst, warum dann nicht alle Vorteile anschauen, die ihr besitzt, während so viele Menschen auf der Welt unter Verfolgung, Kriegen, Epidemien und Hunger zu leiden haben? Ständige Undankbarkeit und Unzufriedenheit sind ein Zeichen mangelnder Intelligenz. Warum sehen so viele Leute überall nur Gründe, um unglücklich zu sein, statt sich aller Segnungen bewusst zu werden, mit denen der Himmel sie überschüttet?

Lernt die aufgehende Sonne so zu betrachten, als ob ihr sie zum ersten Mal anschauen würdet. Sagt zu ihr: »Oh liebe Sonne, ich kannte dich noch nicht. Natürlich sah ich, dass du schön bist, und dass du uns jeden Tag dein Licht und deine Wärme spendest, aber ich hatte bisher die Lektion, die du uns gibst, noch nicht verstanden. Jetzt verstehe ich, dass du uns den Weg der Wahrheit, der Vervollkommnung, der Fülle zeigst. Ich möchte so werden wie du.« Natürlich werdet ihr nie wie die Sonne werden, das ist unmöglich, aber das macht nichts, setzt trotzdem als Ideal ihr Bild in euren Kopf, denn gerade das Unmögliche wirkt auf uns, stärkt uns, verwandelt uns.

Ja, lasst euch wirklich von dieser Wahrheit durchdringen. Nur das, was unmöglich, unrealisierbar ist, kann uns anspornen uns weiterzuentwickeln, immer weiterzugehen und deshalb sollen wir die Sonne als anzustrebendes Ideal nehmen.

Die Wissenschaftler der ganzen Welt warnen vor den Gefahren, welche die Verschmutzung der Luft, des Wassers und der Erde für die Menschheit bringen. Doch wer denkt schon daran, dass auch aus der psychischen Ebene Rauch aufsteigt, Abgase und giftige Produkte entweichen, die die Menschheit ersticken? Viele der heutigen Krankheiten werden nicht allein durch die Verschmutzung der Luft, des Wassers und der Nahrung verursacht, sondern durch die psychische Verschmutzung. Wenn die psychische Atmosphäre, in die wir eingetaucht sind, nicht derart verschmutzt wäre, wäre es einfach, alle äußeren Gifte zu neutralisieren. Das Schlechte befindet sich vor allem im Inneren. Wenn man sich innerlich stark fühlt und in Harmonie mit sich und den anderen ist, so ist es, als würde man von Energien durchströmt, die sogar auf der physischen Ebene alle Unreinheiten abweisen und dann kann sich der Organismus besser verteidigen.

Die Erde ist lebendig, sie atmet, sie isst und wie jedes essende Lebewesen, hat auch sie das Bedürfnis auszuscheiden. Die Ausscheidungen erscheinen manchmal als das, was wir Vulkanausbrüche nennen. Da die Erde lebendig ist, ist sie nicht gefühllos gegenüber den Aktivitäten der auf ihrer Oberfläche lebenden Menschen, die sie ständig verändern und für ihren Komfort ausbeuten. Sie graben sie um, sie durchwühlen, baggern oder planieren, ohne sich je zu fragen, ob sie dabei nicht eine Ordnung stören, die sie nicht verstehen. Die Erde empfindet all dies als Juckreiz, als Stiche, als Verwundungen und von Zeit zu Zeit schüttelt sie sich, um sich von diesen Unannehmlichkeiten zu befreien.

Die Menschen sollten sich bewusst werden, dass sie auf der Haut der Erde leben, die sie erträgt. Sie erträgt ihr Treiben einige Minuten lang (das heißt, nach ihrem Maßstab einige Jahrtausende), aber schlussendlich ärgert sie sich. Dann sind die Menschen schockiert, sie leiden – aber sind sie auch bereit, die Lektion zu lernen?

13. Juli

Wer in dem Streben, das spirituelle Leben anzunehmen, sein altes Leben zu früh hinter sich lässt, wird manövrierunfähig und schutzlos. Er sagt sich dann, dass es ein Fehler war, das spirituelle Leben zu wählen. Doch dem ist nicht so, es fehlte ihm nur an Intelligenz und Voraussicht.

Beobachtet einmal wie die Natur arbeitet: Reißt sie die alte Haut weg, bevor sich eine neue Haut darunter gebildet hat? Nein. Also müsst ihr in gleicher Weise noch die alten Formen bewahren, während ihr neue Formen aufbaut. Befasst euch damit, die Voraussetzungen dafür zu schaffen, dass sich der Geist in euch niederlassen kann. Verharrt so lange vorläufig in euren alten Formen, und bereitet euch währenddessen darauf vor, sie zu verlassen. Das ist Weisheit!

Wie viel Propaganda, wie viel Lärm macht man zurzeit in Bezug auf die Bedürfnisse des physischen Körpers! Man spricht nur davon, ihn zu schützen, zu erhalten, zu pflegen, zu verschönern, zu bekleiden und zu schmücken. Sich in einem solchen Ausmaß mit dem Körper zu beschäftigen, ist gefährlich.

Was man auch tut, der Körper ist und bleibt verwundbar, vergänglich. Eine ganze Kultur zu gründen auf etwas, das so schnell dem Untergang geweiht ist, hat bedauerliche Auswirkungen auf alle anderen Tätigkeiten. Wenn die Menschen so wenig Weisheit, Verständnis und Güte zeigen, so deshalb, weil sie dermaßen von ihrem physischen Körper besessen sind. Sie können weder vernünftig denken noch richtig handeln, weil der Ausgangspunkt falsch ist: Sie haben sich mit dem physischen Körper identifiziert. Sie sollten sich auf die Bedürfnisse ihrer Seele und ihres Geistes konzentrieren, die sich den Gesetzen von Zeit und Raum entziehen. Dann wird alles, was sie nachher tun, das Siegel des Lichtes, der Unsterblichkeit tragen, und dies wird die Ankunft des Gottesreiches sein.

15. Juli

Die wahre Liebe ist eine Schwingung von außerordentlicher Feinheit und um diese Schwingung auszustrahlen und auch zu empfangen, braucht es große Aufmerksamkeit, große Wachsamkeit. Nichts ist wichtiger als Liebe geben und empfangen zu können. Wer dies verstanden hat, empfindet eine solche Fülle, eine solche Freude, dass alles andere daneben erblasst. Denn die Liebe ist etwas ganz anderes als jene Anziehungskraft, welche die Menschen zueinander hintreibt und sie dann dazu bringt, sich zu trennen, sobald die Anziehung nachlässt und sie sich zu jemand anderem hingezogen fühlen.

An dem Tag, an dem ihr erkennt, was die wahre Liebe ist, werdet ihr aus jeder Begegnung reinere, herzlichere, lichtvollere Elemente gewinnen, Elemente der Unsterblichkeit. Dann werden beide sagen: »Mein Gott, danke! Du hast mir ein Wesen geschickt, welches für mich wie eine Sonne ist, die mich während des Winters wärmt und erleuchtet wie eine köstliche, wunderbar duftende Frucht, die mich nährt wie Wasser, welches mich erfrischt, wie Luft, welche mich leicht macht«.

Wenn der Eingeweihte morgens das Fenster öffnet, so grüsst er die ganze Natur, den Himmel, die Sonne… Er sagt der ganzen Schöpfung »Guten Tag«. Indem er die Hand hebt, tritt er durch diese Geste in Verbindung mit der Quelle des Lebens und die Natur antwortet ihm. Er grüßt die Engel der vier Elemente: die Engel der Luft, der Erde, des Wassers und des Feuers und auch die Gnome, die Undinen, die Sylphen, die Salamander – dann sieht man sie singen und tanzen, sie sind glücklich! Und zu den Bäumen, den Steinen, dem Wind sagt der Eingeweihte ebenfalls »Seid gegrüßt! Seid gegrüßt! Guten Tag!«

Auch ihr sollt daran denken, am Morgen die Natur zu begrüßen. Ihr werdet spüren, dass innerlich etwas ins Lot kommt, sich harmonisiert. Manche Unklarheit und manches Unverständnis wird euch verlassen, ganz einfach weil ihr euch entschlossen habt, in Kontakt zu treten mit der lebendigen Natur und allen Geschöpfen, welche sie bewohnen.

Das Gebet gründet auf der Macht des Wortes, denn das Wort ist ein unerlässlicher Faktor für die Verwirklichung. Aber zuerst müssen der Wunsch und der Gedanke bereits auf der spirituellen Ebene machtvoll sein. Dann ist das gesprochene Wort wie eine Unterschrift, die das In- Gang-Setzen der höheren Kräfte ermöglicht.

Wenn ihr durch euer Gebet ein Gefühl der Liebe und Anbetung dem Schöpfer gegenüber ausdrücken möchtet, braucht ihr dafür keine Worte zu verwenden, da das Gefühl etwas rein Psychisches ist. Wollt ihr aber eine Verwirklichung auf der physischen Ebene, so ist das gesprochene Wort unerlässlich. Das Wesentliche bleibt aber trotzdem die Intensität des Gedankens und des Gefühls.

Viele Leute fragen sich, ob es die Engel wirklich gibt. Ja, es gibt sie. Die Engel sind unsterbliche Geschöpfe, welche aus einer derart reinen, derart feinstofflichen Materie geschaffen sind, dass nichts sie treffen kann. Sie leben im Licht und in der vollkommenen Freude, sie kennen alles, außer dem Leiden. Denn das Leiden hat nur Zugriff auf Materie, die nicht vollkommen rein ist. Ein Engel kann nicht leiden, weil er vollkommen rein ist.

Auf der physischen Ebene existieren keine Engel, man begegnet ihnen erst ab der höheren Astralebene*. An der Grenze zwischen niederer Astralebene und höherer Astralebene erstreckt sich eine Zwischenzone, wo diejenigen Wesen leben, welche daran arbeiten, sich von all ihren Unreinheiten zu befreien. Sie sind noch dafür empfindlich, von schlechten Einflüssen der niederen Astralebene und der physischen Ebene gequält zu werden, wenn sie aber diese Zone durchquert haben, werden sie den Engeln ähnlich.

*siehe Anmerkung und Abbildung auf Seite 393.

Jeden Tag spreche ich zu euch über das Leben, denn das Studium des Lebens, des göttlichen Lebens, des Lebens unserer Seele und unseres Geistes, ist eine Wissenschaft ohne Ende und das macht sie so spannend. Wenn ihr einmal damit begonnen habt, werdet ihr spüren, dass ihr niemals aufhören könnt, neue Entdeckungen zu machen. Diese Wissenschaft des Lebens, die einzige, die es wirklich wert ist, vertieft zu werden, wird momentan verschmäht, missachtet, zum Vorteil von Kenntnissen, welche nicht so wesentlich sind. Aber das, was heute missachtet wird, wird morgen geschätzt werden. Die Wissenschaft des Lebens ist der Stein, von dem Jesus gesagt hat: »Der Stein, den die Arbeiter verworfen haben, ist zum Eckstein geworden« (Mt 21,42).

Wenn jemand mit dem Bedürfnis, sein Revier oder seinen Einfluss auszuweiten, versucht, sich in eure Angelegenheiten einzumischen und euch zu verdrängen, so wisst, dass ihr immer die Möglichkeit habt, euch zu den Höhen aufzuschwingen oder in die Tiefen eures Wesens hinabzusteigen. Und dort dürft ihr ihn niemals hineinlassen, verteidigt euch, denn euer innerer Raum ist der Raum der Gottheit.

Ihr sollt nicht so sehr eure persönlichen Interessen, eure egoistischen Rechte verteidigen, aber ihr sollt euer göttliches Recht verteidigen. Und was bedeutet: Das göttliche Recht verteidigen? Es bedeutet, niemals zuzulassen, dass die Regeln der Liebe, der Weisheit und der Wahrheit verletzt werden, indem ihr euch an einer Unternehmung beteiligt, welche eurer Vervollkommnung oder der Vervollkommnung anderer schaden könnte.

Viele stellen sich vor, es gäbe eine Unvereinbarkeit zwischen dem Gebet, der Meditation und dem Handeln. Nun, das ist der größte Irrtum! Viele tatkräftige Männer und Frauen waren große Mystiker. Oh, natürlich gab es auch viele, die das nicht waren; aber haben gerade sie denn auch viel Gutes bewirkt?

Wer sich in Taten stürzt, ohne vorher das Licht des Geistes gesucht zu haben, läuft Gefahr, nur Unordnung und Zerstörung zu produzieren. Wollt ihr den anderen helfen? Euer Handeln wird nur wohltuend sein, wenn es gut ausgerichtet ist. Wie soll es aber gut ausgerichtet sein, wenn ihr weder inneren Reichtum noch inneres Licht besitzt? Mag eine Person noch so gut sein und die besten Absichten haben, sie wird nicht viel Gutes tun, wenn sie einzig auf ihre eigenen Ressourcen und Inspirationen vertraut. Um wirklich nützlich zu sein, muss man großen spirituellen Reichtum besitzen.

Weshalb ist es möglich, sich auf der Erde mühelos fortzubewegen? Weil die Erde hart ist und Widerstand bietet. Versucht auf Treibsand zu gehen: Ihr werdet versinken. Und wie kommt es, dass sich die Schiffe auf dem Wasser fortbewegen können? Weil auch das Wasser Widerstand leistet. Natürlich ist es nicht so widerstandsfähig wie die Erde, aber trotzdem kommen die Schiffe dank seines Widerstandes von einem Punkt zum anderen. Und selbst die Flugzeuge können sich dank des Luftwiderstandes zum Himmel erheben und fliegen.

Ihr seht also, ob auf der Erde, auf dem Wasser oder in den Lüften: Die Fortbewegung, die Möglichkeiten voranzukommen, sind in gewisser Weise dem Widerstand zu verdanken. Dasselbe gilt auch für den psychischen Bereich. Ab dem Tag, an dem ihr die Nützlichkeit dieses Widerstandes, der aus Schwierigkeiten und Hindernissen besteht, verstanden habt, werdet ihr euch nicht mehr beklagen, sondern ihr werdet in ihm wunderbare Möglichkeiten erblicken, um voranzukommen. Ihr sagt: »Aber ich kann mich doch auch weigern, voranzugehen!« Ja, das könnt ihr, aber dann werdet ihr erdrückt und überrannt werden. Denn: Vorwärtsgehen ist das Gesetz des Lebens.

Für viele Christen beschränkt sich die Religion auf eine Reihe von Glaubenssätzen, die mit ihrem täglichen Leben gar nichts zu tun haben. Sie akzeptieren auf passive Weise die ihnen eingetrichterten Dogmen, mit denen sie nichts anfangen können und weil sie nichts damit anfangen können, leben sie weiterhin wie irgendein Ungläubiger. So ist es gekommen, dass die Religion schließlich nicht mehr viel mit dem wahren Glauben gemein hat; übrig geblieben sind bloße Anschauungen, die niemanden retten können. Natürlich sind es Christen – aber welche Ergebnisse können sie erwarten, wenn sie nicht an sich arbeiten, sich nicht anstrengen und keine eigenen Erfahrungen machen?

Dabei heißt es in den Evangelien, der Glaube sei fähig, Berge zu versetzen. Solange sich die Gläubigen jedoch damit begnügen, Sprüche herzusagen und oft unverständliche Gesten und Riten auszuführen, wird ihr Glaube keine Berge versetzen und keine Wunder vollbringen. Und wenn ich Wunder sage, so meine ich damit nicht, Kranke zu heilen oder Tote auferstehen zu lassen, sondern ich spreche davon, sich selbst zu verwandeln und wiederzuerwecken.

Das Leben ist eine Art Verbrennung. Keine Offenbarung im Universum ist ohne die Energie erzeugende Verbrennung von Materie möglich. Und der Mensch selbst kann nicht leben, das heißt, nicht denken, fühlen und handeln, solange kein Brennmaterial in ihm verbraucht wird, um diesen Prozess zu unterhalten.

Um das Leben zu unterhalten, muss man immer etwas verbrennen. »Aber was sollen wir denn verbrennen?« fragt ihr vielleicht. Das ist eine wichtige Frage. Anstatt eure kostbarsten Quintessenzen zu verbrennen, indem ihr euch euren Instinkten und Leidenschaften überlasst, solltet ihr lernen, eure Instinkte und Leidenschaften zu verbrennen, indem ihr auf sie verzichtet. Werft eure Eifersucht, eure Wut, eure Sinnlichkeit ins Feuer, ins Feuer des Geistes, damit sie ein wunderbares Licht, eine außergewöhnliche Wärme und schöne Flammen erzeugen – genau wie dunkle, knorrige Äste eine Feuersglut unterhalten. Dies ist das Geheimnis: Alle unsere Unreinheiten verbrennen, um das himmlische Feuer zu nähren.

Wenn die Sonne am Morgen aufgeht, beginnen alle Formen und Farben nach und nach klar zu erscheinen. Das, was die Sonne für die Natur und die physische Welt ist, ist das göttliche Licht für das Bewusstsein des Menschen. Die Klarheit und das richtige Denken werden ihm nur gegeben, wenn er sich bemüht, sich diesem Licht zu nähern. Sobald das Licht sein Bewusstsein durchdringt, wird alles klar und er beginnt, die wahre Wirklichkeit der Dinge zu erkennen.

Denkt also an das Licht, umgebt euch mit Licht, führt das Licht in euch ein. Denn das Licht ist auch der mächtigste Schutz. Genauso wie das Feuer in der Nacht die wilden Tiere fernhält, wehrt der Lichtstrahl, den ihr in Gedanken aussendet, die dunklen Wesenheiten und Energien ab, die euren inneren Frieden bedrohen.

Wenn die Menschen nicht begriffen hätten, wie vorteilhaft es ist, sich in Gemeinschaften zu organisieren, würden sie ihre Tage immer noch mit der Nahrungssuche in den Wäldern zubringen. Sobald sie gesehen hatten, wie nützlich es war, mehrere Arme und Beine zusammenzubringen, zogen alle einen Nutzen aus dieser neuen Situation; jetzt stehen alle im Dienst von allen und können von allen profitieren.

Aber in Wirklichkeit haben die Menschen das Problem des Zusammenlebens nur oberflächlich gelöst. Auch wenn sie äußerlich in Gemeinschaften organisiert leben, sind sie doch innerlich isoliert, getrennt, aggressiv und feindselig gegeneinander geblieben. Deshalb muss man noch daran arbeiten, dass die Menschen innerlich, geistig, eine wahre, ideale Gemeinschaft bilden lernen: die universelle Bruderschaft auf Erden. Dann werden sie das erhabene Bewusstsein der Einheit erlangt haben und in der Fülle leben.

Die Ernährung ist ein unerschöpfliches Thema, denn sie umfasst die Ganzheit unseres Wesens. Alles, was wir zu uns nehmen, lehrt uns seine Geheimnisse. Erkennen bedeutet, die Dinge und Wesen in sich aufzunehmen, um sie zu studieren. Die Ernährung ist der Schlüssel zur Erkenntnis: Man muss immer damit beginnen, das zu absorbieren, was man kennen möchte.

Indem die kosmische Intelligenz die Ernährung für alle, ja selbst für die winzigsten Geschöpfe zur Notwendigkeit gemacht hat, zwingt sie alle, sich mindestens ein rudimentäres Wissen anzueignen: Indem sie essen, beginnen sie die Natur der Dinge zu studieren. Um sich zu entwickeln und zu lernen, muss man immer damit beginnen, etwas zu kosten. Das, was für die Mikroorganismen gilt, gilt umso mehr für die Menschen. Für die Menschen ist Essen aber natürlich nicht mehr nur auf die physische Ebene begrenzt. Ihr Herz, ihr Intellekt, ihre Seele und ihr Geist benötigen auch Nahrung. Wenn ihr betet, meditiert, lest oder studiert, wenn ihr die Farben und die Schönheit der Natur betrachtet, wenn ihr Musik hört, was tut ihr dann anderes, als euch auf den höheren Ebenen zu ernähren?

Was ist Evolution? Eine Veränderung der Form! Um sich zu manifestieren, benötigt der Geist ständig neue Formen, denn die Form selbst entwickelt sich nicht, sie muss ausgewechselt werden. Wenn man sagt, die Zeit zerstöre alles, so betrifft dies nur die Formen; über die Prinzipien hat die Zeit keinerlei Macht.

Die Formen sind nützlich und notwendig, aber nach einer gewissen Zeit muss sogar eine Religion sie hinter sich lassen, um neuere, reinere und höher entwickelte Formen zu empfangen. Daher sollte die Christenheit nicht versuchen, überlieferte Formen aus einer weit entfernten Vergangenheit zu verewigen. Eine solche Haltung widerspricht den Beschlüssen der kosmischen Intelligenz, welche die alten Formen zerbricht, um daraus neue hervorzubringen. Die Kirche sollte also nicht überrascht sein, wenn sie überrumpelt wird; sie kann unternehmen, was sie will, ihre alten Formen werden zerschlagen. Die Christen müssen verstehen, dass die Formen, in welchen ihre Religion ihnen vor Jahrhunderten gegeben wurde, ihre Wirksamkeit verloren haben und ersetzt werden müssen, damit der Inhalt, der Geist Christi, sich besser ausdrücken kann.

Die Erde lebt, sie fühlt, sie atmet, sie denkt, sie entwickelt sich und daher beeinflusst sie die Menschen. In den Horoskopen erwähnt man die Erde nicht, man zieht sie überhaupt nicht in Betracht und dennoch ist jeder beeinflusst durch den Zustand und durch die Position, in welcher sie sich am Tag seiner Geburt befand.

Wir empfangen von der Erde mehr Einflüsse als von jedem anderen Planeten, denn ihr sind wir am nächsten. Warum hat der Mond mehr Einfluss auf uns als die Sonne? Weil er näher ist. Und die Erde, welche als unsere »Bleibe« noch näher ist, beeinflusst uns durch ihre verschiedenen Zustände noch mehr. Es gibt Momente, wo sie wach ist und Momente, wo sie schläft, aber auch Momente, wo sie nachdenkt oder unglücklich ist oder sich freut. Man befasst sich nicht mit diesen verschiedenartigen Zuständen der Erde. Das ist ein Fehler, denn wir leben unaufhörlich im Kontakt mit ihr, die Energien, die sie durchströmen, berühren uns direkt.

Die Liebe ist ein Austausch zwischen zwei Energieströmen, zwischen zwei entgegengesetzten aber komplementären Polen. Es ist nicht der physische Körper, der die Liebe anregt, er mischt sich oft erst am Ende des Prozesses ein; er ist ein Ergebnis, eine Folge. Das, was die Liebe hervorruft, ist unsichtbar.

Im Allgemeinen misst man dem Körper größere Bedeutung zu, als er wirklich besitzt. Wenn die Leichname zweier Wesen, die sich geliebt haben, nebeneinander gelegt werden, umarmen sie sich dann? Nein, aber ihre Seelen, die lebendig sind, fahren fort sich zu begegnen. Das Leben in den Geschöpfen ist es, welches die Anziehung oder Abstoßung hervorruft. Also bevor die Körper sich zueinander hingezogen fühlten, gab es feinstoffliche Energien, die sie dazu gebracht haben, sich einander zu nähern. Die Körper folgten dieser Bewegung erst ganz zum Schluss.

Die spirituelle Praxis ist natürlich schwierig, aber sie wird noch schwieriger durch die Tatsache, dass jene, die beschlossen haben, sich ihr zu widmen, nicht die richtige innere Haltung einzunehmen wissen. Sie sind in Eile und angespannt von dem Gedanken, noch eine Menge anderer Dinge zu tun zu haben. Es gelingt ihnen nicht, all diese Sorgen beiseite zu lassen. In ihrem Unbewussten, in ihrem Unterbewusstsein, gibt es etwas, das sie blockiert und daran hindert, Ergebnisse zu erzielen.

Das heutige Leben mit seinem beschleunigten Rhythmus und seinen zahlreichen Verpflichtungen ist ganz offensichtlich nicht günstig für spirituelle Aktivitäten, die verlangen, dass man sich von den täglichen Sorgen zu befreien weiß, um einen anderen, harmonischeren Rhythmus zu finden. Wer sich aber angewöhnt, eine halbe Stunde oder eine Stunde lang bestimmte Bedingungen für den inneren Frieden herzustellen, der wird sich nicht nur mit der Welt des Lichts verbinden können, sondern er wird anschließend auch all seine beruflichen und familiären Verpflichtungen leichter erfüllen. Jede Sache muss zu ihrer Zeit und an ihrem Ort getan werden.

Jeder zum spirituellen Leben erwachende Mensch erhält Besuch von lichtvollen Wesenheiten der unsichtbaren Welt. Diese Wesenheiten sind wie Gärtner, die in ihren Obstgarten kommen, um Früchte zu pflücken und sich an ihnen zu ergötzen. Sie sagen: »Oh, diese Wassermelone, diese Melone, dieser Pfirsich, welch wunderbare Früchte!« Sie kümmern sich um diesen Menschen und freuen sich an allem, was er an Lichtvollem, Musikalischem, Duftendem ausstrahlt. Ihr alle könnt von den himmlischen Gärtnern besucht werden. Jemand sagt: »Ich habe aber nichts zu geben, ich bin kein Obstgarten, wie kann man bei mir etwas holen?« In Wirklichkeit gibt es immer ein nützliches Element, das man gewinnen kann, sogar aus den giftigen Pflanzen, sei es auch nur, um daraus Medikamente herzustellen. Die Menschen haben davon keine Ahnung, aber trotzdem werden sie ständig von Geschöpfen der anderen Welt aufgesucht, weil sie wie ein mit chemischen Stoffen angefülltes Labor sind. Es ist besser für sie, wenn sie nicht voller Gift sind, aber sogar ihre Gifte werden entnommen und verwendet.

2. August

Fähig sein in Gemeinschaft zu leben, in diese Richtung geht die wirkliche Evolution der Menschen. Ja, man entwickelt sich nicht, wenn man allein in seiner Ecke bleibt, um zu lesen, zu lernen und sich zu entfalten. In so einer Abgeschiedenheit lässt man nur seinen egoistischen Tendenzen freien Lauf. Man sollte die Gemeinschaft lieben, dieses Gefühl, in einen Ozean getaucht zu sein, in dem alle Seelen miteinander schwingen. Natürlich suchen einige auch die Gemeinschaft auf, um ihr Bedürfnis zu befriedigen, das darin besteht, andere zu beherrschen, zu unterdrücken und auszubeuten. Wenn man die Gemeinschaft sucht, heißt das nicht unbedingt, dass man es auch versteht, darin zu leben; oft ist sogar das Gegenteil der Fall!

In Gemeinschaft zu leben, verlangt also eine große Arbeit und diese Arbeit ist notwendig. Früher oder später muss jeder versuchen, seine allzu ichbezogenen Tendenzen zu überwinden: den Egoismus, den Ehrgeiz, die Habsucht, die Herrschsucht, die ihn ständig in Konflikte mit anderen bringen. Bis er schließlich sagen kann: »Ich bin ein kollektives Wesen«.

Jesus sagte: »Wenn ihr das Greuelbild der vom Propheten Daniel angekündigten Verwüstung seht, so steige, wer auf dem Dach ist, nicht hinab, um etwas in seiner Wohnung zu holen« (Mt 24,15-17). Nicht vom Dach hinabsteigen… in der ewigen Sprache der Symbole ist das Dach der Geist, in dem man sich immer in Sicherheit und Frieden befindet. Der Rat, den Jesus gab, betrifft also das psychische Leben. Wenn in der Welt oder in einem selbst Unruhen ausbrechen, darf man nie unten Hilfe holen, sondern man muss sich bemühen, so hoch wie möglich aufzusteigen und sich dort auf dem Gipfel aufhalten; das heißt man muss nachdenken, überlegen, sich mit dem Himmel verbinden, um Frieden und Licht zu finden. Nur dann sieht man klar und findet die richtige Vorgehensweise, durch die man sich und die anderen retten kann.

Wie oft ist es vorgekommen, dass sich Leute bei einem Brand ins Feuer geworfen haben, anstatt zu fliehen. Warum? Weil sie »vom Dach hinunter gestiegen« sind, sie haben den Kopf verloren und ließen sich von der Aufregung und den Emotionen überwältigen.

Die Alchimisten haben als Leitspruch: »Ora et labora«, das heißt: Bete und arbeite. Ja, zuerst beten und dann arbeiten. Warum? Um der Arbeit die beste Ausrichtung zu geben, denn wenn die Arbeit den Menschen erheben und veredeln soll, so sind doch nicht alle Arbeiten und alle beim Arbeiten gesetzten Ziele von gleichem Wert. Man muss wissen, für wen und für was man arbeitet. Allein das Gebet bringt uns dieses Licht und gibt unseren Tätigkeiten eine Richtung, weil es uns mit der göttlichen Welt in Verbindung setzt.

Dank des Gebets empfangen wir Klarheit in Bezug auf das, was wir zu tun haben, um unsere Energie zum Wohle aller einzusetzen. Einige behaupten, dass arbeiten beten bedeute. Ja, auf eine gewisse Art stimmt das; aber es ist trotzdem besser zu beten, bevor man arbeitet.

Das ausschließliche Kennzeichen der Wahrheit ist echte Nacktheit. Ja, nur die Wahrheit ist nackt. Um bis zu dieser Enthüllung der Wahrheit zu gelangen, muss daher jeder daran arbeiten, sich von allem zu befreien, was für die göttliche Welt dicht und undurchlässig ist. Wenn man diese Nacktheit erreicht hat, kann man sehr hoch aufsteigen und erhält Mitteilungen, Ratschläge, Weisheit, Liebe und die Hilfe Gottes. Vor dem Himmel muss man ganz nackt erscheinen, das heißt, entkleidet von Habsucht, von Berechnungen, von falschen Vorstellungen. Je mehr man sich entblößt, desto höher kann man aufsteigen. Wenn man nachher wieder absteigt – denn man ist immer gezwungen, wieder hinabzusteigen, weil man auch irdische Verpflichtungen erfüllen muss, solange man auf der Erde ist – zieht man sich wieder an, das heißt, man nimmt seine Tätigkeiten, seine Projekte, seine Beziehungen zu Familie, Freunden, Nachbarn usw. wieder auf. Für die Welt ist es nötig, sich zu bekleiden, nicht aber für den Himmel. Der Himmel liebt nur die »nackten« Wesen.

Man darf nie aufhören zu arbeiten und Anstrengungen zu machen, man muss seinen Willen ständig üben. Ja, wie oft fehlt es am Willen! Die Menschen verstehen, was gut wäre, sie wünschen das Gute, sie ersehnen das Gute, sie streben nach dem Guten. Aber dabei bleibt es, sie gehen nicht weiter, sie setzen nicht wirklich ihren Willen ein, um das Gute, das sie bejahen und ersehnen zu verwirklichen. Sie leben weiter, so wie sie immer gelebt haben: instinktiv, mechanisch, nachlässig. Natürlich verlangt das tägliche Leben ein Minimum an Willen, um am Morgen aufzustehen, zur Arbeit zu gehen, sich um die Familie zu kümmern, usw. Aber das tun alle, es ist kein besonderes Verdienst.

Der Wille, über den ich spreche, ist ein Entschluss des Herzens und des Verstandes, die ihrerseits von Seele und Geist inspiriert sind. Wollt ihr euren Willen entwickeln? Beginnt damit, euch zu studieren, um euch besser kennenzulernen und entschließt euch dann, innerlich die beste Richtung einzuschlagen, die euch zwingen wird, eure guten Eigenschaften zu entwickeln und eure Fehler zu korrigieren.

Der Sternenhimmel ist eines der größten Wunder der Natur. Es gibt allerdings verschiedene Arten, die Sterne zu betrachten. Ihr könnt zum Beispiel eine Himmelskarte und ein Astronomiebuch, die im Detail alles darstellen, was man über die Gestirne und Planeten weiß, zur Hand nehmen. Dies ist für euer Verständnis des Universums bestimmt sehr nützlich. Aber was bringt es eurer Seele und eurem Geist?

Ganz andere Erfahrungen könnt ihr machen, wenn ihr den Sternenhimmel betrachtet, ohne eine andere Absicht als nur in diese Grenzenlosigkeit einzutauchen. Der Friede, der euch nach und nach durchströmt, erhebt euch. Ihr habt dann nur noch den Wunsch, euch von der Erde loszureißen, euch sehr weit in den Raum hinauszubegeben, um mit den spirituellen Wesenheiten, deren physische Manifestation die Gestirne sind, in Kontakt zu treten. In diesen Regionen, in die ihr euch hinauskatapultiert fühlt, spürt ihr, dass nichts wichtiger ist, als euch mit dem kosmischen Geist zu vereinigen, euch von ihm durchdringen zu lassen, um dadurch zu einem wirklichen Verständnis der Dinge zu gelangen, zu einem Verständnis, das alle eure Zellen erfüllt.

Die unsichtbare Welt ist genauso bevölkert wie die sichtbare Welt. Milliarden von lichtvollen oder dunklen Wesenheiten gehen und kommen und bewegen sich an den Orten, wo die Menschen leben, ohne dass diese sie wahrnehmen. Wenn die Menschen ihr Haus nicht weihen, wenn sie sich nicht mit einer Lichtschranke umgeben, so finden die dunklen Wesenheiten offene Türen, durch die sie eintreten, um Unheil anzurichten.

In der Natur sind alle Geschöpfe misstrauisch: die Vögel, die Tiere, die Insekten errichten um sich herum Barrieren, um zu verhindern, dass man sie findet und fängt. Der Mensch hat ebenfalls gelernt, sich auf der physischen Ebene zu schützen, aber er ahnt nicht, dass er im psychischen Bereich noch viel stärker bedroht ist. Eine Menge von bösartigen Geistern ist Tag und Nacht darauf erpicht, die Menschheit zugrunde zu richten. Glücklicherweise hat die Menschheit auch Beschützer, lichtvolle, liebevolle Wesenheiten und dank ihnen ist sie noch nicht vernichtet worden. Es ist aber notwendig, dass wir ihnen durch unsere bewusste Arbeit helfen, uns zu schützen.

Jeden Tag sprechen die Gerichte wegen Diebstahl und materiellen Beschädigungen, Geld- und Gefängnisstrafen aus. Doch währenddessen spazieren die größten Verbrecher frei herum. Ja, sicher! Wenn ihr bei eurem Nachbarn Fensterscheiben einschlagt, wenn ihr sein Grundstück betretet, wenn ihr in einem Geschäft einen Diebstahl verübt, ist die Justiz sofort zur Stelle, um euch zu bestrafen. Wenn ihr aber durch eure Schriften, eure Worte oder euer Beispiel bewirkt, dass jemand den Glauben, die Hoffnung, die Liebe verliert oder wenn ihr jemanden zu Ausschweifungen oder Gewalt verführt, lässt euch die Justiz in Ruhe; und falls ihr Philosoph, Schriftsteller oder Filmemacher seid, erhaltet ihr für euer Talent sogar Applaus von der Menge und bekommt einen Preis. Wenn das Kostbarste eines Menschen beschmutzt wird, erregt das nicht viel Aufsehen.

So verstehen die Menschen also die Justiz: Man bestraft Leute, die sich am materiellen Besitz des Nächsten vergreifen, aber wenn sie seine psychische Gesundheit zerstören, ist das nicht schlimm. Die Seele zählt nicht, der Geist zählt nicht – was zählt ist nur der physische Körper und der Geldbeutel!

Auch wenn ein Unglücklicher einige Erleichterung empfindet bei dem Gedanken, dass er mit seinem Leiden nicht allein ist, so genügt es doch nicht, jemandem, der weint, zu sagen, dass man ihn versteht, dass man seinen Kummer teilt, um ihm wirklich zu helfen. Anstatt wie er selbst ein langes Gesicht zu machen, sollte man im Gegenteil innerlich einen so großen Glauben und so viel Freude nähren, dass sie sein Elend neutralisieren. Wenn ihr euren Freunden helfen wollt, so sollt ihr für ihren negativen Zustand nicht empfänglich sein. Zieht euch einen Moment lang zurück, um Freude zu schöpfen und geht dann wieder zu ihnen, um sie bei ihnen auszuschütten. Ihr sagt, es sei unmöglich, das Leiden seiner Freunde nicht zu teilen und ihnen dies zu zeigen. Nein, wenn ihr eure Freunde liebt, so dankt dem Himmel und der Erde und erhebt euch bis zum Throne Gottes. Dann werden euch alle lichtvollen Wesen der unsichtbaren Welt den Weg öffnen und sagen: »Wir lassen dieses Wesen aufsteigen, weil es in seinem Herzen eine unerschütterliche Liebe hat. Wir müssen ihm helfen, diese Liebe zu verwirklichen«.

Die Aufgabe des Menschen ist es, die Materie durch die Macht des Geistes zu transformieren. Aber wie viele Männer und Frauen bleiben noch so träge und starr wie die Steine! Das Merkmal der Steine ist ihre Unfähigkeit, sich zu bewegen, man muss sie immer herumschieben, damit sie ihren Platz wechseln und eines Tages zerschlägt man sie gar mit großen Hammerschlägen, um aus ihnen Straßen, Brücken und Häuser zu bauen.

Jeder sollte versuchen, wenigstens das Mineralreich zu verlassen, um eine Pflanze zu werden und zu wachsen; und später sollte er lernen, sich zu bewegen. Schaut euch all die Vorteile an, die es mit sich bringt, wenn man autonom ist. Die Tiere können ihre Nahrung suchen, sich vor Gefahren retten und bei Unwettern Unterschlupf finden. Wenn die Menschen in ihrem inneren Leben eines Tages diese Möglichkeiten entwickelt haben werden, werden sie große Fortschritte gemacht haben. Aber danach müssen sie noch wirklich zum Menschenreich gelangen, das heißt zur Welt der Gedanken und der Vernunft, um Herr über ihr Schicksal zu werden.

12. August

Viele Menschen arbeiten für eine Idee, aber wie viel sind ihre Ideen wert? Ein spiritueller Mensch arbeitet hingegen für eine göttliche Idee und sie ist es, die in unterstützt und belohnt. Da diese Idee mit dem Himmel verbunden ist, stellt sie eine ganze Welt dar und kümmert sich darum, ihm Hoffnung, Begeisterung und Freude zu bringen.

Auch wenn euch eure verschiedenen Tätigkeiten viel Geld oder gesellschaftliche Anerkennung einbringen, werdet ihr nicht glücklich sein, solange ihr nicht für eine göttliche Idee arbeitet, weil ihr nicht mit dem Himmel verbunden seid. Arbeitet ihr aber für eine göttliche Idee, so braucht ihr weder Dank noch Anerkennung für das, was ihr tut und fühlt euch doch immer in der Fülle. Setzt also eine göttliche Idee in euren Kopf, arbeitet für eine göttliche Idee; ihr werdet sehen, was diese Idee für euch tut, sie wird sogar euer Leben verlängern. Ja, nichts ist inspirierender, mitreißender als eine göttliche Idee, glaubt mir, denn ich spreche da von etwas, das sich für mich ständig bestätigt.

Das Gold besitzt einen wirklichen Wert, weil es von der Sonne stammt, es ist eine Verdichtung des Sonnenlichts. Die Sonne produziert ätherisches Gold und die Erde bindet es. Seit Milliarden von Jahren durchqueren die Sonnenstrahlen den Raum und dringen bis in die Tiefen der Erde, wo Wesenheiten an ihrer Materialisation arbeiten. Und dort können wir jetzt das Gold »pflücken«, genauso wie man im Sommer die Früchte eines Baumes pflückt, wenn sie reif sind.

Die Menschen bekämpfen sich wegen des Goldes, sie bringen sich dafür um, aber das ist es nicht, was die Sonne möchte. Die Sonne möchte durch das Gold als Übermittler etwas Gutes, etwas Herrliches in ihnen verwirklichen. Seit sie die Sonne über ihren Köpfen strahlen sahen, hätten sie ihre Pläne verstehen sollen. Sie hätten lernen sollen, die wohltuenden Kräfte, mit denen das Gold angefüllt ist, zu nutzen: nicht nur für ihre körperliche Gesundheit, sondern auch für die Entfaltung ihrer spirituellen Körper. Denn es ist möglich, den Prozess der Verdichtung des Goldes rückwärts zu vollziehen, um in ihm das Licht, die Wärme und die Kraft der Sonne wiederzufinden.

Der Intellekt befindet sich in uns zwischen Geist und Materie. Wenn wir also feststellen, dass es der Materie gelingt, die göttlichen Impulse des Geistes zu behindern und zu blockieren, dann kann unser Intellekt intervenieren, um dem Geist seine Kraft wiederzugeben und um ihm die Türen zu öffnen. Der Geist drängt stets in unserem Inneren, aber wir sind uns dessen nicht immer bewusst. Weshalb? Weil wir den Intellekt nicht zu Hilfe rufen. Er kann beurteilen und uns sagen, ob wir die Arbeit des Geistes in uns erleichtern oder ob wir uns ihm widersetzen, indem wir der Materie mehr Möglichkeiten einräumen. Ein erleuchteter Verstand ist ein äußerst nützliches Werkzeug, weil er über ein fehlerloses Unterscheidungs- und Urteilsvermögen verfügt.

Im Gegensatz zu dem, was sich manche Leute vorstellen, lehnen die spirituellen Meister den Intellekt nicht ab, denn sie kennen diese Möglichkeit des Menschen, mit dem Intellekt die Lage zu erfassen, um entscheiden zu können, in welcher Richtung am besten zu handeln ist. Sie bestehen sogar darauf, dass der Mensch sich der Rolle des Intellekts bewusst wird, die darin besteht, die Arbeit des Geistes an der Materie zu unterstützen.

In den heiligen Schriften steht geschrieben: »Die Furcht des Herrn ist der Beginn der Weisheit« (Ps 111,10). Um diese Idee richtig zu verstehen, muss man zwischen »Angst« und »Furcht« unterscheiden. Die Angst ist ein Instinkt, sie stammt aus den physiologischen Tiefen des Menschen und es kann sein, dass sie keinerlei objektive Grundlage hat. Die Furcht hingegen hat eine mentale Komponente: Wenn man etwas oder jemanden fürchtet, dann weiß man auch warum.

Es heißt nicht, dass die Angst, sondern dass die Furcht des Herrn der Beginn der Weisheit sei. Wir müssen vor dem Herrn keine Angst haben, Er will uns nichts Böses, ganz im Gegenteil. Aber Seine Gesetze nicht zu respektieren, das sollen wir fürchten. Diese Furcht entspringt dann der Erkenntnis, dass das von Gott geschaffene Universum höchsten Gesetzen folgt und dass die Übertretung dieser Gesetze uns nur schaden kann, weil wir uns dadurch in Widerspruch zur kosmischen Ordnung begeben.

16. August

Wenn man von jemandem sagt, er sei ein Spezialist, so schreibt man ihm große Fähigkeiten zu und man kann nicht leugnen, dass die Spezialisierung fantastische Fortschritte ermöglicht hat. Um sein Wissen in seinem eigenen Gebiet zu vertiefen, muss der Spezialist das Forschungsfeld einschränken und das ist gut so. Aber danach ist es wichtig, dass er die Beziehungen beachtet, die zwischen seinem begrenzten Studienobjekt und der Ganzheit der Schöpfung bestehen.

Was tun aber die »Spezialisten«? Sie schneiden vom kosmischen Baum, vom Lebensbaum ein kleines Stück Rinde ab. Wenn sie dieses Stück Rinde dann gründlich auseinandergenommen und untersucht haben, schreiben sie Bücher darüber, versammeln einige hundert Leute, ihre Kollegen, ihre Studenten und halten einen Vortrag, um ihnen ihre Schlussfolgerungen zu präsentieren. Und das nennen sie »Wissenschaft«. Aber nachdem dieses Stück abgeschnitten worden ist, ist es gewissermaßen tot! Es ist tot, weil es abgetrennt ist vom universellen Leben. Es ist vielleicht nicht physisch tot, aber es ist tot aus der Sicht des universellen Lebens. Wie kann man dann noch von einer Wissenschaft des Lebens sprechen?

Ihr sagt manchmal zu euch selbst: »Oh, ich hätte geduldiger sein sollen!« Aber es ist schon zu spät und in dem Moment, wo ihr vor Zorn oder Entrüstung platzt, findet ihr für euch in Wirklichkeit immer eine Entschuldigung. Beginnt also damit, für euren Mangel an Geduld keine Rechtfertigungen mehr zu suchen. Konzentriert euch dann auf die Tugend der Geduld, indem ihr daran denkt, was manche Wesen im Laufe ihres Lebens alles zu ertragen hatten. Findet heraus, wie sie reagiert haben und nehmt euch ein Vorbild an ihnen. Die Geduld ist eine der guten Eigenschaften von Saturn. Saturn ist der Greis, der viel erlebt, viel meditiert, viel begriffen hat. Offensichtlich kann man von den Kindern nicht allzu viel Geduld verlangen. Die Geduld ist eine Eigenschaft, die mit dem Alter und sogar oft erst mit dem hohen Alter kommt. Ein ungeduldiger Greis verrät, dass er nicht viel gelernt hat im Leben. Die Weisheit der Menschen misst sich an ihrer Fähigkeit, zu ertragen.

Wer die anderen unrichtigerweise der Unehrlichkeit oder der Untreue beschuldigt, sollte wissen, dass er sie drängt, genau das zu tun, dessen er sie beschuldigt. Zum Beispiel beschuldigt ein Mann seine Frau, sie betrüge ihn. Das ist nicht wahr und sie protestiert und rechtfertigt sich. Aber der Mann ist krankhaft eifersüchtig, es ist nichts zu machen, er macht ihr ständig Szenen: »Wo warst du? Wen hast du getroffen? Warum hast du diesen Mann angeschaut? Warum hast du das gesagt?« Überall sieht er Indizien für ihre Untreue. Und was geschieht dann nach einiger Zeit? Diese Frau, die ihren Ehemann niemals betrügen wollte, wird untreu. Sie selbst ist danach als Erste überrascht, sie versteht nicht, wie sie dazu verführt werden konnte, Ehebruch zu begehen. Aber es war ganz einfach ihr Mann, der sie dazu drängte! Durch seine ständigen Suggestionen erzeugte er auf der Astralebene günstige Bedingungen, denen die arme Frau unterlag. Er hat alles getan, damit die Wirklichkeit schließlich seinen Worten entsprach. Auf diese Weise sind die Menschen oft unbewusst Schöpfer ihres eigenen Unglücks.

Auf den Straßen kann man ständig beobachten, wie in gegenläufiger Richtung fahrende Fahrzeuge sich kreuzen. Diese Gegenläufigkeit ist normal, solange die Fahrzeuge nicht zusammenstoßen. Auch in unserem Körper fließen der venöse und der arterielle Blutstrom in zwei verschiedene Richtungen. Sie dürfen sich nur nicht vermischen, da man sonst blau anläuft. Das Böse besteht also nicht darin, dass es gegensätzliche Richtungen und Kräfte gibt, denn sie vollbringen zusammen eine Arbeit. Wenn aber diese Kräfte aufeinanderprallen oder sich vermischen, so werden sie sich schließlich gegenseitig auslöschen und das ist dann das Böse.

Betrachtet auch Feuer und Wasser. Wie viele außerordentliche Dinge kann man produzieren, wenn man das Wasser auf das Feuer setzt. Aber es braucht eine trennende Zwischenwand, sonst würde das Wasser durch das Feuer verdampft und das Feuer würde vom Wasser gelöscht werden. Genau dies passiert in allen Bereichen des Lebens, wenn man nicht weiß, wie man mit den Gegenpolen, den Gegensätzen arbeiten soll, um sie zusammen für dieselbe Arbeit einzuspannen.

Bemüht euch, in eurem Leben eine wesentliche Idee, ein göttliches Ideal zu haben, mit welchem ihr ständig verbunden bleibt, denn dann könnt ihr verschiedenartige Tätigkeiten ausführen, ohne die Gefahr, euch zu verzetteln. Jede Tätigkeit ist nur eine der vielfältigen Formen oder Manifestationen des Geistes. Im Zentrum steht der Geist, und damit das Leben des Menschen eine Einheit bildet, muss alles in Bezug auf dieses Zentrum seinen Platz finden. Dann trägt jede seiner Tätigkeiten zu seiner Vervollkommnung und Selbstverwirklichung bei.

Die wahre Spiritualität besteht darin, stets den Blick auf den Geist gerichtet zu halten, was immer man auch tut. Genau wie das Gehirn alle unsere physischen Funktionen lenkt, muss der Geist alle unsere Tätigkeiten leiten. Der Geist hat das Recht sich aufzuteilen, um die Schöpfung zu beleben, aber der Mensch muss sich zur Einheit hinbewegen. Denn Zersplitterung bedeutet für ihn Tod.

Die Menschen sind stets bereit, Erfahrungen zu machen, die sie belasten und bedrücken werden. Wenn sie dabei wenigstens nicht allzu weit gehen und aus wenigen Erlebnissen noch einige nützliche Schlussfolgerungen ziehen würden! Aber nein, sie machen die Erfahrung gründlich und nicht nur einmal, sondern zehnmal, hundertmal. Sie kommen nicht auf die Idee, dass ihnen keine Energie mehr übrig bleibt für den Tag, an dem sie vielleicht versuchen werden, spirituelle Erfahrungen zu machen. Warum nicht? Es kann sein, dass sie eines Tages angewidert sind im Morast zu stecken und sich entschließen, die Reinheit und das Licht kennenzulernen. Aber dies wird unmöglich sein, denn sie werden dafür weder die Mittel noch die Kraft haben. Sich vorzustellen, dass alles möglich ist, dass man in den Himmel aufsteigen kann, nachdem man während Jahren in die Hölle abgestiegen war, heißt, dass man nichts versteht von der Psychologie und vom Leben. Man hat bereits Bankrott gemacht, man ist schmutzig, belastet, energielos und man glaubt, man werde nun die Himmel bereisen? Welche Naivität, welche Unwissenheit!

Was wir Prüfungen nennen, ist nichts anderes als eine Reihe von Aufgaben, die wir im Laufe unseres Lebens zu lösen haben, genauso wie die Schüler in der Schule und die Studenten an der Universität. Je größere Fortschritte diese machen, umso schwierigere Übungen gibt man ihnen. Natürlich kommt immer der Moment, wo sie die Schule oder die Universität verlassen, aber niemand verlässt je die Schule des Lebens.

Die Übungen und Anstrengungen, welche die Menschen im Laufe ihrer Existenz machen müssen, nehmen also kein Ende. Anstatt sich zu beklagen und sich aufzulehnen, weil sie wieder eine Bürde zu tragen oder ein Hindernis zu überwinden haben, sollten sie zuerst die Ursache und den Sinn dieser Prüfungen verstehen. Und dann sollten sie sich auch freuen, dass sie neue Erfahrungen wagen und neue Wahrheiten entdecken können, denn diese Erfahrungen und Wahrheiten sind der einzig wahre Reichtum.

Was ist Frieden? Für die meisten Leute bedeutet dieses Wort, in Ruhe und beschützt vor allen Aggressionen leben zu können. In Wirklichkeit aber ist der Frieden etwas ganz anderes: Es ist die intensivste Arbeit, die in der Welt von Menschen geleistet werden kann, die begriffen haben, dass der Frieden vor allem ein innerer Zustand ist. Dieser Zustand ist das Resultat eines durch großen Kampf errungenen Sieges über alle psychischen Konflikte, die uns aus dem Gleichgewicht bringen.

Um den Frieden in uns zu errichten, müssen wir jeden Tag die Verbindung herstellen zwischen unserem Bewusstsein und den spirituellen Zentren, die sich in unserem Gehirn und in unserem Solarplexus befinden. Wenn uns dies gelungen ist, können uns weder Sorgen noch Ängste wirklich etwas anhaben. Aber wir müssen uns fest mit einem unveränderlichen Punkt in unserem Inneren verbinden, sonst kann uns von außen nichts und niemand den Frieden bringen.

Ihr findet es normal, dass die anderen Weisheit, Güte, Ehrlichkeit an den Tag legen, und entrüstet euch, wenn sie es nicht tun. Ja, aber wie verhaltet ihr euch selbst? Das fragt ihr euch nie. Deshalb gibt es so viel Unordnung in der Welt. Alle denken gleich und erwarten, dass die anderen fehlerlos sind, während sie selbst sich verhalten dürfen wie es ihnen passt.

Überall, im Radio, im Fernsehen, in den Zeitschriften hört, seht und lest ihr, wie die Leute die anderen kritisieren und anklagen. Sie machen sogar einen Beruf daraus, während sie ihre eigenen Fehler unaufhörlich rechtfertigen. Auch im täglichen Leben hat man den anderen immer etwas vorzuwerfen, während man sich selbst als fehlerlos betrachtet. In einer Einweihungsschule wird nun aber gelehrt, dass die wirkliche Arbeit darin besteht, sich um sich selbst zu kümmern, um seine eigenen Untugenden, Mängel und Fehler, und dass man die anderen in Ruhe zu lassen hat.

Wenn die Menschen eines Tages ihren wahren sonnenhaften Ursprung wiederfinden, werden sie sich bewusst, dass sich durch ihren Körper, in den Händen, den Augen, dem Gehirn usw. immer die gleiche Sonnenkraft manifestiert. Selbst die Sexualkraft ist von gleicher Natur wie die Sonnenenergie. Die Kosmische Intelligenz hat den Menschen in einer göttlich schönen Art geschaffen. Ja, der vollkommene Mensch, der ideale Mensch, der Mensch wie ihn die kosmische Intelligenz in ihren Werkstätten oben gemacht hat, ist der Sonne ähnlich. Diejenigen, welche daher die Sexualkraft missbrauchen, anstatt zu verstehen, dass sie durchtränkt ist von der Heiligkeit und dem Licht der Sonne und dass sie sich ihrer deshalb bedienen können, um herrliche Dinge zu erschaffen, berauben sich der kostbarsten Schätze. Akzeptiert diese Idee, auch wenn sie euch im Moment unglaublich erscheint. Sie wird euch ermutigen, bewusster zu werden und euch zu beherrschen. Es ist schade, solche Enthüllungen zu hören, wenn sie euch nicht günstig beeinflussen. Meditiert darüber in dem Wunsch, so zu werden wie der erste Mensch, als er strahlend wie die Sonne aus den Werkstätten des Herrn hervorging.

Die rein physischen Empfindungen stumpfen nach und nach die Sensibilität ab. Es braucht immer mehr Vergnügungen und immer stärkere Empfindungen, um etwas zu spüren und um einige Befriedigung zu empfinden. Es wird also immer schwieriger, befriedigt zu sein, weil man mit der Zeit immer unempfindlicher wird. Dies kann man in allen Bereichen feststellen. Wer im Übermaß Nahrung oder Getränke zu sich nimmt, verliert schließlich den Geschmack; wer sexuelle Erfahrungen anhäuft, wird abgestumpft und verachtet seine Partner.

Bemüht euch also, die physischen Vergnügungen ein wenig einzuschränken, sucht subtilere Empfindungen, dann werdet ihr immer empfindungsfähiger, sodass die geringste Empfindung euch größte Freude schenkt.

Weil sie sich nicht zu schützen wissen, lassen die Menschen es zu, dass sich viele verschiedene physische und psychische Störungen in ihnen einnisten. Und die behandelnden Ärzte begnügen sich damit, ihnen Medikamente zu geben, weil sie über diesen Bereich auch nicht mehr Bescheid wissen als ihre Patienten. Nie sagen sie zu ihnen: »Schließen Sie Ihre Türe für die dunklen Wesenheiten, leben Sie ein reineres Leben, um nur himmlische Wesen herbeizuziehen«.

Ihr fragt: »Wesenheiten? Aber was haben die mit Krankheit zu tun?« Habt ihr die Evangelien gelesen? Als Jesus einen Kranken geheilt hatte, sagte er zu ihm: »Gehe hin und sündige nicht mehr« (Jh 5,14). Denn die Fehler, die Übertretungen ziehen schlechte Geister an, sie sind wie Köder und Nahrungsmittel für sie. Haben sich diese Wesenheiten einmal eingeschlichen, so richten sie im Menschen Schäden an, welche alle möglichen physischen und psychischen Entgleisungen hervorrufen. Das ist die Wirklichkeit, mit der sich die Ärzte befassen sollten.

Weder das wahre Leben noch der wahre Tod sind jene des physischen Körpers. Deshalb lehren uns die Eingeweihten, dass einzig die Liebe uns das Leben bringt und den Tod besiegt. Wenn ihr lebendig sein wollt, so liebt!

Aber wann werden die Menschen verstehen, was die Liebe wirklich ist? Sie erwarten sie, sie sprechen über sie, sie sagen, dass sie das Wertvollste sei, dass sie die Liebe über alles stellen, aber die Ergebnisse dieser Liebe sind nicht großartig. Anstatt das Leben zu bringen, bringt sie den Tod, weil sie sie auf eine allzu begrenzte Art begreifen.

Man spricht von einem »Radikalmittel«, um damit auszudrücken, dass es die tiefen Ursachen einer Krankheit angeht. Nun, man kann sagen, dass auch die Liebe eine radikale Kraft ist, denn sie berührt die tiefe Natur des Menschen, um alles in ihm umzuwandeln. Die Liebe öffnet euch alle Türen, sie enthüllt euch den Sinn und die Schönheit des Universums, aber vor allem gibt sie euch die Gewissheit, unsterblich zu sein.

Die Wachsamkeit ist eine Eigenschaft, die man nicht genügend betont: ja, wachsam sein, die Gedanken wach halten, um die Gefahren erkennen und vermeiden zu können. Es ist ganz klar, dass, wenn einer nicht wachsam ist, wenn er nicht hinschaut oder hinschaut ohne zu sehen, irgendjemand oder irgendetwas ihn unerwartet überfallen kann.

Man sollte die Augen offen halten, damit man sich ständig klar ist über das, was geschieht. Aber versteht mich richtig. Ich spreche nicht so sehr über eure physischen Augen noch über das, was im Äußeren passiert, denn nicht außen seid ihr am meisten gefährdet. In eurem Inneren sollt ihr die Energien, die Bewusstseinszustände, die Gefühle, die Gedanken, die euch durchqueren, beobachten. Nur wenn ihr die Augen offen haltet, könnt ihr die Intelligenz eures inneren Lebens erlangen und an eurer Befreiung arbeiten.

Ihr seid Bindungen eingegangen mit jemandem und dann entscheidet ihr eines Tages, dass ihr gute Gründe habt, ihn zu verlassen. Dies können verschiedene Arten von Bindungen sein, nicht nur die der Ehe. Natürlich könnt ihr immer jemanden verlassen, aber erst nachdem ihr ihm das gegeben habt, was ihr ihm schuldet, je nachdem welche Verpflichtungen ihr eingegangen seid. Sonst werdet ihr durch die kosmischen Gesetze gezwungen, ihn in dieser oder in der nächsten Inkarnation aufs Neue aufzusuchen, um eure Schuld vollends zu begleichen. Wenn ihr jemanden wirklich nie mehr wiedersehen wollt, so bezahlt ihm alle eure Schulden.

Doch dies ist ein Gesetz, das die meisten Leute nicht anerkennen wollen. Sobald ihnen jemand nicht mehr passt, brechen sie die Verbindung mit ihm ab, um sich frei zu fühlen. Oh nein, wie oft schon hat das Karma die Menschen gezwungen, ihre Eltern, ihre Frauen, ihre Ehegatten, ihre Freunde, ihre Vorgesetzten oder ihre Untergebenen in einer anderen Inkarnation erneut aufzusuchen, um ihre Verfehlungen gegen sie wiedergutzumachen!

Macht es euch in eurer spirituellen Praxis zur Gewohnheit, euch auf das Bild des Gipfels, auf Gott selbst, zu konzentrieren. Ihr sagt, man habe den Christen beigebracht, sich an Heilige zu wenden. Es gibt von den Heiligen einen oder mehrere für jeden Tag des Jahres und sie entsprechen allen Bedürfnissen der Menschen. Natürlich ist es gut, sich mit den Heiligen zu verbinden, aber es ist noch besser, noch viel besser, sich auf den höchsten Punkt, auf den Gipfel, zu konzentrieren. Denn von diesem Gipfel aus könnt ihr die wahren Mächte in Bewegung setzen. Dann werden Aufträge erteilt, die euch betreffen und jene, die sie ausführen, können Eingeweihte, Heilige, Propheten, Personen aus eurer Umgebung oder sogar Tiere und Vögel sein.

Die Ausführung kann tatsächlich auch durch Tiere oder sogar durch Naturgeister oder die vier Elemente geschehen. Aber zuerst müsst ihr so hoch wie möglich aufsteigen, um euch an Gott selbst zu wenden. Der Herr wird Aufträge erteilen, die über eine ganze Hierarchie von Wesen, bis hin zu euch geleitet werden.

1. September

Von Zeit zu Zeit seid ihr versucht, euch zu sagen: »Jetzt reicht es, ich habe es satt, zum Sonnenaufgang zu gehen, Gymnastik- und Atemübungen zu machen, zu meditieren, zu beten, meine Gedanken, Gefühle und Worte zu überwachen... all diese Anstrengungen sind kräfteraubend, ich will mich ausruhen.«

Es ist ganz normal, dass man diese Art von Reaktion hat. Aber wenn euch solche Gedanken kommen, so öffnet ihnen nicht eure Seele. Wenn ihr euch angespannt fühlt, dann zwingt euch nicht jeden Tag zu den gleichen Dingen. Aber ihr dürft nie die Idee akzeptieren, keine Anstrengungen zu unternehmen, denn es sind die Anstrengungen, die euch wach und lebendig halten. Wenn ihr euch einen Augenblick gehen lasst, dann fühlt ihr euch vielleicht freier und ungezwungener, aber das wird nicht andauern; ihr werdet euch innerlich sehr bald schwer und gehemmt fühlen. Also, Vorsicht!

2. September

Dem Anschein nach sind Weisheit und Liebe entgegengesetzt, aber in Wirklichkeit arbeiten sie zusammen. Die Weisheit befasst sich mit den kleinen Dingen und die Liebe mit den viel größeren. Die Weisheit berührt nur die winzigsten Teile in uns. Man hat noch nie gesehen, dass die Weisheit in einem Wesen große Umwälzungen auslöst. Hingegen kann die Liebe mit einem Schlag das ganze Verhalten und oft sogar das körperliche Erscheinungsbild verändern.

Merkt euch also, dass die größten Umwälzungen in der Welt nur durch die Liebe und nicht durch die Weisheit verwirklicht werden können. Die Weisheit ist nützlich, ja sogar unverzichtbar, aber nur um die Richtung vorzugeben. Die Liebe allein kann verwirklichen.

Durch wie viele Parabeln hat Jesus versucht zu erklären, was das Reich Gottes ist! In einer dieser Parabeln vergleicht er das Reich Gottes mit einem Kaufmann, der Perlen sucht. »... und als er eine kostbare Perle fand, ging er hin und verkaufte alles, was er hatte, und kaufte sie« (Mt 13,45). Dieser Kaufmann hat also Häuser, Möbel, Juwelen, Grundstücke und Tiere verkauft, um diese eine Perle zu bekommen. Ist eine Perle denn so teuer? Ja, weil sie die Lehre Christi darstellt, die Lehre der Weisheit und des Lichts.

Diese Lehre ist es wert, dass man all seinen Besitz verkauft, um sie zu bekommen. Aber nur wenn wir verstehen, dass »verkaufen« bedeutet, all das Überflüssige, das uns belastet und uns einengt, opfern zu können. Denn um sich den göttlichen Wahrheiten annähern zu können, muss man sich befreien und loslösen.

Wie viele Menschen machen sich vom Glück eine materialistische Vorstellung! Und auch die Astrologen haben sich von dieser Mentalität anstecken lassen. Wenn sie sich über ein Schicksal äußern sollen, sagen sie zum Beispiel: »Ausgezeichnet, Sie haben Jupiter im zweiten, die Sonne im zehnten und Venus im siebten Haus, Sie werden wohlhabend und einflussreich sein, Glück in der Liebe haben und alles bekommen.« Wenn aber in eurem Horoskop Quadrate und Oppositionen vorkommen, wenn Planeten absteigend oder im Exil sind, schließen sie daraus nichts Gutes für eure Zukunft. Zeigt ihr euer Horoskop aber einem Eingeweihten, dann wird er versuchen herauszufinden, ob ihr ein hohes Ideal habt, ob ihr in der Lage seid, alle eure Energien in den Dienst des Guten zu stellen. Wenn ja, wird er euch ein großartiges Schicksal vorhersagen, ohne sich um Quadrate, Oppositionen oder absteigende Planeten zu kümmern, denn er weiß, dass ihr eure Prüfungen und Misserfolge für euren geistigen Fortschritt nutzen werdet.

Kaum einer der zeitgenössischen Astrologen verfügt über dieses Licht und diese andere Sichtweise. Sie bleiben Sklaven der herkömmlichen Mentalität, sie beurteilen die Dinge wie alle Materialisten, sie haben nicht verstanden, dass das Glück des Menschen von seiner Fähigkeit abhängt, alles, was das Schicksal ihm bereithält, in den Dienst seines geistigen Fortschritts zu stellen.

Die Nachrichten aus der ganzen Welt, die am weitesten entfernten Ereignisse aus dem Kosmos, ja selbst die Erschütterungen verschwundener Welten strömen unaufhaltsam auf uns ein und werden von den Geräten, die wir in uns haben, aufgezeichnet. Natürlich bleiben diese Informationen in unserem Unterbewusstsein, nur selten dringen sie bis zu unserem Bewusstsein vor. Man kann sagen, dass es sich genauso verhält wie mit den Radiowellen.

Die Existenz von Radio- und Fernsehsendern beweist, dass große Informationsmengen im Raum zirkulieren. Diese Wellen entgehen unserem Bewusstsein, aber geeignete Geräte können sie empfangen. Genau in diesem Augenblick durchströmen den Raum unzählige Wellen, die aus allen Teilen der Erde kommen, aber auch von anderen Planeten und Konstellationen. Diese Wellen kreuzen und verflechten sich, ohne sich gegenseitig zu zerstören und jede von ihnen kann von einem Gerät, das auf seine Frequenz eingestellt worden ist, empfangen werden. Auch wir werden von diesen Wellen durchdrungen, aber wir fühlen sie nicht. Zum Glück! Denn es wäre unerträglich, wenn unser Gehirn auch nur einen Augenblick all das aufzeichnen würde, was im Universum passiert. Man muss wissen, dass wir ohne Unterbrechung von Wellen durchdrungen werden und das erklärt, warum wir manchmal bestimmte Zustände durchleben, deren Gründe wir nicht kennen. Deshalb ist es notwendig, äußerst wachsam zu bleiben.

Während es die meisten Menschen dazu drängt, andere nachzuahmen, haben sie doch gleichzeitig das Bedürfnis, ihre Verschiedenartigkeit zu betonen. Und oftmals führt das zum Ergebnis, dass sie dort nachahmen, wo sie ihren eigenen Weg finden sollten und sich dort widersetzen, wo es besser wäre, die Harmonie zu suchen. Nun, gerade in dieser widersprüchlichen Haltung sind sie der Masse am ähnlichsten!

Wenn ihr wirklich anders sein wollt, imitiert vielmehr die kleine Minderheit der Weisen, die nur daran arbeiten, Frieden und Harmonie in sich und um sich herum zu schaffen. Indem ihr diesen Unterschied pflegt, werdet ihr die Leiden, die Krankheiten und die Ängste der Menschen verstehen lernen. Alle jene Menschen, die einander so ähnlich sind, verstehen sich in Wirklichkeit nämlich gar nicht. Sie leiden unter denselben Übeln, aber da sie sich nur um ihre persönlichen Probleme kümmern, sind sie unfähig, sich in die Lage der anderen zu versetzen. Denn sie haben sie gerade dort nachgeahmt, wo sie es besser nicht getan hätten: bei ihren Launen, ihrem Egoismus und ihren Leidenschaften.

Bevor ihr eine Schwierigkeit, eine Prüfung als Unglück betrachtet, solltet ihr euch fragen: »Ist das wirklich ein Unglück oder eher doch ein verborgenes Glück?« Solange ihr euch diese Frage nicht stellt, werdet ihr euch abkämpfen, euch auflehnen und ihr werdet keinerlei Vorteil aus dieser Prüfung ziehen, die in Wirklichkeit etwas Gutes war, das ihr nicht erkennen konntet.

Nur ganz selten sind die Menschen in der Lage festzustellen, was gut oder schlecht für sie ist. Wie viele Situationen, die sie als günstig einschätzen, sind in Wirklichkeit echte Gefahren! Ja, wie viele Siege und Erfolge haben Menschen nur in Katastrophen geführt! Und andererseits sind Hindernisse und Niederlagen für diejenigen, die sie zu nutzen wussten, zu den wahren Ursachen ihres zukünftigen Triumphs geworden. Überlegt also und versucht, diese Denkweise und diese Sicht der Dinge zu akzeptieren.

Gott liebt alle Geschöpfe und das Symbol dieser Liebe ist die Sonne, deren Wohltaten ausnahmslos alle empfangen: Leben, Wärme und Licht. Aber der Wolf nutzt die Wohltaten der Sonne, um über die Schafe herzufallen, während das Schaf dabei ist, gute Milch zu produzieren. Genauso ist es mit dem Übeltäter, der die Sonne nutzt, um anderen zu schaden, während der Heilige nur daran denkt, anderen zur Hilfe zu kommen.

Wie das Licht, die Wärme und das Leben der Sonne, bewirkt die Liebe Gottes nicht die gleichen Ergebnisse bei allen Wesen. Der Heilige und der Übeltäter empfinden diese Liebe auf ganz verschiedene Weise. Wenn der Übeltäter kriminelle Absichten verfolgt, bedeutet es dann, dass er von Gott, der göttlichen Sonne, zu diesen kriminellen Handlungen inspiriert wird? Nein, der Übeltäter ist es, der die göttlichen Gaben missbraucht.

Der Gegenstand, den ihr fotografiert, ist auf dem Film zunächst nicht sichtbar. Damit er erscheint, muss man den Film entwickeln, indem man ihn in eine Flüssigkeit taucht, die Entwickler heißt. In gleicher Weise wird alles, was sich im Universum, ja sogar auf den entferntesten Sternen ereignet, auf uns aufgezeichnet, wie auf einem Film. Selbst wenn wir nicht hinschauen und nicht hinhören, wird alles, was um uns ist, aufgezeichnet. Wir haben derzeit noch nicht allzu viele Mittel, um diesen »Film« zu entwickeln, aber das ändert nichts an der Realität dieser Dinge. Die kosmische Intelligenz hat festgelegt, dass jedes Atom des Universums in Verbindung mit dem Ganzen sein soll und was für ein Atom gilt, gilt umso mehr für das menschliche Wesen, das aus Milliarden von Atomen besteht.

Wir können alle Ereignisse kennen, die sich im Universum ereignen, aber es liegt an uns, daran zu arbeiten, diesen Film, das heißt unser Bewusstsein, unsere Empfindsamkeit zu entwickeln. So wird es uns eines Tages gelingen, die kosmische Geschichte zu lesen.

»Nostradin Hodja, wann wird das Ende der Welt sein?«, fragten ihn seine Schüler eines Tages. »Aber das ist doch ganz klar!« antwortete er »Sie wird zu Ende sein, wenn ich sterbe.« Und in gewisser Weise hatte er recht. Wenn ein Mensch stirbt, dann verschwindet die ganze Welt mit ihm und wenn er lebt, dann ist auch die Welt lebendig. Da gibt es einiges zum Nachdenken...! Ja, es hängt von euch ab, von eurem Bewusstseinszustand, ob die Welt lebendig oder tot, geistig oder materiell, subtil oder grob, schön oder hässlich ist.

Ihr werdet sagen: »Aber das wissen wir schon lange!« Nun, wenn ihr es wisst, warum seid ihr dann nicht in der Lage, es zu verwirklichen? Ihr wisst alles und ihr macht nichts. Macht etwas, entschließt euch, eure inneren Brillengläser zu wechseln, damit die Welt und die Wesen für euch wirklich lebendig werden.

11. September

Alle Reichtümer sind in der Liebe, aber ihr werdet sie nur dann wirklich finden, wenn ihr zu lieben gelernt habt. Warum müssen zwei Geschöpfe, die ihre Liebe zueinander entdecken, alles so schnell verderben? Warum haben sie nicht verstanden, dass das, was da mit ihnen geschieht, größtes Glück und größte Entfaltung verspricht? Allerdings nur unter der Bedingung, dass sie ihre Blicke, ihre Worte und all den unsichtbaren Austausch, der zwischen ihnen stattfindet, zu nutzen wissen, um sich zu vervollkommnen, zu reinigen und zu verfeinern. Natürlich braucht das Zeit. Doch ab dem Tag, an dem sie ihre Liebe zueinander entdecken, können die Männer und Frauen keinen Abstand mehr halten; und genauso schnell verlassen sie einander wieder und kennen sich nicht mehr. Weil sie es zu eilig hatten!

Ihr sagt: »Abstand halten? Aber wozu?« Um all jene Strömungen, die von ihnen ausgehen zu nutzen, um sich zu erheben, um inspiriert zu sein und die ganze Welt zu beeindrucken. Ja, damit man, wenn man sie sieht, sagen kann: »Wer sind nur diese zwei Wesen? Ein Licht, etwas Göttliches strömt von ihnen aus...« Genau darin liegt das Ziel der Liebe: Licht auszuströmen.

Das tägliche Leben der Menschen ist ein fortlaufendes Hin und Her zwischen dem Inneren und dem Äußeren. Einmal gehen sie arbeiten, einkaufen, zu einem Treffen und dann kehren sie wieder nach Hause zurück. Wenn man dieses Kommen und Gehen interpretieren will, kann man sagen, dass die Menschen weg vom Mittelpunkt (ihrem Heim) zur Peripherie (ihren Geschäften) gehen und dann die Peripherie wieder verlassen, um zum Mittelpunkt zurückzukehren. Die Motive für ihre Ausflüge sind zweierlei: nehmen, gewinnen, stehlen oder geben, helfen, sich nützlich machen. Alle Beschäftigungen, Tätigkeiten, Schritte, die der Mensch unternimmt, wenn er von zu Hause weggeht, beruhen auf einem der beiden Motive. Es kann Tausende von Nuancen geben, aber man kann sie immer mit dem Wort »nehmen« oder dem Wort »geben« zusammenfassen.

13. September

Ihr folgt einer geistigen Lehre und findet diese Philosophie großartig. Ja, aber solange ihr euch nicht entscheidet, sie in die Praxis umzusetzen, werdet ihr sie nicht verstehen. Wenn ihr in euch wirklich gerechte Gedanken nährt, dann müsst ihr auch das Bedürfnis verspüren, eure Handlungen in Einklang mit ihnen zu bringen. Falls ihr dies nicht tut, heißt das, dass ihr in Wirklichkeit nicht so überzeugt seid. Ihr dürft euch nichts vormachen. Solange man das, was man weiß, nicht verwirklicht, fehlt diesem Wissen etwas.

Es ist schädlich, bei den Menschen die Illusion aufrechtzuerhalten, dass es schon nicht so schlimm sei, wenn man seine Handlungen nicht mit seinen Gedanken in Einklang bringt. Deshalb kümmert sich eine wahre Einweihungslehre um alle Fähigkeiten des Menschen, um alle seine Bedürfnisse und die verschiedenen, ihnen entsprechenden Tätigkeiten. Die Einweihung betrifft das ganze Wesen, nicht nur seine seelischen, sondern auch seine körperlichen Aktivitäten wie Essen, Schlafen, Sich-Waschen, Gehen, Arbeiten usw.

Weil sie nur auf der Kenntnis beruht, die der Mensch mittels seiner fünf Sinne erlangen kann – die Kenntnis der Materie – ist die materialistische Philosophie nicht stimmig. Sie ist eine Philosophie der Erscheinungsformen. Die Erscheinungsformen sind natürlich eine Realität, aber sie offenbaren uns nicht die ganze Wirklichkeit und daher man darf sich von ihnen nicht irreführen lassen.

Die Erscheinungsformen sind ein Ausgangspunkt, um uns zum Nachdenken zu bringen. Man kann sie mit dem Faden der Ariadne vergleichen, dem man folgen muss, um den Weg aus dem Labyrinth zu finden und schließlich hinaus an die frische Luft, in das Licht des Geistes zu gelangen. Wir müssen mit den Erscheinungsformen arbeiten, aber ohne bei ihnen stehen zu bleiben. Wer sich von den Erscheinungsformen verführen lässt, geht dem geistigen Tod entgegen und wird vom Minotaurus verschlungen.

Wie viele Menschen nähren hinter einer respektablen, moralischen, ja sogar geistlichen Fassade abscheuliche Gedanken, Gefühle und Wünsche und gebärden sich wie Tiere. Warum dieses Theater? Vor den himmlischen Wesen muss ja doch jedermann jeden Tag Rechenschaft ablegen. Wenn ihr ihre Anerkennung gewinnt, wird alles in euch und um euch großartig sein. Wenn ihr euch hingegen damit zufriedengebt, mit eurem Getue die Anerkennung der Menschen zu gewinnen, werdet ihr eure Schwächen und eure Mittelmäßigkeit beibehalten. Ihr werdet den wechselhaften Launen der Menge ausgesetzt sein, die an einem Tag ruft: »Hosianna, dem Sohne Davids! Gelobt sei, der da kommt in dem Namen des Herrn!« (Mt 21,9) und einige Tage später: »Kreuzigt ihn!« so wie man es mit Jesus getan hat.

Ja, wie oft hat man das in der Geschichte gesehen! Man verherrlicht jemanden und kurz darauf bringt man ihn um. Die menschliche Natur ist wechselhaft, untreu und wenn ihr auf ihre Anerkennung zählt, werden sich glühende Kohlen auf eurem Kopf ansammeln. Lernt nur auf die Anerkennung des Himmels zu zählen.

Die Labors, in denen die Wissenschaftler ihre Forschungen betreiben, sind bestens ausgerüstet, aber ihr müsst wissen, dass die Natur uns allen bei der Geburt ein persönliches Labor gegeben hat: uns selbst, unseren Körper, unsere seelische Struktur, das Herz, den Intellekt, die Seele, den Geist. Daher kann man nicht nur außerhalb von sich selbst Experimente ausführen, sondern jeder kann auch in seinem Inneren, mit seinen Empfindungen, seinen Gefühlen, seinen Gedanken Forschungen betreiben und Entdeckungen machen.

Jeder von euch muss sich bewusst werden, dass er in sich selbst ein außergewöhnliches Labor besitzt: Nichts fehlt darin, alle Stoffe, alle Elemente sind dort vertreten und er kann dort besser noch als in den äußeren Labors arbeiten. Warum? Weil man trotz des technischen Fortschritts noch nicht in der Lage war, Geräte zu bauen, die es erlauben würden, alle in der Natur vorhandenen Elemente zu entdecken. Im Menschen sind hingegen alle Apparate und Elemente vorhanden und stehen zu seiner Verfügung.

17. September

Auf alle eure Fragen, auf alle eure Gebete bekommt ihr innerlich Antworten. Wenn ihr sie nicht hört, so kommt dies von der Dicke der Mauern, mit denen ihr euch umgebt, indem ihr euch Gedanken, Gefühle, Wünsche und Handlungen erlaubt, die nicht von der Liebe, der Weisheit und der Wahrheit inspiriert sind. Fangt an, diese Mauern niederzureißen und ihr werdet hören.

Nun kann es natürlich sein, dass die Antwort, die ihr bekommt, nicht sehr leicht zu akzeptieren ist. Wenn ihr euch mit einer unentwirrbaren Situation herumschlagt und euch fragt, wie ihr da herauskommen sollt, habt ihr die Tendenz, euch vorzustellen, dass sich wie durch Zauberhand eine Lösung ergeben wird, die euch befreit. Nein, diese Lösung kann von euch auch enorme Anstrengungen verlangen. Aber weicht nicht zurück, denn wenn das wirklich die Lösung ist, dann ist sie, auch wenn sie mühsam ist, mehr wert als alle Unschlüssigkeiten, Unsicherheiten, Ängste, in denen ihr bis dahin gelebt habt und die euch nicht verlassen, solange ihr nicht bereit seid, diese Anstrengungen zu unternehmen.

Allen menschlichen Wesen wurde die Fähigkeit zu denken gegeben. Aber wie denken sie? Jemand geht zu einem Misthaufen und beginnt darin zu wühlen, sodass ein ekelerregender Geruch aufsteigt. Nun ja, oft denken die Menschen eben auf diese Weise: Sie wühlen einen Misthaufen auf und das verpestet die Luft! Es gibt kein menschliches Wesen, das nicht denkt, denn das Denken kommt vor allen Dingen und steht über allen Dingen. Selbst die, die nichts machen, denken, aber ihr Denken schwebt wie ein Blatt im Wind. Andere denken aktiv darüber nach, wie sie einbrechen, betrügen, stehlen oder töten können.

Richtig denken, heißt vor allem zu wissen, woran und wie man denken soll. Für die Eingeweihten ist das Denken ein Instrument, das dem Menschen ermöglichen soll, sich der göttlichen Welt anzunähern, jener Welt des Lichts, der Gewissheit und des Friedens. Entschließt euch also, diese Arbeit zu tun: Selbst wenn ihr alleine seid und es euch an allem mangelt, werdet ihr in der Freude leben, der Himmel und die Erde werden in euch sein und euch gehören.

19. September

Wie viele Männer und Frauen fühlen sich wie Könige und Königinnen im Exil, ihres Thrones beraubt! Sie sind sich einer Würde bewusst, die, so denken sie, niemand anerkennt und so leiden sie unter den Bedingungen, die ihnen auferlegt sind: Sie bekommen von der Gesellschaft keinerlei Hochachtung.

Aber was ist die Gesellschaft? Eine große Theaterbühne, auf der alle möglichen Komödien gespielt werden und diese Komödien dürfen nicht dazu führen, dass ihr das Wesentliche vergesst. Das Wesentliche ist das, was ihr selbst, in eurem Innersten seid und nicht das Schauspiel, das ihr auf dieser Bühne darbietet. Bewahrt nur den Glauben in die Kraft eures Geistes, in die Unendlichkeit eurer Seele. Habt ihr es so nötig, dass die anderen euch mit Hochachtung begegnen? Und selbst wenn ihr zum Gegenstand dieser Hochachtung würdet, wisst ihr, wie lange das andauert? Die Menschen sind so wechselhaft, so veränderlich!

Das, was der Mensch Liebe nennt, kann auf der physischen Ebene nicht wirklich zur vollen Entfaltung gelangen. Denn nicht der physische Körper hat das Bedürfnis zu lieben, sondern das Herz und darüber hinaus noch die Seele und der Geist. Derjenige, der sich auf den physischen Körper beschränkt, kann nur einige wenige Empfindungen verspüren, einige angenehme Emotionen, die sich oft in Eifersucht, Aggressivität und sogar in Hass verwandeln.

In der Liebe, wie in vielen anderen Bereichen, darf man den Körper nur als ein Instrument und nicht als ein Ziel ansehen. All jene, die zusammenleben, ohne sich die Mühe zu machen, etwas über das körperliche Vergnügen Hinausgehendes zu suchen, machen sich ihr Leben mehr und mehr zur Hölle, denn sie werden am Ende voneinander nur mehr die schlechten Seiten sehen. Sie sollten sich bemühen, aus ihrer Liebe einen Austausch auf der Ebene der Seele und des Geistes zu machen, dann werden sie jeden Tag ein neues Glück kosten. Selbst wenn sie alt geworden sind, werden sie nicht aufhören, sich neu zu entdecken und sich zu freuen. Denn es ist nicht die Hülle, das Behältnis, der Körper, den man liebt, sondern seinen Inhalt, das geistige Prinzip, das der alleinigen und unerschöpflichen Quelle entspringt.

Hört dem Geiger zu, der seine Geige stimmt. Er muss mit absoluter Präzision vorgehen und darf sie weder höher noch tiefer stimmen als den Grundton, nach dem alle anderen Instrumente gestimmt sind. Tut er dies nicht, wird er nicht im Orchester aufgenommen.

Man kann den Menschen mit einem mehrsaitigen Instrument vergleichen oder auch mit einem mehrstöckigen Gebäude, in dem nebeneinander verschiedenartige Mieter leben. Diese Mieter, die sich selten einig sind, kommen einer nach dem anderen, um ihre Meinung zu sagen. Unsere erste Aufgabe ist es daher, innerlich klarzusehen und dann den Grundton zu suchen, um von ihm aus alle Saiten unseres Instruments oder alle Mieter unseres Gebäudes zu harmonisieren. Diesen Ton können wir nur finden, wenn wir uns bemühen, den Gipfel, die göttliche Welt, zu erreichen.

22. *September*

Damit die Schöpfung für euch beredt, lebendig und sinnerfüllt wird, ist es notwendig, ihre Sprache zu erlernen. Euer ganzes Leben soll diesem Ziel zustreben: in Verbindung mit der Natur und ihren Bewohnern zu treten. Bewohner gibt es überall: im Wasser, in der Luft, in der Erde, dem Feuer, den Bergen, den Bäumen, der Sonne, den Sternen... überall! Sie grüßen uns, sie geben uns Zeichen. Aber wer sieht sie?

Und wer sieht auch, dass die Natur eine lichtstrahlende Substanz ist? Dass Strahlen sie durchdringen, deren Schönheit und Farben keine Sprache beschreiben kann...? Bereitet euch vor, in diese unermessliche Welt mit all eurer Achtung, eurem Verständnis und eurer Liebe einzutreten, damit ihre Bewohner euch akzeptieren, damit sie euch helfen und unterstützen. Ihr bewohnt diese Welt bereits, ihr bewegt euch in ihr, aber ihr müsst sie noch eurem Bewusstsein eröffnen, indem ihr den Schleier lüftet, der euch daran hindert, sie zu sehen.

23. September

Bemüht euch, an der Arbeit mit dem Licht Geschmack zu finden; nicht nur dem Licht der Sonne, sondern auch dem unsichtbaren Licht, das die ganze Schöpfung durchdringt, denn nur das Licht ist in der Lage, in euch die Ordnung wieder herzustellen, all eure Zellen in Harmonie schwingen zu lassen, eure Gesundheit wieder herzustellen. Sowohl auf der körperlichen Ebene als auch auf der seelischen Ebene verfügt das Licht über die größte Macht. Natürlich ist es vielleicht nicht die schnellste Methode, aber ihre Auswirkungen sind endgültig.

Denkt an das Licht mehr als an jede andere Sache im Leben, denn durch seine äußerst subtilen Schwingungen bringt es uns der Welt des Geistes näher. Denkt jeden Tag, zumindest während einiger Minuten nur an das Licht und an nichts anderes. Es wird wie ein Strahl von reinen Teilchen sein, der euch durchdringt; und dieser Strahl wird so mächtig werden, dass er alle Geschöpfe auf der Erde berührt, um ihre göttliche Natur zu erwecken.

Die Evolution ist das Gesetz des Lebens. Alles muss sich entwickeln, selbst die Gesteine. Sie entwickeln sich sehr langsam, aber sie entwickeln sich, denn es gibt im Gestein eine Kraft, die arbeitet, um alle in ihm enthaltenen Qualitäten und Tugenden zum Vorschein zu bringen. Die Edelsteine, die Edelmetalle sind die am höchsten entwickelten Gesteine und besitzen wohltuende Kräfte. Auch die Pflanzen entwickeln sich und je weiter sie entwickelt sind, umso mehr erzeugen sie nahrhafte und heilsame Blüten und Früchte. Das Gleiche gilt für die Tiere und die Menschen. Und es ist auch wahr für unseren Planeten und für das gesamte Sonnensystem.

Alles muss fortschreiten, sich verbessern. Daher kommt es dort, wo dieses Gesetz missachtet wird, zu Zerstörungen. Ganze Menschheiten, Welten, Konstellationen sind verschwunden, weil sie sich dem Gesetz der Evolution entgegengestellt haben. Versucht also dieses Gesetz ernst zu nehmen: Euer ganzes Leben wird dadurch verwandelt und ihr schafft euch eine großartige Zukunft.

Wegen des gigantischen Fortschritts, den die Wissenschaft verwirklicht hat, glauben viele Wissenschaftler, Denker und Philosophen, dass sie die Religion, die ihrer Meinung nach das menschliche Wesen nur verdummt, ersetzen könnte. Die Religion durch die Wissenschaft ersetzen, ...warum nicht? Ich bin damit einverstanden, aber unter der Bedingung, der Wissenschaft eine andere Dimension zu geben und ihr Forschungsfeld auszuweiten.

Nichts hinderte die Wissenschaft und die Religion daran, zwei Sichtweisen derselben Realität darzustellen, wobei die Wissenschaft die körperliche Welt und die Religion die geistige Welt zum Gegenstand hat; denn der Mensch ist gemacht, um gleichzeitig in diesen beiden Welten zu leben. Dazu hätte man sich aber des zweifachen Aspekts der Realität bewusst sein müssen und nicht den einen zu Lasten des anderen bevorzugen sollen. Doch genau das haben die Menschen des Abendlandes während der letzten Jahrhunderte getan: Entweder haben sie die Wissenschaft im Namen der Religion abgelehnt oder sie haben die Religion im Namen der Wissenschaft zurückgewiesen. Sie haben nicht verstanden, dass die Wahrheit darin bestand, beide in harmonischer Weise aufeinander abzustimmen. Das Universum ist nämlich eine Einheit.

26. September

Es reicht nicht aus, die Menschen oder die Dinge zu sehen, um sie zu kennen. Kennt man die Erde, weil man sie sieht? Überhaupt nicht. Man weiß nichts von all ihren Labors und den unzähligen Arbeitern, die dort wirken. Kennt man das Wasser, weil man es trinkt, die Luft, weil man sie atmet und das Licht, weil es in unsere Augen eindringt? Nein, denn das ist nur der körperliche Aspekt. Die Sonne selbst ist vor allem als eine Quelle des Lichts und der Wärme bekannt, aber das ist sehr wenig in Vergleich zu dem, was wir nach unserer Bestimmung von ihr kennen sollten. Jesus hat gesagt: »Das ist aber das ewige Leben, dass sie Dich, der du allein wahrer Gott bist, und den du gesandt hast, Jesus Christus, erkennen« (Jh 17,3). Ihr werdet euch fragen, wie man den Herrn kennen kann. In Wirklichkeit handelt es sich nicht um eine objektive Kenntnis, denn wir sind von Ihm nicht getrennt. Aber um Ihn zu erkennen, müssen wir die Intensität unserer Schwingungen erhöhen, damit wir die entsprechende Wellenlänge finden und uns so mit Ihm identifizieren können. Denn die Erkenntnis ist nichts anderes als eine Anpassung, eine Vereinigung mit dem Wesen, das man erkennen will, also eine Harmonie der Schwingungen.

Bitte
frankieren
falls Marke
zur Hand

Antwort

Prosveta Deutschland
Postfach 1652

78616 Rottweil

Ihr entscheidet euch, Einkehr zu halten... Zwei, drei Wochen oder einen Monat lang hilft euch die geistige Atmosphäre, in die ihr getaucht seid, euch wieder zu finden. Ihr fühlt ein Gleichgewicht, Frieden, der Sinn eures Lebens erscheint euch klarer usw.

Aber diese Periode geht unvermeidlich zu Ende und ihr werdet von der nüchternen Realität eingeholt. Das, was ihr im strahlendsten Licht erlebt hattet, verblasst. Das ist unvermeidlich, vor allem, wenn ihr nicht schon über eine gewisse Erfahrung mit geistiger Arbeit verfügt. Aber ihr müsst euch anstrengen, um jedes Mal die Wohltaten einer solchen geistigen Einkehr länger zu bewahren. Sagt euch also: »Ich weiß, dass es unabwendbar ist, in das nüchterne Leben zurückzukehren, aber ich muss in mir die lichtstrahlenden Erfahrungen, die ich gemacht habe, in kostbarer Erinnerung behalten, sie sind es, die mich an dem Tag beschützen werden, an dem Mutlosigkeit und Schwierigkeiten auf mich zukommen. Was immer auch erscheint, ich werde nicht nachgeben, ich werde nicht fallen, ich werde mein Feuer, meine Begeisterung und meine Hoffnung nicht verlieren.«

Wenn es sich nur um einige Personen handelt, dann ist es einfach sich zu versammeln, gute Beziehungen zu haben und sich zu verstehen, denn im Allgemeinen haben Menschen die Gewohnheit, sich dort in Gruppen zusammenzufinden, wo sie einander ähnlich sind. Aber was für Schwierigkeiten treten auf, wenn es darum geht, dass alle Länder, alle Nationen der Erde zusammenleben sollen! Seit Jahrhunderten, Jahrtausenden, bekämpfen sie sich mit ihren unterschiedlichen Visionen von der Welt, mit ihren unterschiedlichen Religionen, politischen und wirtschaftlichen Systemen, mit ihren unterschiedlichen Traditionen. Wie soll man sie harmonisieren? Dafür braucht man eine umfassende Wissenschaft.

Ihr folgt der Lehre der Universellen Weißen Bruderschaft und ihr glaubt, es genüge, euch miteinander zu treffen und gute brüderliche Beziehungen aufrechtzuerhalten. Oh nein, das genügt nicht! Selbst wenn ihr einige Hundert, einige Tausend seid, reicht dies nicht. Das Ziel unserer Lehre ist nicht, einige Personen zu versammeln, sondern alle Völker zu vereinen. Wenn ihr hierherkommt, dann sollt ihr daran denken, dann sollt ihr daran arbeiten, indem ihr herauszufinden versucht, was ihr tun könnt, damit sich diese Philosophie der Universalität verbreitet.

Der Erzengel Michael herrscht über den Herbst. Wenn der Herbst kommt, trennt der Erzengel Michael die Frucht vom Baum. Mit seinem Schwert durchtrennt er alle Verbindungen. Aber diese Trennung muss im richtigen Augenblick geschehen, genau wie bei der Geburt eines Kindes. Das Kind ist wie eine Frucht, die sich von seiner Mutter, dem Baum trennt und diese Trennung muss zu einem genau bestimmten Zeitpunkt erfolgen; man darf die Nabelschnur nicht vorzeitig durchschneiden.

Genau so entreißt der Erzengel Michael, wenn der Zeitpunkt dafür gekommen ist, die menschliche Seele ihrer Hülle, dem Körper; und in gewisser Weise wird auch die Seele wie die Frucht im Speicher eingelagert, das heißt in einem geschützten Ort der unsichtbaren Welt, wo der Hausherr über sie wacht. Später wird sie wie der Same, wie der Kern erneut ausgesät, gepflanzt, das heißt auf die Erde geschickt, um sich dort zu verkörpern. Ein weiteres Mal beginnt für sie der Winter: Sie wird leiden und sich mit Wehmut an den Ort erinnern, den sie verlassen hat, wo Frieden und Licht herrschten. Aber sie wird arbeiten und Früchte bringen und an die glücklichen Tage denken, da sie in ihre himmlische Heimat zurückkehren kann.

Zu allen Zeiten haben Menschen die Tiere zu Symbolen der bei ihnen vorherrschenden Eigenschaften und Qualitäten gemacht. Man findet sie in allen Religionen und in zahlreichen Einweihungsriten. Manche von ihnen sind sehr bekannt, wie die Schlange, der Fisch, die Biene, die Taube, die Katze, die Kuh, der Esel, der Ochse, der Wolf... Andere, wie der Igel, sind es weniger.

In einigen Traditionen ist der Igel eines der Symbole des Eingeweihten, weil er selbst für den Biss einer Schlange unverwundbar ist. Er ernährt sich von Schnecken, die die Gärten zerstören, das bedeutet, dass er die boshaften Larven der Astralebene verscheucht. Zudem stellen seine Stacheln Spitzen dar, die der Eingeweihte benutzen kann, um die von schlechten Gedanken und Gefühlen gebildeten Fluida aufzulösen. Deshalb gibt es Einweihungen, wo man den Schüler »Igel« nennt, wenn er siegreich aus den Prüfungen, die das Gift darstellen, hervorgegangen ist.

In unserer Seele und in unserem Geist sind wir frei, aber wir können nur in dem Maße über diese Freiheit verfügen, wie wir unsere Verbindungen mit dem Himmel verstärken. Unsere Freiheit bedeutet, uns den Plänen Gottes unterzuordnen, uns nicht gegen die Schwierigkeiten und Leiden aufzulehnen, auch nicht zu versuchen, ihnen zu entgehen, sondern nachzudenken, um zu verstehen, warum sie da sind. Der Himmel ändert vielleicht nichts an den Ereignissen, die wir durchlaufen müssen, aber er wird uns innerlich die Möglichkeit geben, ihnen besser zu begegnen und dann werden wir sie nicht als so schmerzhaft empfinden.

Wir sollen die Freiheit nicht auf der materiellen Ebene suchen, sondern auf der Bewusstseinsebene. Wenn wir das, was Gott uns schickt, akzeptieren, wenn wir für Ihn arbeiten wollen, dann wird Er, Herr aller Schicksale, uns erlauben, die Prüfungen als Quellen spiritueller Bereicherung zu durchleben; auf diese Weise beginnen wir wirklich mit dem Erlernen unserer Freiheit.

Der Meister Peter Deunov sagte eines Tages: »Ihr beklagt euch, einen leeren Magen zu haben, weil ihr euch mit einem viertel Brot zufriedengeben musstet. In Wirklichkeit ist nicht euer Magen leer, sondern euer Kopf und euer Herz. Das viertel Brot enthält genug Salz, um euch lange zu ernähren, wenn ihr bei jedem Bissen einen Gedanken der Weisheit und ein Gefühl der Liebe hinzufügt.«

Sagt uns der Meister wirklich, wir sollen uns mit einem viertel Brot pro Tag begnügen? Nein, er will uns nur verständlich machen, dass nicht die Menge das Wichtigste ist, um sich gut zu ernähren, sondern die Qualität. Doch die echte Qualität ist schwer zu finden, weil sie nicht von diesem oder jenem Geschäft geliefert wird. Die Qualität ist ein spirituelles Element, das von uns kommen muss. Man soll genug essen, man soll eine gesunde Nahrung zu sich nehmen, aber jeder muss der einfachsten Nahrung ein Element von sich selbst beifügen, um ihr einen Geschmack zu geben, jenen Geschmack, der zur Quelle von Energie und Fülle wird.

Weder Geld noch Geschenke, weder Gewalt noch Magie oder Zauberei… keines dieser Mittel kann einen Menschen dazu zwingen, euch zu lieben. Die Seele und der Geist sind Tochter und Sohn Gottes und nichts und niemand hat die Macht, sie zu zwingen. Nehmen wir an, ein Mann oder eine Frau, deren Liebe ihr durch Magie erzwingen wolltet, hätte schließlich nachgegeben. In Wirklichkeit ist es nicht seine oder ihre Seele, die euch begehrt. Eure Magie hat andere Geschöpfe angezogen, die in diesen Mann oder in diese Frau eintraten, um euch durch ihn oder durch sie zu lieben. Doch Vorsicht, diese Geschöpfe, die ihr angezogen habt, sind keine Lichtwesen (die Lichtwesen lassen sich nicht von solchen Praktiken erweichen), sondern Larven und Elementarwesen. Sie werden euch vielleicht lieben, aber sie verschlingen und erschöpfen euch dabei, so dass ihr später diese solcherart gewonnene, scheinbare Liebe teuer bezahlen werdet.

Ihr habt nur ein ungefährliches Mittel, die Liebe eines Menschen zu erlangen: niemals etwas Schlechtes über ihn zu denken, ihm nur lichtvolle und reine Gedanken zu senden. Selbst wenn er euch zurückweist, seid geduldig, ertragt alles und tut alles, was ihr könnt, um ihm zu helfen. Wenn er euch wirklich so wichtig ist, wird seine Seele früher oder später davon berührt werden und er beginnt, euch zu lieben.

Wer Gutes tut, ist sich (ebenso wie jemand, der Schlechtes tut) nicht immer seiner Handlungen bewusst: Instinktiv und ohne auch nur darüber nachzudenken, bringt er den anderen Hilfe und Freude. Aber die kosmische Intelligenz will, dass sich der Mensch im Guten wie im Schlechten kennenlernt, damit er die Gesetze, die das Universum und sein eigenes Leben regieren, begreift. Deshalb muss dieser unbewusste Wohltäter nach seinem Tode nicht nur fühlen, sondern ebenfalls sehen und verstehen, was er getan hat. Denn auch da gibt es Dinge zu verstehen, um mit noch mehr Überzeugung auf dem Weg des Guten beharren zu können.

Richtig zu handeln genügt nicht, man muss auch lernen, in Kenntnis der Sachlage zu handeln; man muss also die Funktionsweise der das Universum regierenden Gesetze erkennen. Deshalb entdeckt der Mensch, wenn er in die andere Welt eindringt, nicht nur detailgenau das von ihm getane Gute, sondern er sieht auch, wie dieses Gute auf die anderen gewirkt hat; und das ist eine großartige Lektion.

Ihr sagt, ihr braucht Freunde, die euch verstehen, aber ihr findet dieses Verständnis nirgends. Fragt euch zuerst, was sie an euch verstehen sollen. Selbst wenn es sich dabei um eure höchsten Sehnsüchte handelt, warum von den anderen verlangen, dass sie in euer Herz und in eure Seele eindringen, um zu wissen, was darin vorgeht?

Es sollte euch genügen, zu wissen, dass ihr das Verständnis und die Unterstützung von den Engeln und Lichtwesen habt, die den Raum bevölkern und von Gott Selbst, der euch geschaffen hat. Für die übrigen Dinge, eure Gefühle, eure Launen, eure Sympathien und Antipathien solltet ihr euch klar machen, dass sie nur eine Frage des Temperaments sind, dass jeder sein Temperament hat und dass das Interesse und Verständnis der anderen dabei nicht so wichtig sind. Seid ihr übrigens wirklich sicher, dass ihr euch selbst richtig versteht? Nein? Aber ihr wollt, dass die anderen es tun!

Bevor ihr zu irgendeiner anderen Lösung greift, solltet ihr euch angewöhnen, bei jeder auftretenden Schwierigkeit zuerst die beste innere Haltung zu suchen. Dies wird euch erlauben, den Situationen entgegenzutreten. Beginnt zum Beispiel damit, euch zu sagen: »Es gibt keinen Grund sich so sehr zu beunruhigen, das sind nur vorübergehende Schwierigkeiten, sie werden nicht andauern.«

Seid ihr erstaunt? Denkt ihr nicht, dass dies eine wirksame Methode sein könnte? Doch, allein der Gedanke, dass unsere Sorgen nicht andauern werden, hilft uns, sie zu ertragen. Und übrigens, wenn ihr nachdenkt, seht ihr, dass dies stimmt: Wie oft hattet ihr in der Vergangenheit schon Enttäuschungen, Kummer, Probleme, die euch zum damaligen Zeitpunkt unüberwindbar erschienen. Wenn ihr aber jetzt daran denkt, scheint euch das so weit fort, fast ausgelöscht und ihr fragt euch, warum ihr so überwältigt und verzweifelt wart. Also, nachdem ihr alle diese Erfahrungen gemacht habt, findet ihr nicht, dass es sich lohnt, diese Methode anzuwenden?

Ihr kennt die Geschichte des Königs Mithridates, der die Befürchtung hatte, von seinen Gefolgsleuten vergiftet zu werden und deshalb versuchte, sich durch eine progressive Gewöhnung an die Gifte zu immunisieren. Es stimmt, dass man sich körperlich gegen Gifte immun machen kann, aber ist das so notwendig? Wahrscheinlich riskiert keiner unter euch, dass man ihn vergiftet, aber ihr alle seid jeden Tag psychischen Giften ausgesetzt und wenn ihr da nicht wisst, wie ihr reagieren sollt, werdet ihr von ihnen übermannt. Ihr müsst euch also darin üben, all jene Gifte zu verdauen, die dumme oder böswillige Leute euch auf der Astralebene einschenken können. Von diesen Giften sprach Jesus, als er sagte: »Selig seid ihr, wenn euch die Menschen um meinetwillen schmähen und verfolgen und reden allerlei Übles gegen euch, wenn sie damit lügen« (Mt 5,11). Also freut euch, was auch geschehen mag, dann wird der Himmel sich über euch freuen, weil ihr die Prüfung gut bestanden habt.

Der wahre Jünger Christi ist derjenige, der den empfangenen Schmutz zu neutralisieren weiß, ohne dass sein Mund ein Wort gegen Gott oder die Menschen laut werden lässt. Und wenn er sich schon zu einer Regung der Verärgerung, der Auflehnung oder der Rache hinreißen lässt, sollte er sich danach wenigstens wieder auf sich selbst besinnen und zu sich sagen: »Dieses Mal bin ich gescheitert, aber in Zukunft werde ich versuchen, meinen Zorn und meine Ungeduld in Sanftmut, Liebe und Güte zu verwandeln.«

Gewöhnlich stellt man Geist und Materie als Gegensätze dar, aber in Wirklichkeit gehen sie unablässig aufeinander zu. Der Geist steigt zur Materie herab und die Materie erhebt sich zum Geist. Der Mensch, der durch die Verbindungen, die ihn an die physische Ebene fesseln, die Materie darstellt, muss deshalb zum Geist, zu seinem Geist, zu Gott hinstreben.

Der vom Gipfel des Berges herabströmende Fluss hat das Recht, sich in kleine Flüsse aufzuteilen, um die Länder, die er durchfließt, zu bewässern. Und auch die Sonne hat das Recht, ihre Strahlen durch den Raum zu verteilen, um das Leben im gesamten Sonnensystem zu nähren. Aber wir, die wir unten sind, müssen, anstatt uns zu verzetteln, danach streben, unser gesamtes Wesen auf das Zentrum, auf den Gipfel hin auszurichten, um von ihm Leben und Kraft zu empfangen. Eines Tages haben wir vielleicht auch das Recht, uns wie der Fluss, wie die Sonne auszustreuen, aber erst, wenn wir so lebendig wie sie geworden sind. Ja, in dem Moment können wir unser Leben, das Leben des Geistes, auf alle Geschöpfe versprühen.

Das Wort »Magie« lässt sofort an Zauberstab, Talisman, Zauberbuch und Zauberformel denken, aber an sich stellen diese Dinge nicht viel dar. Warum? Weil sich die mächtigste Magie im Herzen befindet. Wenn das Herz sich nicht einschaltet, um euren Worten und Gesten Intensität zu verleihen, bleiben sie unwirksam. Und ihr könnt im Gegenteil auch keine Formel aussprechen und keine Geste machen, aber wenn ihr in eurem Herzen die wahre Liebe nährt, hört euch der Himmel und erfüllt eure Wünsche.

Lasst also Talisman und Zauberformel beiseite – sie sind von keinem großen Nutzen – aber betet von ganzem Herzen, dann werdet ihr das Gewünschte erhalten.

Vor einem zur Hälfte gefüllten Glas wird die eine Person sagen, es sei halb voll, während eine andere Person sagt, es sei halb leer. Objektiv gesehen kommt das auf das Gleiche heraus, aber für einen Psychologen enthüllt dies zwei unterschiedliche Mentalitäten. Wenn ihr euch mit der Fülle beschäftigt, entfaltet ihr euch; wenn ihr euch mit der Leere beschäftigt, verstümmelt ihr euch. Das ist ein magisches Gesetz. Wenn ein Kranker nur an seine Krankheit denkt, verschlimmert sich sein Zustand, weil jeder negative Gedanke am Zerfall arbeitet. Er sollte an die Gesundheit denken, dann ginge es ihm schon besser.

Natürlich fehlt euch vieles. Und wenn ihr wollt, dass euch noch mehr fehlt, so denkt an diesen Mangel, an diese Leere... Aber denkt, dass ihr ein Sohn oder eine Tochter Gottes seid, so wird sich vieles verbessern! Was den Menschen in Wirklichkeit fehlt, sind nicht so sehr vorteilhafte materielle Bedingungen, sondern viel eher eine lichtvolle und göttliche Philosophie, die allein in der Lage ist, sie aus ihren Schwächen und Begrenzungen herauszuholen.

Sich weiterzuentwickeln bedeutet, fähig zu sein, jeden Tag den Kreis seiner Beschäftigungen und Tätigkeiten zu erweitern. Doch was sieht man? Man sieht Menschen, die vor allem mit ihren eigenen Interessen und ein bisschen noch mit den Interessen ihrer Familie und ihres Landes beschäftigt sind, was zu so vielen Missverständnissen führt. Viele werden sagen, dass es kein höheres Ideal gibt, als für sein Land zu arbeiten. Nein, weil das Land nicht das Ganze darstellt. Wenn jeder ausschließlich für sein Land arbeiten würde, so würde dies nur zu Konflikten mit den anderen Ländern führen. Wenn man sich ausschließlich auf einen Teil des Ganzen konzentriert, tritt man notwendigerweise in Konflikt mit den anderen Teilen des Ganzen. Für den Weltfrieden ist es erforderlich, dass man die Dinge vom weitesten und umfassendsten Standpunkt aus betrachtet.

Um sich weiterzuentwickeln, muss man einen immer weiter werdenden Blickpunkt in seinem Kopf haben. Man muss sein Herz einer immer größer werdenden Zahl von Geschöpfen öffnen und seinen Willen für die Verwirklichung einer universellen Familie einsetzen.

Manchmal setzt sich im Theater ein Zuschauer einfach ohne Hemmungen in die erste Reihe, in der Hoffnung, dass niemand ihn von dort vertreiben wird. Aber schon nähert sich eine Aufseherin, fragt nach seiner Eintrittskarte und schickt ihn nach hinten, auf die Galerie; dann kommt derjenige, der den Sessel wirklich gemietet hat und nimmt seinen Platz ein. Nun, im Leben geschieht das Gleiche. Wem es durch Intrigen gelungen ist, einen Platz zu besetzen, der für eine andere, würdigere Person reserviert war, der muss ihn auf die eine oder andere Weise wieder verlassen. Und jemand, der immer bescheiden im Hintergrund stand, kann zur Bekleidung der höchsten Ämter berufen werden.

Wenn nun also jemand für einen Augenblick den für euch bestimmten Platz besetzt, so macht euch keine Sorgen. Die »Aufseherin« wird kommen und den unrechtsmäßigen Besetzer verjagen. Ja, im großen Theater des Lebens erhält jeder eine Nummer, die seinem rechtmäßigen Platz entspricht; es ist an ihm, diese Nummer zu finden und richtig zu interpretieren, was sie für ihn bedeutet.

13. Oktober

Die Steine sind lebende Wesen. Nachdem das gesamte Universum vom Leben Gottes belebt ist, sind auch die Steine lebendig, was bedeutet, dass sie sich freuen und sogar denken können. Ihr wendet ein, die Steine könnten sich nicht freuen und auch nicht denken, weil sie, im Unterschied zu den Pflanzen, keinen Ätherleib und noch viel weniger einen Astral- oder Mentalleib bekommen haben. Das stimmt, die Steine haben weder einen Ätherleib, noch einen Astral- oder Mentalleib und wir platzieren sie ganz unten auf der Entwicklungsleiter, weil ihr geistiges Wesen so weit entfernt ist, dass es keinerlei Kommunikation mit ihnen hat. Die Steine sind das Gefäß für ein geistiges Wesen, aber dieses geistige Wesen ist noch nicht genug in sie herabgestiegen, um sie zu beleben.

Was denkt und freut sich aber dann in den Steinen? Der Geist in der Höhe, nicht der Stein selbst. Wenn man Steine zerbricht oder an einen anderen Platz stellt, freuen sie sich, weil sie spüren, dass sie an einem Bau, an etwas Neuem teilnehmen werden.

Symbolisch gesehen, erzählen uns die 3 und die 4 etwas über zwei Welten, die von ihren ganz eigenen Gesetzen regiert werden. Die 3 ist der Geist und immer in Bewegung und die 4 ist die unbewegliche Materie. Das ganze Leben im Universum kann mit dieser Gegensätzlichkeit der 3 und der 4 zusammengefasst werden. Nehmen wir den Tierkreis als Beispiel. Er bildet ein unbewegliches Ganzes. Die Konstellationen bewegen sich im kosmischen Raum, aber sie bewegen sich zusammen; keine überflügelt die andere. Die Planeten sind diejenigen, die ständig unterschiedliche Figuren bilden. In diesem Sinne kann man sagen, dass die Tierkreiszeichen den Körper und die Planeten den Geist darstellen. Genauso haben in unserem physischen Körper die Organe einen festen Platz, während in ihrem Inneren ständig Blut, Flüssigkeiten und Nervenimpulse strömen. Doch vor allem anderen besitzen die Gedanken die Fähigkeit der Bewegung. Sie sind frei, der große, offene Raum liegt vor ihnen.

Die Materie bleibt sowohl in der Natur, als auch im Menschen Materie und der Geist bleibt Geist. Man darf die beiden nicht verwechseln, sondern muss lernen, wie das eine auf das andere einwirkt. Der Geist, die 3, arbeitet an der 4, der Materie. Die 3 und die 4 ergeben zusammen die 7. Sie symbolisiert ein lebendiges Geschöpf, bei dem Geist und Materie harmonisch zusammenleben.

Jahrhundertelang wiederholten die Christen, dass das Fleisch schwach ist; deswegen verachteten sie den physischen Körper. Aber welch eine Unwissenheit! Der Körper selbst ist neutral, er ist das Mittel, durch das wir unsere Gedanken und Gefühle ausdrücken. Er zwingt uns nicht, alle möglichen Exzesse und Dummheiten zu machen; wir können durch ihn auch großartige Werke vollbringen.

Und ich sage euch sogar, dass unser Körper das beste Instrument ist, das wir haben, um uns Gott zu nähern. Ja, Gott legte bei der Erschaffung unseres physischen Körpers alle Elemente in ihn hinein, die wir benötigen, um die himmlische Ordnung und Harmonie wieder zu finden. Die Struktur des menschlichen Körpers ist ein offenes Buch, das uns lehrt, wie wir zum Schöpfer zurückkehren, denn er ist der Spiegel Seiner Weisheit, Seiner Güte und Seiner Schönheit.

Warum heißt es, dass die Ängstlichen nicht ins Gottesreich hineingelangen? Weil, selbst wenn man große Tugenden besitzt, diese nicht ausreichen, um die durch die Angst entstandenen Schäden zu neutralisieren. Überrascht euch das? Nein, das sollte euch nicht überraschen. Wie oft hat man schon beobachtet, dass die Angst sich dem Ausdruck aller guten Eigenschaften widersetzt! Schaut zum Beispiel wie sehr die Angst vor Einsamkeit oder Armut, die Angst vor der öffentlichen Meinung, die Angst vor Krankheit oder Tod die Menschen feige, unehrlich, egoistisch und grausam machen kann. Wie viele Verbrechen werden von Leuten begangen, die Angst haben, etwas zu verlieren, auf das sie Wert legen und an das sie sich klammern! Deswegen wurde in den Einweihungen der Antike nur derjenige zur Kenntnis der Mysterien vorgelassen, der gelernt hatte, seine Angst zu besiegen.

Ob es sich um positive Gefühle, (wie Freude, Liebe, Begeisterung usw.) handelt oder ob es negative Gefühle sind (wie Furcht, Hass, Eifersucht usw.), wir spüren sie weder mit unserem Gehirn noch mit unserem physischen Herzen, sondern mit unserem Solarplexus. Als die Eingeweihten das, was wir gewöhnlich »das Herz« nennen, im Solarplexus ansiedelten, zeigten sie damit, dass sie ein besseres Verständnis dessen besitzen, was die Anatomie und die Physiologie in Wirklichkeit sind. Das Gleiche ist der Fall, wenn sie von der »Intelligenz des Herzens« sprechen.

Unser Intellekt, die Intelligenz unseres Gehirns, weiß nicht wirklich, wie unser Organismus funktioniert, mit all seinen chemischen und physikalischen Vorgängen der Atmung, des Blutkreislaufs, der Ernährung, der Ausscheidung und so weiter. Er weiß es nicht, weil er es nicht spürt. Diese so unglaublich wichtigen und komplexen Vorgänge kennt nur der Solarplexus, weil sie von ihm abhängen. So wie die Sonne der Mittelpunkt im Universum ist, so ist der Solarplexus der Mittelpunkt im Menschen.

Welche Macht hat die kosmische Intelligenz in die Hand des Menschen gelegt! Dank seiner Hände hat er alles erlangt, was er heute besitzt. Was hätte er ohne sie erschaffen können? Im Moment bedient er sich seiner Hände natürlich nur, um auf der physischen Ebene zu wirken und das ist sehr wenig. Es gibt eine Menge von möglichen Verwirklichungen auf Ebenen, die er nicht kennt.

Die kosmische Intelligenz erschuf die Hand des Menschen wie ein lebendiges Wesen, das sein Gehirn, sein Nervensystem, seinen Magen… besitzt. Und nachdem jeder Teil des Kosmos eine Entsprechung mit einem Teil unseres Körpers hat, ist sie mit dem gesamten Kosmos verbunden. Ja, genauso wie unser Körper ein Spiegel des Universums ist, ist unsere Hand ein Spiegel unseres Körpers: Also ist sie auch in Verbindung mit dem gesamten Universum.

19. Oktober

Nachdem sie glauben, einige Affinitäten untereinander entdeckt zu haben, beschließen Männer und Frauen oft, zusammenzuleben. Und dann kann es leider geschehen, dass diese Annäherung ihnen bewusst macht, wie sehr sie in Wirklichkeit voneinander entfernt und sich sogar fremd sind. Im Gegenteil können sie sich immer miteinander fühlen, obwohl eine große räumliche Entfernung sie trennt. Was ist nun wichtiger: die Anwesenheit eines Menschen zu spüren, der nicht da ist, oder ihn ganz nahe bei sich zu haben, aber sich innerlich sehr fern zu fühlen?

Die Menschen wären zweifellos glücklicher, wenn sie lernen würden, mehr in ihrer inneren Welt zu leben. Wenn ihr jemanden wirklich liebt, so ist er ständig bei und in euch anwesend und ihr lebt mit ihm in Frieden. Wenn ihr unbedingt physisch mit ihm zusammen sein wollt, besteht ständig die Gefahr von Missverständnissen und Streitereien. Ihr sollt natürlich nicht aufhören, Begegnungen und Kontakte auf der physischen Ebene zu pflegen, aber ihr solltet die Möglichkeiten eurer inneren Welt mehr fördern.

Einen Feind mit dem Revolver zu erlegen, ihm ein paar Tropfen Gift ins Glas zu mischen, Sprengstoff unter seinem Haus anzubringen oder den Gashahn zu öffnen, damit es in die Luft fliegt, das ist alles einfach. Da gibt es nichts, worauf man stolz sein kann, es ist kein Sieg, dessen man sich brüsten könnte.

Der wahre Sieg besteht nicht darin, seine Feinde zu vernichten. Der wahre Sieg ist, wenn es einem gelingt, seine Feinde in Freunde zu verwandeln. Versteht das gut, denn dann seid ihr von Leuten umgeben, die nur daran denken, euch zu helfen, statt dass sie überlegen, wie sie euch schaden können. Natürlich ist das schwierig. Es erfordert zuerst eine große Arbeit an sich selbst. Die zweite, noch größere Schwierigkeit ist dann die Arbeit an dem anderen, damit er begreift, dass er euer Freund sein kann. Doch wenn ihr diese Art von Sieg erringt, beweist dies, dass ihr in der Wahrheit seid.

Wie viele Mönche, Asketen oder sogar einfache Gläubige haben sich freiwillig allen möglichen Qualen unterzogen… »Um Gott zu gefallen«, dachten sie! Als hätte Gott Freude daran, das menschliche Geschöpf verletzt und mit Blut befleckt zu sehen! Es gibt nur wenige Religionen, die diese Art von Praktiken nicht empfohlen haben und manche tun es noch heute. Aber es ist Zeit zu verstehen, dass der Herr das menschliche Leiden nicht braucht. Die Epoche der Auspeitschungen, der Qualen und des Märtyrertums ist vorbei. Seinen Körper zu misshandeln und zu verstümmeln, sein Leben aufs Spiel zu setzen, ist eine fruchtlose Art und Weise, sich der Gottheit zum Opfer darzubringen.

Das wahre Opfer befindet sich in der uneigennützigen, brüderlichen Liebe allen Menschen gegenüber. Wer den Sinn und die Macht der Liebe verstanden hat, der hat es nicht nötig, sich Leiden aufzuerlegen: Er kann ja so viel davon mit all jenen teilen, die im Unglück sind! Und die Hindernisse, denen er bei dem Versuch, ihnen zu helfen begegnet, bieten derart viele Gelegenheiten zu leiden! Aber vor diesen Leiden sollte er nicht zurückschrecken: Sie lassen ihn größer und edler werden.

Wenn sie sich nervös fühlen oder kurz davor sind, die Geduld zu verlieren, gehen manche Personen aus dem Haus und sagen, sie würden »eine Runde drehen« oder »frische Luft schöpfen«. Etwas warnt sie, dass die Situation explosiv würde, wenn sie nicht den Platz wechselten. Manchmal genügt es, ein Glas Wasser zu trinken oder ein Stück Obst zu essen, um seinen inneren Zustand zu verändern. Ja, den Platz wechseln ist eine ganze Wissenschaft für sich.

Wie oft lasst ihr euch von harmlosen Unannehmlichkeiten aus der Fassung bringen! Es wäre einfach, sie loszuwerden, wenn ihr den Platz wechseln würdet. Und es gibt so viele Arten den Platz zu wechseln! Den Platz wechseln kann auch bedeuten, euch ganz bewusst die Hände zu waschen und euch dabei auf ein Wort zu konzentrieren: Licht… Harmonie… Schönheit… Liebe… Streicht anschließend mit euren Händen über euren Kopf und über eure Ohren und wascht sie dann noch einmal. Wenn nötig, könnt ihr das mehrmals wiederholen. Ihr werdet euch erleichtert fühlen, denn alles, was auf euch lastete, geht über eure Fingerspitzen weg.

Wenn eure persönlichen Interessen, das heißt euer Komfort, euer Wohlbefinden, euer Ruf in Gefahr sind, müsst ihr geduldig sein; und nicht nur geduldig sein, sondern dem Himmel danken, für die Gelegenheit, eure Intelligenz zu zeigen.

Doch was sieht man überall? Man sieht Leute, die unbewegt zusehen, wie die Kräfte des Bösen an anderen ihr Zerstörungswerk vollbringen, die aber eine ganze Armee mobilisieren, sobald ihre eigenen Interessen auf dem Spiel stehen könnten. Dafür werden sie eines Tages streng verurteilt werden. Die göttliche Justiz wird ihnen vorwerfen: »Ihr habt euch gegen die kleinsten Ungerechtigkeiten, die euch widerfuhren, aufgelehnt und seid gleichzeitig ungerührt vor all den Abscheulichkeiten gestanden, die anderen zugefügt wurden; in gewisser Weise habt ihr also daran teilgenommen.« Und es wird ihnen nichts nützen, wenn sie in einem Versuch der Rechtfertigung sagen: »Das wusste ich nicht.« Man muss wissen.

Zu Beginn lebten die Menschen isoliert, jede Familie verteidigte ihr kleines Revier; später bildeten sich Stämme, dann Nationen und die Gesellschaften funktionierten wie lebende Organismen; man kann sagen, sie erreichten das physiologische Stadium. Die Menschheit wurde also ein riesiger Organismus, in dem jeder für alle und alle für jeden arbeiten. Das nennt man »Handel« und diese Situation ist offensichtlich ein Fortschritt.

Aber jetzt ist es nötig, dass man weitergeht und für eine menschliche Bruderschaft arbeitet: Dies beinhaltet die Liebe und das Bewusstsein der tiefen Verbindung, die zwischen den Wesen besteht. Es ist das psychologische Stadium. Solange die Beziehungen, die die Menschen miteinander unterhalten auf Eigeninteresse gegründet bleiben, wird trotz all der dadurch möglichen Gewinne ihr Leben ohne Sinn bleiben und sie werden das Gefühl haben, dass ihnen etwas fehlt. Den Sinn finden sie nur, wenn es ihnen gelingt, eine brüderliche Haltung zu kultivieren, das heißt, wenn sie verstehen können, dass sie mit den anderen nur das Beste, das sie besitzen, teilen sollten.

25. Oktober

Geboren werden bedeutet, unter das Gesetz des Segens zu treten. Die Geburt ist die dem Menschen gegebene Möglichkeit, seine Fehler der Vergangenheit wiedergutzumachen und die in ihm verborgenen lichtvollen Fähigkeiten zu entwickeln.

Ein Kind kommt nur auf die Welt, weil ein Mann und eine Frau sich vereinigt haben, um sich zu lieben; diese Liebe lässt das Leben herbeikommen. Indem er geboren wird, erhält jeder Mensch Besuch von Gott. Ich weiß wohl, dass viele Kinder nicht wirklich Kinder der Liebe sind, aber ich spreche im Allgemeinen, ich bleibe bei den Prinzipien. Wenn Männer und Frauen sich begegnen und daran denken, Väter und Mütter zu werden, so stellen sie sich nicht als Erstes vor, ihr Kind werde die Frucht des Zufalls, das Resultat von Gewalt oder durch künstliche Befruchtung gezeugt sein. In der Tiefe seines Herzens und seiner Seele versteht jeder die Geburt als die natürliche Frucht der Liebe.

Im Moment, wo ihr am Morgen erwacht, denkt an alle Lichtgeschöpfe, die zwischen Erde und Himmel auf- und absteigen. Der ganze Tag wird davon erleuchtet werden. Verbindet euch mit diesen Geschöpfen, betrachtet sie in eurem Herzen und in eurer Seele, dann könnt ihr euch nicht mehr mit einer prosaischen Existenz zufriedengeben, ihr werdet euch eurer Gedanken und Gefühle immer bewusster, um diese Wesenheiten in eurer Nähe zu halten.

Wer die Realität der erhabenen Regionen und der sie bevölkernden Wesen nicht kennt, der kann sich mit einem gewöhnlichen Leben zufriedengeben. Aber derjenige, der sie kennt, spürt, dass alles, was die Menschen gewöhnlich als wertvoll erachten, im Vergleich dazu fast nichts ist. Ja, selbst das Größte, was die Wissenschaft, die Kunst und die Philosophie zustande gebracht haben, verblasst. Man muss zumindest um die Existenz dieser, von vollkommenen Geschöpfen bewohnten Regionen wissen, um zu verstehen, wie wichtig es ist, sich ihnen zu nähern.

Man sagt, das Leiden erziehe die Menschen. Aber warum sind sie dann, seitdem sie leiden, nicht vernünftiger geworden? Im Moment, wo sie von den Qualen mitgerissen werden, nehmen sie sich vor, diesen oder jenen Fehler nicht mehr zu begehen; sie beten sogar zum Herrn, was sie sonst nie taten! Aber sobald die Dinge ein wenig in Ordnung kommen, vergessen sie schnell ihre guten Vorsätze. Ja, weil es nicht ausreicht, nur zu leiden. Solange sie nicht verstehen, warum sie leiden und was sie tun müssen, um nicht mehr zu leiden, fallen sie in die gleichen Schwächen und Fehler zurück und fangen wieder mit dem Leiden an.

Wer leidet braucht Licht, um über die Ursachen seines Leidens und über die Gegenmittel aufgeklärt zu werden und er braucht auch Liebe, um Stärkung und Ermutigung zu erfahren. Man kann die Menschen also nur von ihrem Leiden erlösen, wenn man versteht, ihnen gegenüber Weisheit und Liebe zu offenbaren.

28. Oktober

Wem es gelingt, bis zum Verständnis der Werke Gottes aufzusteigen, der kann die Quintessenz aller heiligen Bücher wieder finden, denn die in ihnen enthaltenen Wahrheiten sind im Leben des Universums und in seinem eigenen Leben aufgezeichnet.

Gott selbst ist unzugänglich, unergründlich, jenseits allen Begriffsvermögens, aber Er hat in uns und in das von Ihm erschaffene Universum alle Elemente gelegt, die uns ermöglichen, Ihm näher zu kommen und einige Seiner Botschaften zu entschlüsseln. Die erste dieser Botschaften ist das Licht, da Er sich im Anbeginn der Welt durch das Licht offenbarte, als Er sprach: »Es werde Licht!« Wenn wir also hören wollen, wie Gott »spricht«, müssen wir das Licht suchen, denn durch das Licht wendet Er sich an alle Geschöpfe.

Nach dem Tod, wenn er seinen physischen Körper verlässt, tritt der Mensch in die niedere Astralebene* ein, wo er alle Ungerechtigkeiten und Leiden erlebt, die er den anderen angetan hat. Ihr fragt: »Und was ist, wenn man unbewusst und ohne es zu bemerken Böses getan hat?« In den Augen der kosmischen Intelligenz ist auch die Unbewusstheit nicht zu akzeptieren; übrigens ist ihr Ziel nicht Rache und auch nicht Bestrafung, sondern sie will den Menschen vor allem bewusst machen. Sie lässt ihn also selbst durch all das Leiden gehen, das er anderen angetan hat, damit er lernt, versteht und sich vervollkommnet.

Einige Geschöpfe durchlaufen diese niedere Astralebene sehr schnell, weil sie keine sehr schwerwiegenden Fehler begangen haben; andere bleiben und leiden dort eine lange Zeit. Wenn dieser Kurs beendet ist, betreten sie die höhere Astralebene, wo sie eine Freude und ein Glück erleben, das all dem von ihnen getanen Guten entspricht, denn sie müssen sich auch ihrer guten Taten bewusst werden. Wenn sie den anderen Mut, Hoffnung und Licht gegeben, wenn sie Glauben und Liebe erweckt haben, erleben sie genau diese Zustände.

* Siehe Anmerkung und Abbildung auf Seite 392-393.

30. Oktober

»Erkenne dich selbst«… Die Evolution des Menschen geht zwangsläufig über die Selbsterkenntnis. Aber die Erkundung der inneren Welt ist schwierig und nicht ohne Risiko. Gerade hier haben wir die Einweihungswissenschaft so nötig, weil sie uns lehrt, dass wir zuerst die dunklen Regionen der niederen Astral- und Mentalebene durchlaufen müssen, in denen ständig Illusionen und Irrwege lauern, bevor wir zu den hellen und lichten Ebenen des Bewusstseins, zur Kausal- Buddhi- und Atmanebene, gelangen.*

Man kann die niederen Regionen mit Gebieten voller Staub und Nebel vergleichen. Dem Nebel entsprechen die groben Emotionen des Herzens und dem Staub die Verirrungen des Intellekts. Die Gefahr ist natürlich, dort stehen zu bleiben, weil der Staub und der Nebel eine klare Sicht verhindern. Um uns also wirklich selbst zu erkennen, müssen wir uns bemühen, diese unsicheren Regionen mit der Aussicht auf das Erreichen des geistigen Gipfels, unseres höheren Ichs, zu durchqueren.

* Siehe Anmerkung und Abbildung auf Seite 392-393.

Höhe, Tiefe und Breite, diese drei Dimensionen entsprechen der Entwicklung des Menschen. Die Höhe ist mit dem Denken verbunden, die Tiefe mit dem Gefühl und die Breite mit der Aktivität. Man sollte also nicht von tiefen, sondern von erhabenen Gedanken sprechen und auch nicht von hohen, sondern von tiefen Gefühlen. Die Aktivität hingegen sollte breit und weit sein. Im Laufe seines Wachstums entwickelt sich der Baum nach und nach in diese drei Richtungen. Zuerst wächst aus dem Keim eine Wurzel, die sich in den Boden gräbt. Je länger die Wurzel ist und je tiefer sie sich eingräbt, desto höher kann der Baum wachsen und sich ausbreiten. Dann bildet sich der Stamm, der nach und nach an Höhe gewinnt. Wenn die Tiefe der Wurzeln und die Höhe des Stammes gesichert sind, breitet der Baum weit seine Äste aus.

Der Mensch muss wachsen und gedeihen wie ein Baum. Erst nachdem er seine Gefühle vertieft hat, kann er seine Gedanken erheben und wenn seine Gedanken erhoben sind, kann er seine Aktivität ausbreiten.

Selbst wenn niemand die Anstrengungen schätzt, die ihr für eure Vervollkommnung unternehmt, sollte euch dies nicht entmutigen: Ihr macht dies nicht für andere, sondern für euch selbst. All den spirituellen Reichtum, den ihr euch erworben habt, bringt ihr wieder mit euch, wenn ihr auf die Erde zurückkehrt. In welcher Form? In Form von günstigeren Bedingungen, die der Himmel euch für eure Entfaltung geben wird.

Wenn es euch noch nicht gelingt, eine gute Eigenschaft zu erwerben, einen Fehler zu besiegen oder eine schlechte Gewohnheit abzulegen, so sagt euch ganz ehrlich: »Das kommt, weil ich in der Vergangenheit nicht die nötigen Anstrengungen unternommen habe, deshalb ist jetzt alles schwierig.« So solltet ihr zu euch sprechen und euch dann sofort an die Arbeit machen. Ja, selbst wenn ihr nur noch ein Jahr, ein einziges Jahr zu leben hättet, solltet ihr damit beginnen, denn die Veränderungen, die aus einer so kurzen Zeit hervorgingen, wären bereits beachtlich.

2. November

Es ist natürlich, dass man unter dem Verlust eines geliebten, geschätzten Wesens leidet und dass man versucht, es über den Tod hinaus wiederzufinden; aber dafür muss man bestimmte Gesetze kennen und respektieren. Um dieses Wesen dort zu treffen, wo es sich jetzt befindet, ist das einzige, unfehlbare Mittel die Anstrengung, die gleichen guten Eigenschaften zu pflegen, die man bei ihm zu seinen Lebzeiten fühlte und schätzte.

Natürlich ist das schwieriger, als ein Medium zu bitten, seinen Geist herbeizurufen. Es ist auch schwieriger, als auf dem Friedhof am Grab Andacht zu halten oder ein Foto zu betrachten und dabei alle möglichen Erinnerungen wachzurufen. Aber wenn ihr ein geliebtes Wesen wirklich wiederfinden wollt, habt ihr keinen anderen Ausweg, als es durch seine Tugenden zu suchen, denn eine solche Begegnung kann nur durch das Gesetz der Affinität geschehen. Indem ihr die gleichen guten Eigenschaften entwickelt, findet ihr seinen Geist wieder und nur sein Geist ist wirklich dieses Wesen.

Im Lauf der Jahre wächst und entwickelt sich unser physischer Körper, weil das Leben ihn durchdringt und belebt. Selbstverständlich kommt der Moment, wo der physische Körper sein Wachstum einstellt; aber er verändert sich doch noch bis zum Ende unseres Lebens unaufhörlich, da das uns innewohnende Prinzip des Lebens ihn weiterhin durchdringt. Wir selbst formen unseren Körper durch unseren Verstand, unser Herz und unseren Willen und bleiben durch alle möglichen feinstofflichen Verbindungen, die uns die Macht geben, auf ihn einzuwirken, mit ihm verbunden.

Welchen Schluss können wir aus diesem Phänomen ziehen? Dass man die Wesen und Dinge durchdringen muss, um wirklich auf sie einzuwirken; dieses Gesetz sollte man nie aus den Augen verlieren. Ihr fragt: »Warum gelingt es mir nicht, diese Person – einen Verwandten oder einen Freund, dem ihr helfen wollt – zu beeinflussen?« Weil ihr nicht gelernt habt, die Geschöpfe mit eurer psychischen Energie zu durchdringen. Gerade dies ist das Prinzip der Magie.

Warum jemandem sagen, dass ihr ihn liebt? Ihr liebt ihn, das genügt. Die Liebe ist fühlbar, sichtbar, sie ist sogar die am schwierigsten zu verbergende Sache. Sie drückt sich durch den Blick, durch die Gesten, durch die Haltung aus und es ist nicht nötig, darüber zu sprechen. Die Menschen zählen zu sehr auf den gesprochenen oder geschriebenen Ausdruck ihrer Liebe. Sie glauben, die Frage wäre geklärt, wenn sie nur einmal davon gesprochen haben. Überhaupt nicht! Sie reden und reden, aber ihr Verhalten zeigt immer mehr, dass ihre Liebe sich abschwächt.

Man muss die Liebe als etwas sehr Kostbares, als das Kostbarste überhaupt behandeln und sie nicht durch Worte ausdrücken. Auf diese Weise erzeugt sie nach und nach in der Seele die größte Freiheit, die größte Verzauberung. Wenn ihr darüber sprecht, entstehen hier und da Reaktionen, die Missverständnisse erzeugen, und das ist schade. Sprecht nicht über eure Liebe, dann wird sie ewig in euch leben.

Verschwundene Zivilisationen, die Vergangenheit der Menschheit, das sind sicher sehr interessante Themen, aber es ist nicht das Wesentliche. Das Wesentliche ist das Leben, das heute fließt. Man kann das Grab Christi wiederfinden und sich vor ihm verneigen, aber das wird nicht viel nützen, denn Christus ist nicht mehr dort im Grab. Christus ist ein immenser Strom, der im Universum, überall da wo Leben ist, überall da wo Liebe ist, fließt.

Gäbe es übrigens unter den Christen, die in Palästina den Spuren Jesu folgen und auch unter den Kirchenoberhäuptern viele, die ihm folgen würden, wenn er heute wiederkäme? Sie würden ihn nicht nur nicht wiedererkennen, sondern sie würden ihn obendrein noch verfolgen und seinen Tod fordern. Warum? Weil sie nicht in die Geheimnisse des Lebens und der Liebe eingedrungen sind.

So wie ein König mit Aufständen konfrontiert ist, ebenso wird der Mensch ständig zwischen all den widersprüchlichen Wünschen seiner Untertanen – seiner Zellen – hin- und hergeworfen und ihre Revolte strahlt auf ihn in sehr negativer Weise zurück. Um den Frieden, die Harmonie, wieder zu finden, muss er die Zellen seines Körpers zähmen, so wie seine fernen Vorfahren den Hund, die Katze und das Pferd gezähmt haben oder so, wie man wilde Tiere, Tiger, Löwen, Bären und Panther bändigt, um sie danach im Zirkus auftreten zu lassen. Warum sollte der Mensch mit seinen Zellen nicht das Gleiche tun?

Wenn Tiere, ja sogar Raubkatzen gezähmt und erzogen werden können, dann kann man es auch schaffen, seine eigenen Raubtiere, seine Zellen, zu erziehen, um sie gemeinsam in eine konstruktive Richtung zu lenken. Aber dafür braucht es viel Arbeit, viel Willen und vor allem viel Liebe. Durch eure Kraft, eure Geduld und eure Liebe fasziniert ihr sie, ihr reißt sie mit und dann stellen sie sich in euren Dienst.

Überall ist nur von Veränderung die Rede. Man wiederholt, dass Veränderungen nötig sind. Aber um welche Veränderungen handelt es sich? Immer um die gleichen erbitterten Kämpfe um Macht, Geld, Ruhm und die einen verjagen die anderen, weil sie ihre Plätze einnehmen wollen. Nein, es wird erst dann wirkliche Veränderungen geben, wenn die Menschen daran arbeiten, selbst ehrlicher, edler, beherrschter und vorbildhafter zu werden. Aber das interessiert sie nicht. Wozu nützt es, sich zu bessern? Das brauchen sie nicht. Was sie brauchen sind Posten und ehrenvolle Titel, um ihre Wünsche und Begierden zu befriedigen.

Ihr wendet ein: »Ja, aber wenn man Ihren Ratschlägen folgen soll, wenn man nur daran arbeiten soll, sich zu bessern, ein Vorbild zu werden, dann bleibt man bei der heutigen Weltlage auf der Strecke; man bleibt unbekannt, im Schatten und ganz unten auf der Erfolgsleiter.« Was wisst ihr darüber, um solche Schlüsse ziehen zu können? Wenn ihr wirklich eine Quelle, eine Sonne geworden seid, dann werden die anderen kommen und darauf bestehen, dass ihr an die Spitze gestellt werdet, um sie zu führen, selbst wenn ihr das nicht wollt, selbst wenn ihr euch weigert. Wenn dies noch nicht geschehen ist, so heißt das, dass ihr es nicht verdient habt, weil ihr dazu noch nicht fähig seid.

In dem Boden, auf dem wir gehen, leben Wesen, die einst zu Bewegung, Fühlen und Denken fähig waren, die aber so sehr in die Materie hinabgestiegen sind, dass wir jetzt auf ihnen herumtreten. So erklären sich die Worte Jesu: »Wenn nun das Salz nicht mehr salzt, womit soll man salzen? Es ist zu nichts mehr nütze, als dass man es wegschüttet und lässt es von den Leuten zertreten« (Mt 5,13). Alle Geschöpfe, die ihr Salz verloren haben, die den Geist verlassen haben, werden mit Füßen getreten. Auf allen Gemeinschaften, Nationen und Familien, die ihr Salz verloren haben, wird herumgetreten. Mit welchem Ziel? Um sie zu zwingen, ihren Geschmack wiederzufinden.

Natürlich wird dieser Standpunkt vielen als unsinnig erscheinen und kein Geologe oder Paläontologe wird ihn akzeptieren. Dennoch entspricht er der Wahrheit: Wir treten auf den Wesen herum, die früher ihr Salz verloren haben. Ob ihr mir glaubt oder nicht, das ändert nichts an der Wirklichkeit. Was wissen wir schon über die Menschheiten, die der unseren vorangegangen sind?

Jedes Mal, wenn ihr Licht und Wärme bekundet, jedes Mal, wenn ihr mit Weisheit und Liebe handelt, formt ihr in euch den Stein der Weisen, der jede Materie in Gold verwandelt. Und dabei werdet ihr eben ein wahrer Alchimist. Ihr braucht den Stein der Weisen, also nur in euch selbst zu suchen, denn es gibt keinen mächtigeren Stein der Weisen, als den Geist. Sobald ihr zu diesem Bewusstseinszustand gelangt, in dem ihr fühlt, dass euer Geist, euer höheres Selbst ein unsterbliches, ewiges Prinzip ist, eine unzerstörbare Wesenheit, die sich im Raum fortbewegt und in jeden Ort eindringt, werdet ihr verstehen, dass es nichts Wichtigeres gibt, als diese Macht zu nutzen, um an der Materie, eurer eigenen Materie zu arbeiten, um sie zu reinigen, zu beleben und wiederzuerwecken.

Der Stein der Weisen ist jene geistige Quintessenz, die alles in Gold, in Licht verwandelt; zuerst in euch selbst, aber weil sich alles verbreitet, auch in den euch umgebenden Geschöpfen. Dies ist die erhabene Dimension des Steins der Weisen.

10. November

Wir können nie sagen, dass wir die Wahrheit kennen oder besitzen. Denn genauso wie ein Organismus aus Abermillionen Zellen besteht, besteht die Wahrheit, jenes ewige Prinzip, dem wir zustreben müssen, aus einer Vielzahl von Teilwahrheiten. Und jene Wahrheit, die die Synthese aller Wahrheiten ist, wird sich uns nicht zeigen und wird auch von keiner Studie, keiner Sprache enthüllt werden können. Uns ist es nur möglich, einzelne Wahrheiten zu kennen, die uns immer mehr an jene erhabene, vollkommene Quintessenz annähern, die diese Allwahrheit ist. Diese Wahrheiten berühren zahlreiche Aspekte der verschiedenen Welten: der physischen, der Astral-, Mental-, Kausal-, Buddhi- und der Atmanwelt.* Wenn ihr euch die Mühe macht, ernsthaft und geduldig all diese Aspekte zu studieren, so werdet ihr vielleicht eines fernen Tages diese umfassende Allwahrheit, die die Gesamtheit alles Existierenden umfasst.

* Siehe Anmerkung und Abbildung auf Seite 392-393.

Aus chemischer Sicht wurde festgestellt, dass Wasser aus einer Kombination zweier Gase besteht. Seine Formel, H2O, bedeutet, dass ein Wassermolekül aus zwei Wasserstoffatomen und einem Sauerstoffatom zusammengesetzt ist. Wasserstoff ist also die 2, die Zahl des weiblichen Prinzips und Sauerstoff die 1, die Zahl des männlichen Prinzips.

So ist das Wasser das Kind von einem Vater Sauerstoff und einer Mutter Wasserstoff. Kann man dieses Geheimnis verstehen, welches bewirkt, dass das Zusammentreffen zweier Gase, zweier Repräsentanten des Luftelements, eine Flüssigkeit erzeugt? Zwei Gase, Symbole der Prinzipien Männlich und Weiblich, durch das Feuer der Liebe vereint, bringen das Wasser zur Welt. Im Vergleich zu diesen Gasen, dieser feinstofflichen Materie, aus der es gebildet wurde, ist das Wasser bereits eine Materialisierung, eine Konkretisierung. Und eben dieses Wasser bringt uns das Leben.

Sobald wir in den Schlaf eintauchen, entfernt sich unsere Seele von unserem physischen Körper, um zur Universalseele zurückzukehren. Während dieser Ruhephase vollzieht sich im Körper eine große Säuberungs- und Reinigungsarbeit. Wenn sie zurückkommt, findet die Seele ihr Haus gewaschen und gesäubert vor und kann ihre Arbeit wieder aufnehmen. Würde die Seele den Körper nicht in dieser Weise verlassen, würden wir an Vergiftung und Erstickung sterben, weil dann die Säuberungsarbeit nicht geschehen könnte.

Ihr fragt: »Aber warum diese Toxine, diese Giftstoffe?« Weil das Leben ein Verbrennungsprozess ist. Alle körperlichen, geistigen und emotionalen Aktivitäten, die wir »Leben« nennen, setzen Kräfte frei, aber hinterlassen auch Abfälle, deren Beseitigung eine gewisse Zeit in Anspruch nimmt. Es ist also notwendig, dass die Seele sich vom Körper entfernt, damit die Säuberung geschehen kann. Auf diese Weise hat die Natur das Problem des Lebens gelöst.

Es hängt immer von euch ab, ob ihr einen Einfluss akzeptiert oder nicht. Selbst die Geister der Hölle können euch nicht zwingen. Wenn ihr kein Unterscheidungsvermögen besitzt, keine Vorsichtsmaßnahmen trefft, euch nicht zu schützen wisst, dann können sie euch offensichtlich beeinflussen. Sie hängen alle möglichen Köder vor euch aus und wenn ihr den Angelhaken schluckt, fallt ihr in ihr Netz und dann führen sie euch ganz sachte und unbemerkt ins Verderben. Gott hat ihnen diese Macht gegeben, aber nur, wenn ihr schwach und unaufgeklärt seid.

Habt ihr euch einmal in die Richtung ziehen lassen, in die die dunklen Geister euch lenken wollen, dann haben sie unglaubliche Macht über euch. Aber ihr seid selbst schuld; sie sind wie sie sind und haben die Erlaubnis, euch zu versuchen. Es ist an euch, klar zu sehen und wachsam zu sein, um ihnen nicht in die Falle zu gehen.

Es gibt zwei Arten von Mietern: die einen, wenig gewissenhaften, pflegen die Wohnung, in der sie leben, überhaupt nicht, sie beschädigen die Böden, machen Flecken an die Wände und sagen: »Pech für den Vermieter!« Die anderen hingegen verschönern das Haus, streichen die Wände neu, ersetzen die Tapete usw. In gleicher Weise gibt es zwei Kategorien von Mietern, das heißt von Geistern in den Wohnungen, die die Menschen selbst darstellen. Einige lassen sich nieder, um Schaden anzurichten, während andere alles festigen, putzen, reinigen und verschönern.

Jeder Mensch ist eine Wohnung für die Wesen der unsichtbaren Welt. Einige von ihnen bleiben für ein paar Minuten, andere für Monate oder Jahre und wieder andere für das ganze Leben. Es ist eine Wissenschaft, sie zu erkennen. Diejenigen, die nur kurze Zeit bleiben, sind im Allgemeinen die spirituellsten. Sie kommen in blitzartiger Geschwindigkeit, um in uns ein Licht und Geschenke zu hinterlassen und dann gehen sie wieder; aber ihr Besuch lässt Spuren, die sich für die Ewigkeit halten können.

Es genügt nicht, jeden Abend seine sogenannte »Gewissensprüfung« abzulegen. Man muss sich mehrmals am Tag folgende Frage stellen: »Mal sehen, wie ich die Dinge in meinem Herzen fühle. Ist das die wahre Liebe? Und mein Denken, folgt es dem Weg der Weisheit? Hat sich da nicht ein Element eingeschlichen, das mich einen Fehler machen lässt?« Jedes Mal, wenn ihr in eure Gedanken und Gefühle die Elemente der Weisheit und Liebe hineinbringt, realisiert ihr die Wahrheit. Jedes Mal, wenn ihr also vorankommt, erreicht ihr einen höheren Grad in der Suche nach der Wahrheit.

Diese Aspekte und Grade sind unendlich an der Zahl; deshalb muss man die Wahrheit gleichzeitig gefunden haben, während man weiterhin nach ihr sucht. Wie? Indem man sich ein für alle Mal mit diesen zwei unwiderlegbaren Prinzipien der Liebe und der Weisheit verbindet, aber gleichzeitig jeden Tag die am besten passenden Formen findet, um diese beiden Prinzipien in die Praxis umzusetzen.

Wo ihr auch seid und was ihr auch tut, eure wichtigste Sorge sollte immer sein, Harmonie zu erschaffen. Denn die Harmonie ist das Fundament der Schöpfung. Die Harmonie zwischen allen Elementen, allen Geschöpfen sichert den Zusammenhalt des Universums. Solange ihr die Wichtigkeit der Harmonie nicht verstanden habt, werdet ihr weiterhin Dissonanzen, Unordnungen erzeugen und dann zerstört ihr nur, auch wenn ihr glaubt, ihr würdet etwas Nützliches, Dauerhaftes aufbauen.

Ihr sagt: »Aber ich habe diese Fähigkeiten und jene Kompetenz...« Es genügt nicht, kompetent zu sein; selbst wenn ihr genial wäret, würde es nicht genügen: Ihr müsst so handeln, dass eure Aktivität in Harmonie mit den Naturkräften steht, mit den lichtvollen Geistern der unsichtbaren Welt, aber auch mit den Menschen.

In der Symbolsprache repräsentiert der Kreis mit dem Punkt in der Mitte das vom Geist unterstützte und belebte Universum. Zwischen dem Mittelpunkt, dem Geist, und der Peripherie, der Materie, besteht ein ununterbrochener Austausch und dieser Austausch erzeugt das Leben. Die Materie ist das Sammelbecken allen Reichtums, aber es ist der Geist, der sie belebt, bearbeitet, organisiert, damit alle in ihr enthaltenen Möglichkeiten sich manifestieren können. Der Kreis ohne Mittelpunkt ist das Bild des Chaos.

Man kann dieses Gesetz auch im inneren Leben verstehen. Das Schlimmste, was ein Mensch tun kann ist, die Verbindung mit seinem Mittelpunkt, mit dem Geist, abzuschneiden. Dann ist er nur noch ein Kreis, eine noch unorganisierte Materie, eine karge Erde, eine Wüste. Um eine organisierte Welt, eine fruchtbare Erde zu werden, müssen wir uns immer mit dem Mittelpunkt, mit dem Geist, verbinden.

Wer fühlt sich nicht gerechtfertigt, Leute zu kritisieren und zu bekämpfen, deren Verhalten er als erbärmlich einstuft? Und es gibt wirklich Verhaltensweisen, gegen die es richtig ist, sich aufzulehnen. Aber jeder muss sich auch fragen, ob es nicht Dinge gibt, gegen die sich eine Revolte noch mehr lohnt. Anstatt sich immer über diese Situation, jenes Individuum, jene Partei zu entrüsten, warum sich nicht eher gegen seine eigenen Schwächen, seine eigene Mittelmäßigkeit, seine eigenen Laster auflehnen? Ja, über sie sollte man sich entrüsten, ihrer sollte man überdrüssig sein und sich bemühen, sie zu unterjochen.

Wenn die Auflehnung im Universum existiert, so weil sie eine Rolle zu spielen hat. Aber die Menschen haben noch nicht verstanden wo, wann, wie und gegen wen oder was sie sich auflehnen sollen. Sie sollen sich auflehnen, einverstanden, aber gegen alle Wesenheiten, die sich in ihnen niedergelassen haben und die sie täuschen und allmählich aufzehren. Diese sind ihre wahren Feinde.

Ihr müsst Anstrengungen machen, um die Kräfte zu erwecken, die in euch durch jahrhundertelange Trägheit und Stagnation zum Stillstand gekommen sind. Mit der Trägheit kommt ihr nirgendwo hin, ihr könnt damit keine Türe öffnen, keine Kraft in Bewegung setzen, keine Schicht eures spirituellen Wesens anregen. Schickt also euren Willen an die Arbeit, konzentriert euch, meditiert, betet, macht Übungen. Die Lehre gibt euch die besten Methoden, um die Trägheit von Verstand und Herz, die durch Dunkelheit und Kälte blockiert sind, zu besiegen. Habt immer den Wunsch, eurem Leben noch etwas mehr hinzuzufügen, etwas Lichtvolleres, Warmherzigeres. Durch die Gedanken könnt ihr sogar den unbelebten Gegenständen feinstoffliche Schwingungen übermitteln, die dann, bei euch angefangen, jeden, der in ihrer Nähe vorbeikommt, günstig beeinflussen.

Wenn Eltern in außergewöhnlichen Fällen ihrem Kind einen Klaps auf Wange oder Hintern geben, so kann ihm das nicht schaden. Nur müssen sie in dem Moment darauf achten, dass ihr Blick nicht das geringste negative Gefühl ausdrückt, denn das Kind wird den Klaps schnell vergessen, aber an einen bösen Blick wird es sich immer erinnern.

Also Vorsicht! Wenn eine Mutter ihr Kind strafen muss, so muss sie dabei ihre Selbstbeherrschung bewahren. Sie soll dem Kind zeigen, dass sie leidet, während sie gezwungen ist, ihm diese Strafe zu erteilen. Sie sollte ihm sagen: »Schau, ich möchte dich nicht schlagen, aber du zwingst mich dazu, weil du dich so schlecht verhalten hast.« Und danach gibt sie ihm einen Klaps! Dann spürt das Kind, dass die Mutter durch seine Schuld so handeln muss. Es denkt nach und beginnt zu verstehen, dass es Gesetze gibt, die nicht übertreten werden dürfen. Dies bewirkt in ihm nach und nach große Verbesserungen.

21. November

Ihr sollt mit den Menschen leben und gute Beziehungen aufrechterhalten können; ihr sollt sie lieben, ihnen helfen, aber darauf achten, nicht bei ihren Schwächen mitzumachen, damit ihr nichts von euren Überzeugungen und von eurer spirituellen Energie verliert. So könnt ihr ihnen einige Strahlen eures Herzens und eurer Seele schenken und die Freude erleben, einige Geschöpfe auf der Erde aufgehellt zu haben. Aber wisst, dass euch dies nur dank der Einweihungswissenschaft gelingt.

Alle, die denken: »Ich bin stark, ich kann widerstehen, ich werde mich nicht beschmutzen« sind naiv. Niemandem ist es je gelungen, unbeschadet durchs Leben zu kommen, außer er besaß große Kenntnisse und hatte sich geübt, um eine außergewöhnliche Willenskraft zu entwickeln. Wer seine Kräfte überschätzt, wird wie die anderen unterliegen, denn die Welt ist so reichhaltig, verführerisch und voller Fallen, sodass man nach einiger Zeit unterliegt; und sobald eine Türe offen steht, ist es aus, man lässt sich überwältigen. Um die Versuchungen zu besiegen, muss man die Einweihungswissenschaft besitzen.

Wenn sie ihre Meinung über Wesen und Dinge kundtun, haben die Menschen die Angewohnheit, sich nach dem äußeren Schein zu richten und bilden sich ein, diese Kenntnis würde ihnen genügen. Doch das ist nicht der Fall. Deshalb scheint das Leben für die meisten von ihnen monoton und leer zu sein: Sie haben ein so enges und oberflächliches Verständnis der Wirklichkeit!

Nehmen wir nur die Art und Weise, wie die Männer und Frauen sich gewöhnlich gegenseitig betrachten. Wenn sie schon eine gewisse Zeit als Paar zusammenleben, denken sie, es gäbe beim anderen nichts mehr zu entdecken; deshalb entdecken sie auch tatsächlich nichts mehr und langweilen sich. Sie haben sich den Strömen des Lebens verschlossen und dadurch entgeht ihnen die gesamte feinstoffliche Seite der Menschen, ihre Seele, ihr Geist. Die Menschen sind lebendig und auch die Natur ist lebendig, aber um in Kontakt mit diesem Leben zu treten, müssen sie in ihrem Inneren bestimmte Wahrnehmungsfähigkeiten verfeinern.

Die wahre Führung, das wahre Wissen und die wirkliche Erfahrung kommen von oben. Seit undenklichen Zeiten übermitteln die Eingeweihten und großen Meister der Menschheit, ihren Nachfolgern und Schülern dasselbe Wissen. Sie lehren, dass das Leben vom Atom bis zu den Erzengeln und bis zu Gott eine ununterbrochene Hierarchie von untereinander verbundenen Wesen ist, wobei jedes einen Teil dieses immensen, lebendigen Organismus, des Universums, darstellt.

Und wir, die Menschen, befinden uns irgendwo eingefügt, auf dieser Leiter der Geschöpfe. Über und unter uns sind Wesen, die mit uns verbunden sind. Ob wir es wollen oder nicht, ob wir es wissen oder nicht, diese Verbindung existiert. Aber es ist äußerst wichtig, dass wir uns ihrer bewusst werden und dass wir daran arbeiten, mit den Wesen über uns, die uns in immer größere Höhen mitreißen werden, in Verbindung zu treten.

24. November

Ein Mann und eine Frau, die sich lieben, wissen nicht, was sie zueinander gedrängt hat. Sie sind sich bewusst, eine Anziehung zu spüren, aber es ist ihnen nicht klar, wodurch diese Anziehung erzeugt wurde. Was ist also der Ursprung dieser Anziehung, die die Liebe erwachen lässt? Zwei Wesenheiten, zwei Energien begegnen sich im Raum; zwischen ihnen entsteht in magnetischer Weise ein unwägbarer, fließender Austausch. Diese Begegnung lässt die Liebe entstehen, da dabei jeder vom anderen die ihm fehlenden Elemente erhält, die er vorher noch nirgends finden konnte.

Man wundert sich oft über Verbindungen, die zwischen bestimmten Menschen entstehen, denn scheinbar war da nichts, was sie zueinander hätte führen sollen. Nun, die Erklärung dafür ist eben gerade jener subtile Austausch, der ohne dass sie davon wissen, zwischen ihnen stattfindet.

Man hat bewundernswerte Künstler gesehen, die in Ausschweifung und Perversion lebten und deren Umgebung sich fragte, wie sie in der Lage waren, den Himmel auszudrücken, obwohl sie doch die Hölle erlebten. Auch sie selbst hatten darauf keine Antwort. Sie wussten nicht, dass die Ursache ihrer Begabungen lichtvolle Geister der unsichtbaren Welt waren, die sich in ihnen in der Hoffnung manifestierten, sie zu retten. Ja, dieses seltsame Talent, das sich bei bestimmten Wesen zeigt, ist eine Art Brücke, die die spirituellen Wesen zwischen ihnen und dem Himmel errichten. Sie schreiben, malen, komponieren, singen und spielen durch jene Menschen, die sie bewohnen; dabei bringen sie immense Opfer, um sie aus der Hölle herauszuholen. Beharren die Menschen jedoch auf ihrem zerstörerischen Weg, verlassen die Wesenheiten sie schließlich eines Tages; sie tun dies voller Trauer, aber sie sind dazu gezwungen.

26. November

Ihr werdet eure innere Welt nur dann beherrschen können, wenn ihr versucht, euren Geist als einzig beständige, unveränderliche und unzerstörbare Realität ins Zentrum eures Lebens zu rücken und euch mit ihm zu identifizieren. Nach und nach werdet ihr spüren, dass ihr in alle Richtungen des Raumes ausstrahlt und dass sich um euch herum eine reine, mächtige Aura bildet, die die Gegenwart himmlischer Wesenheiten herbeizieht. Nur derjenige, dem es gelingt, um sich herum einen Lichtkreis zu bilden, hat wirklich seinen Platz in der Welt gefunden. Denn wohin er auch geht, in diesem ihn umgebenden Lichtkreis sind ihm ebenfalls die besten Bedingungen gegeben, schöpferisch zu sein.

So wie ihr in eurem physischen Körper durch die Haut geschützt seid, so seid ihr in euren psychischen Körpern durch eure Aura geschützt. Sobald ihr das Zentrum verlasst, ist es als würde die Aura, jene spirituelle Haut, Risse bekommen und dann werdet ihr durch die kleinste Unannehmlichkeit euer Gleichgewicht und euren Frieden verlieren. Allein das Zentrum, euer Geist, ist euer wahrer Platz.

So wie der Fisch im Wasser, der Maulwurf unter der Erde, der Vogel in der Luft und, wie man sagt, der Salamander im Feuer, muss jedes Geschöpf seinen Platz finden. Und welches ist der Platz des Menschen? Das gesamte Universum. In diesem Universum haben die unterschiedlichen Organismen, die es bilden, eine Verbindung mit den vier Elementen: der Körper mit der Erde, das Herz mit dem Wasser, der Verstand mit der Luft, die Seele und der Geist mit dem Feuer.

Natürlich ist es wünschenswert, dass ihr euren Platz in einer Familie, einem Land, einem Beruf findet, aber dies genügt nicht. Wenn euer Herz, euer Verstand, eure Seele und euer Geist nicht ebenfalls den Platz finden, an dem sie die von ihnen benötigte Nahrung erhalten, werdet ihr euch immer unbefriedigt fühlen. Das Herz braucht Wärme, Liebe; der Verstand braucht Licht, Weisheit; die Seele braucht die unendlichen Weiten und der Geist braucht die Ewigkeit.

28. November

Der Himmel ist grau. Ihr würdet gerne die Wärme und das Licht der Sonne empfangen, aber dies ist nicht möglich, ihr müsst warten, bis sich die Wolken verziehen und während ihr wartet, habt ihr den Eindruck, die Sonne habe euch verlassen. Keinesfalls, ihr seid nur unterhalb der Wolken. Nehmt ihr ein Flugzeug, um euch über diese Wolken zu erheben, dann kann sich nichts mehr zwischen euch und die Sonne schieben. Die Sonne ist da, sie scheint ohne Unterlass.

Wenn ihr euch innerlich verlassen fühlt, so beweist dies, dass ihr zu tief hinabgestiegen seid. Ihr seid unterhalb der »Wolken« und da ist natürlich immer eine undurchlässige Schicht, die euch die Wohltaten der geistigen Sonne vorenthält. Also, da es von euch abhängt, ob ihr euch verlassen fühlt oder nicht, warum nicht euren Bewusstseinszustand ändern? Warum in einer so niederen Region bleiben, in der jeden Tag, jede Stunde eine Nebelwand das Licht abhält? Wer hindert euch, aufzusteigen, um die Segnungen der Sonne zu empfangen?

Das Kreuz ist eine der einfachsten geometrischen Figuren: eine Horizontale und eine Vertikale, die sich rechtwinklig überschneiden. Aber studieren wir nun diese beiden Richtungen. Die horizontale Richtung ist jene der Ausbreitung, der Zerstreuung; wie das Wasser, das sich auf einer Oberfläche ausbreitet. Die vertikale Richtung hingegen ist jene der Vereinigung; wie das Feuer, das zum Himmel aufstrebt. In der Form des Feuers erinnert etwas an einen Berg, mit einer Basis und einem Gipfel.

Die horizontale Linie ist also jene der Materie, die vertikale Linie jene des Geistes. Und diese beiden Linien sind nicht getrennt, sie treffen sich, sie »kreuzen« sich, was deutlich zeigt, dass diese beiden Richtungen nicht nur nicht unvereinbar sind, sondern auch etwas zusammen zu schaffen haben. Das Symbol des Kreuzes fordert uns daher auf, weiterhin unsere Arbeit in der Materie zu vollbringen, aber gleichzeitig die vertikale Richtung einzuschlagen, um zum Geist, zur Quelle, zum Gipfel zurückzukehren.

Sucht nicht mehr so sehr außerhalb eurer selbst nach dem Glück, denn das Wichtigste von dem, was ihr benötigt, befindet sich in euch, in eurer inneren Welt. Ich sage euch sogar, dass die Menschen in der Zukunft in der Lage sein werden, ihre innere Welt so weit zu kondensieren, bis sie in der Materie existiert. Das, was sie auf der physischen Ebene brauchen werden, werden sie erschaffen können, sie werden ihm Form und Konsistenz geben können. Ja, so wie Gott die Welt erschaffen hat, wird auch der Mensch fähig sein, seine äußere Welt zu erschaffen. Im Moment ist er der äußeren Welt ausgeliefert, er erträgt sie, er hat nicht den nötigen Impuls, um sich ihr entgegenzustellen und unterliegt. Wenn äußerlich etwas Gutes für ihn auftaucht, dann ist er ein klein wenig zufrieden; aber wenn da nichts ist, fühlt er sich arm und mittellos. Das ist keine so glänzende Situation!

Bereitet euch auf diese Zukunft vor, in der ihr so sehr Herr eurer selbst seid, dass ihr die äußere Welt zum Spiegel eurer inneren Welt machen könnt. Das bedeutet für euch dann Herrlichkeit, Unendlichkeit und Allmacht.

Alle, die nur daran denken, ihr Bankkonto, ihren gesellschaftlichen Einfluss und ihre Macht über andere zu vergrößern, tun damit in Wirklichkeit nichts anderes, als sich selbst innerlich zu begrenzen. Und selbst wenn sie dabei anfänglich eine große Befriedigung erleben, werden sie sich doch früher oder später auch äußerlich begrenzen müssen.

Wer den Weg des spirituellen Wachstums beschreitet, befreit sich hingegen, selbst wenn er bestimmte Leiden und Begrenzungen nicht umgehen kann. Sein Leiden ist vergleichbar mit dem einer Mutter, die ein Kind gebären muss. Dieses Kind ist die Frucht eines langen Reifungsprozesses und seine Ankunft geschieht oft unter Schmerzen; doch wie groß ist die Freude, wenn es dann endlich da ist! Von dieser Erfahrung lässt sich das Christentum inspirieren, wenn es lehrt, dass das Ziel des spirituellen Lebens darin besteht, das Christuskind in jedem Menschen zur Welt zu bringen.

Warum stehen die Menschen den Ereignissen des Lebens so hilflos gegenüber? Weil sie nachlässig und unbewusst sind. Sie halten sich für die Stärkeren und werden zu Opfern! Sie ähneln demjenigen, der glaubt, gegen den Winter ankämpfen zu können oder ihn am Kommen zu hindern. Eines Tages muss er wohl anerkennen, dass der Winter mächtiger ist als er. Er muss ihn ertragen, doch was, wenn er sich nicht darauf vorbereitet hat?

Vergesst nie, dass der Winter kommen wird und sagt zu euch selbst: »Ich werde Reserven an Holz, Kohle und Kleidern, das heißt an Weisheit und Liebe anlegen, dann kann der Winter gerne kommen!« So seid ihr zufrieden und der Winter ist es auch. Das ist also die beste Haltung: nicht gegen die Prüfungen ankämpfen, denen euch das Schicksal unterwirft, sondern vorausschauend handeln, euch in der Liebe und in der Weisheit stärken, damit ihr den Schwierigkeiten mit Mut und Klarheit entgegentreten könnt.

»Vater unser, der Du bist im Himmel…« Indem Jesus die Menschen lehrte, Gott als ihren Vater zu betrachten, veränderte er das Bild, das sie von Ihm hatten. Er führte sie aus einer ausschließlich von Gerechtigkeit regierten Welt heraus, um sie in die Welt der Liebe, der Güte und der Vergebung eintreten zu lassen. Sie waren nicht mehr die Diener eines strengen, unerbittlichen Herrn, sondern wurden zu den Kindern eines liebenden, barmherzigen Vaters.

Dieser veränderte Blickpunkt bezüglich der Beziehungen zwischen den Menschen und dem Herrn hat noch eine weitere, tiefer gehende Veränderung mit sich gebracht, die auch in den Evangelien erwähnt wird, die aber noch nicht richtig verstanden wurde. Dieser veränderte Blickpunkt betrifft die Natur des Menschen selbst. Wenn Gott unser Vater ist, so sind wir von gleicher Natur wie Er, denn Vater und Kinder sind nie von unterschiedlicher Natur. Und wenn wir von gleicher Natur sind wie Gott, so können wir uns mit Ihm identifizieren. Deswegen sagte Jesus auch: »Darum sollt ihr vollkommen sein, wie euer Vater im Himmel vollkommen ist« (Mt 5,48).

4. Dezember

Auf den ersten Blick kann man zwischen dem Wasser, dem Wein, dem Blut und der Liebe nicht so viele Verbindungen erkennen, dabei haben sie die gleiche symbolische Bedeutung und spielen im Universum die gleiche Rolle. So wie das Wasser für die Erde und für die Vegetation auf der Erdoberfläche notwendig ist, ist das Blut für unseren Körper, dessen Organe es versorgt, notwendig.

Die Liebe kann getrunken werden wie Wasser oder wie Wein (wobei sie dann Trunkenheit erzeugt) oder aber wie Blut, das die Lebensenergie unterhält. In Wirklichkeit kann die Liebe auf jeder Ebene verstanden werden: Auf der physischen Ebene ist sie das Wasser, auf der psychischen Ebene der Wein und auf der spirituellen Ebene das Blut; sie bringt das Leben, die Reinheit und die Unsterblichkeit.

Eure Fähigkeit, euch über alles Gute, das den anderen geschieht, zu freuen, ist ein Kriterium für eure Entwicklung. Denn man muss zugeben, dass es im Allgemeinen schwierig ist, sich über den Erfolg und das Glück der anderen zu freuen, umso mehr, wenn sie dort erfolgreich sind, wo man selbst versagt hat. Sieht man sie dagegen im Unglück, erwachen gute Gefühle wie Mitleid, Mitgefühl, das Bedürfnis, sie zu trösten und ihnen zu helfen. Ja, beim Anblick schlimmer Unfälle oder Krankheiten, wenn die anderen sie nicht mehr in den Schatten stellen können, werden die Menschen naturgemäß verständnisvoller und aufmerksamer, auch ohne sich darum bemühen zu müssen.

Ihr solltet also gerade eure Reaktionen angesichts des Erfolges und Glückes der anderen erforschen. Wenn ihr euch eines Tages ganz ehrlich darüber freuen könnt, so beweist dies, dass es euch gelungen ist, euch von der Astral- und Mentalebene* – von den egozentrischen Gedanken und Gefühlen – zu lösen, um euch bis zur Kausal- und Buddhiebene zu erheben, wo Weisheit und Liebe regieren, die alleine in der Lage sind, euch die wahre Freude zu bringen.

* Siehe Anmerkung und Abbildung auf Seite 392-393.

Die Angst, die doch ein großer Feind des inneren Fortschritts ist, wird nur selten erwähnt, wenn man von den Schwächen der Menschen spricht. Hinter der Feigheit, dem Geiz, der Bosheit steckt sehr oft Angst. Man begegnet Leuten, die behaupten, sie hätten vor nichts Angst, aber was verstehen sie darunter? Wüssten sie sich besser zu analysieren, würden sie in Wirklichkeit feststellen, dass sie zumindest vor etwas oder vor jemandem Angst haben.

Man kann die unterschiedlichen Formen der Angst nicht einmal alle aufzählen: die Angst vor Unfällen, vor Krankheit oder Tod, die Angst vor der öffentlichen Meinung oder vor Geldmangel, die Angst, von seinem Ehepartner betrogen zu werden usw. – es sind unendlich viele. Die Angst begleitet den Menschen während seines gesamten Lebens und verdunkelt seinen inneren Himmel. Jeder muss also in jedem Augenblick darauf vorbereitet sein, mit ihr konfrontiert zu werden.

Wie groß ist die Enttäuschung junger Künstler, wenn sie, nachdem die Menge sie einen Augenblick vergöttert hatte, feststellen, dass sie vergessen und durch andere ersetzt wurden! Doch es nützt nichts, sich zu quälen und sich zu sagen, dass dies ungerecht sei; es ist nun mal so, das Publikum ist erbarmungslos, es sucht nach Neuigkeiten, und jene, denen es eine Weile zugejubelt hat, werden schnell durch neue, und die neuen durch noch neuere, ersetzt… Außer wenn man ein Geheimnis besitzt: die Fähigkeit, das Leben in sich zu erneuern.

Wenn ihr jeden Tag ein neues Leben auszustrahlen wisst, ein Leben aus Liebe, Licht und Reinheit, dann wird man euch niemals ersetzen wollen, auch nicht, wenn ihr dreihundert Jahre alt seid! Man ersetzt die Sonne nicht, man ersetzt alle möglichen Dinge und Menschen, aber die Sonne zu ersetzen, ist noch keinem gelungen. Die Männer ersetzen ihre Frauen, die Frauen ihre Männer und dafür geben sie alle möglichen Gründe an. Aber der wahre Grund ist, dass sowohl die einen als auch die anderen, ihr Leben haben stagnieren lassen. Menschen, aus denen das Leben strahlt, will keiner ersetzen, denn das, was man am nötigsten hat, ist das Leben.

Wer den Himmel nicht ins Zentrum seiner Existenz stellt, lebt in Anarchie. Ihr entgegnet: »Aber ich bin kein Anarchist, ich bin sogar gegen die Anarchie, trotzdem kümmere ich mich nicht um den Himmel und glaube nicht an ihn.« Vom Intellekt her gesehen stimmt dies vielleicht, aber tief innen lebt ihr in Anarchie, denn was sind eure Beschäftigungen? Ihr sagt vielleicht, euch beschäftige das Wohl der Gemeinschaft, die Brüderlichkeit unter allen Menschen, weil heute jeder vorgibt, voll Großzügigkeit an die ganze Welt zu denken. Schauen wir aber einmal, wie ihr das ausführt. Bewegen sich eure Gedanken, Gefühle und Energien wirklich in diese Richtung?

Wenn ihr ehrlich seid, werdet ihr zugeben müssen, dass ihr hierhin und dorthin geht, dass ihr überall dort seid, wo ihr Vergnügen zu finden hofft, wo ihr euren Ehrgeiz befriedigen, ein wenig mehr Geld und Ruhm erlangen zu können glaubt… Nun, genau das ist die wahre Anarchie: die innere Anarchie, jener Zustand, in dem die meisten Menschen leben, solange sie nicht gelernt haben, all ihre Energien zu mobilisieren und zu koordinieren, um sie in den Dienst eines göttlichen Ideals zu stellen.

Alles, was ihr innerlich erlebt, hat schwere Folgen. Warum? Weil jeder Gedanke, jedes Gefühl, jeder Wunsch die Eigenschaft besitzt, aus dem Raum eine ihm entsprechende Materie anzuziehen. So ziehen, von einem festen Willen unterstützte gute Gedanken, Gefühle und Wünsche, Teilchen einer reinen, ewigen, haltbaren Materie an.

Wenn ihr jeden Tag daran arbeitet, diese Materie anzuziehen, so tritt sie in euch ein, findet in euch ihren Platz und vertreibt dabei gleichzeitig alle alten, finsteren, kranken Partikel; bis zur vollständigen Erneuerung eures physischen Körpers und eures Äther-, Astral- und Mentalkörpers*. Da jedes Materieteilchen mit einer ihm entsprechenden Kraft verbunden ist, schwingt ein Stoff umso mehr, je reiner er ist und zieht dabei Kräfte an, die seiner Natur entsprechen. Wenn ihr in eurem Organismus also die alten Teilchen durch neue, reinere ersetzt, zieht ihr die Kräfte und Ströme der himmlischen Regionen in euch hinein.

* Siehe Anmerkung und Abbildung auf Seite 392-393.

10. Dezember

Mehrere Male im Leben müssen die Menschen Prüfungen durchlaufen, die sie dazu zwingen, sich die einzig wirklich wichtigen Fragen zu stellen: die Fragen über den Sinn ihres Lebens. Und wenn man ihnen dann sagt, sie könnten ja die Antworten in der Religion finden, fühlen sich die meisten weiterhin verloren und im luftleeren Raum.

Es kann aber vorkommen, dass einige, dermaßen vom Leiden überwältigt, so tief in sich hineintauchen, dass sie dort, in sich selbst, die Antworten finden. Nicht die Religion, nicht der Glaube hilft ihnen, sondern sie finden den Glauben dank der erlebten Erfahrungen. In Wahrheit hat Gott nämlich alle Antworten auf die Fragen, die der Mensch sich stellt, in ihn hineingelegt; hier sind alle Ressourcen, die er benötigt, um den Prüfungen des Lebens entgegenzutreten. Indem er sich vorantastet, kann er sie schließlich finden – und er findet sie sogar noch sicherer, als in gewissen Erklärungen der Religion.

Der Meister Peter Deunov sagte: »Wenn dir jemand auf den Rücken steigt, musst du Geduld haben; wenn er ganze Fliegen- und Mückenschwärme auf dich wirft, musst du ebenfalls geduldig bleiben. Aber wenn er dir seine Hände auf die Augen legt, während du dich auf den Weg machst, dann darfst du dies nicht akzeptieren.«

Was bedeutet das? Dass wir uns im täglichen Leben bemühen müssen, die Lasten zu tragen, die die anderen auf unseren Rücken legen und dass wir auch geduldig sein müssen, wenn sie uns das Leben schwer machen und sich uns gegenüber ungerecht verhalten. Das Einzige, was wir nicht akzeptieren dürfen ist, dass sie uns daran hindern, den richtigen Weg zu sehen und ihm zu folgen. Mit denen, die durch ihre Worte oder durch ihr Verhalten versuchen, den Tempel Gottes in uns zu zerstören, unser Licht auszulöschen oder unsere Verbindungen mit dem Schöpfer zu durchtrennen, dürfen wir nicht geduldig sein. Hier muss man mit aller Kraft Widerstand leisten.

Man kann versuchen, die körperlichen Krankheiten durch psychische Mittel wie Gedanken oder Gebete zu heilen; aber selbst im besten Fall braucht dies viel Zeit. Nun kann die Heilung aber oft nicht warten und so müssen materielle Mittel wie Medikamente und Operationen zu Hilfe genommen werden.

Dennoch sind auf lange Sicht gesehen einzig die geistigen Heilmittel endgültig wirksam. Wenn ihr lernt, die Dinge vom Gesichtspunkt der Seele und des Geistes aus zu regeln, so braucht dies zwar Jahre, aber ihr werdet die Ordnung und die Harmonie mit der Zeit bis in die physische Ebene hineinbringen. Alle materiellen Phänomene haben ihre Ursache oben und der physische Körper gehorcht, formt und gestaltet sich nach den Anweisungen, die er von den Gefühlen und Gedanken und selbst von Seele und Geist erhält. Da wir auf der physischen Ebene leben, können wir die Mittel der physischen Ebene nicht vernachlässigen; aber gleichzeitig müssen wir dem Geist und den Gedanken die Priorität einräumen, weil wir wissen, dass dies eines Tages große Veränderungen, bis in die physische Ebene, bewirken wird.

Indem man Kurse besucht oder Bücher über Pädagogik liest, wird man nicht zum Pädagogen. Zum Pädagogen muss man geboren sein: Allein durch seine Anwesenheit, durch seinen Blick, durch seine Ausstrahlung hat er eine günstige Wirkung auf die Kinder. Es gab in der Geschichte Menschen, die mit dieser Liebe und mit diesen moralischen Qualitäten geboren wurden. Durch ihre natürliche Autorität beeinflussten sie die Kinder und vollbrachten Wunder an ihnen. Die Kinder sind sehr sensibel, sie fühlen von Weitem, ob ihr ein Meister seid oder nicht. Genauso auch die Tiere. Schaut ein Pferd an: Wenn der Reiter ein Feigling ist, spürt das Pferd dies und wirft ihn ab. Wenn nicht, lässt es sich führen. Auch die Kinder haben diese natürliche Intuition.

In Wirklichkeit ist die wahre Pädagogik nichts anderes als die Einweihung. Der wahre Pädagoge ist ein Eingeweihter. Durch ihr Beispiel, ihren Verzicht, ihre Geduld, ihr Opfer, haben die großen Eingeweihten die Menschheit nach und nach erzogen und ihr neue Wege gezeigt.

Ihr arbeitet für ein Ideal, verhaltet euch uneigennützig, seid großzügig und lauft dann natürlich Gefahr, dass gewisse Leute euch ausnützen oder sich undankbar zeigen. Dann kommt der Moment, wo ihr versucht seid zu sagen: »Ich bin ein Idiot, ich bin zu gutmütig, ich hätte von vorneherein begreifen müssen, dass das Leben ein Dschungel ist und dass man skrupelloser sein muss, wenn man Erfolg haben und respektiert werden will. Oh wie dumm war ich nur! Jetzt ist es aus. Jetzt verhalte ich mich so wie die anderen.« Nun, das ist die schlechteste Schlussfolgerung, die es gibt.

Es ist schmerzhaft, seine Illusionen zu verlieren, wem sagt ihr das...! Aber warum wollt ihr dabei auch gleich noch euer Ideal, das heißt die einzige Sache, die eurem Leben wirklich einen Sinn verleihen kann, verlieren? Wenn ihr in Zukunft von den Menschen enttäuscht seid, so weint einen Augenblick, wenn ihr die Tränen nicht zurückhalten könnt, aber denkt niemals, dass es falsch von euch war, dem göttlichen Weg der Güte, der Großzügigkeit und des Opfers zu folgen. Macht weiter!

All jene, die sich an Glaubenssätze und Rituale hängen, welche sich von den wesentlichen Wahrheiten des Lichts, der Wärme und des Lebens distanzieren, werden zur Ursache großen Unglücks – egal welcher Religion sie angehören. Sie sollten sich der Sonne zuwenden, um ihre Lehre zu empfangen! Die Sonne sagt: »Schaut mich an. Ich habe niemals aufgehört, meinen Reichtum zu verteilen. Macht es mir nach.« Aber die Menschen massakrieren sich lieber bis zum letzten Mann, um ihre Auffassung von einem Gott zu verteidigen, den keiner von ihnen je gesehen hat. Tatsächlich hat keiner Gott je gesehen, aber die Sonne gibt uns von Ihm das beste Bild.

Gerade die Sonne drückt die göttliche Vollkommenheit am besten aus. Sie verteilt an alle Licht, Wärme und Leben, ohne sich darum zu kümmern, ob jemand orthodox, katholisch, evangelisch, jüdisch, muslimisch oder buddhistisch ist. Für die Sonne sind sie alle Gottes Kinder. Früher oder später werden die Menschen diese Realität nicht mehr ignorieren können und die wahre, einzige Religion finden. Dann werden sogar die Christen begreifen, dass Christus kein anderer ist, als der Geist der Sonne. Sie werden spüren, dass der Herr Selbst voller Liebe durch die Sonne anwesend ist.

16. Dezember

Es gibt Seelen, die einen höheren Grad der Entwicklung erreicht haben und die sich im Moment, wo sie sich auf der Erde inkarnieren, vor den himmlischen Wesen verpflichten, eine Mission zu erfüllen. Sie versprechen, die bereits in ihrem Besitz stehenden Fähigkeiten und Tugenden zu entwickeln, um den Menschen zu helfen und um sie zu erhellen. Welche Form dieses Versprechen auch annimmt, es handelt sich im Allgemeinen immer darum, seine Qualitäten und seine spirituellen und materiellen Möglichkeiten in den Dienst der anderen zu stellen. Ihr fragt: »Haben denn nicht alle Seelen, die auf die Erde herabkommen, eine Mission zu erfüllen? Inkarnieren sich manche ohne eine besondere Bestimmung?« Versteht mich recht: Alle Menschen sind Söhne und Töchter Gottes und das bringt für sie Verpflichtungen mit sich, aber nicht alle Seelen sind zum gleichen Entwicklungsgrad gelangt. Viele sind noch schwach und unerfahren. Sie kommen her, um zu lernen und um sich zu vervollkommnen; dies ist im Moment ihre einzige wirkliche Mission und das ist schon ziemlich viel.

Gott verbreitet seine Liebe überall im Universum und in den Geschöpfen, aber um wirklich davon zu profitieren, muss man lernen, wie man sie auffangen kann und muss die richtige Haltung finden. Es handelt sich um eine große Veränderung des geistigen Zustandes, die verlangt, dass man für die subtile Seite der Dinge immer empfindlicher wird.

Sobald ihr lernt, euch von der Liebe Gottes zu ernähren, verwandelt sie alles in eurem Leben: Ihr seid nicht mehr von den Umständen abhängig; ihr fühlt euch frei, reich, in der Fülle. Ob man euch liebt oder nicht, ihr schwebt über allem, weil diese Liebe zu euch gehört, sie durchtränkt die gesamte Substanz eures Wesens. Ihr sagt, das sei schwer zu verstehen. Ja, natürlich ist das schwer, aber es wird einfach, sobald ihr versucht, mit dieser subtilen, lebendigen, tiefgründigen Wirklichkeit, die allein euch erfüllen kann, zu kommunizieren: der Liebe Gottes.

Der Schöpfer hat uns einen Willen gegeben, damit wir aus ihm ein Instrument unserer höheren Natur machen, damit wir ihn in den Dienst eines hohen Ideals stellen. Dies beginnt mit dem Verstehen der wesentlichsten Wahrheiten. Sobald ihr eine wesentliche Wahrheit verstanden habt, benutzt euren Willen, um sie in die Praxis umzusetzen, weil ihr wisst, dass dies das einzige Mittel ist, um sie tatsächlich zu verstehen.

Es ist einfach, Wahrheiten auszusprechen, der Erstbeste kann sie in den Büchern weiser Menschen finden und dann wie ein Papagei wiederholen. Möglicherweise erhält er damit die Wertschätzung der Blinden, die nicht sehen, wie schwach und heruntergekommen er innerlich ist. Aber Blinde zu täuschen ist keine große Kunst! Auf jeden Fall gibt es andere, die sich nicht täuschen lassen: die lichtvollen Wesen der unsichtbaren Welt. Gerade die Wertschätzung dieser Wesen müssen wir gewinnen und dies tun wir, indem wir die von den Eingeweihten enthüllten Wahrheiten anwenden. Diese Wahrheiten sind Waffen und wir werden niemals bessere Waffen finden, um im Leben siegreich zu sein; aber wir müssen einen Arm haben, um uns ihrer zu bedienen, das heißt, einen Willen, um sie in die Praxis umzusetzen.

Erfolgreich zu sein ist offensichtlich angenehmer und ruhmreicher als zu versagen. Aber ob es sich nun um Erfolge oder um Misserfolge handelt, es ist tatsächlich gar nicht einfach, dabei die richtige innere Haltung zu finden: mit den einen könnte man glauben, alles sei einem erlaubt und mit den anderen könnte man zusammenbrechen. Das einzig Wahre ist also, weder den einen noch den anderen eine große Wichtigkeit beizumessen. Wesentlich ist, dass wir lernen, unsere Fähigkeiten einzusetzen, um innerlich die Verbindung mit unserem Himmlischen Vater zu vertiefen.

Umso besser, wenn andere unsere Fähigkeiten anerkennen und von ihnen profitieren, aber das ist eine andere Frage und darf uns nicht beschäftigen. Unsere Aufgabe ist es, uns in Gleichgewicht und Harmonie zu entwickeln, um uns immer mehr dem Ebenbild des Schöpfers zu nähern, dessen Abdruck wir in uns tragen. Denn in Wahrheit machen die intellektuellen oder künstlerischen Begabungen, die nicht dazu dienen, diesen göttlichen Abdruck wieder zu finden, ihre Besitzer nicht unbedingt glücklich.

Alle Materialisten, die nie etwas getan haben, um ihre innere Welt bewohnbar zu machen, denken nur daran, sich im Äußeren zu zerstreuen. Sobald sie mit sich selbst alleine sind, langweilen sie sich und fühlen sich elend. Der Spiritualist hingegen hat seine innere Welt so gut eingerichtet und verschönert, dass es ihm dort an nichts fehlt: Gedichte, Farben, Musik… die ganze Schönheit ist vorhanden und wenn er gezwungen ist »hinauszugehen« und diese Schönheit zu verlassen, leidet er.

Denkt also einmal nach. Wie viel Zeit verbringt ihr mit den anderen? Ein paar Minuten, ein paar Stunden. Und wie oft seid ihr mit euch selbst? Ununterbrochen, Tag und Nacht. Nun, findet ihr nicht, dass es viel wichtiger ist, den Ort zu verbessern, den ihr nie verlasst? Warum lasst ihr euren inneren Raum verlottern wie eine Bruchbude, eine Mansarde mit zerbrochenen Fensterscheiben, wo die Spinnen an der Decke herumkrabbeln und die Mäuse sich nach Herzenslust ausbreiten?

Der in die Erde gelegte Samen enthält den potenziellen Baum. Keiner könnte darin erkennen, wo sich die Wurzeln oder der Stamm befinden und noch viel weniger, wo die Blätter, Blüten und Früchte sind, aber bald werden sie alle zutage treten.

Der Samen steht unter dem Einfluss des Erzengels Gabriel, der die Elemente kondensiert und festigt. Er wird zum dunkelsten und kältesten Zeitpunkt des Jahres in die Erde gelegt und Gabriel übermittelt ihm das Gedächtnis, die Gene seines Erbes, welche seine charakteristischen Merkmale von einer Generation zur nächsten erhalten. Alle Eigenschaften und Wirkungen der Pflanze bringt er in den Samen hinein und kondensiert sie in diesem winzigen Volumen, welches seinen potenziellen Werdegang enthält. Und er verfährt ebenso mit den Samen der Tiere und der Menschen. Jede Generation bewahrt in ihren Chromosomen all ihre Eigenheiten: das Gedächtnis geht nicht verloren.

22. Dezember

Die Einweihung ist ein Sieg über die vier Elemente, Erde, Wasser, Luft und Feuer. Aber heutzutage geschieht die Einweihung nicht mehr in den Tempeln, sondern im täglichen Leben. Denn die vier Elemente sind im täglichen Leben anwesend und ihr müsst ihnen dort entgegentreten, indem ihr zeigt, dass ihr die Angst, die Begehrlichkeit, den Egoismus, die Sinnlichkeit usw. überwunden habt. Oft versagt ihr wegen einer Kleinigkeit, weil ihr große Prüfungen erwartet hattet: Ihr habt das kleine Problem, das vor euch auftauchte, übersehen und seid gestrauchelt.

Wenn man vorgewarnt ist und weiß, dass man großen Schwierigkeiten gegenübertreten muss, ist man besser gewappnet und widerstandsfähiger, weil man darauf gefasst ist. Aber wenn man überrascht wird, kann man beim kleinsten Hindernis umfallen. Es ist also an euch, immer aufmerksam und wach zu bleiben, weil ihr wisst, dass jeder beliebige Umstand eures Lebens für euch zu einer Einweihungsprüfung werden kann.

Das Wunderbare ist ein Bedürfnis der menschlichen Seele und das, was man das Unwirkliche nennt, ist in Wahrheit völlig real, es ist wirklicher als das, was wir gewöhnlich als die Wirklichkeit bezeichnen. Warum? Weil dort nicht nur alles lebendig ist, sondern sich auch bewegt und sprechen kann: die Felsen, die Blumen, die Bäume, die Tiere… Und die Naturkräfte handeln voller Intelligenz. Vor allem aber werden hinter der scheinbaren Einfältigkeit dieser Märchen, Wirklichkeiten unseres inneren Lebens beschrieben.

Wenn das Unwirkliche, das Feenhafte, das Feinstoffliche unter bestimmten, ganz besonderen Umständen in unser Leben eintritt, dann fühlen wir uns wie ein Baum, der einst aus seiner Erde herausgerissen und irgendwo in eine feindliche Umwelt hineingepflanzt worden war, und nun plötzlich seinen heimatlichen Wald wiederfindet, in dem er aufs Neue Wurzeln schlagen und aufleben kann.

24. Dezember

Die wahre Entwicklung ist ein kontinuierlicher Aufstieg. Aber im Laufe dieses Aufstieges wird jeder unweigerlich Höhen und Tiefen, Anstiege und Abstiege erleben; das muss man wissen, um den Mut nicht zu verlieren und um ausdauernd zu bleiben. Eines Tages wird es mehr Aufstiege als Abstiege geben und Gott wird seinen Kindern, die ihre Fehler einsehen und zu korrigieren beschließen, wie ein liebender Vater verzeihen.

Es ist unmöglich, sich ohne jegliche Schwäche zu erheben. Das Wesentliche ist, dass man den Weg nach oben eingeschlagen hat, den Weg der Liebe und der Weisheit, der zur Wahrheit führt. Es ist nicht so schlimm, wenn es vorkommt, dass ihr auf diesem Weg rückwärts geht. Wesentlich ist, dass ihr die gleiche Ausrichtung beibehaltet, dass ihr das gleiche Ziel, das gleiche Ideal in euch gegenwärtig haltet, dass euer Blick immer auf den zu erreichenden Gipfel gerichtet bleibt.

Wie der Raum hat auch die Zeit vier Kardinalpunkte, die im Jahreslauf die beiden Tagundnachtgleichen und die Sonnwenden darstellen.

Am 21. Dezember ist die Wintersonnwende, der Erzengel Gabriel vorsteht. Und der 25. Dezember, das Weihnachtsfest, feiert eine Geburt, das heißt eine Konkretisierung, einen Abstieg in die Materie. Erzengel Gabriel lenkt jene Kräfte, deren Eigenschaft es ist, die Materie zu verdichten. Deshalb ist er im Sephirothbaum der Erzengel Jesods, der Region des Mondes. Im Unterschied zur Sonne, die erweitert, ausstreut und verteilt, komprimiert der Mond, er kondensiert und zieht zusammen; würde er nicht von anderen Einflüssen behindert, würde er sämtliches Leben der Pflanzen, Tiere und Menschen versteinern.

Die in dieser Wissenschaft unterrichteten Eingeweihten, versuchen diese Phase der Wintersonnwende zu benutzen, um ihre Ideen und Projekte zu konkretisieren, denn das ist der Moment, an dem auf der Erde eine Geburt stattfindet. Die anderen Kardinalpunkte entsprechen anderen Vorgängen: Ostern entspricht einer Wiedergeburt, Johanni dem Entfachen eines Feuers und das Michaelsfest einer Entsagung. Das Weihnachtsfest aber ist mit einer Inkarnation verbunden, deshalb wurde die Geburt Christi, in der Person Jesu, von der Tradition in den Winter gelegt.

Während der neun Monate, die es im Leib der Mutter verbringt, ist das Kind mit ihr durch die Nabelschnur verbunden, es führt also ein abhängiges Leben, in dem seine Mutter für es isst und atmet. In gleicher Weise atmen, essen und denken andere Wesen an unserer Stelle, solange wir nicht auf der geistigen Ebene geboren sind – was die christliche Tradition die zweite Geburt nennt.

Der Mensch kommt aus dem Leib seiner Mutter heraus, aber er lebt weiterhin im Leib einer anderen Mutter, der Natur. Eines Tages wird er auch diese Nabelschnur durchschneiden müssen, um unabhängig zu werden. In Wirklichkeit wird er auch dann noch nicht die völlige Unabhängigkeit erreicht haben, er wird noch weitere Nabelschnüre zu durchschneiden haben… bis zu dem Tag, an dem er frei wird wie der Herr. Aber dieser Tag ist noch ziemlich weit weg und bis dahin muss er mit seiner Mutter Natur verbunden bleiben. Selbst wenn er höhere Regionen erreicht hat, wird es immer noch die Natur sein und es wird immer noch Nabelschnüre zu durchtrennen geben.

Wenn wir das Bedürfnis haben, mit der Universalseele zu verschmelzen, betrachten wir die Weiten des Meeres oder die Vielzahl der Sterne im unendlichen Himmel. Würden wir aber in diesem Zustand der Ausdehnung, der Streuung verharren, könnten wir auf der Erde nichts verwirklichen; um zu handeln, muss man das Gesetz der Kondensation, der Konzentration benutzen. Wir brauchen die großen Weiten des Himmels oder des Meeres, um uns zu erweitern, aber dann brauchen wir einen ganz kleinen Raum, um uns zu konzentrieren und Kräfte zu sammeln.

Konzentration und Ausdehnung entsprechen zwei Tierkreiszeichen: dem Steinbock und dem Löwen. Der Löwe ist ein nach außen gerichtetes Zeichen: Er strahlt und verströmt. Der Steinbock dagegen geht nach innen: Er kondensiert und sammelt. Unter seinem Einfluss im Dezember und Januar, konzentriert die Erde die Energien in den Wurzeln der Bäume, um die Explosion der Monate Juli und August vorzubereiten: die Fülle der Früchte unter dem Einfluss des Löwen.

Obwohl sie sehr gut wissen, was das ist, hören die Menschen doch nie auf, sich für die Liebe zu interessieren. Warum? Weil hier nicht die intellektuelle Seite zählt: Selbst wenn sie alles über die Liebe kennen, kann diese Kenntnis ihnen nicht genügen. Es zählt nur das Gefühl, deswegen ist das Bedürfnis, Liebe zu verspüren, unendlich. Ihr könnt alles über die Liebe wissen, ohne je des Gefühls der Liebe überdrüssig zu werden. Es ist möglich, dass alle anderen Themen euch schließlich eines Tages langweilen, die Liebe macht als Einzige eine Ausnahme.

Nehmt jedes beliebige andere Thema im Leben: Sobald ihr es gut kennt, ist es vorbei, ihr werdet euch nicht ewig darum kümmern; ihr habt es studiert und lasst es dann beiseite. Aber für die Liebe werdet ihr euch immer weiter interessieren, weil sie keine Angelegenheit des Verstandes ist: Ob ihr sie kennt oder nicht, ihr habt das Bedürfnis zu lieben und geliebt zu werden. Das ist es, was die Liebe ewig macht.

Lernt, jeden Tag ein ideales Bild eurer selbst zu erschaffen, denn dieses Bild wird euch bei eurer geistigen Arbeit helfen. Natürlich sollt ihr euch deshalb nicht einbilden, bereits ein vollkommenes Wesen zu sein und noch viel weniger erwarten, dass die anderen euch als solches betrachten, sonst erntet ihr von ihnen Spott und Feindseligkeit. Sie würden sagen: »Für wen hält sich der bloß? Der wird verrückt!« Und damit hätten sie dann gar nicht so Unrecht.

Also, verhaltet euch den anderen gegenüber weiterhin ganz einfach und natürlich, egal, was für eine innere Arbeit ihr unternommen habt. Stellt euch vor, dass ihr weise, lichtvoll und strahlend seid. Stellt euch vor, dass ihr den Willen Gottes erfüllt, dass es euch gelingt, euch so wiederzufinden, wie ihr in der fernen Vergangenheit, in der Unschuld und Herrlichkeit des Paradieses wart und wie ihr in der Zukunft wieder sein werdet, nämlich vollkommen. Erinnert euch aber gleichzeitig daran, dass es noch nicht eingetreten ist!

30. Dezember

Zwei Personen begegnen sich: »Wie geht's?« »Danke gut!« Wenn sie sich gut genug kennen, umarmen sie sich, aus Gewohnheit und rein mechanisch. Dann gehen sie wieder ihrer Wege, weil sie in Eile sind und sie erinnern sich schon gar nicht mehr daran, dass sie einander umarmt haben. Sie finden daran nichts Unnormales, alles in Eile und unbewusst zu tun, sogar sich zu umarmen und danach sind sie erstaunt, dass die Beziehungen mit denen, die sie doch als ihre Freunde bezeichnen, ihnen nicht viel bringen.

Ihr begegnet jemandem. Übrigens ist es nicht so wichtig, euch zu küssen oder zu umarmen. Aber wenn ihr es tut und auch, wenn ihr es nicht tut, so legt wenigstens einige Sekunden lang eure Gedanken und eure Seele in diese Begegnung. Dann bleibt ein Duft, ein Geschmack davon erhalten, der euch noch lange begleiten wird.

In ein paar Stunden ist das neue Jahr da und wenn ihr morgen über heute redet sagt ihr schon: »letztes Jahr«. Bis zur dreiundzwanzigsten Stunde, neunundfünfzigsten Minute und neunundfünfzigsten Sekunde ist es noch »dieses Jahr«, aber mit dem Glockenschlag um Mitternacht wird das neue Jahr beginnen. Eine Sekunde, eine einzige Sekunde, trennt das eine vom anderen Jahr! Aber man muss bis zu dieser letzten Sekunde ausharren. Man muss alle Tage eines Jahres, einen nach dem anderen durchlaufen, um bis zu dieser letzten Sekunde zu gelangen.

Nun, ihr solltet wissen, dass die geistige Verwandlung des Menschen in dieser Weise vor sich geht. In einem Augenblick ist er völlig erneuert und regeneriert. Bevor er aber zu diesem letzten Augenblick gelangen konnte, brauchte es jahrhundertelanger Anstrengungen. Genau wie bei dem vergangenen Jahr wird man über die Zeitspanne, die diesem Augenblick der Erneuerung vorausging sagen: »Das war das alte Leben«; und genauso wie beim neuen Jahr wird man über die beginnende Zeitspanne sagen: »Das ist das neue Leben«. Wie lange man warten muss bis zu dieser letzten Sekunde? Macht euch darüber keine Gedanken, sie wird für jeden kommen. Seid also geduldig. Man muss warten können, aber man muss dabei arbeiten.

INDEX

W

ANHANG

HÖHERE NATUR

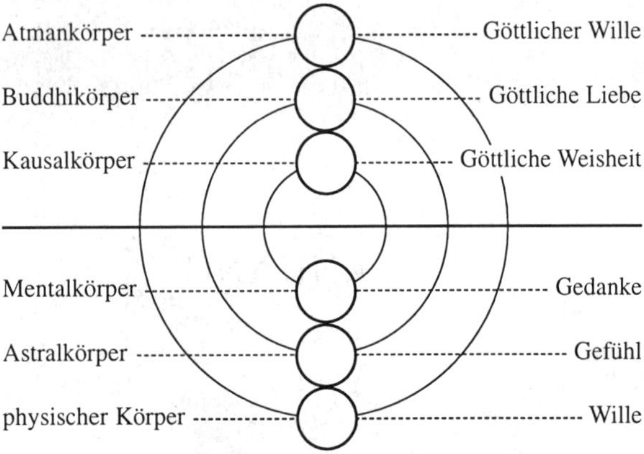

NIEDERE NATUR

*Der **physische Körper**, der die Kraft, den Willen und die Macht auf der materiellen Ebene darstellt, ist mit dem Atmankörper verbunden, der den göttlichen Willen und die göttliche Macht verkörpert. Der **Astralkörper** vertritt die persönlichen, egoistischen Gefühle und Wünsche und ist mit dem Buddhi-Körper verbunden, der die göttliche Liebe darstellt. Der **Mentalkörper** schließlich, der die gewöhnlichen eigennützigen Gedanken darstellt, ist mit dem Kausalkörper verbunden, der die göttliche Weisheit ausdrückt«.*

Omraam Mikhaël Aïvanhov

Aus Band 222 der Reihe Izvor, »Die Psyche des Menschen«, Kapitel 3.

Anmerkung: Ohne die Aufteilung des Menschen in Körper, Seele und Geist aufzugeben, wie sie traditionell im Westen gilt, hat Omraam Mikhaël Aïvanhov in Anlehnung an die hinduistische Philosophie die Aufteilung in sechs bzw. sieben Körper vorgenommen (der Ätherkörper ist Teil des physischen Körpers). Siehe hierzu Band 222 der Reihe Izvor, »Die Psyche des Menschen«, Kapitel 6.

»Die drei grundlegenden Tätigkeiten, durch welche sich der Mensch äußert, sind das Denken (durch den Intellekt erzeugt), das Fühlen (durch das Herz ausgedrückt) und das Handeln (durch den physischen Körper ausgeführt). Glaubt nicht, dass nur der physische Körper aus Materie besteht: Auch das Herz und der Intellekt sind materielle Werkzeuge, nur mit dem Unterschied, dass ihre Materie feinstofflicher ist als die des physischen Körpers.

Eine lange esoterische Tradition lehrt, dass der Astralkörper der Träger, das Vehikel des Gefühls ist und der Mentalkörper das des Intellektes. Aber diese Dreiheit: physischer Körper, Astralkörper und Mentalkörper machen lediglich unsere unvollkommene, menschliche Natur aus. Die gleichen Fähigkeiten des Denkens, Fühlens und Handelns finden sich in uns auf einer höheren Ebene wieder, und dort sind ihre Träger die Kausal-, Buddhi- und Atmankörper, die unser göttliches Selbst bilden. Die drei großen konzentrischen Kreise zeigen die Verbindungen auf, die zwischen den niederen und höheren Körpern bestehen.

1 Ehjeh
Kether – *Krone*
Metatron
Chajoth ha-Kadosch – *Seraphin*
Reschith ha-Galgalim – *Urwirbel (Neptun)*

3 Jehova
Binah – *Vernunft*
Zaphkiel
Aralim – *Throne*
Schabtai – *Saturn*

2 Jah
Chokmah – *Weisheit*
Rasiel
Ophanim – *Cherubin*
Masaloth – *Tierkreis*

5 Elohim Gibbor
Geburah – *Kraft*
Kamael
Seraphim – *Mächte*
Maadim – *Mars*

4 El
Chesed – *Barmherzigkeit*
Zadkiel
Chaschmalim – *Herrschaften*
Zedek – *Jupiter*

8 Elohim Zebaoth
Hod – *Herrlichkeit*
Raphael
Bnei-Elohim – *Erzengel*
Kochab – *Merkur*

7 Jehova Zebaoth
Netzach – *Sieg*
Chaniel
Elohim – *Fürstentümer*
Nogah – *Venus*

9 Schaddai El Chai
Jesod – *Grundlage*
Gabriel
Cherubim - *Engel*
Levana - *Mond*

6 Eloha va-Daath
Tiphereth – *Schönheit*
Michael
Malachim – *Himmelskräfte*
Schemesch – *Sonne*

10 Adonai-Melek
Malkuth - *Reich*
Uriel oder Sandalfon
Ischim – *die Vollendeten*
Aretz – *Erde*

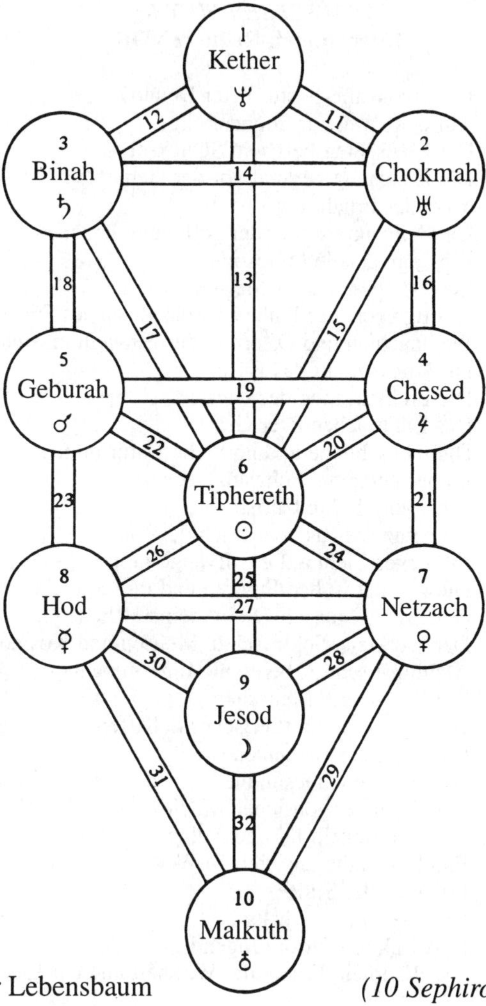

Der Lebensbaum *(10 Sephiroth)*

VOM SELBEN AUTOR
Taschenbuch-Reihe IZVOR

200 Hommage an Meister Peter Deunov
201 Auf dem Weg zur Sonnenkultur
202 Der Mensch erobert sein Schicksal
203 Die Erziehung beginnt vor der Geburt
204 Yoga der Ernährung
205 Die Sexualkraft oder der geflügelte Drache
206 Eine universelle Philosophie
207 Was ist ein geistiger Meister?
208 Das Egregore der Taube oder das Reich des Friedens
209 Weihnachten und Ostern in der Einweihungslehre
210 Die Antwort auf das Böse
211 Die Freiheit, Sieg des Geistes
212 Das Licht, lebendiger Geist
213 Die menschliche und göttliche Natur in uns
214 Liebe, Zeugung, Schwangerschaft
215 Die wahre Lehre Christi
216 Geheimnisse aus dem Buch der Natur
217 Ein neues Licht auf das Evangelium
218 Die geometrischen Figuren und ihre Sprache
219 Geheimnis Mensch - Seine feinstofflichen...
220 Der Tierkreis, Schlüssel zu Mensch und Kosmos
221 Alchimistische Arbeit und Vollkommenheit
222 Die Psyche des Menschen
223 Geistiges und künstlerisches Schaffen
224 Die Kraft der Gedanken
225 Harmonie und Gesundheit
226 Das Buch der göttlichen Magie
227 Goldene Regeln für den Alltag
228 Einblick in die unsichtbare Welt
229 Der Weg der Stille
231 Die Saaten des Glücks
233 Eine Zukunft für die Jugend
234 Die Wahrheit, Frucht der Weisheit und der Liebe

235 Im Geist und in der Wahrheit
236 Weisheit aus der Kabbala
237 Das kosmische Gleichgewicht - Die Zahl 2
238 Der Glaube versetzt Berge
239 Die Liebe ist größer als der Glaube (neu)
241 Der Stein der Weisen

Reihe Gesamtwerke

1 Das geistige Erwachen
4 Das Senfkorn
5 Die Kräfte des Lebens
6 Die Harmonie
7 Die Reinheit – Die Mysterien von Jesod
10 Sonnen-Yoga. Die Herrlichkeit von Tiphereth (früher: Surya-Yoga)
11 Der Schlüssel zur Lösung der Lebensprobleme
12 Die Gesetze der kosmischen Moral
13 Die neue Erde. Anleitungen, Übungen, Sprüche, Gebete
16 Alchimie und Magie der Ernährung – Hrani Yoga
27 Die Pädagogik in der Einweihungslehre
32 Die Früchte des Lebensbaums
14/15 Liebe und Sexualität
17/18 Erkenne dich selbst – Jnani-Yoga (neu)
23/24 Die neue Religion
25/26 Der Wassermann und das Goldene Zeitalter

In den Büchern der **Reihe Gesamtwerke** enthält jedes Kapitel einen Vortrag von O. M. Aivanhov (mit Ausnahme von Band 13 und dem Doppelband 23/24).
In den Büchern der **Reihe Izvor** sind oft für ein Kapitel Texte aus verschiedenen Vorträgen zusammengestellt worden. Die Texte der Reihe Izvor sind stellenweise in den Büchern der Reihe Gesamtwerke enthalten.
Die Texte der **Reihe Broschüren** (siehe nächste Seite) sind Auszüge der Bücherreihen Gesamtwerke und Izvor.

Reihe Broschüren

301	Das neue Jahr
302	Die Meditation
303	Die Atmung
304	Der Tod und das Leben im Jenseits
305	Das Gebet
306	Musik und Gesang im spirituellen Leben
307	Das hohe Ideal
309	Die Aura, unsere geistige Haut
311	Wie Gedanken sich in der Materie verwirklichen
312	Die Reinkarnation
313	Das Vaterunser
315	Die Quelle des Lebens
318	Die wesentliche Aufgabe der Mutter...
319	Die Seele, Instrument des Geistes
320	Menschliches und göttliches Wort
321	Weihnachten und das Mysterium...
322	Die spirituellen Grundlagen der Medizin
323	Meditationen beim Sonnenaufgang

Verlag - Auslieferung

Editions PROSVETA S.A. - B.P. 12 - 83601 Fréjus Cedex (France)
Tel. 04 94 19 33 33 - Fax 04 94 19 33 34, e-mail: International@prosveta.com
www.prosveta.com

Auslieferungen international:

AUSTRALIEN UND ASIEN
PROSVETA AUSTRALIA PTY LD
P.O. Box 538, MITTAGONG

BELGIEN UND LUXEMBURG
PROSVETA BENELUX
Liersesteenweg 154, B-2547 Lint

N.V. MAKLU Somersstraat 13-15
B-2000 Antwerpen

VANDER S.A.
Av. des Volontaires 321
B-1150 Bruxelles

BULGARIEN
SVETOGLED
Bd. Saborny 16 A, appt. 11
9000 Varna

DEUTSCHLAND
PROSVETA Verlag GmbH
Postfach 16 52, D 78616 Rottweil
Heerstr. 55, D 78628 Rottweil
Tel. +49 741-46551, Fax -46552
E-Mail: prosveta7@aol.com
Internet: www.prosveta.de

ENGLAND UND IRLAND
PROSVETA, The Doves Nest
Duddleswell Uckfield
East Sussex TN 22 3JJ

GRIECHENLAND
RAOMRON - D. RAGOUSSIS
3, rue A. Papamdreou
C.P. 16675
Glifada - Athenes

HAITI
PROSVETA - DÉPÔT
B.P.115
Jacmel, Haiti (W.I.)

IRLAND
siehe England

ISRAEL
Zohar P.B.1046
Netanya 42110

ITALIEN
PROSVETA Coop.
Casella Postale 55
06068 Tavernelle (PG)

KANADA
PROSVETA Inc., 3950, Albert Mines
North Hatley (Quebec), JOB 2C0

KOLUMBIEN
PROSVETA
Calle 149 No 24 B-20
Bogotá

LIBANON
PROSVETA LIBAN - P.O. Box 90-995
Jdeitet-el-Metn, Beyrouth

LUXEMBURG
siehe Belgien

NIEDERLANDE
STICHTING PROSVETA
Zeestraat 50, 2042 LC Zandvoort

NORWEGEN
PROSVETA NORDEN
Postboks 5101, 1503 Moss

ÖSTERREICH
HARMONIEQUELL VERSAND
Hof 37/4, A 5302 Henndorf
Tel. und Fax +43 6214 7413
E-Mail: info@prosveta.at

PORTUGAL UND BRASILIEN
EDICOES PROSVETA
Rua Passos Manuel
n° 20-3º E, P-1150 Lisboa
PUBLICACOES EUROPA-AMERICA
EST LISBOA-SINTRA KM 14
2726 MEM MARTINS CODEX

RUMÄNIEN
ANTAR
Str. N. Constantinescu 10
Bloc 16A -sc A - Apt. 9
Sector 1 – 71253 Bukarest

RUSSLAND
EDITIONS PROSVETA
143964 Moskovskaya oblast
g. Reutov, 4, a/ R 4
Tel. (7095) 795 70 74

SCHWEIZ
ÉDITIONS PROSVETA
Société coopérative
Chemin de la Céramone 2
CH - 1808 Les Monts-de-Corsier
Tel. +41 21 921 92 18
Fax +41 21 922 92 04
E-Mail: prosveta@bluewin.ch
Internet: www.prosveta.ch

SPANIEN
ASOCIACIÓN PROSVETA ESPAÑOLA
C/ Ausias March n° 23 Ático
SP-08010 Barcelona

TSCHECHISCHE REPUBLIK
PROSVETA TCHEQUE
Ant. Sovy 18
Ceske Budejovice 370 05

USA
Prosveta US Dist.
26450 Ruether Ave # 205
91350 Santa Clarita CALIFORNIA
661-251-5412 – fax: 661-252-1751
www.prosveta-usa.com

VENEZUELA
PROSVETA VENEZUELA C. A.
Urbanizacion Las Mercedes
Calle Madrid
Quinta Monteserinos
Caracas

ZYPERN
The Solar Civilisation Bookshop
Bookbinding
73 D Kallipoleos Avenue - Lykavitos
P. O. Box 24947

Weitere und aktualisierte Adressen finden Sie unter:
www.prosveta.com

Wenn Sie sich über die Anwendung der Lehre von Omraam Mikhael Aivanhov informieren möchten, wenden Sie sich bitte an eine der folgenden Adressen:

Deutschland
UWB e.V., Marienstr. 33, 78588 Denkingen
Internet: www.uwb-ev.de, E-Mail: uwb@uwb-ev.de

Schweiz
FBU, Chemin de la Céramone, 1808 Les-Monts-de-Corsier
Telefon 021-925 40 80, www.videlinata.ch

Österreich
UWB, Postfach 335, 5016 Salzburg
Internet: www.aivanhov.de, E-Mail: uwb@omraam.org

In den Fängen der

JUSTIZ

Fälle • Fakten • Fehlurteile

Wolfgang Schüler

In den Fängen der JUSTIZ

Fälle • Fakten • Fehlurteile

area

Wolfgang Schüler: In den Fängen der Justiz.
Fälle • Fakten • Fehlurteile

Ungekürzte Lizenzausgabe by area verlag gmbh, Erftstadt

Einbandgestaltung: Oliver Wirth, Paderborn
Einbandabbildung: picture-alliance/ZB
Satz & Layout: Dietmar Senf
Gesamtherstellung: area verlag gmbh, Erftstadt

Printed in Germany 2007

ISBN 978-3-8361-1216-1

Inhaltsverzeichnis

2. Kapitel

3. Kapitel

6. Kapitel

Vorwort

Recht haben und Recht bekommen sind zwei völlig verschiedene Dinge. Wie wenig Recht und Gerechtigkeit miteinander zu tun haben, mußte ich bereits 1979 erfahren, als ich meinen ersten Gerichtsbericht – damals für die »Berliner Zeitung« – verfaßte:

Ein Heizergehilfe mit einer Körpergröße von zwei Metern und einem Lebendgewicht von 300 Pfund hatte mit seiner schwangeren Freundin eine Nachtbar besucht, in der zwei total betrunkene Kriminalbeamte saßen. Einer der dienstfreien Polizisten in Zivil torkelte auf das Pärchen zu, packte die junge Dame am Oberarm und zerrte die Widerstrebende mit den Worten »Ick steh' nun mal uff blond« in Richtung Tanzfläche. Ihr Freund beendete das Techtelmechtel, indem er mit seiner kohlenschaufelgroßen Hand dem Gesetzeshüter einen kleinen Klaps gab. »Bruch des Unterkiefers« lautete später die ärztliche Diagnose.

Infolge einer noch zur Bewährung offenstehenden einschlägigen Vorstrafe hatte das Gericht keine andere Wahl, als den bedauernswerten Krustenkratzer für drei Jahre einzubuchten. Der Provokateur und eigentliche Übeltäter kam mit einigen Wochen Mittagessen aus der Schnabeltasse vergleichsweise glimpflich davon.

Inzwischen haben sich die Zeiten grundlegend geändert: Hilfsheizer und Kriminalbeamte verkehren infolge der Einkommensunterschiede nicht mehr in denselben Lokalen. Ich bin auf die ›andere Seite‹ gewechselt und nun seit vielen Jahren als Rechtsanwalt tätig.

Lebenskluge Richter, die weise und gütige Entscheidungen fällen, treffe ich auch heutzutage nur selten. Weshalb? Es gibt ein in Juristenkreisen sehr beliebtes Sprichwort: »Vor Gericht und auf hoher See sind wir in Gottes Hand.« Richter gleichen göttlichen Wesen. Sie sind nur ihrem Gewissen verpflichtet und müssen kaum Konsequenzen für Fehlurteile fürchten – außer einem leichten Kratzer am blankpolierten Schild ihrer Ehre, wenn die nächste Instanz anders entscheidet. Ein weiteres Sprichwort lautet: »Zwei Juristen, drei Meinungen«. Auch deshalb können selbst erfahrene Rechtsanwälte selten mit absoluter Bestimmtheit vorhersagen, wie der Prozeß für ihre Mandantschaft ausgehen wird.

Hinzu kommen noch zwei andere Dinge, die man einfach wissen muß: Erstens besteht in der Bundesrepublik Deutschland ein Hang zur sogenannten Überkodifizierung, d. h., der Gesetzgeber bemüht sich, jeden einzelnen Lebenssachverhalt in Vorschriften zu erfassen. Das ist natürlich völlig unmöglich. Es gibt immer eine Regel und eine Ausnahme. Deshalb sind die Gesetzestexte häufig mit seitenlangen Kommentaren versehen, die erläutern, was tatsächlich unter ihnen zu verstehen sei. Das führt dazu, daß zwei Richter am selben Gericht in der gleichen Sache unterschiedliche Urteile fällen können. Der arme Kläger oder Beklagte, der in seinem Prozeß auf den falschen Richter trifft ...

Zweitens besteht nur in wenigen ausgewählten Rechtsgebieten ein sogenannter Amtsermittlungsgrundsatz. Im riesengroßen Bereich des Zivilrechts gibt es ihn nicht. Dort zählt nur, was man beweisen kann. Mit anderen Worten, in vielen Prozessen wissen alle Beteiligten Bescheid: der Richter, beide Rechtsanwälte, der Kläger und der Beklagte. Allen ist genauestens bekannt, wer wen wann wie reingelegt hat. Trotzdem gewinnt der Betrüger, der schludrige Handwerker, der säumige Schuldner, wenn sein Gegner irgendeinen läppischen Fehler gemacht, eine Vorschrift nicht beachtet, eine winzige Regel im Kleingedruckten übersehen hat. Es geht um das Einhalten von Formalitäten und nicht etwa um den Menschen.

Der Bärbel Bohley zugeschriebene Satz: »Wir wollten Gerechtigkeit und haben den Rechtsstaat bekommen« charakterisiert sehr treffend die Verhältnisse in unserem Land. Im Gerichtssaal geht es deshalb um alles mögliche, selten aber um Gerechtigkeit.

Die Gerichtsberichte in diesem Buch sind alle jüngeren Datums. Sie geben einen Überblick darüber, was den Leuten so passiert.

Der zusammengefaßte Rat lautet: Sobald es ernst wird, sollte jeder Betroffene zum Anwalt gehen. Nicht weil ich selbst Anwalt bin, sondern um vor Gericht in etwa Waffengleichheit herzustellen. Kein ernsthafter Mensch würde einem Florettfechter mit angespitzem Bleistift gegenübertreten.

Sachbücher wie »Der superkluge Hausanwalt« können Sie vergessen. Es sei denn, Sie sind ein Self-Made-Man von der Sorte, die sich zu Hause auf den Küchentisch legt, in der linken Hand ein Skalpell hält und in der rechten den Ratgeber »Der kleine Chirurg – Operieren leicht gemacht«.

1. Kapitel

Arbeitsrecht

Eine Woche warmer Wickel oder Adlerauge, sei wachsam

Sie werden hochtrabend »Kapitäne der Landstraße« genannt, aber der Job der Brummi-Fahrer ist knochenhart. Sie quälen sich mit ihren Lkws durch verstopfte Straßen. Ständig sitzt ihnen die Zeit im Nacken. Jeder Stau ist eine Katastrophe, und beim Be- und Entladen hucken sie zentnerschwere Gewichte. Unbarmherzig wachen Fahrtenschreiber und Verkehrspolizisten über sie.

Joachim weiß ein trauriges Lied von Überstunden und überfüllten Rastplätzen zu singen. Als Trucker ist er von morgens bis abends bei Wind und Wetter auf Achse. Doch der Krug geht so lange zum Wasser, bis er bricht. Eines Morgens verspürte Joachim beim Aufstehen einen solch scharfen Schmerz im Rücken, daß er kaum noch laufen konnte. Er schleppte sich mühsam in die nächste Arztpraxis. Der gute Onkel Doktor diagnostizierte Bandscheibenvorfall, verpaßte ihm eine Spritze und verordnete strenge Bettruhe.

Nach einer Woche warmer Wickel fühlte sich Joachim schon wesentlich besser. Er saß zu Hause auf dem Küchenstuhl und langweilte sich. Joachim ging zu seinem Kumpel Karl, der ein Taxiunternehmen besaß. Er stopfte sich ein Kissen in den Rücken und fuhr nachts Taxi.

Was ist Glück? Ruhm, viel Geld, eine reiche Erbschaft? Nein. Glück ist, zur rechten Zeit am rechten Ort zu sein. Hans, der Inhaber der Spedition, bei der Joachim beschäftigt war, glaubte eines Abends seinen Augen kaum zu trauen, als er aus der Kneipe kam: In einem vorbeirauschenden Taxi saß ein Fahrer, der seinem rückenkranken Mitarbeiter wie ein Ei dem anderen zu gleichen schien.

Am nächsten Tag rief Hans bei der Detektivagentur »Adler« an. Er brauchte Beweise. Eine Woche später erhielt er den schriftlichen Bericht. Der Verdacht hatte sich bestätigt.

Joachim wurde fristlos entlassen. Außerdem forderte Hans die Kosten des Detektivbüros zurück: 17 678,75 DM! Als Joachim trotz Mahnung nicht zahlte, reichte Hans Klage ein.

Der Richter stand auf seiner Seite, fast jedenfalls: »Der Arbeitnehmer hat sich vertragswidrig verhalten, denn er hätte für jede Nebentätigkeit – unabhängig von der Arbeitsunfähigkeit – die Einwilligung der Firma benötigt.«

Dann kam noch ein kleines Aber: »Die Einschaltung einer Detektei wäre jedoch nicht notwendig gewesen. Der Mitarbeiter ist erst kurz zuvor eingestellt worden, und die ärztliche Diagnose war für ihn ungünstig. Diese beiden Tatsachen allein hätten eine ordentliche Kündigung gerechtfertigt. Unabhängig davon wären die Detektei-Kosten zu hoch. Die Firma hätte einen Kostenvoranschlag einholen und so dafür Sorge tragen müssen, daß ihre Aufwendungen in einem vernünftigen Verhältnis zum Schaden stehen.«

Wenn zwei sich streiten, freut sich der Dritte. Detektiv »Adlerauge« jedenfalls reibt sich die Hände.

Basecap für die Damenglatze

Kinder in den höheren Klassen müssen auch mal arbeiten gehen, um sich so auf ihr späteres Berufsleben vorzubereiten. Sie helfen dann in Kaufhäusern und Baumärkten aus oder verrichten in Betrieben einfache Handgriffe. Das ist ein zweischneidiges Schwert. Die jugendlichen Helfer arbeiten zwar umsonst, können aber großen Schaden anrichten – oder selbst Schaden erleiden.

Sabrina, ein blonder Lockenkopf, geht in die neunte Klasse. Sie gehört von ihren Leistungen her zum unteren Mittelmaß, und sie möchte Frisöse werden. Also klapperte sie ein gutes Dutzend Frisiersalons ab, um sich für einen Praktikumsplatz zu bewerben. Schließlich wurde sie beim »Hairstylisten« fündig. Drei Wochen lang durfte sie den Fußboden fegen und wischen, Kaffee für die Kunden kochen, Zeitschriften ordnen und aussortieren, auf Kleinkinder und Hunde aufpassen; im frisch gestärkten Kittel und immer mit einem Lächeln auf den Lippen.

An ihrem letzten Arbeitstag warf sie des öfteren einen Blick auf ihren Chef Alfred.

Gotteslohn ist zwar höchster Lohn, aber erst beim schönen Wort »verdienen« werden heller alle Mienen. Alfred schaute zurück, runzelte die Stirn und sagte dann schmerzerfüllt: »Die Zeiten sind schwer, und die Finanzen stehen schlecht. Außerdem verdirbt Geld den Charakter. Als Lohn sollst du deshalb eine schicke Dauerwelle, inklusive Färben, erhalten.«

»Immer noch besser, als in die hohle Hand gesch...«, dachte Sabrina enttäuscht.

Die Schülerin hopste auf einen Stuhl, ihre Haare wurden mit verschiedenen Tinkturen getränkt und in Aluminiumfolie eingewickelt. Wer schön sein will, muß zwar immer leiden, aber nach kurzer Zeit entwickelte sich eine so große Hitze unter der Folie, daß an den Seiten Dampf austrat. Sabrina bestaunte das außerirdische Wesen, das sie aus dem Spiegel heraus anstarrte.

Alfred bemerkte das Malheur, riß die Aluverkleidung ab und spülte die Haare aus. Zu spät. Das Waschbecken füllte sich mit ausgegangenen Locken. In der bunten Suppe schwammen die Haare, und auf Sabrinas Hinterkopf prangte eine kahle Stelle. Das Mädchen schrie wie am Spieß. Später wurde in der Hautklinik festgestellt, daß die Glatze bleiben würde.

Da war guter Rat teuer. Alfred empfahl seiner ehemaligen Aushilfe, ein Basecap zu tragen, um den Makel zu verbergen.

Nun aber trat Sabrinas Vater auf den Plan und vor das Gericht. Der Amtsrichter besah sich den kahlen Hinterkopf und verkündete das Urteil: »Die Schülerin hat Schadenersatz- und Schmerzensgeldansprüche sowie den Anspruch auf Haftung des Saloninhabers für Folgeschäden. Er hat die Chemikalie eindeutig unsachgemäß angewendet. Die Höhe des Schmerzensgeldes wird angesichts des jugendlichen Alters auf 6 000 DM festgelegt.«

Schmerzensgelderhöhend sei der Vorschlag mit dem Basecap gewesen. Dies habe die Schülerin geradezu als Verhöhnung ihres Schicksals ansehen müssen.

Wer den Schaden hat, spottet jeder Beschreibung.

Im September gibt's kein Weihnachten

»2 400 DM Haben und 2 400 DM Nichthaben macht 4 800 DM Unterschied«, sagt das Sprichwort. Auch Jeanette war dieser Ansicht. Spindeldürr, bleich wie ein Junimond, trägt sie ausschließlich schwarze Gewänder, raucht filterlose Zigaretten und ist eine begnadete Malerin.

Doch »Kunst geht nach Brot«, meint ein anderes Sprichwort, und da Talent allein nicht satt macht, blieb Jeanette nach einem skeptischen Blick in den Kühlschrank nichts weiter übrig, als sich nach einer Arbeitsstelle umzusehen.

Lediglich drei bis fünf Prozent der Künstler in Deutschland können ausschließlich von ihrer Kunst leben. Die überwiegende Mehrheit muß anderen, niederen Tätigkeiten nachgehen, um sich ernähren zu können. Jeanette verdingte sich als Grafikerin in einer sogenannten mittelständischen Druckerei, die einem zwei Meter großen und ungeheuer dicken Mittvierziger namens Karl gehörte.

Nun hat sich trotz hoher Arbeitslosigkeit gezeigt, daß bestimmte Spezialisten Mangelware sind. Solche Mitarbeiterraritäten versuchen die Firmen über gewisse Anreize an sich zu ketten: dreizehntes Monatsgehalt, Treueprämien, betriebliche Altersversorgung und so weiter. Je mehr arbeitslose Spezialisten auf den Markt drängen, um so weniger wird an Sondergratifikationen ausgeschüttet und umgekehrt.

In Jeanettes Arbeitsvertrag stand: »Das Weihnachtsgeld beträgt im ersten Jahr der Betriebszugehörigkeit 1/2, im zweiten Jahr 2/3 und ab dem dritten Jahr 3/3 des jeweiligen Bruttolohnes.« Jeanette freute sich.

Im zweiten Jahr aber gingen die Druckaufträge drastisch zurück. Karl schnaufte mit hochrotem Kopf durch die Maschinenhalle. Er tat das, was Chefs in solchen Momenten zu tun pflegen: Er entließ jene Mitarbeiter, die erst kurze Zeit in der Firma tätig waren. Deshalb traf es auch Jeanette. Sie mußte ihre Sachen packen. Am 30. September war ihr letzter Arbeitstag.

Doch mit dem, was ihr als Restlohn gezahlt wurde, war sie nicht zufrieden. »Ich habe Anspruch auf anteiliges Weihnachtsgeld; 2/3 von 4 800 DM (ihr Bruttolohn) sind 3 200 DM. Da ich bis September gearbeitet habe, stehen mir davon 9/12, also 2 400 DM zu.«

Karl war natürlich anderer Ansicht. So kam die Sache vor den Kadi. Der Richter schaute zuerst in den Arbeitsvertrag, dann blickte er Jeanette über seine randlose Brille an: »Wird in einem Arbeitsvertrag allein die Zahlung eines ›Weihnachtsgeldes‹ in bestimmter Höhe zugesagt, so kann diese Zusage durchaus dahingehend verstanden werden, daß ein Anspruch auf dieses Weihnachtsgeld nur gegeben sein soll, wenn auch das Arbeitsverhältnis zu Weihnachten noch besteht.«

Mit anderen Worten: Pustekuchen. Im September gibt's kein Weihnachten.

Ein folgenreicher Sommerurlaub

»Wenn's dem Esel zu wohl ist, geht er aufs Eis tanzen«, sagt das Sprichwort. Die 27jährige Elke, blond und üppig gebaut, hatte eine lange Pechsträhne hinter sich. Als sich ihr Betrieb, eine Keksfabrik, vergeblich gesund zu schrumpfen bemühte, verlor sie als eine der ersten Frauen den Arbeitsplatz. Ihr Mann Rüdiger folgte kurz darauf.

Jeder Pfennig mußte nun doppelt und dreifach umgedreht werden. Ein Hoffnungsschimmer war nicht in Sicht. Vor der Tür stand immer noch der Trabbi, Baujahr 78.

Tage-, wochen-, monatelang saß Elke im Arbeitsamt, schrieb Dutzende Bewerbungen, vergeblich. Doch plötzlich kam eine positive Rückantwort. Sie könne als Küchenhilfe im Krankenhaus anfangen. Und als sie erfuhr, daß in der Wäscherei, die für das Spital wusch, ein Auslieferungsfahrer gesucht wurde, konnte sie ihrem Ehemann den Job vermitteln.

In der Wohnstube türmten sich nun die Warenhauskataloge und Reiseprospekte. Von ihrem ersten Lohn kaufte Elke alles, was ihr Herz begehrte. Bald stand ein nagelneues Auto vor der Tür, ein Ratenkauf hatte es möglich gemacht. Nach einigen Wochen bat sie um drei Wochen Urlaub: Die weite Ferne lockte.

Doch im Krankenhaus herrschte Hochbetrieb. Der Küchenleiter konnte ihr nur zwei Wochen bewilligen. Bei Rüdiger hatte es keine Probleme gegeben, ihm waren drei Wochen genehmigt worden. Die Familie reiste in die Türkei.

Drei Tage vor Elkes Urlaubsende rief Rüdiger aus der Türkei in der Klinik an und bat für seine Frau um Urlaubsverlängerung: »Auto defekt. Reparatur wird sich länger hinziehen.« Doch der Küchenleiter meinte zweifelnd: »Wir stehen hier völlig auf dem Schlauch. Ich frage trotzdem den Chef. Rufen Sie heute Nachmittag noch einmal an.«

Rüdiger trottete an den Swimmingpool und überbrachte seiner Gattin die schlechte Nachricht. »Puh«, rief sie. »Man ist nur einmal jung. Wenn mir der Affenkopp nicht mehr Urlaub geben will, dann lasse ich mich eben krank schreiben.«

Wenige Stunden später telefonierte Rüdiger erneut mit dem Küchenleiter: »Ihre Frau hat pünktlich ihren Dienst anzutreten. Wenn das Auto kaputt ist, muß sie eben fliegen oder mit dem Zug fahren.«

»Oder auch nicht«, entgegnete der treusorgende Gatte hämisch.

»Schließlich gibt es auch in der Türkei gute Ärzte, die in einem solchen Fall Rat wissen.«

Elke tauchte erst eine Woche später braungebrannt und quietschmobil wieder auf und knallte einen Krankenschein auf den Tisch – »grippaler Infekt«.

Am Abend aber kam Elke heulend nach Hause gerannt. In der Tasche trug sie ihre fristlose Kündigung. Sie legte dagegen Klage ein – erfolglos.

»Erklärt der Arbeitnehmer, er werde krank, wenn der Arbeitgeber ihm den im bisherigen Umfang bewilligten Urlaub nicht verlängere, obwohl er zum Zeitpunkt dieser Ankündigung nicht krank war und sich aufgrund fehlender Beschwerden auch noch nicht krank fühlen konnte, so ist ein solches Verhalten ohne Rücksicht darauf, ob der Arbeitnehmer später tatsächlich erkrankt, an sich geeignet, einen wichtigen Grund zur außerordentlichen Kündigung abzugeben«, meinte der Arbeitsrichter.

Der heimtückische Eierhändler

Die Arbeitslosigkeit nimmt zu. Unzählige Menschen werden unverschuldet ins Abseits gedrängt. In dieser schlimmen Lage gibt es viele skrupellose Geschäftemacher, die das Unglück der anderen für sich ausnutzen.

Solch ein windiger »Unternehmer« ist Werner. Er handelt mit Eiern, die er auf Bauernmärkten anbietet. Dafür stellt er Eierverkäufer ein, mit denen er (auf den ersten Blick) lukrative Arbeitsverträge abschließt: relativ hohes Gehalt, Dienstwagen, reichlich Urlaub. Doch wenn der neue Mann in das Dienstauto klettern will, ist der Pkw dummerweise gerade in der Werkstatt. Am Zahltag werden die Angestellten vertröstet (»Auf die Banken ist wirklich kein Verlaß!«), mehrere Wochen lang hingehalten und am Ende mit einem üblen Trick übers Ohr gehauen.

Hans, ein 28jähriger Familienvater, ist eins der Opfer. Er unterschrieb im September den Arbeitsvertrag. Von da an arbeitete er täglich zehn bis zwölf Stunden. Die Eier transportierte er mit seinem Privatwagen – während der zugesagte Transporter »repariert« wurde. Statt der vereinbarten 14 DM pro Stunde erhielt er ab und zu, und immer nur auf großes Drängen, ein paar Mark zugesteckt.

Als Hans sämtliche Ersparnisse aufgebraucht hatte, forderte er mit Nachdruck seinen ausstehenden Lohn von mehreren Wochen. Als die Forderungen immer massiver wurden, drückte ihm der Unternehmer einen Briefumschlag in die Hand. Doch darin befand sich kein Geld, sondern ein Kündigungsschreiben. »Hiermit kündige ich Ihnen fristlos. Seit einiger Zeit habe ich beobachtet, daß Sie heimlich Geld aus der Kasse und palettenweise Eier mit nach Hause genommen haben. Der Schaden beläuft sich auf 10 000 DM. Ich ziehe deshalb in Erwägung, Strafanzeige gegen Sie zu erstatten«, stand da schwarz auf weiß geschrieben.

Doch zu seiner größten Verblüffung reagierte Hans ganz anders, als es Werner erwartet hatte. Hans ließ sich im Gegensatz zu anderen Kollegen nicht einschüchtern. Er reichte Klage beim Arbeitsgericht ein.

Wütend schickte Werner einen bösen Brief in schlechtem Deutsch: »Wir kündigen Ihnen strafrechtliche Schritte für den Fall an, wo Sie ehemalige Mitarbeiter, Kunden oder Händler gegen uns aufzuwiegeln versuchen. Hier würden wir die Form der Verunglimpfung als Tatbestand ansehen!« Hans ließ sich nicht beirren.

Zuerst fand eine Güteverhandlung statt. Doch es gab nichts, was zwischen den beiden Parteien hätte gütlich geregelt werden können. Werner schäumte vor Haß, drohte mit diesem und jenem.

Hans blieb hart. Er wollte sein Recht und ließ sich nicht bange machen.

Als Werner sah, daß es diesmal nicht wie sonst lief, lenkte er beim nächsten Gerichtstermin ein. Zwischen den Parteien wurde ein Vergleich geschlossen: Werner verpflichtete sich, seinem Angestellten 8 960 DM zu zahlen. Dafür verzichtete Hans auf weitergehende Ansprüche.

Eine Woche später meldete Werner Konkurs an. Hans hat seinen Lohn nie bekommen. Doch es ist weniger eine Frage des Geldes, daß Hans bis auf weiteres auf sein gewohntes Frühstücksei am Sonntag verzichten wird.

Banken und Beleidigungen

Eine Geheimnummer, die nicht geheim blieb

Ach, was waren das früher für schöne Zeiten, als noch alle Haustüren offenstanden oder neben Klingelknöpfen Zettel wie dieser hingen: »Bin schnell zum Bäcker. Der Schlüssel liegt unter der Matte.« Heutzutage, da Diebesbanden durch die Orte ziehen, muß die tüchtige Hausfrau Tür und Tor verrammeln, die Alarmanlage einschalten und den Hund von der Kette lassen, wenn sie für fünf Minuten zum Wäscheaufhängen in den Garten geht.

Mira packte beim Sommerschlußverkauf der Kaufrausch. Sie stürzte sich mutig ins Gewimmel, zerrte an supergünstigen Jogginghosen und farblich verwegen gestalteten Bermudashorts. Anderthalb Stunden später kam sie schwitzend und zitternd zu sich. Unter ihrem Arm klemmte ein Ballen unnützer Textilien.

Als sie in ihre Umhängetasche griff, durchfuhr sie ein eiskalter Schrecken. Ihre Hand faßte ins Leere. Das Portemonnaie war weg! Ein skrupelloser Langfinger hatte es ihr im Durcheinander am Grabbeltisch gestohlen.

Mira warf die Kleidungsstücke auf den Boden und rannte aus dem Kaufhaus hinüber zur Polizeiwache. Dort berichtete sie von dem Diebstahl der Geldbörse, in der sich außer 300 DM in bar, Monatskarte, Personalausweis und Fotos ihres Goldhamsters auch eine EC-Karte befunden hatte.

Bis zur nächsten Bankfiliale waren es ebenfalls nur ein paar Schritte. Der Bankdirektor tröstete sie, füllte ein Formular aus und borgte ihr 3,70 Mark für die Fahrt mit dem Bus nach Hause.

Einige Wochen später erhielt Mira einen verwaschen-blauen Brief. Darin stand, daß ihr in dem gegen sie eingeleiteten Ermittlungsverfahren die Gelegenheit gegeben würde, sich gemäß § 163a der Strafprozeßordnung zum Tatvorwurf »versuchter Betrug« zu äußern.

Mira schniefte zwei Papiertaschentücher voll, ging zur Kriminalpolizei und erzählte alles, was sie über den Diebstahl wußte. Sie war klein, ihr Herz war rein.

Einen Monat später fand sie sich vor dem Richterstuhl wieder. Der Staatsanwalt donnerte: »Es läßt sich leider nicht beweisen, daß die Angeklagte mit dem Täter unter einer Decke steckt. Aber sie hat den Diebstahl provoziert, indem sie ihre Börse gut sichtbar in ihrer Tasche transportierte. Darüber hinaus bewahrte sie rechtswidrig ihre Geheimzahl zusammen mit der Geldkarte im Portemonnaie auf. Dies ermöglichte dem Täter, von einem Geldautomaten 1 400 DM abzuheben und damit die Bank zu schädigen.«

Mira schwor Stein und Bein, daß sie die Geheimzahl nirgendwo notiert habe und schon gar nicht auf einem Zettel in der Brieftasche.

»Ha!« rief der Staatsanwalt und wedelte mit dem Ärmel seiner Robe. »Das ist eine völlig unglaubwürdige Schutzbehauptung. Ohne Kenntnis der Geheimzahl kann kein Mensch Geld abheben. Die Angeklagte hat entgegen ihrer fadenscheinigen Behauptung doch die Nummer notiert und damit der Bank einen beträchtlichen Schaden zugefügt!«

Aller Augen richteten sich nun auf den Gutachter Professor Karl. »Hohes Gericht«, begann der EDV-Spezialist seinen Vortrag, »leider ist es doch möglich, die Geheimnummer genannte PIN-Zahl aus der Karte selbst zu ermitteln. Dazu benötigt man lediglich ein Kartenlesegerät und einen Computer. Ein Fachmann kann innerhalb weniger Minuten die PIN-Zahl heraus bekommen. Der Weg dazu wird in illegalen Veröffentlichungen, sogenannten Hacker-Zeitungen, genauestens beschrieben. Hier ist ein solches Exemplar.«

Prof. Karl legte die verbotene Flugschrift, die aus mehreren fotokopierten Blättern mit verwirrenden Zahlen- und Symbolreihen bestand, auf den Richtertisch.

»Ah ja ..., jetzt, ja«, murmelte der Richter. »Doch der Dieb mußte erst zu einem Computer gelangen. Das hätte sicherlich zuviel Zeit in Anspruch genommen.«

»Nein, Euer Ehren«, widersprach der Gutachter. »Einen transportablen Computer, also ein Laptop, Palmtop oder Notebook, konnte er in unmittelbarer Nähe des Tatortes, beispielsweise in einem geparkten Pkw, bedienen. Für eine solche Manipulation spricht auch die Tatsache, daß der Täter innerhalb weniger Minuten mehr als den Höchstbetrag von 1 000 DM pro Tag abgehoben hat. Dazu muß er den Code der im Magnetstreifen der EC-Karte gespeicherten Abhebezeiten verändert haben.«

Der Richter sprach das Urteil: »Wir haben es eindeutig mit einem Spezialisten, eher einer gut organisierten Bande, zu tun. Die Angeklagte ist daher freizusprechen.«

Daher aufgepaßt! Viele wollen nur unser Bestes. Nämlich unser Geld.

Erdnüsse und andere Kleinigkeiten

Spätestens seit dem Zusammenbruch des Immobilien-Imperiums von Herrn Schneider wissen wir, daß Banken über Geld ganz anders denken als Otto Normalverbraucher. Für einen Menschen wie du und ich sind 100 DM viel

Geld und 1 000 DM ein hübsches Sümmchen. Nicht so für die Banken. Die bezeichnen noch Beträge jenseits der Millionengrenze als Peanuts, als Erdnüsse, als Nichtigkeiten.

Nun kennt die weise Vorsehung das Sprichwort »Kleinvieh macht auch Mist« beziehungsweise »Spare mit jedem Pfennig, koste es, was es wolle«. Mit anderen Worten: Sonnengebräunte Banker in dunkelblauen Anzügen sind gern bereit, 100 000 DM Peanuts als Verlust zu buchen (wenn es denn sein muß), aber bei jedem Betrag, der darunter liegt, hört der Spaß auf. Die fällige Kontoführungsgebühr in Höhe von 1,13 DM wird ebenso erbarmungslos ein- und abgezogen wie jede Zahl hinter dem Komma an Überziehungszinsen.

Jutta ist Geschäftsfrau. Sie besitzt einen kleinen Betrieb. Geschäftsmann Hartmut bestellte bei ihr etwas für 20 000 DM. Jutta lieferte prompt. Nur Hartmut zahlte nicht. Die Lieferfirma schickte vergeblich mehrere Mahnungen.

Dann hatte Jutta die Nase voll und stellte Konkursantrag, ohne lange zu fackeln.

Wenige Tage danach stand Hartmut vor ihrer Tür. Er sei gern bereit, unverzüglich die offenen 20 000 DM zu zahlen, wenn sie den vermaledeiten Konkursantrag zurückziehen würde, bettelte er. Doch so schnell ließ sich Jutta nicht einwickeln: »10 000 DM sofort bar auf die Kralle, den Rest, sobald ich den Konkursantrag zurückgezogen habe.«

Hartmut stimmte begeistert zu, überwies 10 000 DM, und Jutta nahm den Konkursantrag zurück. Eine Woche später gingen weitere 10 000 DM auf Juttas Konto ein. Sie gewann den Glauben an die Menschheit zurück.

Die Zeit verging. Eines Tages bekam die Unternehmerin einen Brief von der XY-Bank. Darin stand: »Peinlich, peinlich. Die Überweisung vom 26.11. erfolgte nicht in Hartmuts Auftrag. Bitte überweisen Sie die 10 000 DM an uns zurück.«

Jutta fiel aus allen Wolken. Sie dachte nicht im Traum daran, für den Fehler der Bank einzustehen, und so kam die Sache vor Gericht.

In der Verhandlung entrüstete sich die Geschäftsfrau: »Es mag schon sein, daß die Bank das Geld irrtümlich an mich überwiesen hat. Doch nur dadurch wurde ich dazu bewogen, die Sache als erledigt anzusehen. Damals im November hätte ich dem Schuldner das Geld noch abknöpfen können, nun nicht mehr. Jetzt ist meine Forderung gegenüber Hartmut verjährt.«

»Ach was, so ein Quatsch«, entgegnete der Bankier. »Herr Hartmut hatte damals nichts in der Tasche, er stand kurz vor dem Ruin.«

»Können Sie beweisen, daß die Computerfirma damals noch liquide war?« fragte der Richter.

Jutta schüttelte den Kopf: »Wie denn?«

»Na, wenn es so ist«, meinte der Richter vergnügt und rieb sich die Hände. »Die Beklagte ist nicht schon deshalb schutzwürdig, weil sie in gutem Glauben auf den Bestand ihrer Bereicherung vertraut hat. Die Zahlung der Klägerin an die Beklagte ist von Herrn Hartmut nicht veranlaßt worden und für die Beklagte ein Zufall, auf dessen Beständigkeit sie keinen Anspruch hat.«

Juttas Geld ist futsch, Hartmut lacht sich ins Fäustchen, und der Bankier nascht geröstete Erdnüsse.

Die ach so lieben Verwandten

»Geschenkt ist geschenkt, wiederholen ist gestohlen«, meint der Volksmund. Der reiche Onkel Bruno war sich dessen voll bewußt, als er seiner Nichte Claudia eine Freude machen wollte. Ihm fiel dazu aber noch das Sprichwort ein: »Vorsicht ist die Mutter der Porzellankiste.« Und deshalb dachte er sich einen pfiffigen Trick aus.

Mit seiner Nichte am Arm und deren Mutter im Gefolge ging er zur Sparkasse. Claudia, ein braves Mädchen mit unschuldigen blauen Augen unter wallender blonder Lockenpracht, tat wie ihm geheißen und eröffnete ein Sparkonto. Onkel Bruno erhielt Kontovollmacht und zahlte 50 000 DM ein.

Damit kein Unbefugter an den Schatz herankommen konnte, wurde ein geheimes Stichwort vereinbart. Anschließend nahm Onkel Bruno das Sparbuch an sich und deponierte es in seinem Bankschließfach. »Das Geld bleibt auf dem Konto, bis ich sterbe. Du sollst erst nach meinem Tod darüber verfügen können«, sagte er zu seiner Nichte.

Claudia nickte erfreut und war's zufrieden. Onkel Bruno zählte hoch in den Siebzigern, da konnte das Warten nicht mehr allzulange dauern.

Es vergingen ein, zwei Jahre. Bei einem Tanzvergnügen für rüstige Rentner lernte Bruno ein junges Küken von 61 Jahren kennen. Diese Hedwig ging ihm um den Bart, verdingte sich als seine Haushälterin, und einige

Wochen später zog sie bei Bruno ein. Die Familie war entsetzt. »Das riecht verdammt nach Erbschleicherei«, mutmaßte Claudias Mutter nicht ganz unbegründet und sagte zu ihrer Tochter: »Du mußt etwas unternehmen, mein Goldkämmchen, sonst sind deine 50 000 Piepen futsch.«

Claudia nahm flugs die Beine in die Hand und rannte zur Sparkasse. Dort widerrief sie die Vollmacht für ihren Onkel, änderte das vereinbarte Stichwort. 14 Tage später kreuzten Bruno und Hedwig in der Bank auf. Sie kamen zu spät. Der Kassierer schüttelte nur bedauernd den Kopf.

»Undank ist der Welten Lohn«, entrüstete sich Bruno. Doch Claudia weigerte sich, ihm wieder eine Bankvollmacht zu erteilen. »Gib mir lieber das Sparbuch, guter Onkel«, flötete sie.

Bruno knallte die Tür und eilte zum Gericht. Er forderte, Konto und Sparbuch auf seinen Namen umzuschreiben.

Claudia blieb auch nicht untätig und verklagte im Gegenzug ihren Onkel. Sie verlangte das Sparbuch heraus.

Der Richter fällte einen salomonischen Spruch: »Wer eine Bank anweist, einen Betrag aus seinem Vermögen einem fremden Konto gutzuschreiben, verliert seine Rechte auf das Zugewendete. Frau Claudia ist Eigentümerin des Sparbuchs. Trotzdem kann sie vom Kläger keine Herausgabe verlangen. Denn dieser hat sich im Zusammenhang mit der Schenkungsabrede das Recht vorbehalten, das Sparbuch zu seinen Lebzeiten behalten zu dürfen.«

Claudia besitzt also ein hübsches Sümmchen von 50 000 DM, kommt aber vorläufig nicht an das Geld heran. Bruno wiederum dreht ein Sparbuch zwischen seinen Fingern, darf aber nichts davon abheben. Obwohl sein Trick hundertprozentig funktionierte, ist er trotzdem nicht zufrieden, denn mit des Schicksals sich wandelnden Mächten ist kein ewiger Bund zu flechten.

Über tausend Mark für einen »Stinkefinger«

Wer mit seinem Auto auf Deutschlands Straßen unterwegs ist, wird sehr bald eine verblüffende Feststellung machen: Es wimmelt nur so von Blödianen, Hornochsen und Rowdys, die von Tuten und Blasen keine Ahnung haben. Sie fahren entweder zu schnell oder zu langsam, drängeln, schneiden, hupen und machen einen dummen Fehler nach dem anderen.

An einem Sonntag im April traf es Vater Klaus, Mutter Vera und ihren erwachsenen Sohn Herbert gleich doppelt und dreifach. Auf der Autobahn in Richtung Dresden, kurz vor der Abfahrt nach Lübben, gerieten sie in einen Stau. Der Wagen hinter ihnen bremste zu spät, fuhr auf und drückte ihren Pkw gegen das Auto vor ihnen. Eine schöne Bescherung! Glücklicherweise hatten die Knautschzonen das Schlimmste verhindert, aber ihre rote Limousine sah gar nicht mehr gut aus. Klaus kämpfte mit den Tränen, als er den Schaden besah. Er stieg aus, tauschte mit den Unfallgegnern die Adresse aus und wartete auf die Polizei.

Auf der linken Spur quälte sich mühsam ein Auto nach dem anderen vorbei. Gegen 10.30 Uhr passierte ein Taxi die Unfallstelle. Am Lenkrad saß der völlig entnervte Taxifahrer Bernd, der ärgerlich in seinen Bart brabbelte. Als er an der Dreiergruppe vorbeikam, betätigte er wütend die Hupe, erhob die linke Hand und streckte den Mittelfinger in die Luft. Die Geste war eindeutig. Sie wird im Volksmund »Stinkefinger« genannt.

Für Klaus, Vera und Herbert war das mehr, als sie in ihrem Unglück ertragen konnten. Oh Schmach und Schande! Sie notierten sofort das Taxi-Kennzeichen und verpflichteten ihre Unfallgegner als Zeugen.

Am nächsten Tag gingen sie zu einem Anwalt. Der ließ die Anschrift von Bernd ermitteln und forderte nach dem sogenannten Beleidigungstarif 3 x 500 = 1 500 DM Schmerzensgeld. Als Bernd nicht freiwillig zahlte, erstattete das Trio bei der Staatsanwaltschaft gegen ihn Strafanzeige und reichte am Amtsgericht Klage ein.

Mir nichts, dir nichts hatte Bernd plötzlich zwei Prozesse am Hals: ein Strafverfahren und eine Zivilsache.

Bernds Verteidiger: »Der Angeklagte wollte die am Fahrbahnrand stehenden Personen keineswegs beleidigen. Er streckte nicht den Mittelfinger der linken Hand in Richtung der Beteiligten, sondern machte vielmehr eine Telefongeste mit dem ausgestreckten kleinen Finger und Daumen, womit er anfragen wollte, ob es nötig sei, die Polizei zu rufen.«

Der Strafrichter fand diesen Ausflug in die Märchen- und Sagenwelt überhaupt nicht lustig und verdonnerte Bernd zu einer Geldbuße in Höhe von 800 DM, die der Taxifahrer an Vera, Klaus und Herbert zahlen mußte – strafrechtlich.

Zivilrechtlich hatte Bernd nun in der Schmerzensgeldsache äußerst schlechte Karten. Wenn es auch hier dumm für ihn laufen würde, müßte er die 800 DM Geldbuße plus Verfahrenskosten sowie 1 500 DM Schmerzensgeld nebst Gerichts- und Anwaltskosten zahlen. Alles in allem so rund 4 000 DM für einen hochgereckten Finger!

Bernds Anwalt bot deshalb einen Vergleich an: Bernd würde zu den 800 DM Geldbuße noch weitere 400 DM Schmerzensgeld zahlen, wenn die Sache dann erledigt sei.

Vera, Klaus und Herbert nahmen das Angebot an und steckten zwölf knisternde Scheine in die Tasche. Wer zuletzt lacht, lacht am besten.

Viel Lärm um fast gar nichts

Glücksritter und Beutelschneider gibt es heutzutage zuhauf. Gesundes Mißtrauen ist daher stets angebracht. Aber auch bei diesem Dieter? Dieter ist ein robuster Mann Mitte Vierzig, der mit beiden Beinen fest im Leben steht. Hauptberuflich betreibt er eine mittelständische Baufirma mit einer guten Handvoll Beschäftigter. Nach Feierabend geht er einer anderen interessanten Aufgabe nach: Er ist ehrenamtlicher Bürgermeister in seinem kleinen Dorf. Sein Wort gilt etwas, auf ihn wird gehört. Wenn einer aus der Reihe tanzt, schlägt Dieter mit der Faust auf den Tisch, daß es nur so kracht.

Alle vierzehn Tage treffen sich die wichtigsten Leute der Ortes zum Stammtisch im Dorfkrug. Sie spielen Skat und stecken nebenbei den politischen Kurs ab, der verfolgt werden soll. Die Sitzungen des Gemeinderates finden mehr oder weniger pro forma statt, weil das Ergebnis der Beschlüsse schon vorher feststeht. In der kleinen Politik ist es auch nicht anders als in der großen.

So war auch allen klar, welche Firma den Zuschlag bekommen würde, als der Speiseraum der Schule rekonstruiert werden mußte: Dieters Baubetrieb. Während der Arbeiten passierte ein kleines Malheur. Dieter hatte keine Plane über das Gebäude spannen lassen, wie es seine Pflicht gewesen wäre, als das Dach neu gedeckt wurde. Ein plötzlicher Regenschauer führte zu einem Wasserschaden im Speisesaal, an der Decke zeigten sich häßliche Flecke. Auf Anweisung des Bürgermeisters nagelte der Gemeindearbeiter Karl Spanplatten über das Fleckenmuster, klebte frische Tapete an, und alles war vergessen.

Fast. Dieter hatte die Rechnung ohne seinen Gegenspieler gemacht. Werner ist selbständiger Malermeister, Mitglied im Gemeinderat, Antialkoholiker und ein notorischer Nörgler. Weil er Kartenspiele haßt, meidet er den Stammtisch wie der Teufel das Weihwasser. Er liegt im ständigen Kampf mit dem übermächtigen Bürgermeister, konnte sich in der

Vergangenheit aber nie durchsetzen. Während der Sitzung des Gemeinderates verdrehte er die Augen, fuchtelte mit seinen dünnen Armen in der Luft herum und schrie gequält auf: »Herr Dieter ließ auf Kosten der Gemeinde Material im Wert von 163,14 DM erwerben, obwohl er als Bauunternehmer den Schaden verursachte und demzufolge die Kosten allein tragen muß. Der saubere Herr Bürgermeister hat die Spanplatten unterschlagen. Er wollte sich auf Kosten der Gemeinde bereichern!«

Der Gemeinderat faßte auf Antrag des Bürgermeisters einen schnellen Beschluß: Dieter muß der Gemeinde die Materialkosten erstatten und auch den Lohn für den Gemeindearbeiter während der Zeit der Schadensbehebung tragen. Punktum, Schluß, aus.

Doch hinter dem breiten Rücken des Bürgermeisters wurde von Stund an gewispert und getuschelt: »Kein Rauch ohne Feuer. Das war nur die Spitze des Eisbergs. Gleiche Narren, gleiche Kappen.«

Dieter platzte schließlich der Kragen. Er ging zu Werner und forderte barsch: »Du hast das Gerücht aufgebracht, nun schaff es auch wieder aus der Welt.«

Werner grinste säuerlich: »Ich denke nicht im Traum daran. Wer sich die Suppe einbrockt, muß sie auch auslöffeln.«

Nun reichte Dieter Klage ein. Er verlangte eine öffentliche Entschuldigung von Werner, die im Dorfanzeiger abgedruckt werden sollte.

Doch das Gericht teilte seine Meinung nicht. »Eine Reparatur, die vom Bürgermeister Dieter auf Kosten der Gemeinde durchgeführt wurde, konnte dem Bauunternehmer Dieter nützlich sein. Hier eine Unregelmäßigkeit zu vermuten, lag nahe.« Die Klage wurde abgewiesen. Im Dorf brodelt und gärt es weiter. Viel Lärm um fast nichts.

Eigentumswohnungen und Erbrecht

Kein Platz für Pfiffi

In großflächigen Anzeigen, in denen es um Grundstücke, Häuser und Eigentumswohnungen geht, wird allenthalben mit komischen Sachen geworben, die kein normaler Mensch versteht. Immobilienhändler preisen

»Sonderabschreibungen« und »hohe Verlustzuweisungen« an wie sauer Bier, als ob es erstrebenswert sein könnte, Geld zum Fenster hinauszuwerfen. Andersherum wird ein Schuh daraus: Eine Investition muß sich wirtschaftlich lohnen. Die mögliche Steuerersparnis ist bestenfalls ein Zubrot, niemals der Hauptzweck. Auch die Angst vor dem Euro ist ein schlechter Ratgeber bei Immobiliengeschäften.

Michael und Ulla kauften sich eine Eigentumswohnung, aber aus einem ganz anderen Grunde. Sie wollten sich weder an Verlusten erfreuen, noch irgendetwas für immer abschreiben, noch mit dem Schinken nach der Wurst werfen. Die blanke Existenznot trieb sie zu diesem Schritt. Die Eheleute wohnten nämlich seit einem Jahr mit Ullas Mutter zusammen in einem Haus. Nach 12 Monaten unter einem Dach mit der lieben Schwiegermama fühlte sich Michael reif für die Klapsmühle. So war der Plan entstanden, für das gute Mütterchen eine eigene kleine Wohnung zu besorgen.

Das Appartement war sehr hübsch mit Balkon, Einbauküche, Fahrstuhl und Blick auf die Wiesen. Alles lief gut, bis eines Tages Post von der Gemeinschaft der Wohnungseigentümer eintraf. In dem Brief wurde Michael unter Hinweis auf die Hausordnung aufgefordert, der Mieterin in seiner Wohnung die Hundehaltung zu untersagen.

Michael ließ sich in einen Sessel fallen. Kalter Schweiß stand auf seiner Stirn. Nach dem Tod ihres Mannes kommandierte die Schwiegermutter nämlich einen apricotfarbenen Zwergpudel namens Pfiffi herum. Michael kannte nun zwar den Beschluß der Eigentümergemeinschaft, aber wie sollte er ihn seiner Schwiegermutter klarmachen? Ein Wort davon, und sie würde mit dem spitzen Ende des Regenschirms auf ihn losgehen.

Das junge Ehepaar stellte sich erst einmal taub und blind und ließ viel Zeit vergehen. Doch nachdem Pfiffi zum wiederholten Male in den Hausflur gepinkelt hatte, flatterte eine Klageschrift auf den Tisch. Die Eigentümergemeinschaft beantragte, Michael und Ulla zur Unterbindung der Hundehaltung in ihrer Eigentumswohnung zu verpflichten.

Michael erwiderte höhnisch: »Wir leben in einem freien Land, freie Fahrt für freie Bürger. Da lassen wir uns doch keine Vorschriften machen, wie wir mit unserem Eigentum umzugehen haben!«

Die Richter waren anderer Meinung. Sie beschäftigten sich intensiv mit dem wichtigen Fall und stellten dann fest: »Die Möglichkeit der Hundehaltung gehört nicht zum wesentlichen Inhalt der Nutzung von Wohnungseigentum, wie nicht zuletzt daraus folgt, daß in der überwiegenden

Zahl von Wohnungen keine Hunde gehalten werden. Auch in einem Mietvertrag kann nach herrschender Meinung individualvertraglich die Hundehaltung ganz ausgeschlossen werden. Ein solches vertraglich vereinbartes Verbot ist auch verfassungsrechtlich unbedenklich.«

Michael hat seitdem ein Problem (außer, daß ihn seine Schwiegermutter enterbte) bei der Erfüllung seiner ehelichen Pflichten: Pfiffi liegt jetzt unterm Ehebett und knurrt bei jeder leisen Bewegung. Zwischendurch frißt er einen Hausschuh nach dem anderen.

Die Sorge um den verglasten Balkon

In unserer Gesellschaft werden die Menschen immer jünger und erfolgreicher – wenn man der Reklame glauben will. Schlanke, rassige Frauen freuen sich in perfekt eingerichteten Zimmerfluchten über jeden Kakaofleck auf dem T-Shirt ihres Kindes, weil sie dann endlich wieder Wäsche waschen dürfen. Sportliche, dynamische Männer hüpfen auf weißen Segelyachten umher und kübeln literweise Bier, ohne betrunken zu werden. Außerdem scheinen alle Leute furchtbar reich zu sein: Auf dem Immobilienmarkt werden Häuser zu 500 000 DM das Stück als sogenannte Schnäppchen angepriesen. Als Durchschnittsbürger bekommt man schon ein schlechtes Gewissen, wenn man weit über dreißig ist, über einen Kugelbauch, Halbglatze und 10,50 DM im Portemonnaie verfügt. Da verzischen sich die scharfen Bräute, und der Kneiper bringt ungefragt alkoholfreies Bier.

Axel und Beatrice entsprachen ebenfalls kaum dem allgemeinen Schönheitsideal. Sie waren beide Ende Fünfzig, ähnelten in ihren Körperformen gefüllten Eierbechern und durchstöberten am liebsten die Einkaufszentren nach Sonderangeboten. Als Vorruheständler hatten sie auch genügend Zeit, und als draußen im Grünen ein Appartementhaus mit 60 Wohnungen entstand, kauften sie sich vom sauer Ersparten eine Zweizimmer-Eigentumswohnung mit Balkon. Ein Jahr ging alles gut, dann meinte plötzlich Beatrice an einem trüben Novembertag: »Du, Vati, Eigentum verpflichtet. Wir lassen unseren Balkon verglasen, verwandeln ihn in eine Loggia.«

Nach knapp zwei Wochen blitzte eine dreiteilige Verglasung hinaus in die Landschaft. Die Freude dauerte nicht lange. »Den Eigentümern der Wohnung Nr. 17 wird auferlegt, dem Verwalter bis zum 31.12. die Genehmigung der zuständigen Baubehörde für die eigenmächtig angebrachte Balkonverglasung vorzulegen oder eine offizielle Bestätigung der Baubehörde, daß hierfür eine offizielle Baugenehmigung nicht erforderlich ist. Anderenfalls ist die Balkonverglasung wieder zu entfernen.« Deutliche Unterschrift: Die Wohnungseigentümerversammlung.

»Nicht zu fassen, Mutti«, stammelte Axel, »da haben wir mit Müh und Not das kommunistische Zwangsregime gestürzt, und nun sollen wir bereits wieder in unseren Eigentumsrechten beschnitten werden.«

Das Ehepaar beantragte beim Amtsgericht, den Eigentümerbeschluß wieder aufzuheben. Das Gericht:

»1. Laut Gemeinschaftsordnung der Eigentümer gehören Balkone zum Sondereigentum. Veränderungen am Sondereigentum dürfen nur mit Mehrheitsbeschluß der Eigentümerversammlung vorgenommen werden.

2. Die Verglasung des Balkons stellt eine bauliche Veränderung des gemeinschaftlichen Eigentums dar, die das architektonische Gesamtbild des Gebäudes in nachteiliger Weise beeinträchtigt. Daß die übrigen Wohnungseigentümer die Verglasung hinzunehmen bereit sind, wenn die Antragsteller eine Baugenehmigung dafür vorlegen, ist ein Entgegenkommen, auf das die Antragsteller keinen Anspruch haben. Ohne den Eigentümerbeschluß wären die Antragsteller auf jeden Fall zur Beseitigung der Verglasung verpflichtet.«

Axel zerknüllte wütend das Papier und trampelte darauf herum. Dann schrie er wütend: »Alles Schweine, außer Mutti!«

Ein Schnäppchen für schlappe 189 000 DM

Von den Neppern, Schleppern, Bauernfängern, die Ferienwohnungen verkaufen, zu Generals- und Pilotenspielen verleiten oder Geldanlagemöglichkeiten mit Superrenditen vermitteln, sind diejenigen am gefährlichsten, die sich an ihre Opfer über gutgläubige Mittelsmänner aus dem Verwandten- oder Bekanntenkreis heranpirschen.

Peter ist Ende Dreißig und weist alle Attribute einer erfolgreichen Karriere auf: großes Auto, geschieden, Kinder nur alle 14 Tage, Dispositionskredit ständig ausgeschöpft. Was soll's. Nun ist der Beruf sein Leben. Er arbeitet von früh bis spät und auch am Wochenende. Doch der Firma geht es nicht gut. Zu wenig Eigenkapital, zu viele Außenstände, zu viele Verbindlichkeiten.

Peters Lohnbescheinigungen lesen sich ausgezeichnet – tatsächlich bekommt er aber nur das ausgezahlt, was am Monatsende auf dem Betriebskonto für ihn übriggeblieben ist.

Eines Tages, Peter sortierte gerade einen umfangreichen Stoß überfälliger Rechnungen, besuchte ihn sein älterer Bruder Bernd im Büro. Bernd nennt sich Finanzberater, was immer das sein mag. Er hatte einen heißen Tip: eine provisionsfreie, langfristig vermietete Eigentumswohnung in Essen, rund 800 Kilometer von Peters Wohnort entfernt. Bernd legte die Beschreibung und ein Finanzierungsmodell auf den Tisch. Die Wohnung sollte 189 000 DM kosten – auf dem Papier. Tatsächlich, so meinte Bernd, benötige er keinen einzigen Pfennig. Nach Sonderabschreibung und diversen anderen Steuervergünstigungen würde die Wohnung unter Anrechnung der Miete monatlich mehr Geld einbringen, als die Kreditbelastung ausmachen würde. Eine tolle Sache also. Reich zu werden, ohne etwas dafür tun zu müssen. Ein Perpetuum mobile für das volle Portemonnaie sozusagen.

Peter hatte weder Zeit noch Lust, sich mit den komplizierten Rechenmodellen auseinanderzusetzen. Aber er hörte auf seinen älteren Bruder. Per Notarvertrag bevollmächtigte er die HAI-Immobilien GmbH, für ihn den Kaufvertrag mit dem Verkäufer Heinz abzuschließen.

Es klappte wie am Schnürchen. Der Kaufvertrag und der dazugehörige Kreditvertrag flatterten ins Haus. Peter fühlte sich großartig. Über Nacht war er zum Kapitalisten geworden, der hochwertiges Immobilieneigentum besaß und andere Leute die Zeche zahlen ließ.

Einige Wochen passierte gar nichts. Dann kamen Rechnungen: Vom Finanzamt, vom Notar, vom Hausverwalter, und die Bank mahnte die überfälligen Ratenzahlungen an.

Peter stutzte. Wo blieben die sagenhaften, alles kompensierenden Mieteinnahmen? Dann tat er etwas, was er als erstes hätte tun müssen: Er fuhr nach Essen und inspizierte sein Kaufobjekt. Ihn traf ein gewaltiger Schock. Das Schnäppchen erwies sich als faules Ei. Die Wohnung stand leer und war völlig verwahrlost. Schimmel an den Wänden, zertrümmerte Türen und Fliesen, herausgerissene Leitungen, defekte Fenster. Der Rekonstruktionsaufwand betrug über den Daumen gepeilt 50 000 DM.

Peter reichte Klage gegen den Verkäufer Heinz ein und forderte die Rückgängigmachung des Kaufvertrages.

Doch Heinz wehrte ab: »Ich habe die Wohnung für 169 000 DM von der HAI-Immobilien GmbH gekauft und ließ sie später von ihr zum selben Preis plus Vermittlungsgebühr wieder verkaufen. Das Objekt selbst kenne ich nicht. Mir war nicht bekannt, daß es sich um eine Abrißwohnung handelte. Außerdem ist der Käufer selbst daran schuld, wenn er kauft, ohne zu besichtigen.«

»Nichts da«, sagte der Richter. »Im notariellen Kaufvertrag wird Mängelfreiheit zugesichert. Der Verkäufer kann sich nun nicht mehr darauf berufen, die Wohnung selbst nie gesehen zu haben. Wer bei einer mangelhaften Sache Mängelfreiheit zusichert, trägt das Risiko, auch wenn der Käufer leichtfertig den Vertrag unterschreibt.«

Der Kauf wird rückabgewickelt. Heinz muß die Wohnung zurücknehmen, den Kaufpreis an die kreditgebende Bank zurückzahlen und alle Kosten in diesem Zusammenhang tragen.

Peter ist mit einem blauen Auge davongekommen. Nur wer Geld hat, kann Geld sparen. Nur wo Geld ist, kommt welches dazu.

Bruder Bernd wechselte inzwischen sein Betätigungsfeld. Er vermittelt nun im Auftrag der HAI-GmbH günstige Warentermingeschäfte für finnische Baumwolle, Schweizer Austern und schwedische Kakteen. Auch Schiffsbeteiligungen in der Mongolei und Genußscheine an grönländischen Straußenfarmen sind bei ihm erhältlich – provisionsfrei, versteht sich. Greifen Sie zu!

Und ewig schleichen die Erben

Tante Lenchen wurde 1907 als Tochter eines reichen Fabrikantenehepaares geboren. Während der Inflation verlor die Familie fast das gesamte Vermögen. Aber der Rest reichte immer noch aus, um Lenchen eine sogenannte gute Ausbildung angedeihen zu lassen. Ihre Ehe mit einem höheren Eisenbahnbeamten blieb kinderlos. Nach dem Tod ihres Mannes verlief Lenchens Leben sehr einsam, jedoch ohne materielle Not. Im August 1989 beschloß sie, ihr Vermögen zu ordnen. Die Westberlinerin ging zum Notar und verfaßte ein Testament. Darin bedachte sie ihre einzigen Verwandten, die sie noch hatte: Bruder Kurt in der DDR und Nichte Sybille in Hamburg sollten zu gleichen Teilen erben. Den Wert ihres Barvermögens gab sie mit 165 000 DM an.

Nach dem Fall der Mauer konnte Bruder Kurt seine Schwester endlich regelmäßig besuchen. Er kümmerte sich um die alte Frau, so gut er konnte. Nichte Sybille hatte keine Zeit. Sie schickte lediglich einige Ansichtskarten von ihren ausgedehnten Reisen rund um die Welt.

1991 veränderte sich die alte Dame sichtlich. Sie wurde immer wunderlicher, konnte sich nichts mehr merken, versteckte ihr Geld in der Waschmaschine und unter dem Teppich. Kurz: Sie litt unter schwerem Verfolgungswahn. Ihr wurde eine Gebrechlichkeitspflegerin gestellt.

Als es Lenchen immer schlechter ging, erwachte plötzlich Sybilles Liebe zu ihrer Tante. Die fürsorgende Nichte sagte sogar eine Reise nach Neuseeland ab, fuhr stattdessen nach Berlin und sorgte dafür, daß Lenchen in ein Heim eingewiesen wurde. Dort starb die Greisin im Zustand völliger geistiger Umnachtung. Bei der Testamentseröffnung stellte sich heraus, daß es außer dem notariellen Testament von 1989 noch ein handschriftliches von 1992 gab.

Lenchen hatte auf ein liniertes Blatt Papier drei Zeilen geschrieben: Nunmehr sollte Nichte Sybille alleinige Erbin sein, Bruder Kurt nichts bekommen. Doch das Testament strotzte nur so von Schreibfehlern. Fast jedes Wort war falsch geschrieben.

Sybille beantragte einen Erbschein, der sie als Alleinerbin ausweisen sollte. Kurt wollte sich nicht damit abfinden. Er meinte, der notarielle letzte Wille sei nicht wirksam durch das handschriftliche Testament aufgehoben worden. Er bezweifelte die sogenannte Testierfähigkeit der Tante zu jenem Zeitpunkt, als sie mühsam die kaum leserlichen Zeilen auf den linierten Zettel kritzelte.

Das Gericht beschäftigte sich ausführlich mit dem Sachverhalt. Dutzende Zeugen – Ärzte, Betreuer und nicht zuletzt die Gebrechlichkeitspflegerin – und ein medizinisches Gutachten führten dazu: Lenchen war 1992 nicht mehr testierfähig gewesen. »Der Sachverständige konnte aus seinen klinischen Erfahrungen berichten, daß auch bei Personen mit fortgeschrittener Geistesschwäche, die kaum noch vernünftige Wörter schreiben können, zumeist als letzter Rest noch die korrekte Schreibweise des Namens feststellbar sei. Vorliegend hat die Erblasserin in dem Testament neben orthographischen Fehlern jedoch auch ihren eigenen Namen fehlerhaft geschrieben.«

Kurt und Sybille erben nun zu gleichen Teilen. »Indes des Lebens dünner Zwirn verschleißt/Der Erbe lauert und die Gicht uns beißt«, dichtete schon Lord Byron.

Geschenkt ist nicht geschenkt

Elviras erster Gatte, der Vater ihrer einzigen Tochter, war im Krieg geblieben. Elke wurde 1945 geboren. 1950 heiratete Elvira wieder, doch in der Ehe mit Anton kamen keine Kinder mehr. Elvira fand sich damit ab. »Es hätte schlimmer kommen können«, meinte sie. Ähnlich dachte sie über den sozialistischen Frühling auf dem Lande, über Rinderoffenställe, über die Wurst am Stengel und was sonst noch so alles kam.

Elke wuchs heran, studierte, brachte neben dem Diplom noch ein Baby sowie den Erzeuger Manfred mit und zog in eine Neubauwohnung. So ging die Zeit ins Land. Das Enkelchen wurde flügge und ging seiner eigenen Wege. Als Elke arbeitslos wurde, unterbreitete sie ihrer Mutter einen Vorschlag: »Du solltest etwas kürzer treten. Wie wäre es, wenn du mir das Haus überschreiben würdest? Ich erbe es eh einmal. Wir könnten in die obere Etage einziehen und sparen die teure Miete.«

Elvira fragte ihren inzwischen weißhaarigen Ehemann. Anton saß auf der Bank am Holzplatz neben den Kaninchenställen, nuckelte an seiner kurzen Pfeife und meinte: »Woll, woll.«

Elvira übertrug ihrer Tochter das Grundstück durch notariellen Vertrag – »im Wege vorweggenommener Erbfolge« mit lebenslangem unentgeltlichem Wohnrecht für die Alten.

»Wat is mit de Jarten?« wollte Anton wissen.

Elke lachte: »Aber Opa, der Garten gehört doch mit zum Haus. Selbstverständlich könnt ihr ihn weiter nutzen und auch Karnickel züchten.«

Das herzliche Einvernehmen hielt nicht lange an. Elke ließ dreimal hintereinander die Waschmaschine auslaufen. Ihr Gatte stellte den Garten voller Schrottautos, und sie hielten sich mehrere Hunde, die sich nachts heiser bellten.

Elvira moserte zwar, dachte aber: »Es hätte schlimmer kommen können.«

Es kam schlimmer. Elke legte immer neue Prospekte von Altersheimen auf den Tisch. Manfred brauchte mehr Platz für seine Autos und sägte kurzerhand alle Obstbäume ab. Es kam zum großen Streit.

»Mach mich nicht an, du alter Sack, du riechst ja schon nach Erde!« brüllte Manfred den armen Opi an.

Elke keifte: »Ihr habt hier überhaupt nichts mehr zu melden, verzieht euch in eure Buchte!«

Um allem die Krone aufzusetzen, erhielt Elvira Post vom Anwalt ihrer Tochter. Sofortiges Gartenverbot!

Elvira weinte eine Nacht lang. Am Morgen meinte sie zu Anton: »Noch schlimmer soll es nicht kommen!« Sie reichte Klage gegen ihre Tochter ein, widerrief die Schenkung des Grundstücks wegen groben Undanks.

Die Richter überlegten – geschenkt ist geschenkt? Wiederholen ist gestohlen? »Nein«, meinte das Gericht. »Die Beklagte schuldet die Herausgabe des Geschenkes nach den Vorschriften über die Herausgabe einer ungerechtfertigten Bereicherung.«

Eine Last fiel von Elvira und Anton ab. »Wenn wir das Haus jetzt verkaufen, können wir uns ein Appartement im besten Altersheim leisten«, rechneten sie sich aus. Ob sie es wohl tun werden?

Gaststätten und Hotels

Fernsehgeräte sind keine Zimmerdekoration

Hildrun betreibt ein kleines Hotel in den Bergen, weitab vom Schuß. Es hat 26 Gästezimmer, in denen vornehmlich rüstige Wanderer, fanatische Hobbyfotografen und sonstige Liebhaber von Fauna und Flora übernachten. Sämtliche Hotelzimmer sind zwar des höheren Standards wegen mit einem Fernsehapparat ausgerüstet – aber auf dem Bildschirm erscheint nur Schnee, kein einziger Sender. Das Hotel liegt so ungünstig zwischen zwei Gipfeln eingeklemmt, daß über die Hausantenne nichts empfangen werden kann. Jahrelang störte sich kein einziger Gast daran. Naturfreunde pflegen in der Regel nach einem guten Kräutertee mit den Hühnern ins Bett zu gehen. Mit Talkshows und Wrestlingkämpfen haben sie nichts am Lodenhut.

Eines Tages aber wurde das Hotel von einem Rundfunkmitarbeiter überprüft. Die grausige Wahrheit: Hildrun zahlte keine einzige Mark an Rundfunk- und Fernsehgebühren! Die GEZ stellte Hildrun daher Rundfunkgebühren für vier Jahre und – kulant, kulant – Fernsehgebühren für ein Jahr in Rechnung. Schwarzhören und -sehen kommt teuer zu stehen.

Hildrun zahlte lediglich die Rundfunkgebühren. Dann erhielt sie ein Schreiben: »Allein das Vorhandensein eines Fernsehgerätes löst die Pflicht zur Zahlung der Fernsehgebühren aus. Auf den tatsächlichen Empfang kommt es nicht an.« Daraufhin montierte ihr Ehemann eine Satellitenanlage, und sie schrieb an die GEZ: »Über Satellit kann ich die öffentlich-rechtlichen Sender nicht empfangen. Deshalb zahle ich nichts!«

Doch die GEZ erließ einen Gebührenbescheid. Hildrun warf ihn in den Papierkorb und wurde prompt vom Amtsgericht wegen einer vorsätzlichen Ordnungswidrigkeit zu einer Geldbuße von 400 DM verurteilt.

Die Hotelchefin legte Rechtsbeschwerde ein. Das Oberlandesgericht prüfte lange und sorgsam, verwarf die Beschwerde dann aber als unbegründet: »Ein Fernsehgerät wird zum Empfang bereitgehalten, wenn damit ohne besonderen Aufwand Fernsehdarbietungen empfangen werden können. Die Leistungspflicht allein an den Empfangsstatus zu knüpfen, der durch den Besitz des Fernsehgerätes begründet wird, ist verfassungsrechtlich unbedenklich. Über die Satellitenanlage können öffentlich-rechtliche Programme empfangen werden. Daß sie vom Rundfunkteilnehmer tatsächlich in Anspruch genommen werden, ist für das Entstehen der Gebührenpflicht ohne Bedeutung.«

Eine seltsame Logik. Der Besitz einer Sache wird mit der Benutzung der Sache gleichgestellt. Danach müßte derjenige, der zufällig einen Stock findet, sofort seinen Hund verprügeln.

Ein verspätetes Mittagessen

Das alte Bergdörfchen liegt idyllisch am Waldesrand, fünfzehn Kilometer von der nächsten Fernverkehrsstraße entfernt. Die holprige Kopfsteinpflasterstraße endet am Dorf und mündet in einen Waldweg. Über den hübschen Fachwerkhäusern liegt Ruhe und Frieden. Hierher kommen (noch) keine Urlauber. Bis zur nächsten Kleinstadt ist es weit, im Winter versperren Schneewehen die Ausfallstraße, und der konkurrenzlose Gastwirt Heinz führt nur fünf Gerichte auf der Karte.

Dennoch bestellte Wilhelm, 85 Jahre alt, die Konfirmationsfeier von Urenkel Siegfried in dieser Kneipe. Und da Wilhelm rief, kam die gesamte Sippe angereist, von nah und fern. Wilhelm hat noch immer das Sagen auf seinem Hof. Zuvor besprach er mit dem Kneipier das Menü: Käsesuppe, Wildschweinbraten mit Kroketten und glasierten Möhrchen, grüne Götterspeise mit Vanillesoße, später Kaffee, Kuchen und Kognak, zum Abschluß ein rustikaler Abendschmaus mit Hackepeter, Bratwurst und Bier. Frau Wirtin wollte kochen, und die beiden Töchter sollten servieren.

Pünktlich um 12.30 Uhr öffnete Konfirmand Siegfried die Gaststättentür. Er strahlte über beide Backen: Die Taschen seines schwarzen Anzugs waren ausgestopft mit Geldscheinen, die er von Onkeln und Tanten zugesteckt bekommen hatte. Hinter ihm drängte sich die vergnügte Festgesellschaft in den Saal, der nach frisch gestreuten Bohnerwachsspänen roch.

Heinz, der Wirt, zog trotz der vielen Gäste ein säuerliches Gesicht. Die Käsesuppe war angebrannt, der Braten noch nicht durch, die Götterspeise warm und die Kaffeemaschine kaputt. Für fünfzig Gäste zu kochen war etwas anderes, als in einer kleinen Kasserolle Knacker, Wiener und Bockwurst warm zu machen. Seine Frau rannte wie ein aufgescheuchtes Huhn von einem Topf zum anderen. Sie befand sich kurz vor einem hysterischen Anfall.

Zur Begrüßung gab es Schnaps, dann noch einen und noch einen ...

Um 14 Uhr stand endlich die Suppe auf dem Tisch, das Dessert wurde um 16.30 Uhr gereicht. Die halbbetrunkenen Gäste zogen lange Gesichter. Opa Wilhelm kochte vor Wut und fürchtete sich vor einem Schlaganfall. Nur Siegfried saß fröhlich auf dem Klo, rauchte eine Zigarre und zählte sein Geld.

Kuchen und Torte wurden mit dem Einbruch der Dunkelheit serviert, das Abendbrot kam kurz vor Mitternacht auf den Tisch.

Als Gastwirt Heinz dann zum Schluß die Rechnung über 4 074,20 DM präsentierte, hob Wilhelm seinen knochigen Zeigefinger. »Durch deine Bummelei hast du uns den schönen Tag verdorben. Von mir bekommst du nur 2 800 DM und keinen Pfennig mehr.«

Weil der alte Wilhelm auch auf mehrere Mahnungen nicht reagierte, reichte Heinz Klage ein. Das Gericht gab ihm nur teilweise recht. Er habe zwar seinen Vertrag erfüllt, aber verspätet. Der Festgesellschaft sei es nicht möglich gewesen, ein anderes Lokal aufzusuchen. Außerdem wäre der Verlauf des Tages für die Feier von besonderer Bedeutung gewesen. Eine um anderthalb Stunden verzögerte Mahlzeit stelle eine erhebliche Verzögerung dar. Deshalb sei eine Herabsetzung des Preises um 30 Prozent gerechtfertigt. Allerdings nur in bezug auf das Mittagessen, wofür Heinz 1 952 DM berechnet habe. Bei einer Minderung um 30 Prozent seien davon 585,60 DM abzuziehen und nicht, wie geschehen, 1 274,20 DM.

Deshalb – so entschied das Gericht – müsse Wilhelm auch einen Teil der Anwaltskosten des Gastwirts tragen, und zwar in Höhe von 177,84 DM. Damit habe Wilhelm an Heinz noch insgesamt 866,44 DM zu zahlen.

Auch für diesen Fall hat das Sprichwort eine passende Weisheit parat: »Außer Spesen nichts gewesen.«

Verschmähte Speise

Die Menschen im erwerbsfähigen Alter in den fünf neuen Bundesländern lassen sich – ganz grob betrachtet – in drei fast gleichgroße Gruppen einteilen: Die ersten haben sehr, sehr viel Zeit, weil sie arbeitslos sind oder als Vorruheständler die Hände in den Schoß legen müssen. Die zweiten gehen pünktlich zur Arbeit und kommen pünktlich zurück. Die dritten hasten von Termin zu Termin, tragen zumeist dunkle Hosen mit Bügelfalten, dezent gemusterte Jacketts, weiße Hemden, goldfarbene Krawattenklammern sowie schwarze Lederaktentaschen. Ständig klingelt ihr Handy, und selbst am Wochenende kennen sie keine freie Minute. Trotzdem blicken sie keineswegs sorgenfreier in die Zukunft. Begriffe wie Vorsteuerabzugsberechtigung, Gesamtrechtsnachfolge, betriebsgewöhnliche Nutzungsdauer, Bemessungsgrundlage, Konzessionsabgabe und ausschüttungsbedingte Gewinnminderung spuken des Nachts durch ihre Träume und lassen sie morgens schweißgebadet erwachen.

Holger gehört zu dieser dritten Kategorie. Eine Welt ohne Laptop, Telefax und Mailbox kann er sich nicht mehr vorstellen. Ständig pendelt er zwischen Berlin, Kyritz an der Knatter und Frankfurt am Main hin und her. Den Namen seiner Frau hat er sich vorsichtshalber aufgeschrieben, um ihn nicht zu vergessen.

Der Muttertag sollte nach streßreichen Monaten endlich einmal als Erholungspause dienen. Holger hatte seine Eltern eingeladen und zur Feier des Tages im »Sonnenschein«, einem hübschen Lokal am Rande der Stadt, telefonisch einen Tisch bestellt. Pünktlich um 12 Uhr erschien die kleine vergnügte Gesellschaft; der Ober rückte die Stühle zurecht.

Holger bestellte alkoholfreie Getränke und griff nach der Speisekarte. Doch ihr Inhalt war eine herbe Enttäuschung. Auf schwerem weißem Karton bot sich in güldener Schrift nur ein sogenanntes Muttertagsmenü an, das aus zwei alternativen Vorspeisen und drei Hauptgerichten bestand: Steak mit Champignons, Steak mit Spargel, Steak mit Ragout fin und Käse überbacken. Kein Fisch, kein Braten, kein Schnitzel, keine Spaghetti, keine Pizza, kein Eintopf, kein Eisbein, kein Frikassee, kein Goulasch, nichts von alledem.

Holger schluckte verkrampft. Da er sich tagein, tagaus von Fertiggerichten und fettigen Pommes in den Autobahnraststätten ernähren mußte, hatte ihm der Sinn nach einem leckeren Châteaubriand oder einer gemischten Grillplatte mit Sauce Bernaise gestanden. Die Mutter griff nach seiner Hand: »Laß doch, Jungchen. Wir fahren nach Hause, da mache ich dir leckere Bratkartoffeln mit Spiegeleiern, die ißt du doch sowieso am liebsten.« Holger nickte zustimmend und winkte nach dem Kellner: »Zahlen!«

Statt des Obers erschien Herr Sonnenschein höchstpersönlich. »Da haben Sie aber die Rechnung ohne den Wirt gemacht, mein bester Herr Holger«, meinte er mit frostiger Stimme. »Wenn Ihnen mein Feiertagsmenü nicht paßt, ist das Ihre Sache. Aber Sie haben durch Ihre Tischbestellung einen Bewirtungsvertrag mit mir abgeschlossen. Für den entgangenen Gewinn verlange ich eine Abstandssumme. 15 DM pro Person!« Das gesamte Personal gruppierte sich inzwischen um den Tisch und beobachtete interessiert die Auseinandersetzung. Widerstrebend griff Holger nach der Brieftasche, bezahlte zunächst die Getränke und anschließend noch die geforderten 60 DM.

Wütend verließ er die ungastliche Stätte; die gesamte Feiertagsstimmung war dahin. Kurzerhand verklagte er den Wirt, auch wenn es nur um wenig Geld ging.

Das Gericht sah eine ungerechtfertigte Bereicherung für gegeben an. Herr Sonnenschein hatte die Zahlung der 60 DM ohne jeglichen rechtlichen Grund erzwungen. Ein Schadenersatzanspruch hätte sich erst dann ergeben, wenn Holger eine vertragliche Verpflichtung zur Bestellung eines Mittagsmenüs eingegangen wäre. Eine solche lag jedoch mit der bloßen Tischbestellung nicht vor. Bei einer Reservierung steht nämlich noch nicht fest, was und wieviel der Gast verzehren wird. Der Wirt kann nicht erwarten, daß der Gast auch dann bestellt, wenn ihm das Speisenangebot nicht zusagt. Herr Sonnenschein muß deshalb die 60 DM zurückzahlen und die Kosten des Verfahrens tragen.

Das mißglückte Klassentreffen

Klassentreffen sind eine tolle Sache, insbesondere dann, wenn der Schulabschluß bereits mehrere Jahrzehnte zurückliegt. Die Spannung steigt: Was ist aus den alten Freunden und Feinden geworden? Bringt

»Kügelchen« Paula noch immer dreißig Pfund zuviel auf die Waage? Trägt »Beatle« Frank auch als erwachsener Mann noch ein wallende Mähne zu Clocks und Glockenhosen?

Und dann werden fast vergessene Erinnerungen wieder wach: An den ersten Kuß nach dem Tanzstundenabschlußball, an die große Maikäferaktion im ESP-Unterricht, an den furchtbaren Alkoholunfall während der Klassenfahrt mit anschließendem Schwur, nie wieder Nordhäuser Doppelkorn zu trinken.

An einem Tag im Mai ging Wilfried ins Strandhotel und brachte Direktor Mathias die frohe Kunde über ein Ende Mai geplantes Klassentreffen: »Wir benötigen 42 Betten«, erklärte er, »einige gewesene Pennäler bringen nämlich ihre Ehegesponse mit.«

»Das paßt wie die Faust auf's Auge«, erwiderte Mathias. »Mein Hotel verfügt über exakt 50 Betten, respektive 25 Doppelzimmer. Und das Beste kommt zum Schluß: Für das betreffende Wochenende haben wir noch keine Buchungen vorliegen. Sie haben also die Qual der Wahl.«

Wilfried zog trotz der frohen Kunde einen Flunsch. »Es würde uns gewaltig despektieren, wenn uns fremde Reisende von der Treppe aus beim Laurentia-Tanzen beäugen.«

Mathias lachte: »Guter Mann, ich bin auch einmal jung gewesen. Wenn Sie 42 Betten bestellen – die Doppelkemenate für schlappe 75 Emmchen –, bleiben die übrigen vier Zimmer unbelegt. So kulant will ich gerne sein.«

Wilfried streckte die Hand aus, Mathias schlug ein, und das Verhängnis nahm seinen Lauf. Am betreffenden Wochenende reisten nämlich nur 15 müde Figuren an. Kügelchen absolvierte eine Fastenkur, Frank ließ sich seine Glatze polieren, und auch die übrigen treulosen Nasen schützten dringende Geschäfte vor.

»Ha, so haben wir nicht gewettet«, rief der Hoteldirektor empört, als ihm zum Schluß einige wenige Scheine in die Hand geblättert wurden. Und er stellte Wilfried weitere 2 780 DM in Rechnung (4 725 DM für die Inanspruchnahme von 21 Doppelzimmern für drei Tage minus der geleisteten Zahlungen der Gäste in Höhe von 1 250 DM sowie unter Abzug ersparter Aufwendungen in Höhe von 20 Prozent für die nicht in Anspruch genommenen Zimmer).

Wilfried wand sich wie ein Aal. »Erstens war ich nicht der Organisator des mißglückten Klassentreffens. Zweitens erkundigte ich mich völlig unverbindlich nach freien Hotelkapazitäten. Einen Vertrag habe ich nie und nimmer abgeschlossen. Drittens konnte dem Hotel überhaupt kein Schaden entstehen. Nach Aussage des Hoteliers lagen keine Buchungen vor. Hätten wir nicht 15 Betten belegt, wäre das Hotel komplett leer gewesen.«

Die Post ging einige Male hin und her, dann reichte der Eigentümer des Strandhotels Klage gegen Wilfried ein. Der Richter band sich einen symbolischen Schal über die Augen, nahm eine gedachte Waage in die Hand und verkündete dann das Urteil: »Die Aussagen der Zeugen im entscheidenden Punkt, ob nämlich Hotelbetten im behaupteten Umfang, unabhängig von der Anzahl der tatsächlich angereisten Gäste, bestellt wurden, stehen einander ausschließend gegenüber. Das Gericht vermag nicht der einen oder anderen Aussage jeweils den Vorzug vor der anderen zu geben. Damit ist im Ergebnis weder das eine noch das andere bewiesen. Dies geht jedoch zu Lasten des Hotels, da dies zunächst darlegungs- und beweisbelastet ist, daß zwischen den Parteien überhaupt ein Beherbergungsvertrag abgeschlossen wurde. Die Klage wird abgewiesen.«

Mathias zuckte resigniert mit den Schultern. Bei einem letzten Blick auf den triumphierenden Wilfried fiel ihm ein Spruch von Schopenhauer ein: »Wo viele Gäste sind, ist viel Pack.«

Langfinger lachte sich ins Fäustchen

Balduin, der Besitzer des Hotels »Talblick«, hatte große Sorgen. In seinem kleinen, aber feinen Etablissement war das passiert, woran alle Hoteliers der Welt noch nicht einmal in ihren finstersten Alpträumen zu denken wagen: Unter den 65 Gästen hatte sich ein Hoteldieb eingenistet. Und während Frau Heidi im Restaurant genüßlich eine Ochsenschwanzsuppe mit einem Schuß Madeira schlürfte, schlug dieser zu und packte in ihrem Zimmer einen Pelzmantel ein. Nur mit allergrößter Mühe und großformatigen Geldscheinen gelang es Balduin, die auf diese Weise Geschädigte zur Diskretion zu überreden. Wenn nämlich die peinliche Tatsache ans Tageslicht gelangte, konnte das seinen Ruin bedeuten. Wer wohnt schon freiwillig in einem Hotel, in dem sich finstere Gestalten auf den Gängen herumdrücken und nur auf eine günstige Gelegenheit zum Zuschnappen lauern? Niemand!

Balduin vertraute auf die Zeit, zweitens auf den lieben Gott und erst in dritter Linie auf die Polizei. In den Gängen schlapphütige Detektive herumschnüffeln zu lassen hieße ja, Luzifer mit Beelzebub austreiben zu wollen.

Alle drei enttäuschten ihn maßlos. Bereits am nächsten Tag hallte ein spitzer Schrei durch die teppichbelegten Gänge vom »Talblick« und ließ Balduins Blick erstarren. Auf flinken Sohlen eilte er in die obere Etage und Frau Martha – vormalige Handwerksmeisterwitwe und nunmehr frischvermählte Lehrersfrau – direkt in die Arme. Ihr neuer Gatte, mit dem sie erst am Morgen vor dem Traualtar gestanden hatte, nuckelte nervös an einer Zigarre.

»Was ist passiert?« wollte Balduin wissen.

»Meine Frau hat aus erster Ehe etwas Schmuck geerbt. Ein Kollier und einige Ringe«, antwortete der Mann. »Und nun ist die Schatulle aus unserem Zimmer verschwunden. Vorhin stand sie noch auf dem Tisch.«

Balduin wurde kreidebleich und fühlte kalten Schweiß auf der Stirn. Er sah weiteres drohendes Unheil auf sich zukommen. Mit dieser Prognose sollte er recht behalten. Nachdem sich Martha von ihrem Schock erholt hatte, ging sie vor Gericht und klagte gegen den Hotelbesitzer auf Schadenersatz.

An sich wäre die Sache ganz einfach gewesen: Martha hätte ihren wertvollen Schmuck nicht im Zimmer liegenlassen dürfen, sondern ihn der Hoteldirektion zur Aufbewahrung im Safe übergeben müssen. Doch im vorliegenden Fall traf Balduin ein Mitverschulden. »Der Betreiber eines Hotels haftet Gästen, von denen er weiß, daß sie wertvolle Gegenstände bei sich haben, wenn er sie nicht auf einen unmittelbar vorausgegangenen Diebstahl hingewiesen hat«, erläuterte das Gericht und führte weiter aus: »Allerdings haben sich die Eheleute auch sehr sorglos verhalten. Sie kannten den Wert ihres Schmucks und hätten den Diebstahl verhindern können, indem sie ihn nicht im Zimmer zurückließen.«

Aus diesen Gründen muß Balduin 40 Prozent des Gesamtschadens ersetzen. Hätte ich doch bloß nicht auf dieses dumme Sprichwort gehört, stöhnte Balduin: »Wer nichts wird, wird Wirt.«

2. Kapitel

Gesundheit

Hexenschuß und Folterknecht

Lilo häkelt gern, und sie fährt viel Auto. Bei der Arbeit sitzt sie den lieben langen Tag am Computer. Eines Tages bekam sie die Quittung: Ihr Nacken war völlig verspannt, und sie konnte den Kopf kaum noch drehen. Häufige Kopfschmerzen bis hin zu Migräneanfällen waren die Folge.

Lilo erhöhte ihre regelmäßigen Saunabesuche auf zweimal pro Woche und ließ sich von ihrem Ehemann das Genick mit Vietnambalsam aus einer kleinen roten Dose einreiben. Die Schmerzen wurden weniger, aber sie gingen nicht weg.

Ihr Hausarzt beruhigte sie: »Machen Sie sich mal keine Sorgen, gute Frau. Die Muskeln sind ein wenig verspannt. Ich verschreibe Ihnen ein halbes Dutzend Massagen. Und wenn Sie dann täglich etwas Gymnastik treiben, werden Sie sobald keine Schmerzen wieder bekommen. Versprochen.«

Lilo schöpfte neuen Mut und ging zum Physiotherapeuten Lutz. Sie hatte schon einmal etwas über die Foltermethoden der mittelalterlichen Inquisition gelesen, aber was sie nun erdulden mußte, überstieg bei weitem die Grenzen ihrer Vorstellungskraft. Lutz knetete ihre Rücken- und Nackenmuskulatur mit solch brutalem Eifer, daß sie dachte, ihr letztes Stündlein habe geschlagen.

Nach der dritten Behandlung passierte es: Lilo verspürte nun auch noch anhaltende Schmerzen im Bereich der Lendenwirbel. »Kein Problem, lediglich ein kleiner Hexenschuß, völlig normal bei Ihrem Alter, ha, ha«, diagnostizierte Lutz, faßte sie mit beiden Händen am Becken und drehte es mit einem Ruck.

Lilo schrie wie am Spieß. In ihren Lendenwirbeln puckerte und summte es, als ob sich ihr Rückenmark in glühendes Blei verwandelt hätte. »Hat nicht geklappt, nochmal das Ganze«, meinte der Folterknecht und wiederholte den gemeinen Griff.

Lilo fiel in Ohnmacht. Als sie wieder erwachte, lag sie im Krankenhaus. Sie konnte sich kaum bewegen und mußte drei Wochen lang stationär betreut werden. Anschließend war sie weitere vierzehn Tage krankgeschrieben und trauerte den schönen Zeiten nach, als ihr nur der Nacken weh getan hatte. Lilo konsultierte einen Sachverständigen. Der zierte sich zunächst wie eine Zicke am Strick, so wie es Gutachter gern tun, ließ sich dann aber doch zu der halbwegs eindeutigen Aussage hinreißen: »Es war a priori nicht auszuschließen, daß die praktizierte Methode das Leiden hätte verschlimmern können. Ergo mußte der Masseur über mögliche Risiken und Nebenwirkungen informieren.«

Nun reichte Lilo Klage ein und forderte Schmerzensgeld. Der Richter: »Wenn ein Masseur einen Patienten anders behandeln will, als es der Arzt vorgeschrieben hat, muß er vorher darüber aufklären. Anderenfalls besteht für den Patienten keine Chance, die Vor- und Nachteile abzuwägen. Darüber hinaus darf ein Masseur ohne Einwilligung keine Behandlung vornehmen.«

Lutz mußte an Lilo 5 000 DM zahlen sowie die Gerichts- und Anwaltskosten tragen. Für das Schmerzensgeld buchte Lilo eine Reise nach Ungarn. Mit ihrem Mann saß sie 14 Tage lang im Thermalbad und spielte Schach. Seitdem sind ihre Schmerzen wie weggeblasen. Warum einfach, wenn's umständlich auch geht.

Mümmelmann wider Willen

Es soll Leute geben, die gern zum Zahnarzt gehen, getreu dem Motto: Ein Indianer kennt keinen Schmerz. Otto gehörte nicht zu ihnen. Die Jahre kommen und gehen, nur die Zähne werden weniger. Eines Tages im Mai waren von Ottos einst prächtigem Gebiß lediglich vorn noch zwei Kuchenzähne sowie einige Ruinen übriggeblieben. Er nahm seinen ganzen Mut zusammen und ging zu einem Dentisten namens Dr. Hans. Der wackelte bedenklich mit seinem Kopf, als er in Ottos Steinbruch schaute. »Da ist nix mehr zu machen, Meister. Wir ruppen Ihnen die paar ollen Strünke raus, schleifen die anderen Beißerchen ab und machen eine Totalsanierung. Dauert nicht lange, kostet nicht viel, und anschließend sehen Sie wie eine Zahnpastareklame auf zwei Beinen aus. Dann müssen Sie die Weiber mit einer Fliegenklatsche wegscheuchen.«

»Nicht viel« ist relativ. Der Kostenvoranschlag belief sich auf schlappe 12 000 DM für Otto, den Rest trug seine Krankenkasse. Nachdem die Kostenübernahmeerklärung vorlag, setzte sich Otto mit Todesverachtung auf den Behandlungsstuhl, ließ sich eine Spritze von der Größe einer Bierdose verpassen und fügte sich in sein Schicksal.

Später, als er die fertige Prothese im Mund trug, überfielen ihn starke Schmerzen. »Das ist bestimmt normal«, dachte sich Otto. »Beinamputierte klagen über Phantomschmerzen und Gebißträger über neue Kauleisten. Es dauert eben einige Zeit, ehe sich der Körper daran gewöhnt hat.«

Doch die Schmerzen wurden immer schlimmer. Otto suchte Dr. Hans auf und bat um Hilfe. Der Zahnklempner knurrte: »Nun seien Sie mal nicht so memmig.« Dann schraubte er hier, fummelte dort. Die Schmerzen blieben.

So ging es wochenlang. Otto dachte an Selbstmord. Vorher konsultierte er noch einen anderen Zahnarzt. Der sah ihm in den Mund, ließ ihn auf irgendwelchen Blättchen herumkauen und schüttelte den Kopf: »Alles Pfusch. Der Abstand zwischen Ober- und Unterkiefer ist zu klein, und die Zahnkontakte stimmen nicht. Eine Reparatur ist unmöglich. Da hilft nur eine völlig neue Prothese.«

Otto hatte keine Wahl. Nach einer zahnlosen Mümmelmannperiode wurden ihm neue Kauwerkzeuge eingepaßt. Nichts scheuerte, nichts tat mehr weh. Otto konnte wieder kraftvoll zubeißen. Nun rief er den Kurpfuscher Dr. Hans an und verlangte sein Geld zurück. Doch der Zahnreißer stellte sich stur.

Der Richter ließ sein Gebiß knacken, als er das Urteil verkündete: »Dr. Hans hat fehlerhaft behandelt und dadurch seine Pflichten aus dem Behandlungsvertrag verletzt.« Er muß das volle Honorar zurückzahlen und Otto mit einem Schmerzensgeld in Höhe von 4 000 DM entschädigen.

»Hast du keine Zähne, schüttle nicht die Mähne«, sagt schon das Sprichwort.

Der Mann, der eine Frau war

Männer sind Männer, und Frauen sind Frauen. Männer müssen sich rasieren, Frauen haben andere Probleme. Ausnahmen bestätigen die Regel. »Es erheben zwei Stimmen streitend sich in meiner Brust«, schrieb schon

Friedrich Schiller in »Wallensteins Tod«. Es gibt Menschen, die anders sind als andere.

Berta wurde 1952 als Person weiblichen Geschlechts geboren. Als kleines Kind spielte sie nicht mit Puppen, trug nur Hosen. Als Pubertierende begann sie zu rauchen und Bier zu trinken. Wegen akuter Persönlichkeitsstörungen mußte sie mit 16 Jahren in eine jugendpsychiatrische Klinik eingewiesen werden. Berta war mit sich und der Welt unzufrieden. Sie weinte grundlos, war aggressiv, launisch und gereizt.

Eine Lehrstelle als Frisöse warf sie nach wenigen Wochen hin. Sie scheiterte als Verkäuferin und als Sekretärin. Schließlich unterzog sie sich einer mehrjährigen psychotherapeutischen Behandlung.

Nach langen, qualvollen Jahren wurde 1987 endlich Bertas eigentliches Problem entdeckt. Die Diagnose lautete auf eine asexuelle Unterform des Transsexualismus. Berta war ein Mann, der in einem Frauenkörper steckte. Sie beschloß, ihr Äußeres (soweit es möglich war) ihrem Inneren anzupassen.

Seit dem Herbst 1991 nennt sich Berta nun Bert und lebt als Mann. So beantragte Bert beim Amtsgericht, im Geburtsregister seinen weiblichen durch den neuen männlichen Vornamen zu ersetzen. Außerdem bat er darum, den Geschlechtseintrag zu ändern. Das Gericht tat, wie gebeten.

Aus unbekannten Gründen störte sich ein Staatsanwalt daran. Als Vertreter des öffentlichen Interesses legte er sofortige Beschwerde ein.

Sicherlich ist es richtig, daß niemand nach Belieben sein Geschlecht ändern können soll, heute Frau, morgen Mann und übermorgen wieder Frau sein darf. Anderenfalls wäre das Chaos perfekt.

Doch im Fall von Berta oder Bert lag die Sache etwas anders, meinte das Gericht: »Transsexuelle wollen nach dem gesicherten Erkenntnisstand der Wissenschaft ihr Geschlecht nicht manipulieren. Im Vordergrund steht für sie nicht die Sexualität, sondern das Streben nach Einstimmigkeit von Psyche und Physis.« Es bestehe eine hohe Wahrscheinlichkeit, daß Bert bei seinem Entschluß bleibe. Es sei daher davon auszugehen, daß durch die durchgeführten Eingriffe die Voraussetzung einer deutlichen Annäherung an das andere Geschlecht hinreichend erfüllt sei.

Bert bleibt Bert. Berta war einmal. Her mit dem Rasierapparat.

Wenn dich böse Buben locken ...

»Man kann gar nicht so dumm denken, wie es manchmal kommt«, mag sich Dr. Jürgen gewundert haben, als urplötzlich eine mittlere Katastrophe über ihn hereinbrach. Er ist Frauenarzt in einer kleinen Stadt, wo jeder jeden kennt. Ein winziger Patzer, ein relativ harmloses Kunstfehlerchen kann da schon üble Folgen haben. »Dr. Schnelltod« ist kein Spitzname, auf den ein Medizinmann gern hört.

Zu Dr. Jürgens Patientinnen gehört die siebzehnjährige Manuela, ein tolles Früchtchen. Manuela geht zwar noch zur Schule, sieht aber Pamela Anderson in allen Details täuschend ähnlich. Aha, mag sich der aufmerksame Leser denken, hier liegt also der Konflikt! Doch weit gefehlt. Dr. Jürgen ist Anfang Sechzig und im Hinblick auf beachtliche Oberweiten längst jenseits von Gut und Böse.

Manuela leidet unter einer Neigung zur Zystenbildung. Sie mußte deshalb regelmäßig untersucht werden und erhielt Präparate zur hormonellen Antikonzeption. Eines Tages kam sie in Begleitung ihrer Mutter zur Sprechstunde. Es gab Anlaß zu ernster Besorgnis. Der Mama war der Heißhunger ihrer Tochter auf Rollmops aufgefallen. Doch das Töchterlein meinte, sie habe mit Jungs überhaupt nichts im Sinn: »Wenn mich böse Buben locken, bleib ich zu Haus und stopf die Socken.« Zweitens nähme sie regelmäßig die Pille.

Dr. Jürgen runzelte bei seiner Untersuchung schon bald die kahle Stirn. Manuela war schwanger. Daran gab es nichts zu deuteln. Sie mußte die Schule abbrechen, denn bereits zwei Monate später gebar sie ein munteres Knäblein. Sie nannte es Felix, den Glücklichen. Dann reichte sie Klage gegen Dr. Jürgen ein, forderte von ihm Schadenersatz und Schmerzensgeld: Er habe ihre Schwangerschaft bei den regelmäßigen Untersuchungen viel früher erkennen müssen. Wenn sie das rechtzeitig erfahren hätte, wäre es noch möglich gewesen, das Kind abtreiben zu lassen.

Das Gericht prüfte Krankenberichte und Patientenkartei genau. Doch darauf kam es letztlich gar nicht an: »Die mit der Existenz eines Kindes verbundenen wirtschaftlichen Belastungen sind von einem Arzt dann auszugleichen, wenn dieser auf Grund einer zielgerichtet getroffenen Absprache die Verpflichtung übernommen hat, die Geburt zu verhindern«, meinten die Richter und fuhren dann fort: »Die Verkennung einer Schwangerschaft ist einem Frauenarzt nicht als Behandlungsfehler vorzuwerfen, wenn seine minderjährige Patientin ihn nur wegen anderer Beschwerden aufsucht und dabei weder von dem Ausbleiben der Regelblutung noch von sexuellen Aktivitäten berichtet.«

Doch halt, noch ist nicht alles verloren! Manuela ging regelmäßig zur Beichte. Der arme Herr Pfarrer! Er wird womöglich als nächster verklagt werden; denn er wußte bestens Bescheid.

Ich bin der Doktor Eisenbart

Siegfried war Melker von Beruf. Nun ist er Rentner. Über Langeweile kann er sich trotzdem nicht beklagen: Sein kleiner Bauernhof beschäftigt ihn tagein, tagaus, auch wenn sich die Plackerei nicht mehr lohnt. Doch Eier von den eigenen Hühnern schmecken nun mal am besten, und Kaninchenbraten ist selbst aufgewärmt noch lecker.

An einem Sonntagmorgen hackte Siegfried Holz. Einen hübschen Meiler hatte er schon aufgestapelt, als ihn plötzlich ein jäher Schmerz zusammenzucken ließ. Es war, als ob ihm ein Messer ins Gedärm gefahren wäre. Er krümmte sich, fiel auf die Knie und erbrach sich, einmal, zweimal, bis nur noch grüne Galle kam. Dann richtete er sich mühsam auf und wankte ins Haus. »Lisbeth, Lisbeth, sag warum kimmste net«, rief er mit kraftloser Stimme seine Frau. Die schlug vor Schreck die Hände über dem Kopf zusammen, als sie ihren Mann so sah, hakte ihn unter und schleppte ihn zum Bett. Siegfried ließ sich auf die Decke fallen und stöhnte: »Ich glaube, ich sterbe. Hol den Herrn Pfarrer.«

Lisbeth tat nichts dergleichen. Mit wehenden Röcken rannte sie die Dorfstraße hinunter zum Lindenwirt, bei dem ein Münzfernsprecher hing. Von dort aus rief sie nach dem Arzt.

Dr. Fridolin hatte es sich gerade auf dem Sofa bequem gemacht, um ein Fußballspiel im Fernsehen zu verfolgen. Die Störung ärgerte ihn. Er ließ sich am Telefon das Krankheitsbild schildern und gab dann die Empfehlung: »Flößen Sie Ihrem Mann etwas Milch ein und legen Sie ihm eine heiße Wärmflasche auf den Bauch.«

Lisbeth tat wie geheißen, doch Siegfrieds Zustand verbesserte sich um keinen Deut. Ab und zu mußte er sich übergeben, die Schmerzen in seinem Leib rasten ohne Unterlaß.

Um 22 Uhr klingelte Lisbeth noch einmal beim Arzt an. Weil nun gerade ein spannender Kriminalfilm lief, mochte Dr. Fridolin gedacht haben: »Ich bin der Doktor Eisenbart, kurier' die Leut auf meine Art« und entgegnete: »Machen Sie sich keine Sorgen, gute Frau. Wechseln Sie fleißig die Wärmflaschen, dann kommt schon alles wieder ins Lot.«

Nichts kam in Ordnung. Um ein Uhr morgens packte Lisbeth ihren wimmernden Gatten ins Auto und fuhr mit ihm zum Krankenhaus. Dort stellte der Notarzt fest, daß Siegfried an einer beginnenden Darmverschlingung litt. Er bekam eine schmerzstillende Spritze und mußte stationär behandelt werden. Erst nach neun Tagen konnte er die Klinik wieder verlassen.

Die Schmerzen war er los, doch nun hatte er eine furchtbare Wut im Bauch. Er verklagte Dr. Fridolin.

Das Gericht kam zu dem Ergebnis, daß der Arzt seinen Pflichten nicht nachgekommen war. Zwar bestand für Siegfried laut Krankenbericht zu keinem Zeitpunkt akute Lebensgefahr, doch dies konnte der zu Hilfe Gerufene nicht wissen.

Spätestens nach dem zweiten Telefonat hätte er den Patienten aufsuchen müssen. Auf diese Weise wären Siegfried einige Stunden des Leidens erspart geblieben. Dr. Fridolin mußte deshalb ein Schmerzensgeld von 800 DM an Siegfried zahlen. Auch Bequemlichkeit hat ihren Preis.

Kaufen

Autoklau im Morgengrauen

An einem Tag im Januar schlenderte der Feinmechaniker Uwe über einen buntbewimpelten Autoverkaufsplatz und entdeckte eine große, weiße, PS-starke Limousine der gehobenen Mittelklasse. Uwe erstarrte: Es war Liebe auf den ersten Blick! 22 480 DM sollte das gute Stück kosten – ein stolzer, aber durchaus angemessener Preis. Nach einem prüfenden Blick in den Kofferraum sowie unter die Motorhaube wurde der Kaufvertrag perfekt: 2 480 DM Anzahlung, zwei Raten von je 10 000 DM.

»Wenn Sie die ersten zehn Riesen bringen, bekommen Sie Ihr Auto picobello blank gewienert. Auch die Motorwäsche geht selbstverständlich auf Kosten des Hauses!« versprach Helmut, der Händler.

Ein paar Wochen später legte Uwe 10 000 DM auf den Tisch und nahm die Fahrzeugschlüssel in Empfang. Doch dann verzog sich die Miene des Feinmechanikers: Den Wagen zierte eine zentimeterdicke Staubschicht, im Fond lagen Papierschnipsel sowie braunverschrumpelte Apfelgriebsche, und eine Motorwäsche hatte das gute Stück seit Monaten nicht mehr gehabt. Der Käufer rannte wutschnaubend in das Verkaufsbüro.

Doch der Händler zuckte nur mit den Achseln: »Im Vertrag steht kein einziges Wort von einer Wagenreinigung. Gekauft ist gekauft!« Uwe forderte Preisnachlaß. Der Händler blieb stur, doch sein Kunde auch: Er überwies einfach nicht die letzte Rate in Höhe von 10 000 DM.

Einige Wochen später, als Uwe fröhlich pfeifend aus der Haustür kam, bemerkte er entsetzt, daß sein Wagen nicht mehr vor dem Hause parkte. »Händler Helmut, die Kanaille«, dachte er sofort und alarmierte seinen Anwalt. Der beantragte beim Gericht den Erlaß einer einstweiligen Verfügung. Als sie endlich vorlag, wurde der Gerichtsvollzieher aktiv. Er beschlagnahmte 25 Tage später beim Händler Helmut tatsächlich das gestohlene Auto und kassierte die Gebühren und Kosten.

Auf den dringenden Rat seines Rechtsanwaltes hatte Uwe inzwischen die letzte Rate in Höhe von 10 000 DM überwiesen. Nun forderte er vom Händler Helmut 2 475 DM Nutzungsausfall für die 25 Tage, an denen er nicht Auto fahren konnte. Der Händler weigerte sich empört. Er verwies auf eine Klausel im Kaufvertrag, in der stand, daß der Verkäufer bis zur vollständigen Bezahlung Eigentümer des Kaufgegenstandes sei.

Uwe reichte Klage ein und gewann den Prozeß.

Der Richter: »Zwar befand sich der Kläger zweifelsfrei mit der Zahlung des Kaufpreisanteils in Höhe von 10 000 DM in Verzug. Gleichwohl berechtigte dies den Beklagten lediglich dazu, den Kaufgegenstand vom Kläger herauszuverlangen.«

Helmut hat aber nicht verlangt, sondern gleich mitgenommen. Pech gehabt. Wer hart austeilt, muß auch hart einstecken können.

Keine kleine Nachtmusik

Wolfgang Amadeus Mozart gilt bekanntlich als Erfinder der Mozartkugeln. Darüber hinaus soll er stets knapp bei Kasse gewesen sein, weshalb er sich mit Klavierspielen Geld verdienen mußte.

Ingeburg hat große Gemeinsamkeiten mit Wolfgang Amadeus: Sie nascht gern Mozartkugeln, sitzt Tag für Tag als Klavierlehrerin am Piano, und häufig ist Schmalhans bei ihr Küchenmeister. Als Witwe mittleren Alters findet sie Trost und Erbauung im Frauenkreis, wo sie häkelt, strickt, batikt und stickt. Jedes Jahr im Herbst, wenn in der kleinen Stadt Kirmes gefeiert wird, bauen die Damen Klapptische im Fußgängerboulevard auf und bieten die Jahresproduktion an hübschen Topflappen, entzückenden Deckchen und gefälligen Untersetzern feil. Den Reinerlös verwenden sie teils für die Vereinskasse, teils spenden sie ihn für wohltätige Zwecke. Ingeburg legte noch einige aussortierte Notenhefte, alte Musikzeitschriften und einzelne Notenblätter mit auf den Tisch. Als sie bereits wieder am Zusammenpacken war, trat ein älterer Herr an den Stand, besah sich die vergilbten Notenhefte und fragte gelangweilt nach dem Preis.

»Zehn DM?« schlug Ingeburg zaghaft vor.

Der Mann bezahlte und ging seiner Wege.

Am dritten Tag nach dem Verkauf schlug sie den »Landboten« auf und erstarrte. »Glückspilz auf dem Flohmarkt!« stand dort in großen Lettern zu lesen: »Dem Musikliebhaber Detlef K. gelang ein sensationeller Mozart-Fund von beachtlichem Seltenheitswert, als er ein Notenheft aus dem vorigen Jahrhundert für einen Bruchteil seines tatsächlichen Wertes erwarb.«

Ingeburgs Mund wurde sehr spitz. Dann rief sie in der Zeitungsredaktion an und erfragte die Anschrift von Detlef. Doch der ließ sich auf nichts ein. »Gekauft ist gekauft!«

Ingeburg reichte Klage ein. Das betreffende Notenheft sei aus ihr nicht erklärlichen Gründen in den Stapel geraten, ohne daß ihr dies beim Verkauf bewußt gewesen wäre. Als der Beklagte kaufte, habe sie nicht darauf geachtet, um welche Notenhefte es sich im einzelnen handelte.

Doch das hohe Gericht ließ keinen Irrtum gelten: »Es liegt keine arglistige Täuschung vor. Grundsätzlich ist es Sache jeder Vertragspartei, ihre eigenen Interessen selbst wahrzunehmen«, meinte der Richter.

»Es entspricht dem typischen Charakter eines Flohmarktes, daß hierbei jedermann – auch ohne geschäftliche Erfahrung – Gegenstände aller Art anbieten und erwerben kann. Demzufolge gebieten auch Treu und Glauben nicht, gegenüber geschäftsunerfahrenen Anbietern auf den weit höheren Wert einer Sache hinzuweisen, um diesen von einem unüberlegten und wirtschaftlich nachteiligen Geschäft abzuhalten.«

Als Ingeburg nach Hause kam, fegte sie die Mozartbüste vom Klavier und spülte eine Packung Mozartkugeln in die Toilette. Auf dem Unterrichtsplan steht nun keine kleine Nachtmusik mehr.

Auf Überredung hereingefallen

Viele unzufriedene Bürger glaubten 1990 felsenfest daran, die deutsche Einheit würde mit einem Schlag alle ihre Probleme lösen. Doch obwohl wir nun alle im Goldenen Westen leben, sind wir gegen Schicksalsschläge, Pleiten, Pech und Pannen nicht gefeit.

Die Menschen reagieren allerdings auf plötzliche Mißgeschicke unterschiedlich. Der eine läßt sich in der Kneipe vollaufen, der andere sucht Erfüllung in amourösen Abenteuern, und wieder ein anderer versucht den Frust in einem Kaufrausch abzubauen.

Bertram wurde kurz hintereinander von zwei schweren Schicksalsschlägen getroffen. Am Sonntag knallte ihm die Freundin die Tür vor der Nase zu, am Montag drückte ihm der Chef die Entlassungspapiere in die Hand. Bertram irrte ziellos durch die Straßen. An einem Platz, über dem, zeltartig gespannt, Tausende glitzernde Fähnchen wehten, blieb er stehen. Mehrere hundert Autos aller Couleur warteten auf zahlungskräftige Käufer.

Bertram wollte wieder weiterschlendern, als plötzlich eine sanfte Hand seinen Arm berührte. »Sie haben eine gute Wahl getroffen, mein Herr«, meinte Autohändler Andreas und zwirbelte seinen Schnurrbart. »Sie sind ein echter Fachmann, das sieht man auf den ersten Blick. Ihnen kann niemand eine alte Schlurre als Jahreswagen unterschieben. Ich bin nämlich ein Menschenkenner. Sie haben auf Anhieb mein bestes Stück entdeckt.«

Bertram wollte dem Händler ins Wort fallen. Doch er hatte keine Chance. Der Autoverkäufer sprudelte wie ein Wasserfall: »Ein ausgezeichneter Italiener, Mamma Roma, Fredo Caldo, o sole mio. Aus erster Hand, unfallfrei, und erst sage und schreibe 4 500 Kilometer runter. Da kann man gar nichts falsch machen. Und bei diesem sensationell niedrigen Preis setze ich objektiv zu.«

Bertram wußte nicht, wie ihm geschah. Eine Viertelstunde später hielt er bereits einen Kaufvertrag über einen gebrauchten Pkw in der Hand und hatte 450 DM angezahlt. 21 000 DM sollte der mittelmäßige Mittelklassewagen kosten – 100 DM über dem Neupreis!

Zu Hause biß Bertram vor Wut über seine eigene Blödheit in den

Teppich. Wie konnte ihm nur so etwas passieren? Er zerriß den Kaufvertrag in tausend kleine Schnipsel und warf sie in die Mülltonne.

Eines Tages schrieb ihm aber der Anwalt von Autohändler Andreas einen Brief: »Sie werden aufgefordert, unverzüglich den Wagen abzuholen und den vereinbarten Kaufpreis zu zahlen, anderenfalls haben Sie 4 200 DM Schadenersatz zu leisten.«

Bertram machte eine unanständige Geste und zahlte keinen Pfennig.

Ein Dreivierteljahr später fand die Gerichtsverhandlung statt. »Im Kaufvertrag heißt es, daß der Verkäufer berechtigt sei, als Schadenersatz wegen Nichterfüllung 20 Prozent des Kaufpreises zu verlangen. Mit der Klage hat der Kläger die Wahl getroffen, daß er Schadenersatz wegen Nichterfüllung beansprucht«, urteilte der Richter. Bertram muß zwar das Auto nicht abnehmen und auch keine 21 000 DM bezahlen, aber Händler Andreas hat Anspruch auf Schadenersatz in Höhe von 4 200 DM minus 450 DM Anzahlung = 3 750 DM.

Ein hohes Lehrgeld für eine Viertelstunde geistiger Verwirrung! Wer Pech anfaßt, bricht sich den Finger in der Nase.

Plötzlicher Tod eines Dirigenten

Wilhelm ist 67 Jahre alt und seit zwei Jahren Rentner. Noch sind die Renten ja sicher, und insofern geht es Wilhelm tatsächlich gut, auch wenn ihm die Arbeit fehlt. Für ihn ist jeder Tag ein Urlaubstag. Viel Zeit für Hobbys, die nichts kosten. Er kennt keine ernsthaften finanziellen Sorgen, weil er maßvoll lebt.

Wilhelm spielt leidlich Klavier. Er besitzt eine umfangreiche Sammlung klassischer Schallplatten, kennt die Biographien aller bedeutenden Komponisten und besucht gern Konzerte. Wenn er es sich nur leisten könnte, würde er noch öfter gehen.

Eines Tages saß Wilhelm auf seiner Terrasse und las gelangweilt Zeitung. Politik interessierte ihn schon lange nicht mehr. Aber plötzlich sprang er auf, wie von der Tarantel gestochen. Er führte einen Freudentanz auf und quiekte vor Begeisterung wie ein liebestoller Eber. In der Stadthalle der Landesmetropole, so stand geschrieben, sollte in wenigen Wochen das international bekannte Sinfonie-Orchester X unter der Leitung des weltberühmten Dirigenten Y gastieren.

Wilhelm wühlte fahrig in seinem Plattenschrank, fingerte zitternd die jüngste LP des X-Sinfonie-Orchesters heraus, stülpte sich die Kopfhörer über und versank in tiefer Trance. Verzückt und weitausholend – so, als ob er der begnadete Dirigent Y wäre – schwang er einen imaginären Taktstock zu den himmlischen Klängen.

Am nächsten Morgen stellte sich der Musikliebhaber um 6 Uhr an der Vorverkaufskasse an; um 16 Uhr hielt er drei Billetts in den Händen. 142 DM mußte er dafür bezahlen, aber das Geld gab er gerne.

Nicht nur er allein würde sich an den musikalischen Genüssen ergötzen, sondern noch zwei alte Freunde. Geteilte Freude ist doppelte Freude.

Am besagten Abend trafen die drei würdigen Herren geschniegelt und gebügelt weit vor der Zeit an der Stadthalle ein. Wilhelm ließ einen Blick über die Werbetafeln schweifen. Auf einmal entfuhr ihm ein Entsetzensschrei: Der Dirigent Y sei jählings von einer heimtückischen Krankheit dahingerafft worden, stand da zu lesen. Statt seiner würde deshalb Kapellmeister Z dirigieren. Wütend stürmte Wilhelm zur Kasse. Seiner Meinung nach hatten Y und Z so viel miteinander gemein wie Sekt und Selters.

Doch die Dame am Abendschalter lehnte die Rücknahme der Eintrittskarten ab. »Was wollen Sie, das Konzert findet doch statt. Ein Klimperheinz ist so gut wie der andere«, erwiderte sie schnippisch.

Da es Wilhelm sowohl an Geld als auch an Beschäftigung mangelte, klagte er auf Rückzahlung des Eintrittspreises.

Das Gericht meinte: »Die Person des Dirigenten stellt bei dem Konzert eines Sinfonie-Orchesters einen die Leistung wesentlich prägenden Umstand dar, so daß bei einem Wechsel des Dirigenten die angebotene Leistung nicht der vertraglich geschuldeten Leistung entspricht. Es liegt ein Fall von Unmöglichkeit vor.« Ergo bekam Wilhelm den Eintrittspreis zurück.

Geteiltes Leid ist halbes Leid

Beim Kauf eines Gebrauchtwagens gibt es eine klare Regel, die so fest steht wie ein Fels in der Brandung: Niemals, auf gar keinen Fall, ganz egal unter welchen Umständen, darf man ein Auto beim Gebrauchtwagenhändler kaufen. (Allen Gebrauchtwagenhändlern, die an dieser Stelle wütend aufschreien, sei gesagt: Sie sind selbstverständlich nicht gemeint. Sie sind die Ausnahme von der Regel.)

Es gibt zwei triftige Gründe dafür. Erstens ist der Gebrauchtwagenmarkt ein gigantischer Industriezweig, in dem alte Schlurren mit etwas Blech, Lack und Spray so weit aufgemotzt werden, daß sie wenigstens bis zur nächsten Kreuzung durchhalten. Zweitens lebt der Gebrauchtwagenhändler vom Einzelgeschäft. Er will seinen goldenen Schnitt hier und heute machen.

Ganz anders sieht die Sache beim Neuwagenhändler aus, der nebenbei einige Gebrauchtwagen mit verkauft. Der Neuwagenhändler braucht den zufriedenen Kunden, der ebenso die Werkstatt nutzt, wie er das nächste und übernächste Auto bei ihm kauft. (Untersuchungen sagen aus, daß über 60 % der Kunden einer einmal gewählten Automarke über Jahrzehnte hinweg treu bleiben.)

Martina, eine dynamische Geschäftsfrau, die sich nicht die Butter vom Brot nehmen läßt, wußte das längst, als sie ein jähes Unglück ereilte: Fred, ein jugendlicher Raser, bekam nicht schnell genug den Fuß auf die Bremse, als die Ampel drei Wagen vor ihm auf Rot schaltete. Martinas Limousine löste sich urplötzlich und ohne ihr Zutun in zerbeulte Einzelteile auf. Die junge Frau benötigte dringend einen neuen fahrbaren Untersatz.

Martina fuhr zum Autohändler Fritz, der Neuwagen einer bekannten und beliebten ausländischen Marke vertreibt. Martina schilderte ihre Misere.

Fritz nickte verständnisvoll. »Gute Frau, hier habe ich genau das Richtige für Sie. Eine Nobelkarosse, tierisch viel PS, Vollausstattung mit Leder, Klimaanlage, Automatik, unfallfrei, wenige Kilometer, sechs Jahre alt.«

Dann nannte er einen Preis, der Martina wieder an das Gute im Menschen glauben ließ. Sie unterzeichnete den Kaufvertrag, reichte einen Scheck über den Tresen.

»In 48 Stunden können Sie das gute Stück abholen. Wir bringen den Wagen bis dahin in Hochform.«

Als Martina das Auto in Empfang nahm, war es dunkel auf dem Hof. Sie bemerkte deshalb erst am nächsten Tag, daß sich die nagelneuen Reifen in abgelatschten Schrott verwandelt hatten. »Reingelegt«, dachte sie verbissen und legte 928 DM für neue Karkassen beim Reifenhändler auf den Tisch. Anschließend suchte sie nach weiteren faulen Eiern. Sie wurde bald fündig: Die Klimaanlage und die Nebelscheinwerfer funktionierten nicht. Die Reparaturen kosteten 197,10 DM bzw. 137,36 DM.

Eine Woche später fiel die gesamte Elektrik aus. Der Elektromeister kroch dreimal um das Auto herum, verschwand für eine Viertelstunde unter der Motorhaube und sagte dann: »Dieser Wagen hat einen schweren Unfall gehabt und ist von irgendeinem Frisör stümperhaft zusammengefriemelt worden. Mein Rat, gute Frau, weg mit der Karre, ehe sich die Abendsonne neigt.«

Martina bezahlte dem Meister 599,21 DM für seine Diagnose und stattete dann dem Autohändler Fritz einen Besuch ab. Er schaltete auf stur. Das Gespräch konnte man noch drei Häuserblocks weiter bei geschlossenem Fenster mitverfolgen.

Martina ging zum Anwalt, der schrieb einen bösen Brief, und plötzlich lenkte Fritz ein. Er nahm die Schrottkarre zurück und zahlte den Kaufpreis aus.

Martina starrte ihn verblüfft an: »Was ist mit dem Geld für die Reifen, die Reparaturen, den Anwalt?«

»Geteiltes Leid ist halbes Leid«, erwiderte Fritz.

Martina reichte Klage ein. Das hohe Gericht befand: »Es ist angesichts der Offensichtlichkeit der Mängel nicht vorstellbar, daß einem Verkäufer, der ein Autohaus betreibt, diese Mängel verborgen geblieben sein sollen. Die Klägerin hat demnach einen Anspruch auf den Schadenersatz. Sie kann alle Aufwendungen ersetzt verlangen.«

Grundstücke und Kinder

Wer nicht gern nimmt, der gibt nicht gern

Woran erkennt man reiche Leute? Am sonnengebräunten Teint im Winter? Am Auto mit Kühlerfigur? An ihren Schuhen? Manchmal, aber nicht immer.

Pauline und Walter waren beide über siebzig Jahre alt. Sie bewohnten ein baufälliges Neubauernhaus, das genau zwischen zwei Dörfern lag. Dazu gehörten weit über 5 000 Quadratmeter unkrautüberwuchertes Gartenland und eine zerfallene Scheune. Die alten Leute bekamen die Mindestrente – zum Leben zuwenig, zum Sterben zuviel. Trotzdem waren sie reich – sie wußten es nur nicht. Haus und Hof lagen günstig, sie hätten gut und gerne 500 000 DM eingebracht.

Pauline ging es gesundheitlich schlecht. Es gab Tage, an denen sie niemanden mehr erkannte und nur noch sinnloses Zeug brabbelte. Walter steckte sie dann ins Bett und tröstete sich mit einer Flasche Schnaps.

Eines Morgens kamen Fremde zu Besuch. Ernst und Gabi, zwei nette, redselige Städter. Sie erzählten von neuen Fenstern und praktischen Kochtopfsets. Als sie gingen, ließen sie außer bunten Katalogen auch Geschenke zurück: ein Päckchen Kaffee für Pauline und eine kleine Flasche Braunen für Walter.

Einige Wochen später bekam Pauline einen schweren Schub und verlor jeden Bezug zur Realität. Sie wurde ins Krankenhaus eingeliefert und mußte dort bleiben: fortgeschrittene Demenz, Altersschwachsinn auf gut deutsch.

Ernst und Gabi kamen und trösteten Walter. Diesmal schenkten sie ihm eine große Flasche Braunen. Sie brachten den betrunkenen alten Mann ins Schlafzimmer und sahen sich einige Papiere durch.

In der Stadt gingen Ernst und Gabi zu einem Notar und ließen einen Grundstücksvertrag aufsetzen. Walter und Pauline übertrugen ihnen darin ihr Hausgrundstück. Gegenleistung: lebenslanges Wohnrecht, häusliche Hilfe und Pflege.

Doch Pauline lag im Krankenhaus, und Walter hing an der Flasche.

Ernst und Gabi hatten sich dafür einen wirkungsvollen, aber völlig legalen juristischen Kniff ausgedacht: Der Vertrag wurde von ihnen als den neuen Eigentümern des Grundstücks auf der einen Seite und von Gabi als sogenannter vollmachtsloser Vertreterin von Walter und Pauline auf der anderen Seite unterzeichnet. Damit war der Vertrag schwebend wirksam, er bedurfte nur noch der nachträglichen Genehmigung durch das alte Ehepaar.

Am nächsten Tag fuhr Gabi ins Krankenhaus und holte Pauline für einen kurzen Ausflug ab. Sie brachte die Kranke zum Notar. Dort unterschrieb Pauline eine Urkunde, mit der sie dem Grundstücksübertragungsvertrag zustimmte. Auch Ernst war nicht untätig geblieben. In seiner Aktentasche klimperten mehrere Flaschen, als er bei Walter an der Tür klopfte. Ernst überredete den alten Mann zu einer kurzen Spritztour mit dem Auto, die ebenfalls beim Notar endete.

Ein halbes Jahr später starb Walter. Seine Tochter Beatrice reiste von weit her an und richtete die Beerdigung aus. Als sie in dem völlig verwahrlosten Haus aufräumte, fand sie in einem Stapel ungeöffneter Post auch den Notarvertrag, mit dem die Eltern ihr gesamtes Hab und Gut an Ernst und Gabi übertragen hatten. Beatrice ließ alles stehen und liegen und rannte zu einem Anwalt. Der beantragte in einem Eilverfahren (vor der eigentlichen Klage), daß zunächst ein Widerspruch im Grundbuch gegen die beiden neuen Eigentümer eingetragen werden sollte.

Doch das Gericht konnte an dem Notarvertrag nichts Sittenwidriges erkennen. Ernst und Gabi beteuerten: »Wir sind seit vielen Jahren mit den alten Leuten befreundet gewesen. Anfänglich haben wir uns sogar gegen den Vertrag gesträubt. Aber dann wollten wir sie nicht enttäuschen. Wer nicht gern nimmt, der gibt nicht gern.«

Beatrice konnte das Gegenteil nicht beweisen. Das Gericht verwarf den Antrag.

Besuch bei der alten Dame

Elfriede ist über achtzig Jahre alt, aber noch topfit und von wachem Verstand. Sie gilt als der Schrecken aller Geschäftsleute in ihrer unmittelbaren Wohnnähe, denn sie hat sich darauf spezialisiert, auf Teufel komm raus die Preise herunterzuhandeln.

Eines Tages klingelte der Grundstücksmakler Joachim an Elfriedes Haustür. Er lobte zunächst überschwenglich die perfekte Haushaltsführung, geizte nicht mit Komplimenten über ihr Aussehen und kam dann nach zwei Tassen Kaffee auf den Grund seines Besuches zu sprechen: Elfriede besaß ein Gartengrundstück, das sie seit rund zwanzig Jahren an eine Familie in der Nachbarschaft verpachtet hatte. Joachim bot sich hilfreich an, für dieses Grundstück einen Käufer zu finden.

Elfriede wunderte sich. Was wollte jemand mit einem Grundstück anfangen, auf dem fremde Leute Rosen züchteten und Kartoffeln anbauten? Elfriede unterschrieb Joachim eine Vollmacht.

Ein paar Wochen später schleppte der Makler die alte Frau zum Notar. Dort verkaufte sie ihr Grundstück für 135 000 DM an Heinz, einen Freund des Maklers.

Ein paar Tage lang schwebte Elfriede wie in den Wolken. Sie hatte eine für sie wertlose Sache (die Jahrespacht betrug 145 DM!) für teures Geld verhökert. Clever, clever. Das Hochgefühl hielt an, bis sie Fleischermeister Willi von ihrem genialen Coup erzählte. »Aber, aber, gute Frau«, meinte der, »das Grundstück haben Sie doch glatt verschenkt! Ich würde Ihnen sofort 300 000 DM dafür geben!«

Elfriede hatte einige schlaflose Nächte, dann wandte sie sich an den Grundstückskäufer Heinz: »Irrtum vom Amt, alles zurück. Ich benötige das Grundstück für meinen kranken Sohn. Er leidet unter Asthma und muß viel an der frischen Luft sein. Wir wollen den Kaufvertrag rückgängig machen.«

Niemand war mehr nett zu der alten Dame. Heinz knallte ihr die Tür vor der Nase zu, und Makler Joachim ließ sich verleugnen. Elfriede reichte Klage ein. Sie sei unter Verstoß gegen die guten Sitten brutal übers Ohr gehauen worden.

Sicherlich genießen Makler im Gerichtssaal ein weniger hohes Ansehen als alte Damen. Doch die Richter ließen sich weder von Sympathien noch von Antipathien leiten, sie hielten sich an die Fakten: »Eine arglistige Täuschung hat die Klägerin nicht bewiesen. Auch sind sonstige Umstände für ein sittenwidriges Verhalten auf seiten des Beklagten nicht ersichtlich. Allein aus dem betagten Alter der Klägerin läßt sich nicht der Schluß ziehen, der Beklagte habe ihre geschäftliche Unerfahrenheit für seine Vorteile ausgenutzt.«

Das Gericht hielt den Kaufpreis durchaus noch für angemessen: »Es kann dahingestellt bleiben, ob ein Käufer, der damit rechnet, daß der Wert der Kaufsache den vereinbarten Kaufpreis erheblich übersteigt, überhaupt gehalten ist, dies dem Verkäufer zu offenbaren.«

Die Klage wurde abgewiesen, der Grundstückskaufvertrag hat Bestand, und Elfriede muß die Kosten tragen.

Heinz zahlte den Pächtern 25 000 DM. Nachdem sie den Garten geräumt hatten, ließ er ein Mehrfamilienhaus errichten und annoncierte: »Eigentumswohnungen in idyllischer Lage zum Vorzugspreis von 285 000 DM pro Einheit zu verkaufen.«

Die Liebe kommt, die Liebe geht

Mitten im Dorf, direkt neben dem Feuerlöschteich, steht ein ansehnliches Gebäude. Dort wohnt Helmut mit seiner Familie. Helmut war vor der Wende beim Rat des Kreises beschäftigt. 1991 verwandelten sich dank noch vorhandener guter Beziehungen mehrere Hektar ihm gehörendes Ackerland in Bauland. Seitdem ist er an Baufirmen beteiligt. Er fährt in großen dunkelblauen Limousinen umher, ist ein Duzfreund vom Landrat, schiebt nachts das Funktelefon unter sein Kopfkissen und hat dicke Tränensäcke unter den Augen.

Elvira, seine blondgelockte Tochter mit dem Antlitz eines Engels und der Figur einer Elfe, galt schon immer als gute Partie. Früher hatte ihr Vater Einfluß, jetzt verfügt er darüber hinaus noch über reichlich Kapital. Die Dorfburschen rannten nachts dutzendweise mit Leitern über den Dorfanger, und der eine oder andere (so wird erzählt) schaffte es sogar bis hinein ins Schlafzimmer unter dem Spitzgiebel.

Der Krug geht so lange zum Wasser, bis er bricht. Eines schlechten Morgens mußte sich Elvira erbrechen, sie verspürte Appetit auf saure Gurken. Nun war guter Rat teuer.

Helmut sprach mit einem seiner Mitarbeiter: »Klaus, sag mal, wie gefällt dir meine Tochter?«

Klaus stieß einen schrillen Pfiff der Bewunderung aus.

»Nun stell dir mal vor, du würdest fein essen gehen – Vorsuppe, Hauptgericht, Nachspeise. Deinem Magen wäre es doch völlig egal, ob er zuerst das Kompott, dann die Brühe und zum Schluß das Kotelett bekäme, oder?«

Klaus nickte.

»Und genauso ist es mit Elvira. Sie liebt dich und will dich heiraten. Allerdings mußt du zuerst das Kompott auslöffeln.«

Klaus stimmte zu, schrieb der nun mittlerweile im siebten Monat schwangeren Elvira verliebte Briefe, und als am 26. Februar die kleine Griseldis geboren wurde, erkannte Klaus in öffentlicher Urkunde vor dem Jugendamt an, der Vater zu sein.

Am 20. Juli war die Hochzeit. Griseldis wurde dadurch kraft Gesetzes zu einem ehelichen Kind.

Großvater Helmut ließ sich nicht lumpen und spendierte als Hochzeitsgeschenk ein hübsches Haus am Wald.

So vergingen die Jahre. Klaus magerte ab, sein Haupthaar wurde dünner, doch in der Firma kletterte er Stück für Stück die Karriereleiter hinauf. Nur ab und zu wunderte er sich, wenn er einen Dorfburschen mit einer Leiter über der Schulter am Waldrand entlangschleichen sah ...

Einmal spätabends, als Klaus von einer Baustelle nach Hause kam, fand er seinen alten Schulfreund Arnfried mit entblößtem Hinterteil im Ehebett vor. Klaus packte wortlos seinen Koffer, knallte am nächsten Tag seinem Schwiegervater die Kündigung auf den Tisch und reichte die Scheidung ein. Außerdem verlangte er die gerichtliche Feststellung, daß Griseldis nicht seine eheliche Tochter sei.

Die Hälfte aller Prozesse geht bekanntlich wegen Verfahrensfehlern verloren. So auch in diesem Fall. Das Gericht beschäftigte sich erst gar nicht mit dem Sinn oder Unsinn der damaligen Vaterschaftsanerkennung, sondern wies die Klage lakonisch ab: »Der Kläger hat die für die Anfechtungsklage geltende Jahresfrist versäumt. Diese Frist hat bereits mit der Anerkennung zu laufen begonnen, weil der Kläger von Anfang an gewußt hat, daß er nicht der biologische Vater ist.«

Die neue Firma von Klaus heißt: »Zahlemann & Söhne«.

Gefährliches Strohholen

»Alles Glück dieser Erde liegt auf dem Rücken der Pferde«, heißt es in einem Schlagertext. Ludwig zieht aus diesem Glück seinen Profit, denn er betreibt einen respektablen Reiterhof. In seinem Stall befinden sich Dutzende Boxen, zur Reithalle führen überdachte Wege, dahinter wartet ein gepflegter Parcours auf Roß und Reiter. Das Gelände ist von zahlreichen Koppeln umgeben. Für ein recht ansehnliches Salär werden Pferde in Pension genommen, ein anerkannter Trainer gibt Unterricht. Die Nachfrage ist größer als das Angebot.

Zu solch einem Reiterhof gehört natürlich auch Personal. Unter anderen war die schöne Pferdewirtschaftsmeisterin Regina dort tätig. Ab und zu soll es vorgekommen sein, daß Chef und Meisterin beim gemeinsamen Strohholen etwas länger als notwendig in der Scheune verblieben. Als Folge solcher intimer Zweisamkeit erblickte Reginas Sohn Olaf Monate später das Licht der Welt.

Ludwigs Freude über seinen Nachwuchs hielt sich in Grenzen. Als Regina ihn wegen der Alimente ansprach, verfinsterte sich seine Miene ganz und gar. »Du bist gefeuert!« schrie er. Die gemeinsamen Stunden in der Scheune waren längst vergessen.

Im Namen ihres Sohnes Olaf verklagte Regina den Reitstallbesitzer. Doch Ludwig stritt schlichtweg ab, jemals mit seiner früheren Angestellten im Stroh gelegen zu haben. In seinen Kreisen sei es nicht üblich, mit dem Pöbel zu verkehren.

Das Amtsgericht ordnete an, Ludwig habe sich zur Feststellung der Vaterschaft einer Blutuntersuchung zu unterziehen.

Dieser lehnte ab.

»Und bist du nicht willig, so brauch ich Gewalt«, dachte der Richter und verfügte eine zwangsweise Blutabnahme.

Nun legte Ludwig ein ärztliches Attest vor: »Eine erzwungene Blutabnahme sei bei dem Patienten aus medizinischer Sicht nicht zuvertreten.«

Der Richter: »Ein solches Verhalten könne als Beweisvereitelung gewertet werden.«

Das Oberlandesgericht erließ daraufhin ein Zwischenurteil. Blutentnahme sei zuzumuten, wenn sie anläßlich medizinischer Behandlung ohnehin notwendig wäre.

Doch Ludwig untersagte auch für diesen Fall seinen Ärzten, die Blutprobe weiterzugeben. Er verwies dabei auf eine fachärztliche Bestätigung, wonach bei ihm eine paranoide Verstimmung im Sinne einer wahnhaften Entwicklung vorläge, weshalb einer Blutuntersuchung medizinisch dringend zu widerraten sei ...

Nun platzte dem Vorsitzenden Richter die Hutschnur: »Verweigert der auf Vaterschaftsfeststellung in Anspruch genommene Mann unberechtigt notwendige Untersuchungen, und können diese nicht zwangsweise durchgesetzt werden, kann der Beklagte nach vorherigem Hinweis so behandelt werden, als hätten die Untersuchungen keine schwerwiegenden Zweifel an seiner Vaterschaft erbracht.«

Der Urteilsspruch wurde verkündet – Ludwig gab klein bei. Seit diesem Tag hat der inzwischen bereits schulpflichtige Olaf auch offiziell einen Vater, der die vielen Jahre rückwirkend Unterhalt zahlen muß. »Spare in der Zeit, dann hast du immer Not«, hängt nun als Spruch im Büro des Reiterhofes.

Der Sohn zweier Väter

Der stämmige rothaarige Fritz und der schlanke schwarzhaarige Peter waren unzertrennliche Freunde gewesen. In der Schule hatten sie von klein an nebeneinander auf einer Bank gesessen. In den fünfziger Jahren absolvierten beide eine Tischlerlehre, und auf den Tanzböden in den Dörfern ringsum schleppten sie nur die schönsten Mädchen ab. Das ist weit über 30 Jahre her. Fritz ist grau geworden. Er hat den Hof seines Vaters übernommen. Peter ist Meister einer gutgehenden Tischlerei. Bis vor kurzem trafen sich die beiden Freunde einmal im Monat zum Skatspielen, aber damit ist es nun vorbei.

Vor langer, langer Zeit, Anfang Dezember 1955, hatte Marianne, die Tochter vom Schmied, einen kleinen Thomas geboren. Als Erzeuger gab sie den Sohn vom Bürgermeister an. Dieser bestritt energisch, die dralle Blondine jemals angerührt zu haben. Die Laboruntersuchung blieb negativ, und mit Gerichtsurteil vom Februar 1958 wurde er von der Vaterschaft ausgeschlossen.

Marianne fiel ein anderer Name ein. »Hör zu«, sagte sie zu Fritz in einer stillen Stunde. »Erinnerst du dich noch an den Holunderbusch? Ja? Jetzt mußt du für deinen Sprößling Alimente blechen!«

Fritz bekam rote Ohren. Er wußte nur zu gut, was damals unter dem Holunderbusch so alles geschehen war. Fritz zahlte bis zum November 1972, insgesamt 16 575 DM. Seinen Sohn bekam er nie zu sehen.

Viele Jahre später erhielt er einen Brief von Thomas: »Lieber Paps, ich brauche etwas Geld. Da ich als dein Sohn später dein Erbe sein werde, hätte ich gern vorab einen Teil dessen bekommen, was mir zusteht. Ich denke an etwa 30 000 DM. Am Sonntag komme ich zum Kaffee, dann können wir die Einzelheiten besprechen.«

Fritz durchlebte eine unruhige Woche. Wie würde sein Sohn aussehen? Stämmig und rothaarig, so wie er damals, oder blond, wie seine Mutter? Am Sonntag stand jedoch ein schlanker, schwarzgelockter Schönling vor der Tür.

Fritz knallte ihm die Tür vor der Nase zu. Am Montag hastete er zum Gericht und legte Klage wegen Anfechtung der Vaterschaft ein.

Als die medizinischen Tests vorlagen, stand eindeutig fest: Fritz war nicht der Erzeuger von Thomas gewesen. Wer dann? Ihm fiel nur ein Name ein: Peter.

Fritz redete mit Peter. Doch der winkte ab. »Mit Marianne habe ich nie etwas gehabt.«

Fritz ging wieder zum Gericht. Schließlich sind 16 575 DM umsonst gezahlte Alimente kein Pappenstiel.

Aber die Richter zeigten wenig Einsicht: »Sie haben keine Chance. Ihr Anspruch auf Rückzahlung besteht zwar gegenüber dem Kindesvater, aber nur rein theoretisch. In einem Prozeß über die Feststellung der nichtehelichen Vaterschaft dürfen nämlich nur das Kind oder der tatsächliche Vater als Kläger auftreten, niemals dritte Personen, so wie Sie eine sind. Der Grund ist ganz klar: Sie könnten ja Hinz und Kunz der Vaterschaft verdächtigen, und alle müßten sich untersuchen lassen. Das geht aber nicht. Und erst, wenn feststeht, wer der tatsächliche Vater ist, können Sie Ihre Forderung auf Rückzahlung der Alimente präsentieren.«

»Aber der Kindesvater wird sich schwerlich hüten, Klage einzureichen!« stellte Fritz fest.

»Genau, genau«, stimmte der Richter zu.

Fritz wollte nun Sohn Thomas überreden, Klage gegen Vater Peter einzureichen. Für seine Mitarbeit versprach er ihm 8 000 DM, die Hälfte der Forderung.

Doch Thomas lehnte ab: »Ich glaube nicht, daß Peter mein Vater ist. Er sieht mir überhaupt nicht ähnlich. Schließlich ist er dick, und ich bin dünn.«

Kuriositäten

Die einsame Kuh und der dichtende Richter

Es gibt schwarze Tage, an denen man besser im Bett liegen bleiben sollte, anstatt auch nur einen einzigen Fuß vor die Tür zu setzen. Außerdem zahlen sich nicht alle guten Taten aus, denn Undank ist der Welten Lohn.

Gerald fuhr mit seinem Pkw über die Felder. Neben ihm saß seine Gattin, auf dem Rücksitz lag Rex, der Schäferhund. Auf einmal versperrte ein Hindernis die Weiterfahrt auf dem Rübenweg: Eine schwarzbunte Kuh hatte es sich vor einer Pfütze bequem gemacht und döste wiederkäuend in der Sonne.

Gerald hupte, doch die Kuh rückte nicht zur Seite. Gerald wendete schließlich seinen Wagen und fuhr zurück ins nächste Dorf. Dort traf er den Bauern Max und berichtete ihm von dem herrenlosen Rindvieh. Doch Max schüttelte nur mit dem Kopf. Er kannte weder die Kuh noch ihren Besitzer.

Gerald rief die Polizei an.

»Aha«, antwortete der Beamte am anderen Ende der Leitung, »ein Gefahrenherd, die Bundesstraße ist nicht weit. Könnten Sie das Tier dingfest machen?«

Gerald borgte sich vom Bauern Max eine Kuhkette, pirschte sich an die Schwarzbunte heran und verband sie mit der Anhängerkupplung. Schritt für Schritt schleppte er das störrische Tier zurück ins Dorf.

Bauer Max erklärte sich bereit, der Kuh zunächst auf seiner Wiese Asyl zu gewähren. Doch als Gerald die Kette von seinem Auto lösen wollte, gebärdete sich das Vieh wie vom Rinderwahnsinn befallen. Schließlich knallte die Kuh ihre Hörner gegen das Blech des Pkw. Geralds schönes Auto sah gar nicht mehr gut aus.

Dann endlich, als alles vorüber war, tauchte auch die Polizei auf. Anhand der Ohrmarke der Kuh konnte Bauer Friedrich als Halter ermittelt werden. Gerald verlangte Schadenersatz für seinen demolierten Wagen: 1 187,98 DM. »Ich habe den Trottel aus der Stadt nicht um seine Hilfe gebeten«, lehnte Friedrich ab. »Liese hätte den Weg zurück in den Stall auch allein gefunden.«

Gerald reichte Klage ein, aber er verlor. Mehr noch: Der Richter begnügte sich nicht mit einer einfachen Urteilsbegründung, er faßte sie in Reimform ab! »Der Kläger hat, wie's oft passiert, ein wenig überreagiert. Er hat es sicher gut bedacht, als er die Kuh ins Dorf gebracht. Doch tat ihm dieses gar nichts nützen, er bleibt jetzt auf dem Schaden sitzen und muß, das bleibt auch ohne Fragen, für diesen Fall die Kosten tragen.«

Frau oder Dame? Das ist hier die Frage

Einer der größten Nachteile der sogenannten Rechtsstaatlichkeit – also der Möglichkeit des Ausschöpfens rechtsstaatlicher Mittel – ist: Jeder kann den größten Quark vor die Gerichte zerren – immer werden sich ernsthafte Menschen darum kümmern. Sie werden den Quark so lange kneten, bis schließlich doch noch Käse daraus geworden ist.

Sylvia hat ein Hobby, mit dem sie sich schon seit Jahrzehnten beschäftigt. Von allen wichtigen Fragen der Menschheit widmet sie sich der allerwichtigsten, der Gretchenfrage sozusagen. Durch mehrere Instanzen hinweg verfolgte sie das Ziel, mit einer Diskriminierung der übelsten Sorte aufzuräumen. Sylvia versuchte, die Anredeform »Frau« und das Amt einer Landesbeamtin für »Frauenfragen« als rechtswidrig erklären zu lassen. Nach Sylvias Meinung ist nämlich das Pendant zum Herrn die Dame und nicht die Frau, denn dazu gehört der Mann. Alles klar? Deshalb müßte es »Landesbeauftragte für Damenfragen« und in der Anrede, beispielsweise auf Briefumschlägen, »An die Dame« heißen. Insofern läge also ein ganz klarer Verstoß gegen das Grundgesetz vor.

Was soll man dazu sagen? Damenbinde, Damenbart, Damensattel – okay. Aber auch Damentag, Damenhaus, Damenzimmer?

Die Richter wußten eine Antwort: »Eine Benachteiligung oder Bevorzugung wegen des Geschlechts setzt voraus, daß sie objektiv feststellbar ist. Eine Benachteiligung in diesem Sinne läßt sich insbesondere nicht daraus herleiten, daß die Bezeichnung Frau lediglich eine Geschlechtsbezeichnung und keine Anredeform ist.«

Sylvia ließ es damit nicht bewenden. Sie reichte eine Beschwerde bei der Europäischen Kommission für Menschenrechte ein.

Die Kommission führte aus: »Bei der Prüfung der Beschwerde hat sich kein Anschein für eine Verletzung der von der Konvention garantierten Rechte und Freiheiten ergeben.«

Ein Blick ins Buch und zwei ins Leben: »Besonders lernt die Weiber führen!« rät Mephisto in der zweiten Studierzimmerszene von Goethes »Faust« und fährt fort: »Es ist ihr ewig Weh und Ach so tausendfach aus einem Punkte zu kurieren.«

Was mag Goethe damit gemeint haben? Wird es nun höchste Zeit, dieses Werk wegen der darin enthaltenen Diskriminierung der Frauen, pardon: der Damen, auf den Index zu setzen?

Eiliger Ausrutscher mit enttäuschenden Folgen

Die wichtigsten Bedürfnisse der Menschen sind Essen, Trinken, Schlafen – und etwas anderes noch, ich wag' es nicht zu sagen, und etwas anderes noch, wer wird nach allem fragen?

Ruth, eine feine ältere Dame mit gut frisiertem grauem Haar und reichlich Goldschmuck, bezieht als Witwe eine auskömmliche Rente. Doch trotz hohem Bankguthaben lebt sie in panischer Angst vor plötzlicher Armut. Sie dreht jeden Pfennig dreimal um, ehe sie ihn einmal ausgibt.

Aber ach, zwei Seelen wohnen tief in ihrer Brust. Was sie auf der einen Seite mühsam einspart, wirft sie auf der anderen Seite für überteuerte Markenartikel wieder aus dem Fenster.

An einem milden Dezembertag zwischen Weihnachten und Silvester machte sich Ruth auf den Weg in eines jener großen Möbelhäuser, die auf den Wiesen in den Himmel wachsen. Mitten in der Abteilung für Lederpolstergarnituren passierte es. Die alte Dame überkam ein Bedürfnis, und zwar mit elementarer Gewalt. Ruth raffte ihre Röcke und hastete die langen, sich windenden Gänge zur Kundentoilette entlang. Auf ihrer Stirn stand kalter Schweiß.

Doch Kisten und Kästen versperrten den Weg zum stillen Örtchen. Mittlerweile war höchste Eile geboten. Alarmstufe Rot sozusagen. Sämtliche Verkäufer waren aber wie vom Erdboden verschluckt, Hinweise auf weitere Toiletten nirgendwo zu sehen.

Ruth kniff zusammen, was sich kneifen ließ, und stakte mit hölzernen Schritten zum Ausgang. Vor der Tür peilte sie das nächste Gebüsch an. Es war die letzte, höchste Not. Als sie gerade hinter den Sträuchern in Deckung gehen wollte, glitt sie im eisglatten Unterholz aus und brach sich ein Bein. Über den Rest des Tages schweigt des Sängers Höflichkeit. Nur soviel sei gesagt: Ruth fühlte sich sehr gedemütigt!

Aus diesem Grund fiel ihre Schmerzensgeldforderung, die sie später an den Möbelhändler richtete, recht üppig aus. Sie wollte 50 000 DM haben, weil die Kundentoilette versperrt und unter den Sträuchern nicht gestreut gewesen war.

Doch das Gericht sagte: »Die Örtlichkeit, die die Klägerin zur Verrichtung ihrer Notdurft aufsuchte, weil sie – ohne jeden inneren Zusammenhang mit dem Aufenthalt in den Geschäftsräumen des Beklagten – einen inneren Drang verspürte, war ihr nicht vom Beklagten zugewiesen, sondern im Rahmen der Umstände frei gewählt.«

»Auch wenn man der Klägerin zugute hält, daß sie keine Zeit mehr hatte, sich in ein anderes Gebäude zu begeben, so ist daraus nicht zu ersehen, daß sie nicht eine weniger gefährliche Stelle im Freien hätte wählen können«, sagten die Richter. Die Klage wurde abgewiesen.

Ein anderer Richter, der von dem Urteilsspruch erfuhr, berichtete aus eigenem Erleben über eine ihm widerfahrene ähnliche Situation im Möbelhaus: »Glücklicherweise war ein antiker Kleiderschrank in der Nähe.«

Flucht über die Grenzbrücke

In einem Punkt sind sich wohl alle einig: In der Freude darüber, daß die Mauern gefallen sind und jeder dorthin reisen kann, wohin er möchte – wenn er das Geld dazu hat. Aber, man glaubt es kaum, auch in unserem jetzigen Rechtsstaat gibt es noch immer böse, böse Grenzverletzer.

Monika ist zweiundzwanzig Jahre alt, von Beruf Sekretärin und sieht aus wie ein modernes Double von Brigitte Bardot. Wenn sie durch das Großraumbüro stöckelt, wird sie von Seufzern begleitet, Kaffeetassen sowie Aktenstapel fallen wie von selbst zu Boden, Telefongespräche mit Übersee finden ein jähes Ende. Probleme mit Behörden oder Polizisten kennt sie nicht. Sie braucht nur mit ihrer beträchtlichen Oberweite zu wackeln, und jeder (männliche) Ordnungshüter steckt flugs seinen Schreibblock weg.

Mit einem Reisebus fuhr Monika Anfang März zum Grenzübergang Laufen, um in Österreich Ski zu fahren. An der Grenzpolizeistation kontrollierte eine Beamtin die Personaldokumente. »Ach, ich alte Schusseltrine«, rief Monika mit gespieltem Entsetzen. Sie hatte nämlich weder Personalausweis noch Paß dabei.

»Ihre Reise endet hier. Ohne Papiere kommt keiner durch!« sagte die gestrenge Beamtin.

Monika mußte den Bus verlassen. Die Sache wurde langsam ernst. Da erschien zum Glück der Blondine ein männlicher Beamter auf der Bildfläche. »Herr Oberkommissar«, gurrte ihm die Schöne ins Ohr, »Sie sind doch Kavalier. Mein Reisegepäck steckt noch im Bus, der ist schon über die Salzlachbrücke gerollt und steht drüben in Österreich. Lassen Sie es mich bitte holen, Herr Generalinspektor.«

»Nun gut, wir wollen ein Auge zudrücken. Sie haben zwei Minuten, um die Koffer herzuholen«, sprach der übertölpelte Beamte.

Monika warf ihm eine Kußhand zu, sauste über die Brücke und damit die Grenze, stieg in den Reisebus, fuhr mit ihm davon und ward nicht mehr gesehen. Jedenfalls 14 Tage lang. Dann kam sie zurück.

Und wurde bereits erwartet.

Die Anklage lautete auf Ausreise ins Ausland trotz Untersagung durch die Behörde. Monika wurde für schuldig befunden und bekam eine saftige Geldstrafe aufgebrummt.

Gegen das Urteil ging Monika zuerst in Berufung, legte dann Revision ein – und hatte Erfolg. »Aus dem Geltungsbereich des Paßgesetzes reist aus, wer den Geltungsbereich des Gesetzes verläßt. Das geschieht durch Überschreiten der Grenze, weil das deutsche Paßgesetz jenseits der Auslandsgrenze nicht gilt. Der Angeklagten wurde genehmigt, die Salzlachbrücke und damit die Grenze zu überqueren. Daß diese Genehmigung die Weiterreise innerhalb Österreichs nicht einschloß, ist unerheblich. Die

Angeklagte wird freigesprochen«, meinte schwitzend der Richter und versuchte vergeblich, seinen Blick von Monikas tiefem Blusenausschnitt fernzuhalten.

Nächtliche Baumräuber

»Was nützt dir holde Maienlust, wenn du dein Geld dir leihen mußt?« fragt ein Sprichwort. »Jetzt geh' ich in den Birkenwald, denn meine Pillen wirken bald!« meint ein anderes. Beide sind sehr realititätsbezogen, beide haben etwas mit dem folgenden Fall zu tun.

Jens, Uwe und Dietmar, drei muntere Bauernburschen in blauen Latzhosen und karierten Baumwollhemden, brummten in einer lauen Maiennacht über Land. Auf dem Dach ihres maisfarbenen Trabant Kombi schaukelten zwei junge Birkenbäume im Fahrtwind hin und her. Die drei Freunde waren von A-Dorf, wo sie wohnten, unterwegs nach B-Dorf. »We Are The Best Old Fashion Boygroup« von der Gruppe Ungelenk dröhnte aus dem Autoradio. Zigaretten glimmten in der Dunkelheit. Der Trabant nahm mürrisch eine leichte Steigung.

Plötzlich kam ein Fahrzeug entgegen. Scheinwerfer flammten auf. Ein lindgrüner Wartburg Tourist schlingerte den Berg hinunter, blendete den Fahrer des Trabbis, sauste vorbei, wendete mit quietschenden Reifen, raste hinterher, überholte auf der Kuppe der Anhöhe, bremste und stand. Der Trabant Kombi stand auch. Wartburgtüren knallten. Drei Kerle mit Schultern breit wie Scheunentore kamen langsam näher.

Jens, Uwe und Dieter zitterten vor Angst.

Einer ihrer Gegenspieler riß ein gewaltiges Schnappmesser aus der Tasche. »Betet!« befahl er mit heiserer Stimme. Dann zerschnitt er den Strick, mit dem die beiden Birken auf dem Dach festgezurrt waren, riß sie herunter und trug sie zum Wartburg. Sein Kumpel legte derweil seinen Zeigefinger auf den Mund. »Oh, oh, keinen Mucker. Sonst gibt es ein paar in die Schnauze«, warnte er. Daraufhin entschwand der Tourist in der Nacht, mit ihm die beiden Maibäume.

Dem Trio im Trabant schlotterten die Knie und wackelten die Kinnladen. Aufregende Erlebnisse hatten die drei Burschen für diesen Tag genug gehabt. Sie drehten um und fuhren zurück nach A-Dorf. Am nächsten Tag erstatteten sie Strafanzeige.

Aber sie hatten die Rechnung ohne den Richter gemacht. Der kannte sich im heimatlichen Brauchtum aus. Folgendes ist nämlich in der Gegend um A- und B-Dorf Usus: Verliebte Jungs schleichen sich in dunklen Maiennächten mit Birken auf dem Rücken in Nachbargemeinden und lehnen die Bäume an Häuser unverheirateter Dorfmädchen, auf die sie ein Auge geworfen haben. Gelingt es ihnen, dies unbemerkt zu tun, dürfen sie ihre Bräute gefahrlos für Leib und Leben zum nächsten Dorftanz holen. Werden sie hingegen von der einheimischen Jugend erwischt, müssen sie ein gepfeffertes »Schwanzgeld« zahlen. Demzufolge wollten die drei Wartburg-Fahrer nicht so sehr Bäume rauben, sondern sich vielmehr freien Verzehr für den nächsten Dorftanz sichern.

Der Richter entschied deshalb: »Insoweit bewegten sich die Angeschuldigten im Rahmen der geschichtlich gewordenen Sozialordnung, was von der Lehre und Rechtssprechung als tatbestandsausschließender Umstand oder Rechtfertigungsgrund gesehen wird.« Und in Hinblick auf Jens, Uwe und Dietmar fand er: »Letztendlich kann derjenige, der sich in ein Brauchtum hineinbegibt und in fremden Orten einen Maibaum setzen will, nicht damit rechnen, daß nur diejenigen Teile des Brauchtums Anwendung finden, welche für ihn positiv sind. Insoweit setzten sich die Geschädigten dem Risiko aus, daß im Rahmen des Brauchtums ihnen der Maibaum abspenstig gemacht wird.«

Die Wartburg-Männer traten als strahlende Sieger aus dem Gerichtsgebäude. Sie sind die Rächer der Enterbten, die Sittenpolizei von B-Dorf, die die Unholde aus A-Dorf in die Schranken wies.

3. Kapitel

Landwirtschaft und Leasingverträge

Schwarzes Geld für weiße Rüben

Landwirt Clemens ist hochverschuldet. Von seinem hübschen Bauernhof und den angrenzenden Ländereien gehört ihm mittlerweile weniger als nichts. Lange betätigte sich Clemens, der Not gehorchend, als gewagter Finanzjongleur. Er riß ein großes Loch auf, um zwei kleinere zu stopfen. Daß dieses Verfahren nicht unüblich ist, war auch dem Gesetzgeber bekannt. Deshalb erließ er beispielsweise 1949 das sogenannte Düngemittelsicherungsgesetz. Danach erwirbt der Lieferant von Düngemitteln und Saatgut an den Früchten der nächsten Ernte ein gesetzliches Pfandrecht, solange die Früchte nicht geerntet und nicht vom Grundstück entfernt worden sind. Das soll verschuldeten oder zeitweise zahlungsunfähigen Landwirten die Möglichkeit geben, Saatgut und Düngemittel zu beziehen, ohne sofort bezahlen zu müssen, wobei sie als Sicherheit ihre Ernte verpfänden.

Clemens stand das Wasser nicht nur bis zum Hals, sondern bis zur Nasenspitze. Um den unvermeidlichen Bankrott doch noch hinausschieben zu können, hatte er sich von Achim, einem angeblichen Menschenfreund, sehr viel Geld zu einem horrenden Zinssatz geborgt. Als Sicherheit mußte er eine Rübengeldabtretungserklärung unterschreiben. Diese Urkunde gab Achim in der Zuckerfabrik ab und wartete auf den Winter, um Kasse zu machen. »Eine Investition in die Zukunft ohne jedes Risiko«, dachte sich Achim, denn was sollte der Bauer mit den Rüben anderes machen, als sie in die Zuckerbude zu schaffen?

Zwischen dem 2. Oktober und 8. Dezember fuhr Clemens die Rüben in die Fabrik. Dort kreuzte am 28. November der Düngemittellieferant Dankwart auf, meldete ein Früchtepfandrecht nach dem Düngemittelsicherungsgesetz an und forderte die Zuckerfabrik auf, keine weiteren Rübenlieferungen mehr anzunehmen, da die Ernte ihm gehören würde.

»Mit den Rüben kann der Düngemittelfritze sowieso nichts anfangen. Ich werde ihm statt dessen die Kohle rüberreichen«, dachte sich Betriebsleiter Benjamin, der bei Gott keine Lust hatte, kurzfristig nach einem anderen Rübenlieferanten zu suchen.

Damit Clemens nicht verhungern mußte, hatte ihm Benjamin am 6. November (heimlich an Achim vorbei) 34 247,63 DM in die Hand gedrückt. Das restliche Rübengeld in Höhe von 192 951,78 DM überwies Betriebsleiter Benjamin an den Düngemittellieferanten Dankwart. Zinstreiber Achim erhielt statt dicker Geldbündel nur ein Schreiben, in dem zu lesen war, daß das gesetzliche Früchtepfandrecht vor der privaten Rübengeldabtretungserklärung stände.

Geldverleiher Achim zog vor den Kadi und verklagte die Zuckerfabrik: »Privat geht vor Katastrophe. Ist die Rübe erst mal ab, hat der Früchtepfänder sein Recht verloren.«

Auch das Gericht gelangte zu der bemerkenswerten Erkenntnis, daß der Adressat des Früchtepfandrechts nur der Bauer und keinesfalls die Zuckerfabrik sein könne: »Das Früchtepfandrecht stellt eine wirksame Sicherung zugunsten des Lieferanten dar. Es schützt ihn nämlich davor, daß die Früchte vor der Ernte von anderen Gläubigern im Wege der Zwangsvollstreckung in Anspruch genommen werden. Das Ernten und Veräußern der reifen Früchte ist als ordnungsgemäße Wirtschaftsweise des Landwirts anzusehen. Mit der Entfernung der Früchte vom Grundstück im Rahmen der Ernte erlischt deshalb das Früchtepfandrecht.«

Mit anderen Worten: Düngemittellieferant Dankwart hätte – notfalls mit gerichtlicher Hilfe – von Bauer Clemens die Herausgabe der Ernte erzwingen müssen. Mit dem Eintreffen der Rüben in der Zuckerfabrik war der Anspruch von Dankwart bereits erloschen. Deshalb hätte Betriebsleiter Benjamin ihm keinesfalls das Rübengeld auszahlen dürfen.

Die Zuckerfabrik muß nun für ein und denselben Rübenberg ein zweites Mal blechen, diesmal an Achim. Zwar kann sie versuchen, sich den Betrag in Höhe von 227 199,41 DM von Clemens und Dankwart zurückzuholen. Doch bei Clemens ist es nicht so einfach, einem nackten Mann in die Tasche zu fassen, und Dankwarts Firma rauscht gerade mit vollen Segeln dem Untergang entgegen.

Wildschaden zu spät bemerkt

Hinter den sieben Bergen, wo sich Fuchs und Hase gute Nacht sagen, ist Waidmannlust des Bauern Frust. Hirsch, Reh, Wildschwein und alles mögliche andere Gekreuch und Gefleuch hüpft munter über die Felder und schnurpst eine Runkelrübe nach der anderen weg.

Der Bauer, er säet und erntet, er drischt und er mäht – was aber, wenn vierbeinige Gierschlunde bei freier Kost und Logis der Ernte den Garaus gemacht haben?

Landmann Basilius ist von echtem Schrot und Korn. Er trägt eine Heimkehrermütze zum Blaumann, hört am liebsten die »Wildecker Herzbuben«, klopft jeden Freitag einen zünftigen Skat und zieht die Gummistiefel nur vor dem Schlafengehen aus. Meistens jedenfalls.

Im Märzen der Bauer die Rößlein anspannt. Basilius fuhr mit seinem Pferdewagen zum Oberberg und schmauchte ein Pfeifchen. Leichter Nebel lag über dem Tal, der Bach plätscherte munter, und die hohen Tannen wiegten sich. »Kuckuck, kuckuck«, rief's aus dem Wald. Basilius griff schnell zum Portemonnaie, um den Inhalt zu mehren. Doch als der Wagen auf das Feld rollte, fiel Basilius die Pfeife aus dem Mund. Auf dem Acker stand nichts mehr, was der Erwähnung wert gewesen wäre. Überall lagen herausgerissene, verfaulte Pflanzen, und die wenigen, die noch standen, hatten Verbißschäden.

Der erboste Landwirt wendete auf der Stelle und raste im Galopp zum Bürgermeisteramt. Er wußte nämlich, daß es Bundesjagdgesetze mit einer Entschädigungsregel für verwüstete Felder gibt.

Doch der Bürgermeister stellte sich bockig an. So ging Basilius zum Gericht. Der Richter, fernab des wüsten Treibens auf den Feldern, sagte: »Ein Wildschaden ist innerhalb einer Woche nach Kenntnisnahme anzumelden. Der Zeitraum, innerhalb dessen eine Kenntnisnahme möglich sein muß, beträgt einen Monat; denn ein Landwirt muß in der Regel einmal im Monat seine Felder begehen, um den an ihn gestellten Sorgfaltsanforderungen zu genügen.«

Basilius aber hatte die Felder letztmalig im Herbst aufgesucht. Die gemächliche Fahrt mit dem Pfeifchen war die erste im neuen Jahr. Er hatte im Winter keine Kontrollen unternommen – die Felder lagen ziemlich abseits. Ein Gutachter stellte fest, daß vorwiegend ältere Verbißschäden vorlagen, wie sich aus den vielen vermorschten Strünken schlußfolgern ließ.

»Wenigstens etwas Wildschadenersatz. Geben ist seliger denn nehmen«, versuchte Basilius zu handeln. Doch der Richter blieb hart, denn wer alles verloren hat, dem helfen Almosen nicht weiter: »Geht man auch vom teilweisen Einhalten der Ausschlußfrist aus, weil der Sachverständige die frühesten Verbißschäden auf 14 Tage zurückliegend datiert hat, kann gleichwohl der von ihm genannte, einer ersichtlich freien Schätzung entspringende Betrag von 150 DM nicht zugesprochen werden. Den Angaben des Sachverständigen zufolge waren diese Felder auf Grund der nicht erstattungsfähigen Vorschäden bereits so geschädigt, daß eine Ernte nicht mehr sinnvoll war. Dann aber ist der berücksichtigungsfähige Verbiß nicht mehr für den eingetretenen Schaden ursächlich gewesen.«

So sprach der Richter, tugendreich und edel, hängte die Robe in den Schrank, griff danach zur Flinte und fuhr in seinem Jeep zum Oberberg zur Jagd. Dort gab es einiges zu erlegen, wie er nun wußte.

Mit Feuer ist niemals zu spaßen

Volker hat einen grauen Schnauzbart und ein Stoppelkinn. Tagein, tagaus, auch am Wochenende, trägt er bunt gemusterte Arbeitshemden, verblichene blaue Minol-Pirol-Kombis und umgekrempelte Gummistiefel. Nur zu Weihnachten und zur Kirmes kramt er seine braune Kordhose und die Kunstlederjacke aus dem Schrank. Gerda, seine Frau, ist spindeldürr und hat den Liebreiz einer grauen Maus.

Manchmal sprechen die beiden weniger als fünf Sätze am Tag miteinander. »Die Kinder sollen es einmal besser haben als wir«, meinte sie, als sie frisch verheiratet waren. Dabei ist es geblieben. Den längst erwachsenen Töchtern und Söhnen geht es inzwischen viel, viel besser als ihren Eltern. Trotzdem kommen sie nur selten zu Besuch und schreiben fast nie.

Gerda und Volker haben ihr Leben lang gespart. Im Laufe der vielen Jahre ist ein hübscher Batzen Geld zusammengekommen. Doch sie brauchen es nicht, haben kaum Bedürfnisse. »Wo Geld ist, kommt noch Geld dazu«, sagt das Sprichwort, »denn der Teufel scheißt nur auf den großen Haufen.« Onkel Johann starb, und das alte Ehepaar erbte dessen 44 Hektar großes Anwesen. Sie verpachteten es an Edgar, einen entfernten Verwandten.

Edgar fand, er sei ein sehr guter Bauer. Er erzählte es allen, die es hören wollten, und auch allen, die es nicht hören wollten. Ständig hatte er neue Ideen. Er wollte Schweinefleisch in den Iran, Rindfleisch nach England exportieren, Lamas, Strauße und Känguruhs züchten. Nichts klappte richtig. Der Schuldenberg wuchs und wuchs.

Eines Nachts heulten die Sirenen. Edgars Heuschober brannte.

Ehe die Feuerwehr ihre Schläuche ausrollen konnte, sprang der Feuerteufel vom Stallgebäude auf das Wohnhaus über.

Nun bekamen Gerda und Volker nach langer Zeit wieder einmal Post. »Schickt Geld, damit ich den Hof wieder aufbauen kann«, forderte Edgar. Doch alles will gut überlegt sein, und so schnell schießen die Preußen nicht. Die Kinder mußten gefragt werden, denn es ging auch um deren Erbteil.

Schließlich und endlich wurde eine Firma beauftragt, ein neues Haus nebst Stall zu errichten. Über ein Jahr dauerten die Bauarbeiten. Kaum saß Edgar im frischgemachten Nest, schrieb er einen zweiten Brief an Gerda und Volker: »Als Schadenersatz für die Zeit der Bauarbeiten fordere ich 79 000 DM von Euch. Ich bin der Pächter, Ihr seid die Verpächter. Ihr habt dafür Sorge zu tragen, daß ich die gepachtete Sache zweckentsprechend nutzen kann. Entweder Ihr rückt die Kohle raus, oder wir treffen uns vor Gericht.«

Der graue Schnurrbart von Volker wurde weiß. Gerda weinte mehrere Nächte still ins Kissen. Für diesen Hallodri sollten sie um den Lohn vieler Jahre gebracht werden. Schließlich hielt es Volker nicht länger aus. Er zog die Kordhose an und fuhr zu einem Anwalt.

Der Rechtsstreit tobte durch mehrere Instanzen. Schließlich wurde geurteilt: »Edgar bekommt kein Geld. Er hätte nach dem Brand den Pachtvertrag kündigen können. Es lag in seiner Entscheidung, daß er am Vertrag weiter festhielt. Der Verpächter hat keine Verpflichtung, die ohne sein Verschulden zerstörte Pachtsache wiederherzustellen.« Die Briten müssen nun weiterhin ihr eigenes Rindfleisch essen.

Ich glaube, mein Schwein pfeift

Dietrich hat dünnes, weißblondes Haar, ist nur 1,65 Meter groß und wiegt nicht sehr viel mehr als einen guten Zentner. Seine Oberarme sind so dick wie der kleine Finger von Bud Spencer, und er wirkt so sexy wie ein altbackenes Fischbrötchen. Aber wie das so im Leben ist: Bei manchem überwiegen die inneren Werte. Und bei anderen wiederum der Besitzstand. Dietrich jedenfalls muß nicht einsam und allein auf die Dame seines Herzens warten, er kann sie aus dem Schwarm derer wählen, die stets an seiner Seite sind.

Dietrich, der Glückspilz, hat nämlich ein paar Hektar Land geerbt, auf denen jetzt zwei Lebensmittel-Selbstbedienungsmärkte, ein Möbelhaus und ein Autocenter in zeltähnlichen Großbaracken erfolgreich um Kunden werben. Tagein tagaus rollen Schaulustige und Kaufwütige auch aus größerer Entfernung an, um hier ein Schnäppchen zu machen. Sie ramschen ihre Wagen voller Sonderangebote – nicht weil sie die Sachen brauchen, sondern weil sie so schön billig sind.

Dietrich hat seinen Schnitt schon gemacht. Bei ihm liegt nach dem Landverkauf mehr Geld auf der hohen Kante, als er beim besten Willen in den nächsten Jahren ausgeben kann.

Um sich die Zeit zu vertreiben, fährt er sehr gern mit einem außergewöhnlich großen Automobil kreuz und quer übers Land. So auch an jenem verhängnisvollen Donnerstag.

Er hatte eine Abkürzung genommen, bog von einem befestigten Feldweg auf die Landstraße, nahm die Kurve zu großzügig und prallte mit voller Wucht gegen einen harmlos daherkommenden 311er Wartburg. Mit einem mächtigen Knall löste sich der Oldtimer in seine Einzelteile auf, die krachend und klirrend über das Kopfsteinpflaster polterten.

Rentner Bertold, der unweit der Unfallstelle angelte, hörte das Geschepper. Hastig kam er herbeigeschlurft, besah sich den Eisenacher Schrotthaufen und dessen verstörten Fahrer, der mit dem Lenkrad in der Hand unverletzt auf einer Kartoffelmiete hockte.

Doch etwas später vernahm Bertold ein anderes Geräusch: Aus dem einige Dutzend Meter entfernten Schweinestall von Bauer Reginald drang durchdringendes Gequieke und Gekreische, so, als ob der Schlachter sein scharfes Messer wetzen würde. Bertold eilte zum Bauern, der in der Wohnstube saß, gemütlich Zeitung las und einen Stumpen paffte.

»Kahler, kumm schnell«, rief Bertold. Der Bauer folgte ihm in den Stall und wurde schier vom Entsetzen gepackt. Die Tiere waren in Panik geraten, gebärdeten sich wie von Sinnen; einige lagen bereits tot in ihrem Blut. Insgesamt verendeten sechs hochtragende Jungsauen, fünf andere setzten vorzeitig ihre Tracht ab.

Reginald suchte nicht lange nach dem Schuldigen. Für ihn stand fest, daß die Unfallgeräusche, wenige Meter vom Stall entfernt, die armen Schweine in Angst und Schrecken versetzt hatten. Er verlangte deshalb vom Unfallverursacher 8 746,80 DM Schadenersatz.

Dietrich hätte diese für ihn lächerliche Summe ohne mit der Wimper zu zucken bezahlen können, aber er wollte nicht. Freiwillig warf er ständig Geld zum Fenster hinaus, doch wenn er etwas bezahlen mußte, war er (wie die meisten reichen Leute) geizig bis zur Ekstase. Er ließ es auf einen Prozeß ankommen.

Das Gericht teilte zwar die Ansicht von Reginald, daß die Panik der Schweine durch den Unfall-Lärm verursacht worden war. Aber, so der Richter: »Die moderne Intensivzucht, bei der Tiere größerer Anzahl in engen Ställen zusammengehalten werden, führt dazu, daß vor allem Schweine bei außergewöhnlichen Geräuschen zu schreckhaften Reaktionen neigen, aggressiv werden und sich gegenseitig zu Tode bringen. Wenn sich der Geschädigte gleichwohl, ohne dazu gezwungen zu sein, zur Aufzucht unter diesen Bedingungen entschließt, setzt er die entscheidende Schadensursache selbst. Schweinehaltung unter diesen Bedingungen verträgt sich nicht mit derartigen Geräuschen, wie sie der Straßenverkehr gelegentlich mit sich bringt. Störungen und Einbußen sind deshalb vom Züchter einzukalkulieren.« Punktum.

Reginalds Klage wurde abgewiesen. »Ich glaube, mein Schwein pfeift«, kommentierte er das Urteil.

Wer sein Auto liebt, der kauft es sich

»Borgen bringt Sorgen«, sagt das Sprichwort, und weil das die meisten Menschen wissen, haben sich pfiffige Händler irreführende Umschreibungen für den einfachen Plan ausgedacht, Sachen auf Pump an den Mann zu bringen. Da heißt es beispielsweise: »Kaufen Sie heute, bezahlen Sie in einem Jahr.« Die Rede ist von »100prozentiger Finanzierung ohne Anzahlung« oder »bequemer Ratenzahlung«, so, als ob es sich um einen Sessel handeln würde.

Ein Sonderfall des Borgens ist das Leasing. Der Leasingnehmer wird nicht Eigentümer des Leasinggegenstandes (zumeist Autos), sondern gibt ihn (in der Regel) nach Ablauf des Vertrages an den Leasinggeber zurück.

Nun ist das Auto ein wunder Punkt der Deutschen. In anderen Ländern dient ein Pkw zum Fahren, in Deutschland zum Angeben. In vielen Ehescheidungsverfahren wird zuerst über das Auto und dann über die Kinder gestritten. Doch ein Pkw ist teuer. Deshalb scheint ein Leasingvertrag auf den ersten Blick vernünftig zu sein: Der Leasingnehmer leistet (meistens) eine erschwingliche Sonderzahlung, stottert überschaubare monatliche Raten ab, tauscht das alte Fahrzeug später, bevor die Reparaturen anfangen, gegen ein neues aus und muß sich nicht mit dem Weiterverkauf herumärgern.

Jochen hatte sich für einen ausländischen Wagen der oberen Mittelklasse entschieden, der im Land für über 50 000 DM gehandelt und an ihn zu äußerst moderaten Bedingungen abgegeben wurde: 6 720 DM Mietsonderzahlung und 1 200 DM monatliche Raten, 20 Monate lang.

»Det is weniga als nüscht«, freute sich Jochen zu früh.

Knapp zwei Jahre lang fühlte er sich wie der König der Landstraße, wenn er in seiner chromblitzenden Limousine an den anderen überdachten Aschenbechern vorbeirauschte. Nur die monatlichen Leasingraten in Höhe von 1 200 DM nebst hohen Steuern und Vollkasko machten ihm auf die Dauer zu schaffen. Er gab das Rauchen auf und ging nicht mehr zum Skatspielen in den Dorfkrug.

Am Vertragsende fuhr Jochen deshalb mit einem lachenden und einem weinenden Auge zu seinem Autohändler Konrad. Der hatte schon das neueste Modell der Saison für ihn bereitgestellt. Doch Jochen winkte ab: »Ab heute fahre ich wieder Bus oder Bahn.«

Drei Tage später erhielt Jochen Post vom Autohändler: »Benennen Sie mir bitte einen Käufer für Ihren Wagen.«

Jochen zerknüllte den Brief und dachte: »Bin ick Händla, oda wat?«

Als Jochen nicht reagierte, ließ Konrad das Auto von einem Sachverständigen schätzen und veräußerte es zu einem Preis von 18 086,96 DM. Dann schrieb er den nächsten Brief: »Gemäß Restwertklausel im Formularvertrag hat der Leasingnehmer die Differenz zwischen kalkuliertem Restwert und Verkaufserlös zu tragen. Der kalkulierte Restwert betrug 30 465,02 DM, der tatsächliche Verkaufspreis 18 086,96 DM. Bitte überweisen Sie innerhalb von 14 Tagen die genannte Differenz zuzüglich Mehrwertsteuer und Verwertungskosten, insgesamt 14 459,59 DM.«

Jochen stellte sich tot, bekam eine Klage an den Hals und verlor den Prozeß mit Pauken und Trompeten. Was der Händler forderte, entsprach dem Vertrag. Jochen hätte sich mehr Zeit für das Kleingedruckte nehmen sollen. Nun bezahlt er 14 459,59 DM Differenzbetrag, 1 002,52 DM Zinsen sowie alle Gerichts- und Anwaltskosten.

Zuzüglich der geleisteten Sonderzahlung in Höhe von 6 270 DM plus 20 x 1 200 = 24 000 DM sind das mehr als der Neupreis für ein Auto, das er sich geliehen und weniger als zwei Jahre lang gefahren hat. Borgen bringt Sorgen.

Makler und Mieter

Aufschwung Ost

In dem folgenden Fall gibt es drei Hauptpersonen. Sven ist einer von den Menschen, denen alles zuzufliegen scheint: Er sieht mit Ende Dreißig noch immer wie ein Dressman aus, hat eine hübsche Frau, nette Kinder und ein eigenes Haus auf dem Lande. 1991 gründete er zusammen mit einem Partner eine Heizungsfirma und beschäftigt mittlerweile 15 Angestellte. Doch das Leben hat den Schweiß vor den Erfolg gesetzt. Sven erscheint morgens als erster im Betrieb, geht abends als letzter, und an den Wochenenden ist er damit beschäftigt, geschäftliche Kontakte zu knüpfen. Darüber hinaus muß er ein schwieriges Problem lösen: Er benötigt dringend ein größeres Grundstück für die Firma. Verkäufliche Grundstücke gibt es zwar wie Sand am Meer, aber die meisten liegen ungünstig und werden zu Preisen angeboten, die in alten Zloty gerade noch akzeptabel wären.

Adolf geht stramm auf die Sechzig zu, betrinkt sich jeden Tag nach Sonnenuntergang und beschäftigt sich die restliche Zeit mit Ferkeleien. Er sammelt Pornohefte, Tonbandkassetten mit schweinischen Witzen und hält drei Damen aus, die sich alle erdenkliche Mühe geben, die ihm verbliebene Manneskraft zu wecken. Vor der Wende war er als Hausmeister in einer Schule beschäftigt, seitdem lebt er herrlich und in Freuden von Grundstücksverkäufen. Seine verstorbene Mutter besaß mehrere Gärten, die ihm alle rückübertragen und durch die Gunst des Schicksals zu Bauland erklärt wurden.

1996 traf er zum ersten Mal mit Sven zusammen. Sie führten Verkaufsverhandlungen über eins von Adolfs Grundstücken, das äußerst günstig neben einem entstehenden Gewerbegebiet liegt. Aus dem Geschäft wurde nichts. Adolf nannte eine Zahl, die dem dreifachen Brutto-Jahreseinkommen einer Staatssekretärin entsprach.

Daniela hat ebenfalls die besten Jahre schon hinter sich. Sie versucht ihre schwindenden körperlichen Reize mit gewagten amerikanischen Entertainer-Frisuren, gespachteltem Make-up, kiloweise Goldschmuck und glitzernden, hautengen Röcken zu kaschieren. Sie redet ohne Unterlaß, besitzt die Penetranz einer Schmeißfliege und hat damit die besten Voraussetzungen für ihren Beruf: Sie ist Maklerin. 1997 geriet Sven in ihre Fänge. Er unterschrieb ein Formular mit vielen Seiten Kleingedrucktem und hatte damit seinen Kopf in den Rachen der Löwin gelegt.

»Mein lieber, bester Unternehmer«, sagte sie mit falschem Lächeln. »Bei mir sind Sie an der richtigen Adresse. Ich besorge Ihnen im Handumdrehen ein zuckersüßes Grundstück zu einem absolut fairen Preis. Ihre aufstrebende Firma wird noch in hundert Jahren bestehen. Ich schwöre es.«

Nun kam es, wie es kommen mußte. Daniela brachte Sven mit Adolf zusammen, der dringend frisches Geld brauchte und deshalb bereit war, sein Grundstück am Gewerbegebiet für einen moderaten Preis zu verhökern. Sven schlug zu, der Notarvertrag wurde geschlossen, und Daniela wollte ihre Provision kassieren.

»So haben wir nicht gewettet«, empörte sich Sven. »Ich kannte sowohl den Veräußerer als auch den Kaufgegenstand. Bei Vorkenntnis ist kein Salär zu zahlen, steht im Gesetz.«

Daniela warf ihm einen Blick zu, bei dem jeder Feingeist zu einer Salzsäule erstarrt wäre. »Mein Anwalt nagelt dich an die Wand, Bübchen!«

Und so kam es tatsächlich. Sven verlor sowohl in der ersten als auch in der zweiten Instanz. »Wenn die Tätigkeit der Maklerin für den Kaufvertrag mitursächlich ist, verdient sie auch die Provision«, meinten die Richter am Oberlandesgericht abschließend. »In diesem Fall ist die Maklerin vom Käufer beauftragt worden. Diese hat ihn auf das zum Verkauf stehende Objekt hingewiesen und einen Besichtigungstermin ermöglicht.«

Daniela fährt nun einen neuen hübschen Sportwagen, Adolf hat seine Damensammlung zum Quartett erweitert, und Sven arbeitet täglich eine Stunde länger. Aufschwung Ost.

Die Handschrift bringt es an den Tag – manchmal

Winfried und Sonja besitzen ein hübsches Haus mit Garten und einem beheizbaren Bungalow. Eines Tages im November lasen sie die folgende Anzeige: »Junge Frau (NR) sucht dringend Unterkunft für einige Wochen (Meisterlehrgang im Friseurhandwerk).« Sonja meinte: »Männe, wie wäre es, wenn wir dem Mädel helfen würden? Unser Bungalow ist möbliert, hat Küche, Dusche und zwei Zimmer. Ein paar zusätzliche Pfennige können wir gut gebrauchen, und es soll ja nicht von Dauer sein.«

Zwei Tage später zog Birgit ein. Über den Mietpreis wurden sie sich schnell einig, auch über die Höhe der Kaution: 1 350 DM.

Doch Glück und Glas, wie leicht bricht das. Birgit benutzte eine Kaffeekanne als Blumenvase, ließ reichlich Geschirr fallen, trat Zigarettenkippen auf der Auslegeware aus und lüftete nicht nach dem Duschen, so daß sich die Tapete von den Wänden löste.

Sonja saß mehrere Abende schluchzend in der Sofaecke, bis Walter der Kragen platzte. Er pochte mit harter Faust an die Bungalowtür und kündigte Birgit zum 28. Februar.

Am Tage des Auszugs der hoffnungsvollen Haarkünstlerin blätterte Walter 900 DM auf den Couchtisch und sagte: »Hier haben Sie Ihre Kaution zurück. 450 DM behalten wir für die vielen Schäden ein, die Sie angerichtet haben.«

»Sie hören noch von mir, Meister«, meinte Birgit schnippisch.

Ende August kam Post von einem Anwaltsbüro: »Namens und in Vollmacht unserer Mandantin fordern wir die von Ihnen einbehaltene Mietkaution in Höhe von 1 350 DM zurück!«

Winfrieds Anwältin antwortete: »Die Forderung wurde bereits ausgeglichen, Quittungsbeleg anbei.«

Doch die Eheleute bekamen eine Zivilklage über 1 350 DM zugestellt, außerdem hatte Birgit Strafanzeige wegen Urkundenfälschung erstattet. Die Staatsanwaltschaft erhob Anklage gegen das Ehepaar, und es kam zum Strafprozeß vor dem Amtsgericht. Der Tatvorwurf lautete auf Herstellung einer unechten Urkunde.

Nun stand Aussage gegen Aussage. Birgit behauptete, weder 900 DM erhalten noch den Empfang quittiert zu haben.

Winfried und Sonja hingegen schworen Stein und Bein, daß die Unterschrift von ihrer undankbaren Untermieterin stamme.

Ein Sachverständiger wurde befragt. »Die Unterschrift spricht für eine Fälschung.« Der Richterin genügte dies. Winfried und Sonja wurden zu einer Geldstrafe von je 3 000 DM verurteilt.

Das Ehepaar ging in Berufung. Vor dem Landgericht revidierte der Sachverständige seine Aussage: »Man kann Frau Birgit als Urheberin der Unterschrift nicht ausschließen.«

Diesmal lautete das Urteil auf Freispruch mangels Beweisen; denn ein Rechtsgrundsatz lautet: »Im Zweifel zugunsten des Angeklagten – in dubio pro reo.«

Der Zivilprozeß, den Birgit gegen die Eheleute angestrengt hat, ist zwar noch anhängig, aber auch hierbei wird sie wohl den kürzeren ziehen.

Ob tatsächlich die Gerechtigkeit gesiegt hat, können nur Winfried, Sonja und Birgit für sich entscheiden.

Der Richter: »Es ist sehr selten, daß zwei Parteien mit derartiger Überzeugung jeweils das ganze Gegenteil behaupten. Eine Partei hat gelogen – es fragt sich nur, welche.«

Laute Schreie in der Nacht

Oma Minchen ist 83 Jahre alt, klein, rundlich und quicklebendig. Sie hört und sieht ausgezeichnet, ist gut zu Fuß und leidet nicht unter Gedächtnisstörungen. Sie hat nur einen einzigen Fehler: Sie wohnt als Mieterin im Haus von Clara.

Claras Leben verlief bis zum Fall der Mauer eintönig und farblos als schlechtbezahlte Sekretärin in einer westdeutschen Kleinstadt. Dann leuchtete am Horizont ein Hoffnungsschimmer: Sie meldete einen Rückübertragungsanspruch auf ihr Elternhaus an. Im Juli 1995 wurde Clara pensioniert. Im Oktober kündigte sie den Mietvertrag, ließ die Möbel aus ihrem Ein-Zimmer-Appartement auf den Sperrmüll schaffen, zog ihr graues Kostüm an und bestieg den Intercity. »Ich bringe den Aufschwung Ost in das Dorf meiner Vorfahren«, meinte sie zu den verständnisvoll nickenden Mitreisenden.

Im geräumigen Elternhaus am Dorfanger standen zwei Wohnungen leer, parterre wohnte Oma Minchen. Clara zog in die zweite Etage. Sie wollte das Haus so schnell wie möglich verkaufen, vom Erlös eine Wohnung auf Mallorca mieten und dort ihren Lebensabend verbringen.

»Sie haben auch etwas Besseres verdient, gute Frau«, sagte sie zu Oma

Minchen und bot sich an, einen Platz im Altersheim zu besorgen. Oma Minchen schüttelte freundlich, aber bestimmt den Kopf.

Mehrere Makler kamen fröhlich, fuhren jedoch mit Sorgenfalten wieder ab – das Grundstück war hochinteressant, das Haus aber nichts wert. Es mußte abgerissen werden. Das ging nicht, solange Oma Minchen dort noch wohnte.

Die Alte mußte raus! Clara schrieb mehrere Kündigungen, klagte vor Gericht.

Doch Oma Minchen blieb. Kündigungsschutz.

»Und bist du nicht willig, so gebrauch ich Gewalt«, dachte sich Clara. Sie begann mit fortgesetztem Psychoterror. Tagtäglich schrie sie mit äußerster Lautstärke: »Protestantische Scheiße raus!«, und zwar entweder, wenn sie Oma Minchen im Treppenhaus traf, oder mitten in der Nacht auf der Straße vor dem Schlafzimmerfenster ihrer rüstigen Mieterin. Dabei krakeelte sie so ungeniert, daß es alle Nachbarn hören konnten. Ein Anwohner, der sich durch den Lärm besonders gestört fühlte, notierte, daß er vom 14. bis zum 21. Januar 143mal enthemmtes Geschrei gehört habe.

Oma Minchen ließ sich nicht beirren.

Clara verlegte nun ihre Aktivitäten in die freistehende Wohnung in der ersten Etage. Sie polterte nachts mit Gegenständen, warf Schränke um, hackte Holz, drehte das Radio bis zum Anschlag auf.

Oma Minchen zeigte keine Reaktionen. Sie besaß noch einen ausreichenden Vorrat an Ohropax.

Clara kaufte sich eine Trompete, blies ihrer Mieterin den Marsch.

Vergebens. Schließlich hängte Clara selbstgestaltete Plakate ins Treppenhaus, auf denen stand: »Protestantische Mauerscheiße, raus! Kein Grundgesetzschutz in Sicht.«

Der Krug geht so lange zum Brunnen, bis er bricht. Der letzte Tropfen brachte das Faß zum Überlaufen. Gegen Clara wurde Strafanzeige erstattet.

»Es bedarf keiner besonderen Begründung, daß der Versuch, aus Eigeninteresse und mit derartigen unwürdigen Methoden eine 83jährige Frau aus einer seit mehr als 30 Jahren gehaltenen Mietwohnung herauszuekeln, in hohem Maße verwerflich anzusehen ist«, sagte der Richter und musterte Clara wie eine Made im Obstsalat.

Clara mußte 5 600 DM Geldstrafe bezahlen. Im Wiederholungsfall wird es teurer.

Und Oma Minchen? Wenn sie nicht gestorben ist, lebt sie noch immer.

Gestank im Katzenhaus

Mitten im Dorf, dort wo sich das im Zweiten Weltkrieg zerstörte Gutshaus befand, steht seit gut zwei Jahrzehnten ein Neubaublock – vier Etagen hoch. Er wurde in den siebziger Jahren als große soziale Errungenschaft gefeiert. Die Ansichten darüber haben sich mittlerweile geändert ...

Speziell der Bürgermeister mag nur sehr ungern an das vermaledeite Gebäude denken. Die Gemeindeverwaltung fungiert nämlich als Vermieterin des Wohnregals. Nun müssen Fenster und Schornsteine erneuert werden, das Dach hat auch schon bessere Zeiten gesehen.

Damit nicht genug.

Ein amerikanischer Halbneffe des Großonkels der Schwägerin mütterlicherseits vom verstorbenen Gutsherrn lief schon mehrmals – mit Kartenblättern und Zwischenbescheiden des Vermögensamtes raschelnd – über seinen vermeintlichen Grund und Boden, bevor er wieder in die geliehene schwarze Limousine mit Chauffeur kletterte und nervös im Anwaltsverzeichnis blätterte.

Doch mit alledem könnte der geplagte Bürgermeister leben, wenn es nicht Eva gäbe.

Eva wohnt in einer 42 Quadratmeter großen Einraumwohnung. Sie hat eine lange spitze Nase, einen grauen Dutt, den sie immer mit bunten Tüchern umwickelt, und 14 (!) Katzen: : Mohrchen, Peterle, Mausi, Spatzi, Willi, Piepschmatz, Tiger, Felix, Bounty, Fritz, Ralfi, Pussi, Bärchen und Sausewind.

Katzen sind reinliche Tiere. Doch bei 14 Viechern auf 42 Quadratmetern hilft alle Reinlichkeit nichts mehr. Wenn ein Ortsfremder am Dorfeingang nach dem Neubaublock fragt, bekommt er zur Antwort: »Immer der Nase nach.«

Die anderen Mieter im Haus protestierten erst leise, dann laut, drohten Prügel an, grüßten nicht mehr – vergebens. Also ging der Bürgermeister zu Eva und drohte ihr mit der schlimmsten Strafe, die ihm als Dorfgewaltigem zur Verfügung stand: »Eva, wenn du diese Stinkbolzen nicht ins Tierheim schaffst, wird der Dorfchor nächste Woche nicht zu deinem sechzigsten Geburtstag vor dem Fenster singen!«

Eva knallte ihm die Tür vor der Nase zu. Der leidgeprüfte Bürgermeister reichte Klage ein. Das hohe Gericht verzichtete auf einen Ortstermin. Trotzdem zuckten die Nasenflügel des Richters verräterisch, als er das Urteil verlas und dabei in Evas Richtung blickte: »In dörflichen und ländlichen Wohngebieten gehört die Haltung ungefährlicher und hier üblicher Tiere, insbesondere Hunde und Katzen, im Zweifel zur allgemeinen Lebensführung und zum Wohngebrauch. In den Zentren kleinerer Gemeinden und Dörfer gilt das bei der heutigen Ortsgestaltung nicht mehr ohne weiteres, etwa in einem im Ortskern gelegenen Wohnblock mit vielen Wohnungen. Für die Tierhaltung spricht, daß sie für alte und einsame Menschen zum Lebensinhalt werden kann. Aber jede unbeschränkte Haustierhaltung stellt eine unzumutbare Belästigung dar und ist damit unbillig.« Das Gericht hielt eine Katze pro 30 Quadratmeter Wohnfläche für angemessen.

Neben Eva ärgert sich noch eine Person über das Urteil: Die Verkäuferin vom ehemaligen Dorfkonsum und jetzigen »Supershop«. Der Umsatz von Fichtennadel-Spray und Geruchsstoppern wird nun drastisch zurückgehen.

Von der Dusche in die Schüssel

»Wasser ist zum Waschen da, valleri und vallera! Auch zum Zähneputzen kann man es benutzen« – wenn es die Hausordnung erlaubt, wie der folgende Fall zeigt.

Gisbert ist ein begeisterter Freizeitsportler. Dagegen gibt es wohl nichts einzuwenden. In fast jeder freien Minute, die er hat, joggt er im kanariengelben Dress mit Stirnband durch die Straßen, fährt Mountainbike oder spielt mit ein paar Kumpels Volleyball in der nahegelegenen Schulturnhalle. Seine Bauchmuskeln sind stahlhart, sein Körper ist durchtrainiert. Er hat kein Gramm Fett zuviel am Leib. Doch leider muß er ständig seinen Lebensrhythmus ändern, weil er im Dreischicht-System arbeitet.

Aber Gisbert ist ein harter Bursche. Er rennt auch weit nach Mitternacht durch den Park, egal, ob es regnet oder schneit. Kein halbwegs normaler Punker oder Skinhead käme auf den Gedanken, ihn zu belästigen, nach 'ner Mark oder einer Kippe zu fragen. Gisbert sieht inzwischen nämlich wie ein Doppelgänger von Arnold Schwarzenegger aus.

Es kann der Frömmste nicht in Frieden leben, wenn es den bösen Nachbarn nicht gefällt. Die fanden, daß die Nacht zum Schlafen da sei und nicht zum Rumgeflitze. Das Laufen konnten sie Gisbert nicht verbieten, wohl aber etwas anderes: Sie beriefen eine Mieterversammlung ein, holten die Hauseigentümer hinzu und beschlossen eine neue Hausordnung. In der steht nun geschrieben, daß Duschen und Baden zwischen 23 und 5 Uhr ruhestörend wirke und deshalb verboten sei.

Gisbert erbleichte. Sollte er nach schweißtreibendem Lauf auf eine kühle Erfrischung verzichten? Niemals! Er ging vor Gericht und beantragte, den Beschluß über die neue Hausordnung für null und nichtig zu erklären. Selbst im kommunistischen Zwangsregime war Duschen um Mitternacht erlaubt.

Der Marathon-Mann nannte vier gute Gründe, aus denen das Duschen rund um die Uhr erlaubt sein müsse: a) Reinigungsbedürfnis wegen gesundheitlicher Erfordernisse, b) Reinigungsbedürfnis wegen später Heimkehr von der Arbeit, c) Reinigungsbedürfnis wegen später Heimkehr von Besuchen, Veranstaltungen und ähnlichen Ereignissen, d) Reinigungsbedürfnis nach Toilettenbenutzung.

Der weise Richter aber schüttelte den Kopf. »Nein, nein, mein guter Herr«, entgegnete er. »Kein Mensch hat etwas gegen Ihr legitimes Reinigungsbedürfnis. Sie dürfen sich völlig unbehelligt so oft und so lange reinigen, wie Sie möchten. Durch den Eigentümerbeschluß ist lediglich das Baden und Duschen verboten worden, nicht aber, sich in sonstiger Weise zu waschen.«

Beispielsweise im kleinen weißen Emailleschüsselchen auf dem Küchenhocker. Nun ja, eine wahrhaft moderne Variante ... Freie Fahrt für freie Bürger.

Ein brisanter Fall, der zeigt, mit welch schwerwiegenden Problemen die Menschen in den neuen Bundesländern täglich kämpfen müssen. Nicht nur der Fall Gisbert belegt das, sondern auch der von Hans-Jürgen.

Hans-Jürgen wohnt im fünften Stock. Auch er duschte gern nachts und lange, wenn er von der Arbeit kam. Manchmal stand der Wassermann bis zu drei Stunden unter dem plätschernden Quell. Darüber ärgerte sich Karsten, der in der vierten Etage verzweifelt in seinem Bett lag und keine Ruhe fand.

Also verklagte er den Waschfreak Hans-Jürgen. Das Gericht befand, daß er nachweislich viermal gegen das Nachtruhegebot verstoßen habe, und verurteilte ihn zu vier Geldbußen von je 100 DM.

Die Richter räumten diesmal allerdings ein, daß die Benutzung eines Bades in einem Mehrfamilienhaus zum Duschen oder Baden auch während der Nachtzeit gestattet sein muß – aber höchstens für 30 Minuten.

Na dann, Hans-Jürgen, Wasser marsch, zumindest so lange, bis auch hier eine neue Hausordnung den Hahn schließt.

Etwas Unbehagen bleibt: Was passiert, wenn Hans-Jürgen Besuch von seiner Freundin bekommt? Dürfen beide zusammen eine ganze Stunde duschen? Oder jeder nur eine Viertelstunde allein? Wenn ja, wird dann nicht gegen den Gleichbehandlungsgrundsatz im Grundgesetz verstoßen? Und was macht in einem solchen Fall eine zehnköpfige Familie? Fragen über Fragen, die Antwort weiß ganz allein der Wind.

Nachbarn und Namen

Wolläuse aus Nachbars Garten

So ein kleines Gärtchen am Haus ist schon eine tolle Sache. Kaum hat man an einem sonnigen Wochenende für ein Nickerchen im Liegestuhl Platz genommen, wirft der Nachbar links den Rasenmäher, der Nachbar rechts den Schredder und der Hinternachbar die Kreissäge an. Ständig kommen freche Hunde durch den Zaun gekrochen und pinkeln an die Rosenstöcke, bis die hochstämmige »Louise Odier« ein gegangen ist. Fremde Katzen lecken Schüsseln und Schalen aus, meterhohe Komposthaufen knapp an der Grundstücksgrenze verströmen unsagbare Düfte, und ab und zu findet sich ausgerupftes Unkraut – wie vom Himmel gefallen – auf dem Plattenweg neben der Garage.

Auch Gerd leidet unter einem Gartennachbarn, aber aus einem ganz anderen Grund: Erwin kümmert sich nämlich einen Dreck um Rasen, Sträucher und Bäume. Alles wuchert kreuz und quer. »Naturbelassen« nennt sich das in der Fachsprache.

Eines Tages mußte Gerd eine furchtbare Entdeckung machen. Seine geliebten Kiefern waren von Wolläusen befallen! Wo konnten diese schrecklichen Biester nur herkommen? Die Antwort lag auf der Hand: aus Nachbars ungepflegtem Garten. Gerd sammelte ein gutes Dutzend Läuse in ein Weckglas und klingelte bei Erwin. »Da, sehen Sie selbst«, wies er auf das Ungeziefer, »ekelhafte Schmarotzer! Widerliche Schleimbeutel! Tun Sie etwas dagegen, aber hopp, hopp.«

Erwin lächelte und faltete die Hände. Dann wies er auf eine der Lärchen am Zaun und sagte: »Sehen Sie nur, sie ist ganz schwarz. Eine schwere

Prüfung des Schicksals. Wir müssen uns in Geduld üben. In der Ruhe liegt die Kraft. Ich züchte gerade eine neue Ohrenkneifer-Population. Die werden irgendwann unter den Läusen auf räumen.«

Gerd lief puterrot an und zählte mehrere Namen von landwirtschaftlichen Nutztieren auf. Am nächsten Tag reichte er Klage ein. Er verlangte vom Gericht, es möge Erwin dazu verurteilen, das Eindringen von Wolläusen auf sein Grundstück zu verhindern.

»Verjagt die Natur: Sie kehrt im Galopp zurück«, sagt schon das Sprichwort, und die Richter schlossen sich dieser Meinung an. Die Klage wurde abgewiesen: »Das Gericht hält die Klage für unschlüssig, weil dem Beklagten für die ausschließlich auf Naturkräfte zurückgehende Einwirkung die Störeigenschaft fehlt. Der Läusebefall geht nicht von den Lärchen selbst und deren Wachstum aus, sondern von einem zusätzlichen Naturgeschehen, das auch nicht unmittelbar auf den Willen des Beklagten zurückgeführt werden kann. Den Beklagten trifft auch keine rechtliche Verpflichtung, die Wolläuse zu bekämpfen.«

Gerd resignierte. »Kauft Kämme, es kommen lausige Zeiten«, murmelte er in seinen Bart.

Frustzwerge

Hinz und Kunz sind Eigentümer benachbarter Anwesen. Wobei das Haus von Hinz an die Straße angrenzt und das Haus von Kunz dahinter liegt. Zum Wohnhaus von Hinz gehört eine Terrasse, die einen weiten Einblick in den Garten von Kunz ermöglicht. Das Verhältnis der beiden Nachbarn ist gespannt. Die Ursache liegt weit in der Vergangenheit verborgen: Überhängende Zweige und Äste, und einmal soll über Nacht ein Pflaumenbaum »verschwunden sein«.

Hinz ist künstlerisch begabt. In der Freizeit sitzt er gern an der Töpferscheibe, formt Skulpturen aus Ton und brennt sie im eigenen Ofen. Eines schlechten Morgens öffnete Kunz sein Schlafzimmerfenster und glaubte seinen Augen nicht zu trauen. Auf Hinzens Terrasse, in dessen Fenster standen gartenzwergähnliche Geschöpfe, allesamt hochkünstlerisch aus gebranntem Ton. Doch ganz im Gegensatz zu den biederen Gartenzwergen handelte es sich bei den Wichten aus Hinzens Werkstatt um sogenannte Frustzwerge. Kleine bärtige Gesellen, die völlig gartenzwerg-untypische Posen einnahmen und eindeutig zweideutige Gesten machten. So winkte einer der Zwerge dem verblüfften Betrachter mit erhobenem Mittelfinger zu und streckte ihm überdies die Zunge heraus. Ein anderer beugte sich mit heruntergelassener Hose vornüber und ließ seinen entblößten Hintern in der Sonne glänzen. Ein Zwerg trug eine schwarze Kapuze und ein blitzendes Scharfrichter-Beil. Wieder ein anderer hing mit einem Strick um den Hals an einem Baum. Etliche hielten Transparente mit Botschaften wie: »Zieht endlich aus, wir wollen unseren Frieden im Hof« in den Händen. Kunz schäumte.

Aber sein Nachbar lächelte nur finster. »Das ist Kunst, und Kunst kann man nicht verbieten«, meinte Hinz.

Kunz reichte Klage ein.

Prozesse, in denen Richter über künstlerische Freiheiten zu urteilen haben, sind in Deutschland nicht neu. In der Vergangenheit wurde viel Mißbrauch getrieben. Deshalb heißt es im Artikel 5, Absatz 3 Grundgesetz: »Kunst und Wissenschaft, Forschung und Lehre sind frei.« Kein Künstler darf wegen seiner Werke verfolgt werden.

Doch was ist Kunst? Und was darf Kunst? Im Kommentar zum Strafgesetzbuch steht: »Ein schöpferischer Vorgang ist, geht man von einem materiellen Kunstbegriff aus, eine gültig verformte geistige Auseinandersetzung zwischen Künstler und Welt.«

Zu den Frustzwergen fiel das Urteil eindeutig aus: »Der Beklagte hat seine zweifellos vorhandene künstlerische Begabung dazu benutzt, um seiner Absicht, den Kläger zu kränken und zu beleidigen, eine feste Form zu geben. Unerheblich ist auch der Vortrag des Beklagten, daß es sich bei den Zwergen um Kunstgegenstände handelt. Der Beklagte verkennt hierbei, daß die Kunstfreiheit ihre Grenzen in dem durch Artikel 2 I in Verbindung mit Artikel 1 I Grundgesetz (Die Würde des Menschen ist unantastbar) gewährleisteten allgemeinen Persönlichkeitsrecht findet. Ein Kunstobjekt, das ersichtlich gezielt als Mittel der Ehrverletzung eingesetzt wird, unterliegt nicht dem Schutz des Grundgesetzes.«

Hinz muß alle seine Frustzwerge entfernen. Er darf keine neuen mehr aufstellen. Ob Hinz seine Gemäuer nunmehr mit neutralen Gartenzwergen dekoriert hat, ist nicht bekannt.

Schlechte Zeiten für Kneipers Rockkonzerte

Ferdinand ist ein Endfünfziger, er arbeitet als Nachtwächter. In seiner Freizeit züchtet er Deutsche Schäferhunde, trägt Stiefelhosen und führt gern markige Reden. Er träumt von einer Karriere in einer gewissen Partei, will das Dorf mit eisernem Besen auskehren und den deutschen Tugenden zum Durchbruch verhelfen. »Gebt mir eine Pistole, und ich knalle den korrupten Bürgermeister ab«, soll er lauthals verkündet haben.

Der dicke Wirt vom Lindenkrug ist in seinen Augen ein übler Sittenstrolch, weil er im Biergarten Rockkonzerte zu veranstalten pflegt. Die dann auf heißen Öfen anrollenden Langmähnigen, die im Takt der Musik mit den Füßen stampfen und rhythmisch ihre Köpfe schütteln, nahm Ferdinand nur einmal zähneknirschend hin. Beim zweiten Konzert forderte er den sofortigen Abbruch der Veranstaltung. Aber der Kneiper grinste nur.

Nun eilte Ferdinand zum Telefon und verständigte die Polizei. Doch die zeigte wenig Interesse: »Wenn die Veranstaltung angemeldet ist, können wir gar nichts machen.«

Jetzt legte Ferdinand deutschen Mannesmut an den Tag: Mit verbissenem Mund kam er mit einer gewaltigen Axt, stieg über den Zaun zum Biergarten und durchtrennte mit einem Hieb das Verstärkerkabel. »Whiiupp«, jaulte der letzte Ton aus den Lautsprechern.

Der Lindenwirt klagte auf Schadenersatz – 4 100 DM. Doch zu seiner größten Verblüffung wies der Richter mit markigen Worten die Klage ab: »Ein Eingriff in den Gewerbebetrieb der Gaststätte ist nicht erfolgt. Die Handlung des Beklagten richtete sich nur gegen die abendliche Rockmusikveranstaltung im Hof der Gaststätte. Der übrige Gaststättenbetrieb wurde dabei nicht beeinträchtigt. Der unstreitige Umstand, daß es sich um ein Rockkonzert handelte, das dem Wesen der Rockmusik entsprechend mit überstarker Lautstärkeentwicklung verbunden ist, und die weiter unstreitige Tatsache, daß in einer geringen Entfernung von 40 Metern zu einem Wohnhaus in einer Wohngegend Lautsprecher mit einer Leistung von 1 000 Watt im Freien betrieben werden, begründet bereits derartige Zweifel an der Rechtmäßigkeit dieser Gewerbeausübung, daß von einem Eingriff in einen vom Gesetz geschützten eingerichteten und ausgeübten Gewerbebetrieb im vorliegenden Fall nicht gesprochen werden kann. Die öffentlich-rechtliche Genehmigung einer Musikveranstaltung, selbst wenn sie sich auf das tatsächlich veranstaltete Rockkonzert bezogen hätte, bedeutet keinerlei Einschränkung der zivilrechtlichen Abwehrmöglichkeiten eines Nachbarn, der sich gegen Lärmimmissionen wehren möchte.«

Ferdinand stolziert nun mit geschwellter Brust und einem Deutschen Schäferhund an der Leine die Dorfstraße auf und ab. Der Bürgermeister soll vor kurzem sichtlich nervös gefragt haben, ob Nachtwächter Pistolenträger seien. Womöglich beinhalten zivilrechtliche Abwehrmöglichkeiten von Lärmimmissionen auch die Erlaubnis, ungestraft auf Gemeindeoberhäupter zu schießen.

Er will des Stiefvaters Namen

»Nomen est omen« (Namen sind Vorzeichen), sagt das Sprichwort. Der eine Beteiligte an diesem Gerichtsverfahren heißt seit seiner Geburt Koriander Nappsülze, und er ist unbändig stolz darauf. Schließlich wurstelt er als Fleischermeister in dritter Generation. Die »Metzgerei Nappsülze« ist berühmt für ihre Delikatessen.

»Traurig schaut der Pudel Napp in seinen Topf mit Nudelpapp, derweilen schmaust sein Herrchen Schlapp die leck're Sülze aus dem Napp«, dichtete bereits der Großvater.

In seiner ersten Ehe war Koriander nicht so erfolgreich. 1980, im Juli, wurde sein Sohn Norbert geboren, im Dezember fand bereits die Scheidung statt. Simone Nappsülze bekam das Sorgerecht zugesprochen.

Während der Schulzeit wurde Norbert ständig wegen seines Nachnamens gehänselt. Als er sich Gedanken um seinen zukünftigen Beruf zu machen begann, legte es sich wie ein eiserner Reif um seine Brust. Norbert wußte zwar genau, was er nicht werden wollte (nämlich Fleischer), aber dann war er bereits am Ende mit seinem Latein. Bankkaufmann oder Rechtsanwalt Nappsülze? Kein normaler Mensch würde ihm Geld anvertrauen, ihn um Hilfe bitten.

Seine Mutter wußte Rat. Sie war nämlich seit 1991 zum zweiten Mal verheiratet und hieß nun Simone von Vogelsang. »Du nimmst einfach den Namen deines Stiefvaters an.« Ihr Sohn atmete erleichtert auf. Bankier, Advokat, Direktor Norbert von Vogelsang – alles war jetzt denkbar.

Als Koriander Nappsülze davon erfuhr, geriet er außer sich vor Wut. Nicht nur, daß seine Frau ihn verlassen und ihm den einzigen Sohn genommen hatte, nun wollte sie auch noch seinen traditionsreichen Namen auslöschen! Er reichte gegen die Namensänderung Klage beim Verwaltungsgericht ein – und bekam Recht. Alles ist rückgängig zu machen, lautete der Spruch.

Norbert legte Berufung ein: »Ich will ebenso heißen wie meine Mutter und mein Stiefvater, weil wir in einer Familie zusammenleben.«

Diesmal standen die Richter auf seiner Seite. Norbert darf seinen neuen Namen weiterhin führen: »Hinter der äußerlichen Sichtbarmachung steht der Zweck der innerlichen Zusammengehörigkeit der Familie.

Danach liegt in den Fällen ein wichtiger Grund für die Namensänderung vor, wenn die Namensänderung unter Berücksichtigung aller Lebensumstände dem Wohle des Kindes förderlich ist. Sie muß der Entfaltung der Persönlichkeit dienen. Das ist nach Überzeugung des Senats bereits deshalb der Fall, weil die Namensänderung die Integration des Stiefkindes in den neuen Familienverband des sorgeberechtigten Elternteils fördert.«

Koriander Nappsülze besprach die nun äußerst dringlich gewordene Stammhalterfrage mit seiner zweiten Frau. Seitdem liegt nachts bei ihr ein Schlüssel unter dem Kopfkissen ...

Ein beschmutzter Familienname

Auf der Erweiterten Oberschule gehörte Georg zu den Schlußlichtern. Aber er wollte gern studieren. Deshalb unterschrieb er eine Verpflichtungserklärung, in der stand, daß er Flugzeugführer bei der NVA werden wolle. Doch bereits bei der ersten Gesundheitsuntersuchung fiel der Brillenträger durch. Trotzdem galt er von da an als Offiziersbewerber, und als solcher war ihm in der DDR ein Studienplatz sicher.

Georg studierte Marxismus-Leninismus. Ein halbes Jahr lang. Dann fand er das Studium von Kneipen, Tanzböden und Mädcheninternaten interessanter. Er lebte von Gelegenheitsjobs.

Nachdem sich Georg zum fünften Mal eine Geschlechtskrankheit eingefangen hatte, fand er es an der Zeit, seinen Lebensstil zu ändern. Er verzog nach Berlin, arbeitete tagsüber bei der Volkssolidarität sowie nachts als Pförtner in einem Krankenhaus und verfaßte in diesen einsamen Stunden Gedichte.

Nach vielen vergeblichen Versuchen stieß er tatsächlich auf einen

Verleger, der etliche Verse in einem schmalen Bändchen zusammenfaßte. Ratlose Kritiker bemühten sich umsonst, den nicht vorhandenen Sinn der Gedichte zu ergründen. Bei einer vom Verlag organisierten Lesung in einer Kleinstadt lernte Georg Edda kennen. Sie stammte aus einer (für DDR-Verhältnisse) begüterten Familie von Geschäftsleuten. Ihr Vater besaß einen privaten Schuhladen und fuhr einen Volvo. Es war Liebe auf den ersten Blick. Edda bewunderte den genialen und weltfremden Schöpfer geheimnisvoller Verse.

Georg gefiel Eddas gute Figur und der geordnete Hausstand.

Nach der Heirat führte Georg, der Künstler, seinen und den Nachnamen seiner Frau als Doppelnamen. Ansonsten passierte nicht viel.

Er hämmerte auf seiner Schreibmaschine, saß im Dorfkrug oder trank allein. Edda arbeitete im elterlichen Schuhgeschäft und schaffte so das Geld heran.

Die Bauern lächelten finster, wenn sie Georg sahen. Der verspinnerte Kerl aus der Stadt tickt nicht richtig, meinten sie weise.

Nach einiger Zeit setzte auch Edda ihrem Mann zu, endlich mit dem Saufen aufzuhören, etwas Vernünftiges zu tun. Georg brüllte dann laut wie ein Stier und schlug blindwütig zu. Ab und an kam Edda mit einem blauen Auge in den Laden.

Am 11. September 1989 erwachte Georg nachmittags um drei mit einem mordsmäßigen Kater. Er war total betrunken gewesen. Mühsam rappelte er sich hoch und schaute sich mit verquollenen Augen um. Neben dem Bett, zwischen leeren Gotano-Flaschen, lag Edda, seltsam verkrümmt. Auf ihrer Stirn klaffte eine tiefe Wunde, in der Blut schwarz verkrustete.

Georg wurde wegen Totschlags zu einer Freiheitsstrafe von zehn Jahren verurteilt.

Einige Jahre nach der Wende, im Hinblick auf eine vorzeitige Haftentlassung, reichte Eddas Vater Klage gegen ihn ein: Für ihn sei es unerträglich, daß Totschläger Georg noch weiter Eddas Nachnamen trage.

Das Gericht urteilte anders: »Der verwitwete Ehegatte behält den Ehenamen, ohne daß es auf die Dauer der Ehe bzw. die Art ihrer Beendigung ankäme. Es ist nicht bewiesen, daß sich der Beklagte bei seiner Entscheidung für den Namen anläßlich der Eheschließung von unlauteren Motiven hat leiten lassen. Vielmehr hat er unwiderlegt vorgetragen, er identifiziere sich mit dem Namen und habe seine Frau sehr geliebt.«

Ob Edda auch so gedacht hätte?

Nepper, Schlepper, Bauernfänger

Höhenflug über den Wolken

Schon das Sprichwort sagt: Das Leben ist eines der schwersten. Kompliziert genug ist es ohnehin. Alle wollen nur unser Bestes: nämlich unser Geld. Unzählige schmierige Finger greifen nach den schmalen Brieftaschen. Für den verunsicherten Laien ist es häufig sehr schwer, zwischen ernsthaften Angeboten zum beiderseitigen Vorteil und Offerten am Rande oder jenseits der Legalität zu unterscheiden, die von Neppern, Schleppern, Bauernfängern stammen.

Da in unserem Land jedoch das Prinzip der Vertragsfreiheit gilt, hat der Staat als letzte Notbremse das Gesetz über den Widerruf von Haustürgeschäften erlassen. Es greift z. B. bei mündlichen Vertragsverhandlungen, die unangemeldet in der eigenen Wohnung geführt wurden.

Arno ist ein cleverer Geschäftsmann. Er hat sich die berechtigte Angst seiner Mitmenschen vor schweren Verkehrsunfällen zu Nutze gemacht und einen sogenannten Flugrettungsdienst gegründet. Er klingelt mit sorgenvoller Miene an der Wohnungstür, breitet bunte Prospekte aus und wirbt Mitglieder. Versprochen werden Krankentransporte im Inland und medizinisch bedingte Rückholaktionen aus dem Ausland: »Was machen Sie zum Beispiel, wenn sich auf einer Safari in Afrika Ihr Blinddarm entzündet? Möchten Sie dann in einer Wellblechbaracke im Dschungel oder in einem deutschen Krankenhaus operiert werden? Vertrauen Sie bei einem Beinbruch am Sonnenstrand der Kunst der Ärzte in Albena, oder würden Sie sich lieber in der Heimat behandeln lassen?«

Die Preise für eine Mitgliedschaft im Flugrettungsdienst sind moderat: 10 DM im Monat, 120 DM pro Jahr, 144 DM bei Familienmitgliedschaft. Ob tatsächlich schon jemals ein Unglückswurm den Flugrettungsdienst in Anspruch genommen hat, ist ungewiß. Arno handelt getreu dem Motto: Kleinvieh macht auch Mist.

Als sich neue Mitglieder im Flugrettungsdienst wie ein Flächenbrand ausbreiteten, trat ein Verbraucherschutzverband auf den Plan. Er meinte, daß es hier um Haustürgeschäfte ginge.

Für Haustürgeschäfte sei aber eine Möglichkeit des Widerrufs zwingend vorgeschrieben. (Fällt ein Vertrag unter das Gesetz über den Widerruf von

Haustürgeschäften, kann er binnen einer Woche widerrufen werden. Auf diese Möglichkeit muß der Verkäufer schriftlich hinweisen.) Da Arno diese Belehrung bewußt unterlassen habe, handele er sittenwidrig.

Der Verbraucherschutzverband schickte dem Flugrettungsdienst eine Abmahnung, und als darauf keine Antwort erfolgte, reichte er Klage ein.

Das Gericht kam sehr schnell zu dem Urteil, daß Arno Beitrittswillige über ihr Rücktrittsrecht belehren muß: »Entgegen der Auffassung des Beklagten erfordern Wortlaut und Sinn des Haustürgeschäftswiderrufsgesetzes nicht die Beschränkung auf schuldrechtliche Verträge. Der Vereinsbeitritt erfolgt hier ersichtlich im wesentlichen zu dem Zweck, in den Genuß der vom Verein zu erbringenden Leistungen zu kommen. Durch die Beitragszahlung wird der Anspruch auf die Leistung erkauft.«

Die Quintessenz lautete: Der Flugrettungsdienst darf nicht länger um Mitglieder werben.

Doch Vorsicht! Ein gutes Dutzend weiterer Bauernfänger lauert schon an der nächsten Ecke und bietet »supergünstige« Verträge über Ferienwohnungen, Geldanlagen oder Weiterbildungskurse an.

Die grandiose Idee mit dem Fahrstuhl

»Der Fahrstuhl nach oben ist besetzt, Sie müssen warten ...« heißt es in einem Schlager aus der längst vergangenen Wirtschaftswunderzeit. Aber (Wirtschafts-) Wunder gibt es immer wieder, denn jene Leute, die mit minimalem Aufwand maximalen Gewinn erzielen, sterben nicht aus.

Willy ist von Beruf Gärtner. Seit vielen Jahren betreibt er eine kleine Gärtnerei, die sich nach der Wende beträchtlich vergrößert hat. Von nah und fern kommen die Kunden geströmt. Getreu dem Motto: »Und ist der Laden noch so klein, bringt er doch mehr als Arbeit ein« ist Willy bemüht, das Sortiment zu erweitern und dafür zu werben. In der örtlichen Presse erscheinen seine Anzeigen, und ab und zu läßt er Postwurfsendungen verteilen.

Eines Tages im Frühling erschien ein schmucker junger Mann mit guten Manieren und einem beachtlichen Redetalent bei ihm. »Ich heiße Horst, wie die Wohnung vom Adler. Ich habe eine Werbeidee, die bislang einmalig ist«, erklärte er. »Und zwar vermiete ich Werbetafeln in Hochhausfahrstühlen.«

»Na und?« fragte Willy.

»Sie sind wohl noch nicht oft in den ollen Aufzügen gefahren, was? Die halten auf jeder Etage und brauchen fast zehn Minuten, ehe sie oben sind. Da stehen die Leute im Lift und langweilen sich. Und wer sich langweilt, liest auch Reklame. Und wer Ihre Anzeigen liest, der kommt bald zu Ihnen einkaufen.«

Willy dachte kurz nach. Die Idee überzeugte ihn. Seine Schwiegermutter wohnte nämlich in einem Elfgeschosser. Bei jedem Besuch verfluchte er die rumpelnde, nach Bier und Urin stinkende Kiste.

Er mietete in 15 Aufzügen Werbeflächen an und zahlte 4 600 DM. In drei Monaten sollten die Schilder angebracht sein, dann war die nächste Zahlung fällig.

Der Sommer verging, es wurde Herbst. Kalte Winde wehten, und graue Nebel dämpften die Geräusche. Mitte November gab es in der Gärtnerei nicht mehr viel zu tun. Willy wollte wissen, ob er die 9 200 DM gut angelegt hatte. Er setzte sich in sein Auto, fuhr in die Stadt und kontrollierte alle 15 Aufzüge. In keinem einzigen hing eine Reklametafel.

Er nahm den Vertrag zur Hand und rief den Werbegestalter Horst an. »Gut, daß Sie anrufen. Es hat eine kleine Verzögerung gegeben. Die Druckerei – Sie verstehen.«

Willy verstand gar nichts. Er stellte ein Ultimatum. Entweder Schilder an oder Geld zurück. Zeit: eine Woche.

Nach sieben Tagen wählte Willy erneut die Nummer des ideenreichen Werbers. Niemand meldete sich. Er fuhr zur Werbeagentur. Das Büro war nicht besetzt. Aus dem Briefkasten quollen die Zeitungen. Über einen Detektiv fand Willy ein halbes Jahr später die Privatadresse heraus und beantragte einen Mahnbescheid gegen Horst. Dieser legte Widerspruch ein.

Der Geprellte ging zu einem Anwalt. Der Prozeß schleppte sich über zwei Jahre durch zwei Instanzen. Willy gewann mit Pauken und Trompeten, aber sein Geld bekam er nicht zurück. Nach dem dritten vergeblichen Vollstreckungsversuch meldete der Gerichtsvollzieher, daß der Schuldner »zwischenzeitlich verstorben« sei. Außer Spesen nichts gewesen. Detektiv, Anwalt, Gericht und Gerichtsvollzieher wollten bezahlt sein.

Ob Horst tatsächlich im kühlen Rasenbett oder in einer Hängematte am warmen Südseestrand liegt, weiß niemand so genau. Selbst wenn er nur ein gutes Dutzend weiterer Werbekunden gefunden hat, dürfte sein Geld ein ganzes Weilchen reichen. Das ist das wahre Wirtschaftswunder: Geld kassieren ohne Gegenleistung.

Juwelier in der Goldgrube

»Alter schützt vor Torheit nicht«, sagt das Sprichwort, und professionelle Heiratsschwindler wissen, daß es stimmt. Sie suchen ihre Opfer mit zielsicherem Blick in Restaurants, Cafés und Tanzlokalen aus. »Oh pardon, gnädige Frau«, säuseln sie galant den aufgezäumten Schabracken in die Ohren, und das Eis beginnt zu schmelzen. Ein Viertelstündchen Konversation, ein Tänzchen, ein Aperitif, die Verabredung zum Rendezvous. Der Rest ist ein Kinderspiel. Wer jahrelang allein war und plötzlich heiß umworben wird, vergißt den prüfenden Blick in den Spiegel und auf die Badezimmerwaage.

Robert ist Mitte Vierzig, graumeliert und von stattlicher Erscheinung. Er trägt Tweedanzüge, schwarze Hemden mit Seidenschal und große goldene Ringe. Er gibt sich gern als Honorarkonsul, Generaldirektor oder Juwelier aus. Auf einem Wohltätigkeitsbasar lernte er Ingrid, die Witwe eines Bauunternehmers, kennen. Wochenlang kutschierte er sie in seinem bequemen Mercedes umher, besuchte Konzerte, Ausstellungen und Museen. Verstohlenes Händchenhalten im Laubengang, ein auf die Wange gehauchter Kuß, tiefe Seufzer.

Ingrid, deren erwachsene Kinder längst verheiratet sind, spürte den zweiten Frühling nahen. So schön war die Liebe selbst mit ihrem Verblichenen nie gewesen. Schließlich reiste sie mit Robert nach Belgien, mietete dort eine Ferienwohnung und hörte auf der Terrasse voller Begeisterung seinen Hirngespinsten zu.

»Schatz«, meinte er und füllte sein Whiskyglas mit knackendem Eis, »dieses Land gefällt mir. Wir sollten hier für immer wohnen. Laß uns ein Appartement kaufen und es einrichten.«

Ingrid war begeistert. Raus aus der Vorstadtsiedlung in den ewigen Urlaub! Voller Schrecken bemerkte sie aber auf einmal tiefe Sorgenfalten auf des Liebsten Stirn.

»Das Problem ist nur, daß ich gerade jetzt für mein Geschäft eine größere Schmuckkollektion kaufen muß, aber mein Geld in festverzinslichen Wertpapieren angelegt habe«, meinte er zerknirscht.

Ingrid verstand, zumal es ihr leider ähnlich ging. Auf den Plautz konnte sie höchstens 50 000 DM lockermachen.

»Zu dumm«, ärgerte sich Robert. »Es müßten mindestens 90 000 DM sein. An sich kein Problem. Erst vor kurzem habe ich eine halbe Million geerbt. Doch die Formalitäten, herrjemine! Außerdem würde ich gern mein süßes Herzblatt an meinem Juweliergeschäft beteiligen ...«

Ingrid setzte sich ans Telefon. 54 000 DM hob sie von ihrem eigenen Konto ab, von zwei Freundinnen borgte sie einmal 11 000 DM und einmal 17 000 DM. Außerdem machte sie Robert mit einem entfernten Verwandten bekannt, der 7 000 DM erübrigen konnte.

Ein paar Tage später zeigte der nach dem Geldregen wieder sorglose Robert ein kleines blaues Samtbeutelchen, in dem es verlockend glitzerte. »Diamanten«, flüsterte er. »Sie haben mehr Karat als die gleichnamige Band Mitglieder. Wir deponieren die Steine in deinem Bankschließfach. Ich fahre zu einem guten Kunden und biete sie ihm an. In ein, zwei Tagen ist das Geschäft perfekt. Borge mir bitte deinen Wagen, meiner ist in der Werkstatt.«

Ihr schnittiges Kabriolett sollte Ingrid nie, den angeblichen Juwelier erst sehr viel später im Gerichtssaal wiedersehen, und die Diamanten waren wertlose Zirkoniasteine. Robert erhielt wegen Betruges und Unterschlagung eine Freiheitsstrafe von fünf Jahren.

»Ich brech' die Herzen der stolzesten Frau'n, weil ich so stürmisch und so leidenschaftlich bin«, summt er nun verdrossen beim Tütenkleben.

Partnerpool auf den Leim gegangen

Zu Kaiser Wilhelms Zeiten gab es den Stand der Brautwerber. So ein Brautwerber lief im blitzblanken Bratenrock beispielsweise vom Großbauern Hinz zum Großbauern Kunz, trank dort in aller Ruhe Klaren aus der braunen Tonflasche, schmauchte ein Pfeifchen, labte sich an Wurstsuppe und Hackepeter, um dann zur Sache zu kommen: Im Auftrag von Hinzens Sohn hielt er um Kunzens Tochter an. Ein feiner Beruf war das! Der Brautwerber lebte in Saus und Braus, tanzte auf allen Hochzeiten, hatte nie eine trockene Kehle, und in seinen Taschen klimperten die blanken Taler.

Im noch immer geltenden Bürgerlichen Gesetzbuch (BGB) vom 18. August 1896 sorgte der Gesetzgeber dafür, daß den Heiratsvermittlern die Bäume nicht in den Himmel wuchsen: Dort wurde nämlich verankert, daß Heiratsvermittler keinen Anspruch auf eine Vergütung haben, selbst wenn diese vertraglich vereinbart wurde. Da, wie gesagt, der betreffende Paragraph noch immer gilt, ließen sich die modernen Brautwerber etwas einfallen, um bei unzufriedenen Kunden nicht am Hungertuch nagen zu müssen. Ihre Firmen heißen nämlich nicht länger Heiratsvermittlungs- oder Eheanbahnungsinstitute, sondern tragen kunstvolle Namen wie »Partnerschaftsdepot«, »Partnerpool« oder »Club Royal« und bitten voll zur Kasse.

Seit Jahren tobt der Streit nun schon durch die Gerichtssäle, ob ein Partnerpoolvertrag einem Heiratsvermittlungsvertrag gleichzusetzen sei oder nicht. Die Entscheidungen in diesen Angelegenheiten fallen mal so, mal so aus, und zwar je nachdem, auf welchem Richtertisch die Fälle landen.

Luise ist ein knackiger Käfer Mitte Zwanzig mit viel Holz vor der Tür. Sie befindet sich auf der Suche nach einem schlanken jungen Mann mit viel Gespür für die angenehmen Seiten des Lebens; vermögend, attraktiv, sonnengebräunt sollte der Gesuchte sein und Interesse an Reisen sowie Autotouristik haben. Da in Luisens Dorf nur verhutzelte Wurzelzwerge mit dem Moped zur Kneipe fahren, schrieb sie auf die Anzeige eines bekannten Partnerpools. »Alles kein Problem, Verehrteste, bei Ihrem Aussehen«, wurde ihr mitgeteilt. »Die Welt ist voller fitter Tennislehrer, generöser Porschefahrer, multilingualer Konzernerben und klavierspielender Kronprinzen, die nur darauf warten, mit dem gnädigen Frollein auf Weltreise zu gehen.«

Luise erschauerte. Ein merkwürdiges Ziehen in ihrem Unterleib setzte ein. Manchmal muß man auch mit dem Schinken nach der Wurst werfen, dachte sie sich und pumpte Oma und Opa an. Sie kratzte die letzten Pfennige zusammen und zahlte 6 954 DM »für die Einrichtung, Bereitstellung und Zurverfügungstellung eines auf Sie persönlich bezogenen Partnerschaftsdepots«, selbstverständlich computergestützt und, wie versichert wurde, biodynamisch und astrologisch unbedenklich.

Dann setzte sich Luise in den Schaukelstuhl und wartete zehn Tage lang auf die vielen potenten Grafen und omnipotenten Millionärssöhne mit Sinn für alles Schöne. Statt dessen erschien ihre Freundin Beate und zog einen Flunsch. Auch sie hatte sich am Partnerpool beteiligt. Millionäre waren nicht gekommen, nur drei Schock Briefe von irgendwelchen gescheiterten Existenzen jenseits der Vierzig.

Luise erschrak. Knapp siebentausend Mark sind ja schließlich kein Pappenstiel. Sofort griff sie zur Feder, kündigte den Vertrag und forderte ihr Geld zurück.

Die netten Damen und Herren vom Partnerpool wurden plötzlich sehr barsch. Kündigen ja, aber Geld zurück – nein! Das Partneranschriftendepot sei schon längst eingerichtet gewesen, und dafür müsse bezahlt, mit anderen Worten: ordentlich Kohle abgedrückt werden.

Daraufhin reichte Luise Klage ein. Das Gericht fand, daß niemand umsonst arbeiten dürfe, und rechnete als Entgelt für die zwölf Tage Laufzeit 228,60 DM aus. Der Partnerpool ging in Berufung, aber er erreichte nicht viel mehr. Das Urteil lautete schließlich in zweiter Instanz: Die Klägerin erhält 6 259,42 DM zurück.

Luise tut jetzt das, was alle tun, wenn sie blitzsaubere Barone, geschniegelte Herrenreiter und gecremte Jaguarschofföre sehen wollen: Sie kauft bunte Heftchen und freut sich an den Bildern.

In Spanien übers Ohr gehauen

Im Februar erfüllte sich Olga endlich den Wunsch ihres Lebens: Mitten im tiefsten Winter sagte sie ihrem tristen Alltag Lebewohl und reiste gemeinsam mit Ehemann Erhardt der Sonne entgegen. Wundervolle 14 Tage lang Spanien auf Gran Canaria, Halbpension, geheizter Swimmingpool, Zimmer mit Blick zum Meer, Badewanne, Farbfernseher und Minibar. Der farbfilmgeladene Fotoapparat klickte schier ohne Unterlaß. Wozu Urlaub, wenn man sich nicht später an den neidischen Blicken der Verwandten und Bekannten weiden kann. Ausgedehnte Spaziergänge am Strand wechselten mit umfangreicher Illustriertenschau im Liegestuhl; auf erholsame Nachmittagsschläfchen folgten vergnügte Abende an der Hotelbar. Und der Boy war immer so dankbar, wenn sie ihm 50 Pfennig Trinkgeld zusteckte.

Dann wurde dem Ehepaar noch eine ganz besondere Überraschung geboten: Eine Busfahrt vom Hotel zum Vogelpark, unterwegs eine kurze Rast bei Kaffee und Kuchen, alles völlig kostenlos. Olga und Erhardt nahmen das Angebot wahr, stiegen mit zwanzig weiteren kurzbehosten gackernden Touristen in den klimatisierten Reisebus, und ab ging die Post. An einem Gasthof unterwegs wurde Station gemacht. Dort trat ein gewisser Herr Kalle von einer deutschen Bettenfirma in Erscheinung, der die Reisegruppe mit schlüpfrigen Scherzen und einem Vortrag über die Vorzüge der Lama-Gold-Gesundheitsdecken zu fesseln versuchte.

Kalle sprach von gierigen Raubmilben, die in verschwitzten Federbetten auf ihre wehrlosen Opfer lauern. »Der deutsche Mann wechselt zwar alle 14 Tage seine Unterhosen, aber nur einmal im Leben sein Deckbett.« Schließlich offerierte er ein absolut supergünstiges Spezial-Sonntags-Sonderangebot mit sage und schreibe 40 % Rabatt: »Wer zu arm ist, der soll sich melden. Dem schenke ich fünf Mark aus meiner Tasche, ha, ha, ha.«

»Der hat recht, der gute Mann«, zischelte Olga zu Erhardt. »Und außerdem, was soll er von uns denken, wenn wir nichts kaufen?«

Sprach's und erwarb ein Oberbett nebst Kopfkissen zum Spottpreis von 998,00 DM.

Gut gekauft, gern gekauft? Weit gefehlt. Bereits am nächsten Tag kamen Olga Bedenken. Schwarze Wolken zogen an ihrem geistigen Horizont auf, als ihr eine geschwätzige, vorlaute Liegestuhlnachbarin ungefragt erläuterte, daß bessere Decken in jedem heimatlichen Kaufhaus für ein Fünftel zu haben seien.

Olga stöhnte tief. Der Strand war ihr verleidet. Ab sofort saß sie auf dem Balkon. Ständig wirbelten Zahlen durch ihren Kopf. Sie konnte sich weder am Meer noch an den Schlemmerbüffets erfreuen.

Der Rest des Urlaubs war im Eimer.

Nach Hause zurückgekehrt, kündigte Olga den Kaufvertrag. Sie wollte ihr Geld zurückhaben. Der Grund? Der Kaufvertrag habe keine Widerrufsbelehrung nach dem Gesetz über den Widerruf von Haustürgeschäften enthalten und sei deshalb nichtig.

Das Gericht kam zu einem anderen Ergebnis: Zum Zeitpunkt der Reise galt im Ausland nicht das deutsche Wettbewerbsrecht. Für eine deutsche Firma bestand deshalb in Spanien nicht die Pflicht, in einen Kaufvertrag eine Widerrufsbelehrung aufzunehmen. Der Kaufvertrag sei rechtmäßig zustande gekommen – es könne zwar möglicherweise gegen spanisches Wettbewerbsrecht verstoßen worden sein, aber das wäre nicht Gegenstand der Verhandlung gewesen. Seitdem schläft Olga zwar in ihrer wunderbaren, raubmilbenfreien Lama-Gold-Gesundheitsdecke, aber die Alpträume wollen nicht weichen. Und die Urlaubsfilme liegen immer noch unentwickelt im eingestaubten Koffer.

4. Kapitel

Öffentliches Recht

Das lästige Schrottauto

Das Recht zerfällt in zwei große Teile: in das materielle Recht (in dem es um die Sache geht) und in das Verfahrensrecht (welches die prozessualen Abläufe regelt). Ganze Heerscharen kluger Juristen haben jahrzehntelang darüber gebrütet, das Verfahrensrecht so kompliziert, unverständlich, unlogisch und verworren wie möglich zu machen. Ihre Mühe hat sich gelohnt. Rund die Hälfte aller verlorenen Prozesse scheitert inzwischen an Formalitäten. Doch manchmal tappen sogar Behörden in die selbstgestellten Fallen.

Auch das Ordnungsamt in N. mußte diese bittere Erfahrung machen. Was war passiert? Der Trikotagenverkäufer Lars hatte für sauer erspartes Geld ein Schnäppchen auf dem Automarkt gemacht. Die Freude währte nicht lange. Der Passat Baujahr 1982 entpuppte sich unter dem glänzenden Lack recht bald als Schrottkarre. Zu allem Übel fraß sich auch noch der Motor fest. Lars ließ wütend das Auto stehen, wo es den Geist aufgegeben hatte.

Es verging einige Zeit. Jeder Mensch weiß, was in unseren Breiten mit Autos passiert, die länger als zwei Tage an derselben Stelle parken: Die Jäger und Sammler fallen über sie her.

Im Sommer beäugte ein Mitarbeiter des Ordnungsamtes das Wrack und notierte: »Kennzeichen nicht vorhanden, linke Seitenscheibe zerschlagen, Lenkradschloß aufgebrochen, Armaturen herausgerissen, Innenraum zerstört.« Der Pkw wurde abgeschleppt und verschrottet.

Einige Wochen danach fuhr Lars im neuen Wagen die alte Straße entlang und stellte vergnügt fest, daß sich der Passat inzwischen in Luft aufgelöst hatte. »Vorsicht ist die Mutter der Porzellankiste«, überlegte sich Lars und meldete das Auto als gestohlen. Im Februar übersandte das Ordnungsamt Lars einen Anhörungsbogen zur Ordnungswidrigkeitenanzeige, weil er den Passat als Wrack abgestellt hatte.

»Angriff ist die beste Verteidigung«, dachte sich Lars, ließ sich ein fiktives Gutachten erstellen und verklagte das Ordnungsamt auf 5 230 DM Schadenersatz. »Mein geliebter Wagen war tutti paletti, tadellos gepflegt und multi bene«, log Lars listig lächelnd.

Das Landgericht war da ganz anderer Meinung: »Der Kläger hat weder dargelegt noch bewiesen, daß ihm überhaupt ein Schaden entstanden ist. Er hat auch keinen Beweis dafür angetreten, daß sich das Auto im Juni noch in einem einwandfreien Zustand befand.«

Lars legte Berufung ein. Die Richter vom Oberlandesgericht blätterten in den Unterlagen und fanden den alles entscheidenden Verfahrensfehler als Haar in der Suppe: Das Ordnungsamt hatte es pflichtwidrig unterlassen, am Pkw Aufkleber anzubringen und ihn noch einen weiteren Monat auf der Straße stehenzulassen!

»Auch dann, wenn sich amtliche Kennzeichen an dem Auto nicht mehr befunden haben sollten, als es abgeschleppt wurde, hätte das Ordnungsamt das Kfz erst dann als Abfall behandeln dürfen, wenn es eine deutlich sichtbare Aufforderung nach 5 Absatz 2 Abfallgesetz am Pkw angebracht hätte.«

Lars rieb sich die Hände. Statt eine gesalzene Strafe bezahlen zu müssen, bekam er sogar noch einen Teil des Geldes zugesprochen.

Das Gericht stellte nämlich fest: »Nach Abzug der Kosten für das Abschleppen und Verschrotten des Autos ist dessen Mindestwert mit 2 000 DM zu schätzen. Dabei sind als wesentlich wertmindernde Faktoren das Alter des Kfz und der Umstand berücksichtigt worden, daß der Kläger den Pkw 5 1/2 Monate auf öffentlicher Straße unbeaufsichtigt und unbenutzt abgestellt hatte.«

Da liegt was in der Luft

Klemenz ist ein dynamischer Mann in mittleren Jahren mit leichtem Bauchansatz, Ehefrau und vier Kindern. Er bewohnt ein hübsches verklinkertes Einfamilienhaus. Vor seinem Grundstück verläuft eine holprige Sandstraße, in die sich nur selten fremde Autofahrer verirren. Klemenz besitzt eine massive Garage. In ihr bewahrt er Fahrräder, den Rasenmäher und Werkzeug auf. Seinen Mittelklassewagen stellt er immer vor der Haustür auf der Straße ab, wenn er nachmittags nach Hause kommt.

Eines Abends saß er vor dem Fernsehapparat und verfolgte interessiert den Wetterbericht. Der Ansager warnte vor heftigen Sturmböen. Plötzlich klapperte ein offenes Fenster. Klemenz wollte es schließen und wurde dadurch Zeuge eines imposanten Schauspiels:

Schräg gegenüber, auf der anderen Straßenseite, dort wo der griesgrämige Nachbar Hagen wohnte, flatterte ein merkwürdiges Gebilde über den Gartenzaun, blähte sich gewaltig auf, erhob sich hoch in die Lüfte und sauste dann mit voller Wucht auf das Auto von Klemenz nieder.

Klemenz lief entgeistert vor die Gartenpforte. Der Haufen Aluminiumschrott und Plastik, unter dem sein Auto begraben lag, war einmal das Gewächshaus von Nachbar Hagen gewesen. »Au Backe«, fluchte Klemenz.

Glücklicherweise waren die Schäden weniger schlimm, als vermutet – 3 000 DM. »Die Zeche zahlt Herr Hagen«, äußerte Klemenz im Brustton der Überzeugung. Doch er hatte die Rechnung ohne den Nachbarn gemacht, vorerst jedenfalls.

Hagen: »Das war eine Form von höherer Gewalt, für die ich nicht haftbar gemacht werden kann.«

Der Richter blätterte in der Aufstellanweisung für das Gewächshaus: »Das Leichtbauwerk hätte durch Erdanker oder Holzpfähle fest mit dem Boden verbunden sein müssen. Statt mit schweren Glasplatten war es nur mit leichter Plastikfolie eingedeckt und insgesamt zu mangelhaft gesichert. Ein Gewächshaus muß auch starkem Unwetter standhalten. Ein Sturm ist keine Form von höherer Gewalt, sondern lediglich ein ungewöhnlicher Witterungseinfluß.« Klemenz gewann den Prozeß und bekam sein Geld.

Doch ähnlich ist nicht gleich. Urs, ein sonnengebräunter jugendlicher Sportwagenbesitzer, hatte nämlich weniger Glück. Seinem schmucken Flitzer war der Ast einer Roßkastanie aufs Dach geknallt. Urs verklagte die Kommune.

»Klage abgewiesen«, verkündete in diesem Fall der Richter. »Der Baum hat äußerlich nicht verdächtig ausgesehen. Vorbeugende Maßnahmen waren nicht angezeigt. Anders ist der Widerspruch zwischen dem Schutz vor möglicherweise herabfallenden Zweigen und dem Bewuchs am Straßenrand nicht zu lösen. Sonst müßten in der Endkonsequenz alle Bäume gefällt werden.«

»Oh, wie ist es kalt geworden, rauhe Winde weh'n von Norden«, lautet eine alte Spruchweisheit.

Heute noch auf stolzen Rossen

Es ist schon ein Kreuz mit den Autofahrern. Auf Landstraßen und Autobahnen drängeln sie, was das Zeug hält, lassen unentwegt die Lichthupe blitzen und tun so, als ob sie die Gewinner der letzten Rallye Monte Carlo seien. Schuld sind immer nur die anderen Niestüten, Blindschleichen und Pennratzen, falls es einmal brenzlig wird. »Nimm die Schlaftablette aus dem Mund«, tönt es an der Ampelkreuzung. Dann heulen die Motoren und quietschen die Reifen.

Autofahrer sind unbelehrbar. Sie fahren in den Ortschaften 80 statt 50, übersehen rote Ampeln und Zebrastreifen, lassen alte Omas und kleine Kinder wie junge Rehe hüpfen. Auf der Strecke bleiben Katzen, Igel und Witwe Boltes Hühner.

»Da hilft nur Gewalt«, donnerte Bürgermeister Friedbert und schlug mit der Faust auf den Tisch, als wieder einmal ein Möchtegern-Rennfahrer eine Laterne auf der Dorfstraße umgesenst hatte. Die Gemeindevertreter stimmten zu, und nach Jahr und Tag verwandelte sich die holprige Dorfstraße in eine verkehrsberuhigte Zone. Quer zur Fahrbahn lagen nun Schwellen aus Kautschuk mit Riffelprofil, die nur noch im Schrittempo zu überwinden waren.

»Jedem Recht getan ist eine Kunst, die niemand kann«, sagt ein altes, weises Sprichwort. Die Dorfbevölkerung spaltete sich in zwei große Lager. Die einen befürworteten die Geschwindigkeitsbegrenzung, die anderen lehnten sie ab.

An einem frühen Morgen im August wuchs das Lager der Gegner um ein weiteres Mitglied an. Und das kam so: Klempnermeister Alfons schwang sich auf sein Stahlroß, um in den nächsten Ort zu radeln.

Er fuhr gerade ganz gemächlich am Dorfanger entlang, als er auf der anderen Straßenseite die Bäckerswitwe Moni bemerkte. Alfons änderte abrupt die Fahrtrichtung, um einen kleinen Plausch über die Vorzüge einheimischer Backwaren zu halten. Mit einer Pedale blieb er aber an der sechs Zentimeter hohen Kante einer Kautschukschwelle hängen, vollführte zur Freude der staunenden Moni einen gekonnten Salto mortale und klatschte von seinem Drahtesel wie ein liebestrunkener Maikäfer auf das Kopfsteinpflaster. Alfons sagte »Autsch«. Er hatte sich Rippenbruch, Prellungen und Platzwunden im Gesicht zugezogen.

Obwohl er auf diese Weise der Dame seines Herzens schneller näher kam, als zu erwarten (Moni verarztete ihn samariterhaft und bettete seinen zerschrammten Kopf an ihrem üppigen Busen), verlangte Alfons 1 000 DM Schmerzensgeld und 63 DM Schadenersatz. »Der Abstand zwischen Schwellenende und Bordsteinkante beträgt nur 60 Zentimeter. Für einen Radfahrer muß ein Durchfahrtsraum von einem Meter bestehen, um ein ungefährdetes Fahren zu ermöglichen«, behauptete er.

Der Bürgermeister zeigte ihm einen Vogel, als sie gemeinsam am Stammtisch saßen, und so reichte Alfons Klage ein.

Doch das Gericht stand nicht auf seiner Seite. »Die Klage ist unbegründet, weil dem Kläger ein hohes Maß an Mitverschulden zur Last fällt«, lautete das Urteil. »Er ist mit den örtlichen Verhältnissen bestens vertraut, da er die Strecke auf dem Weg zu seiner Arbeitsstelle täglich zweimal befährt. Vor diesem Hintergrund läßt sich der Unfall nur mit einer erheblichen Unaufmerksamkeit des Klägers erklären.« Moni sei's geklagt.

Fehltritt im Morgengrauen

Sieglinde hat einen seltenen Beruf. Sie ist Holzschnitzerin. Aus weichem weißem Holz drechselt sie das ganze Jahr über Ringe, sägt sie in kleine Stücke und läßt daraus Pferde, Kühe, Schafe und Hunde entstehen. Mit einem scharfen Messer schabt sie an einem Pflock, und schon wächst ein kleiner Baum in ihren Händen. Bauernhaus und Kirche, Leiterwagen und Traktor, Förster und Schäfer – nichts gibt es, was es nicht gibt. Ihre hübschen winzigen Holzfiguren hängen an Weihnachtsbäumen, tanzen auf Pyramiden, stehen auf Lichterbögen in den Fenstern.

Sieglinde arbeitet mit fünf anderen Holzschnitzern in einer kleinen Firma, die auf eine jahrzehntelange Tradition zurückblicken kann. Sie wohnt im Nachbardorf und fährt morgens immer mit dem Bus zur Arbeit. Am 19. Februar trat sie kurz nach sieben Uhr aus dem Haus. Ein feiner Nebel lag über dem Tal, das Licht glitzerte in den mit Rauhreif bedeckten Zweigen; die eiskalte Luft schmeckte frisch und sauber. Die Schritte hallten zwischen den niedrigen Fachwerkhäusern, und der Atem ballte sich zu weißen Wolken. Sieglinde ging auf dem vom Schnee geräumten linken Gehweg der Kirchgasse in Richtung Haltestelle in der Oberstraße. Kurz vor dem Wirtshaus »Zum güldenen Einhorn« versperrte ihr eine Baustelle den weiteren Weg. Ein Pfeil auf einem Schild wies auf den gegenüberliegenden Fußweg.

Sieglinde wollte hinüber auf die andere Straßenseite. Mitten auf der schneeglatten Fahrbahn stürzte sie, knallte zuerst heftig auf den Steiß, ruderte hilflos mit den Armen und prallte dann mit dem Hinterkopf auf das eisige Pflaster. Goldene Sterne tanzten vor ihren Augen, und aus ihren Haaren tropfte es warm und rot in den weißen Schnee. Eine Weile blieb Sieglinde wie ein Käfer auf dem Rücken liegen. Dann drehte sie sich unter Schmerzen zur Seite, zog die Knie an, stützte sich ab, ging in die Hocke und richtete sich langsam auf. Tränen liefen ihr übers Gesicht. Mühsam humpelte sie zurück nach Hause und rief den Arzt an.

Die Schmerzen, besonders im Steiß, setzten ihr noch einige Wochen lang zu. Sieglinde gab sowohl der Gemeindeverwaltung als auch der Baufirma die Schuld an dem Unfall. Da ihr Mantel durch das Blut verdorben war, forderte sie von beiden als Gesamtschuldner 575 DM Schadenersatz und 2 000 DM Schmerzensgeld, weil an der Baustelle niemand gestreut hatte.

Doch das Gericht war anderer Meinung. Es verwies auf die Rechtsprechung des Bundesgerichtshofs zur Streupflicht: »Inhalt und Umfang der winterlichen Räum- und Streupflicht auf den öffentlichen Straßen unter dem Gesichtspunkt der Verkehrssicherung richten sich nach den Umständen des Einzelfalls. Art und Wichtigkeit des Verkehrswegs sind dabei ebenso zu berücksichtigen wie seine Gefährlichkeit und die Stärke des zu erwartenden Verkehrs. Die Räum- und Streupflicht besteht also nicht uneingeschränkt. Für den Bereich innerhalb geschlossener Ortschaften ist allgemein anerkannt, daß die Fahrbahnen der Straßen an verkehrswichtigen und gefährlichen Stellen bei Glätte zu bestreuen sind. Für Fußgänger müssen innerhalb der geschlossenen Ortschaften die belebten, über die Fahrbahn führenden Fußgängerüberwege gestreut werden.«

An der Stelle, wo Sieglinde zu Fall kam, war aber weder ein Fußgängerüberweg, noch handelte es sich um eine belebte Straße. »Bei der Sachlage würde die Annahme, die Gemeinde sei verpflichtet gewesen, den Anwohnern der Kirchgasse wenigstens eine Möglichkeit zum gefahrlosen Überqueren der Fahrbahn zu schaffen, die Verkehrssicherungspflicht überdehnen.«

Auch die Baufirma ist nicht verantwortlich zu machen. »Die Aufgabe, die zum Schutz der Verkehrsteilnehmer gebotenen Sicherungsmaßnahmen in diesem Bereich der öffentlichen Verkehrsfläche zu treffen, obliegt allein der Gemeinde.«

Schlapps hat den Hut verloren, Schlapps hat ihn nicht. Eene meene muh, und raus bist du. Glücklicherweise ging Sieglindes Sturz noch relativ glimpflich und ohne bleibende Schäden ab.

Wild wucherten die Wurzeln im Abwasserkanal

Sandra wohnt in einer weitläufigen Gemeinde, die sich unmittelbar an den Rand einer großen Stadt anschließt. In der Vergangenheit gab es durch dieses Dicht-bei-Dicht ständig Ärger und Verdruß. Denn: Stadt und Land kamen sich zwar immer näher, entfernten sich jedoch dabei immer augenfälliger voneinander. Und dies auf Gebieten, die die Menschen rasch auf die Palme bringen können.

Die Neubaublocks, die da in den Himmel wuchsen und bedrohlich heranrückten, verhinderten in den kleinen Häusern den Fernsehempfang. Im Neubaugebiet brannten nachts Tausende helle Straßenlaternen, im Dorf funzelte hier und da ein trübes Licht. Im Neubaugebiet verliefen glatte Betonstraßen, im Dorf nur zerfahrene Sandwege, die sich im Herbst in moddrige Tümpel verwandelten.

Im Dorfkonsum gab es weder Rotwein noch frisches Fleisch noch Obst und Gemüse. Post und Zeitungen kamen frühestens nachmittags um drei, und der Bus fuhr zweimal am Tag. Dafür strömten die Neubaubewohner am Wochenende scharenweise an den Gärten entlang, pflückten sich Blumen und Kirschen durch den Zaun, warfen leere Dosen sowie anderen Unrat an den Wegesrain.

Doch dann gab es Satellitenschüsseln, der Konsum wurde geschlossen, der Busverkehr eingestellt, und die Zeitungen steckten morgens um sechs im Kasten. Plötzlich und unerwartet geschah ein Wunder: Sandras Straße wurde asphaltiert. Und nicht nur das. Die Arbeiter schaufelten einen Graben und legten eine Abwasserleitung, an die auch Sandras Bauernhaus angeschlossen wurde. Die Grube vorm Haus, die ständig überlief und übel roch, hatte damit ihre Schuldigkeit getan. Die Jauchepumper mußten sich neue Kunden suchen.

Den Großteil der Kosten übernahm die Gemeinde, die Anwohner saßen für knapp 10 000 DM pro Grundstück mit im Boot. Sandra konnte jetzt frischvergnügt an jedem Wochenende baden, ohne, wie gehabt, anschließend die bleigrauen stinkenden Bäche im Garten umleiten zu müssen. In dieser Hinsicht herrschte nun Friede, Freude, Eierkuchen. Aber, wie das so ist, bald setzte die Gewöhnung ein. Niemand sprach mehr über diesen bemerkenswerten Komfort. Bis dann nach Jahr und Tag das Unglück geschah ...

Sandra wollte morgens unter die Dusche huschen, da entfuhr ihr ein panischer Schrei des Entsetzens. Das blitzeblanke Badezimmer hatte sich in eine stinkende Kloake verwandelt! Aus dem Abfluß quoll es schwarzbraun, die schleimige, gasige, blasentreibende Masse stand bereits zehn Zentimeter über dem Fußboden.

Sandra würgte, flitzte zum alten Plumpsklo am Komposthaufen, griff anschließend zum Deospray und rief die Wasserwerke an. Ein Hilfstrupp rückte dem Problem zu Leibe.

Passiert war folgendes: Als die Arbeiter vor Jahren die Abwasserleitung legten, pflanzten sie im Anschluß Bäume an den Straßenrand. Und just von dem Baum vor Sandras Haus hatten die Wurzeln einen Weg in den Abwasserkanal gefunden, waren dort ob der leckeren Nährstoffe wie wild gewuchert und hatten schließlich das Rohr verstopft.

Die Reparatur des Schadens kostete exakt 5 453,70 DM. Weitere 565,90 DM verlangten die Wasserwerker für einen neuen Schachtdeckel.

Sandra erblaßte. Erst Gestank und Dreck, und nun noch dies. Sie wollte überhaupt nicht einsehen, daß sie dafür aufkommen sollte. Die Straße gehörte ja schließlich der Gemeinde, ebenso die Abwasserleitung.

Sandra reichte Klage ein – und bekam fast vollständig Recht. Die Gemeinde mußte die gesamten Reparaturkosten erstatten, weil der Schaden auf der Straße aufgetreten war und nicht auf einem Privatgrundstück. Lediglich beim Schachtdeckel klemmte die Sache.

Der Richter meinte dazu: »Die Klägerin hat nicht die für die Notwendigkeit der Arbeiten geeigneten Beweise angetreten. Aus der vorgelegten Rechnung ergibt sich nur die Durchführung, nicht aber die Notwendigkeit der Arbeiten.«

De facto gehört Sandra nun also ein Schachtdeckel im Wert von knapp sechshundert Mark. Warum auch nicht. Andere Leute sammeln sogar Stacheldrahtrollen, und ein beliebter Fernsehstar behauptet von sich, Europas größte Privatsammlung automatischer Gartentore zu besitzen.

Polizei, Presse, Rechtsanwälte

Kompetenzen bei weitem überschritten

Hans-Dieter ist dreiundzwanzig Jahre alt, 1,93 Meter groß und wiegt 70 Kilo. Ein dürres Elend also. Sein ganzer Kummer: Mit den Mädels klappt es nicht so richtig. Obwohl er sich hochmodisch kleidet. Hans-Dieter trägt schwere Schaftstiefel, gefleckte Armeehosen, seine Haupt-Haare sind etwa zwei Millimeter lang. Trotzdem reiten die tollen Bräute mit anderen Mackern vom Hof.

Hans-Dieter wohnt noch bei seinen Eltern. Die haben sich längst an sein äußeres Erscheinungsbild gewöhnt, genauso wie die übrigen Leute im Dorf. Besser ein braver Bursche in Tarnklamotten als ein geschniegelter Schlipsaffe aus der Stadt, lautet das allgemeine Urteil.

Hans-Dieter ist Pendler. Morgens fährt er in die Kreisstadt zur Arbeit in einer kleinen Maschinenfabrik; abends kommt er mit dem Bus zurück. Bis auf jenen verhängnisvollen Mittwoch. An diesem Tag hatte sich nämlich Hans-Dieter ein Herz gefaßt und in der Betriebskantine die blonde Erna von der Catering-Gesellschaft gefragt, ob sie mit ihm ins Kino gehen wolle. Erna lachte nur schrill auf und knallte vor seiner Nase die Essenausgabe-Luke zu.

Äußerst schlecht gelaunt trottete der verschmähte Liebhaber zum Busbahnhof. Unterwegs hatte er das Pech, Herrn H. und Herrn W. in die Arme zu laufen, zwei Polizisten. Sie stammten von ganz woanders her, waren abkommandiert und sollten ihren ländlichen Kollegen vorübergehend beim Kampf gegen rumänische Einbrecherbanden unter die Arme greifen. Da sie – verständlicherweise – Hans-Dieter noch nicht kannten, stand sofort ihr Urteil fest, als sie ihn sahen. Und dieses fiel nicht gut aus. »Wo wollen wir denn hin, Meister?« fragte der eine Ordnungshüter und versperrte den Weg.

»Ausweiskontrolle!« befahl der andere.

Hans-Dieter sah langsam von einem zum anderen, nannte zwei bekannte Tiernamen aus dem landwirtschaftlichen Bereich und wollte weitergehen. Doch die Polizisten hinderten ihn daran. Es kam zu einer Rangelei. Fäuste und wilde Worte flogen durch die Luft, schließlich klickten Handschellen. Hans-Dieter flog als Bündel in die grüne Minna, und ab ging die Post. Auf der Wache nahm das Drama seinen Fortgang. Dem Delinquenten sollte nämlich eine Blutprobe entnommen werden, und er wehrte sich dagegen.

Das Gericht nannte dies alles zusammen Beleidigung, Körperverletzung sowie Widerstand gegen Vollstreckungsbeamte und verurteilte Hans-Dieter zu einer Geldstrafe von 60 Tagessätzen à 20 DM. Hans-Dieter legte Revision ein und hatte Erfolg. Das Gericht der höheren Instanz stellte ganz eindeutig fest, daß die beiden Polizeibeamten ihre Kompetenz bei weitem überschritten hatten. Sie hätten Hans-Dieter als erstes eröffnen müssen, welche Tat ihm zur Last gelegt wurde. Da dies unterblieb, war die Diensthandlung nicht rechtmäßig und der Widerstand dagegen nicht strafbar. Die Geldstrafe wurde aufgehoben.

Hans-Dieter erzählte die Geschichte später seiner angebeteten Erna, und der blieben vor Staunen Mund und Essenausgabe-Luke offen.

Fliegender Ziegelstein in drei Akten

An einem warmen Frühlingstag saßen der schmerbäuchige Torsten und sein spindeldürrer Freund Paul hinterm Haus unter einem Kirschbaum und waren in ein wichtiges Männergespräch vertieft. Es ging um Frauen im allgemeinen und die beachtliche Oberweite der neuen Lehrerin im besonderen. Da langes Reden bekanntlich durstig macht, schlürften die beiden leckere Pilssüppchen. Als Kompott stand Goldbrand auf dem Gartentisch.

Plötzlich gab es Rabatz im Hühnerstall. Die Leghorn flatterten wie wild durcheinander. Ein Iltis, ein Marder?

Torsten stolperte quer durch die Blumenbeete, steckte seinen Kopf über den Staketenzaun und entdeckte drei Gestalten in orangefarbenen Anzügen, die dabei waren, das anliegende Feld zu vermessen. Ob sie tatsächlich die Hühner aufgeschreckt hatten, ließ sich im nachhinein nicht mehr ermitteln. Torsten glaubte jedenfalls, die Hühnerschinder erkannt zu haben, und sprach die Männer unfein an.

Nun kam auch Paul herbeigetorkelt. Er würzte die relativ einseitige Unterhaltung mit Begriffen aus der Fäkalsprache, klaubte einen Ziegelstein vom Dach des Hühnerstalls und schleuderte ihn in Richtung der Vermesser. Das Wurfgeschoß beschrieb eine ballistisch bemerkenswerte Kurve und klatschte gegen den Hinterkopf des leitenden Ingenieurs. Der fiel sofort der Länge nach in eine Ackerfurche und ließ sein Tagwerk ruhen.

Ende des ersten Aktes.

Im anschließenden Strafprozeß saß der Journalist Jasper auf der Zuhörerbank. Er veröffentlichte den Fall, nannte Vor- und Zunamen der beiden Übeltäter sowie das Strafmaß.

Für die zwei Goldbrand-Freunde begann nun ein Spießrutenlauf. Sobald sie beispielsweise die Dorfkneipe betraten, gackerten die übrigen Gäste und der Wirt wie die Hühner. Ähnlich erging es ihnen im Linienbus, in der Kaufhalle und beim Frisör.

Die beiden verklagten den Journalisten und forderten von ihm ein Schmerzensgeld.

Ende des zweiten Aktes.

Der Richter meinte, daß zwar die Nennung der Vor- und Zunamen der Angeklagten sowie in der exakten Bezeichnung des Tatorts ein rechtswidriger und schuldhafter Eingriff in die Persönlichkeitsrechte vorgelegen habe – aber ein Anspruch auf Schmerzensgeld bestände trotzdem nicht: »Die Kläger mußten sicher Spott und anzügliche Bemerkungen anläßlich des Artikels über sich ergehen lassen, waren aber gewiß keiner gesellschaftlichen Ächtung unterworfen. Auch ist davon auszugehen, daß der Vorfall in ihrer dörflichen Nachbarschaft ohnehin längst bekannt geworden war.«

Schluß und Ende des dritten Aktes.

Wie sagt schon das Sprichwort: Wer den Schaden hat, spottet jeder Beschreibung.

PS: Namen vom Verfasser geändert!

Diesmal erwischte es den Rechtsanwalt

Während der Normalbürger nur mit Zittern und Zagen vor die hohen Schranken des Gerichts tritt und ihm beim klitzekleinsten Zivilprozeßchen schon Angstschweiß von der Stirne rinnt, gibt es eine Sorte Menschen, die förmlich aufblühen, wenn sie Justitia gegenüberstehen: Dies sind die Rechtsanwälte. Nicht umsonst werden sie im Volksmund »Rechtsverdreher« geheißen, da es ihnen nur darauf ankommt, auf dem Sack der Wahrheit so lange herumzuprügeln, bis die Lüge herauskommt und der schuldige Angeklagte freigesprochen wird. Denken jedenfalls manche Richter. Und freuen sich diebisch, wenn ein Rechtsanwalt erst ins Fettnäpfchen tritt und sich anschließend in die Nesseln setzt – wie es unlängst einem Herrn Gottlieb geschah.

Rechtsanwalt Gottlieb hatte es wie immer sehr eilig, als er in seiner großen, schwarzen Limousine auf der linken Spur über die Autobahn preschte. Plötzlich mußte er abrupt abbremsen. Eine Schnarchnase im Minigolf schlich vor ihm mit Tempo 105 an einem Lkw vorbei. Den Herrn Rechtsanwalt drückten die Termine. Er betätigte Lichthupe, Blinker, und als dies alles nicht half, fuhr er bis auf zwei Meter an den Kleinwagen heran.

Gottlieb hatte den Vorfall längst vergessen, als er eines Tages von der Polizei eine Ladung zur Beschuldigtenvernehmung zugeschickt bekam. Tatvorwurf: Nötigung im Straßenverkehr. Der kluge Paragraphenreiter tat das, was er seinen Mandanten einbleute: Er schwieg fein still, ging nicht zum Verhör, sondern wartete darauf, daß die Sache im Sande verlaufen würde.

Tat sie nicht. Das Amtsgericht erließ gegen ihn einen Strafbefehl über 4 500 DM. Gottlieb legte Einspruch ein: »Es war zwar mein Auto, aber ich bin an dem Tag nicht gefahren. Außerdem nage ich am Hungertuch. Mein Einkommen deckt ganz knapp die Kosten. Viereinhalb Scheine – und ich bin pleite.«

Mit dieser Argumentation hatte er schon Dutzende Mandanten herausgepaukt. Doch bei ihm verlief die Sache anders. Der Richter vergoß keine Tränen der Rührung, sondern lächelte sehr finster und ordnete die Durchsuchung von Gottliebs Kanzlei und Wohnung an. Die Beamten sollten nach Terminkalender und Buchhaltungsunterlagen Ausschau halten.

Für den Advokaten wurde die Luft langsam dünn. Klienten sind gewöhnlich irritiert, wenn die Polizei beim Anwalt ihres Vertrauens Razzien durchzuführen pflegt und wäschekörbeweise Akten wegschleppt. Gottlieb legte Beschwerde beim Landgericht ein. Das war falsch. Das Landgericht verwarf die Beschwerde nämlich als unzulässig. Begründung: 1. Die Durchsuchung ist nicht mehr rückgängig zu machen. 2. Die beschlagnahmten Unterlagen könnten als Beweismittel für das Verfahren von Bedeutung sein.

Damit stand Gottlieb das Wasser bis zum Hals. Er teilte dem Gericht mit, er habe sich bei der Angabe seines Einkommens geirrt.

Peinlich, peinlich. Ihm sei völlig entfallen, daß außer Spesen noch ein magerer Gewinn von 140 000 DM dagewesen sei. Außerdem legte er Verfassungsbeschwerde gegen die Durchsuchungsanordnung ein. Wieder falsch. Die Verfassungsbeschwerde wurde nicht angenommen.

Doch damit nicht genug. Das Bundesverfassungsgericht meinte: »Die

Einlegung der Verfassungsbeschwerde stellt einen Mißbrauch dar. Der Beschwerdeführer hat in der Sachverhaltschilderung seinen der Durchsuchungsanordnung vorangegangenen Vortrag, die von ihm erzielten Einkünfte deckten die Kosten allenfalls notdürftig, verschwiegen. Damit hat der Beschwerdeführer die Arbeitskapazität des Bundesverfassungsgerichts in unvertretbarer Weise in Anspruch genommen.«

Zu allem Übel bekam Gottlieb zu den 4 500 DM aus dem Strafbefehl nun noch eine sogenannte Mißbrauchsgebühr in Höhe von 2 000 DM auferlegt. Das war die schlechte Nachricht. Die gute lautete: Ist der Ruf erst ruiniert, lebt es sich ganz ungeniert.

Traumberuf mit einigen Abstrichen

Laut einschlägigen Meinungsumfragen sind die beliebtesten Berufe: 1. Schauspieler, 2. Pilot, 3. Schriftsteller, 4. Rechtsanwalt, 5. Arzt und 6. Journalist.

Die jeweils passenden Attribute lauten: Berühmt und begütert (Schauspieler), klug und kapitalkräftig (Pilot), weitblickend und wohlhabend (Schriftsteller), redegewandt und reich (Rechtsanwalt), fürsorglich und finanzstark (Arzt), munter und mittellos (Journalist).

Natürlich sind das alles nur Vorurteile. Lisbeth jedenfalls hat keinen der sechs Berufe. Dafür ist sie aber platinblond, besitzt einen künstlich verstärkten Busen und viele weitere optische Vorzüge, bei deren Anblick selbst pensionierten Bundesbahnbeamten noch immer der zahnlose Kiefer tropft. Geschickt und skrupellos setzte sie diese Gottesgaben und Wunder der Kosmetikindustrie ein, um im Leben voranzukommen. Sie begann ihre Karriere als Bürogehilfin, wurde nach wenigen Jahren Chefsekretärin und verdiente ihr Geld mitunter im Schlaf.

In einem Tanzlokal lernte sie Rolf kennen, einen dicklichen, nichtssagenden Enddreißiger mit Halbglatze und ständig feuchter Oberlippe, dessen Schuhen der brackige Odem verschimmelten Goudas entströmte. Aber er hatte einen alles entscheidenden Vorzug: Er war Anwalt! Da spielten Aussehen und Gerüche wirklich keine Rolle mehr. Wozu gab es schließlich Sonnenbrillen und Desinfektionssprays?

In einer lauen Liebesnacht passierte es endlich. Im September 1995 mußten die beiden Turteltäubchen heiraten, denn bereits im Oktober 1995 kam ein kleines Mädelchen, das nach frischem Emmentaler duftete, auf die Welt.

Die Ehe hielt allerdings nur bis zum Januar 1997. »Genug ist genug«, dachte sich Lisbeth und verließ ihren immer fetter werdenden Gatten, der nur noch mit einem Schuhanzieher in seinen Porsche paßte. Kaum war sie ausgezogen, schrieb sie ihrem Noch-Ehemann einen Brief, in dem sie in barschen Worten Tausende Mark Kindes- und Ehegattenunterhalt forderte.

»Tut mir leid, Schnuckelchen«, antwortete Rolf betrübt. »Ich wollte dir nur imponieren und habe den reichen Macker markiert. In Wirklichkeit ist Schmalhans Küchenmeister, weil ich als Anwalt eine Null bin. All das schöne Geld, das wir mit vollen Händen zum Fenster hinausgeworfen haben, war nur geborgt. Zur Zeit habe ich mehr als 100 000 DM Nasse.«

Rolf bot freiwillig 260 DM Kindes- und 590 DM Ehegattenunterhalt an. Lisbeth schrie gequält auf. Sie hatte an den zehnfachen Betrag gedacht und reichte deshalb Klage ein. Rolf mußte seine Vermögens- und Einkommensverhältnisse offenbaren. Tatsächlich: Sein Netto-Monatseinkommen betrug knapp 1 500 DM, und die Schulden reichten bis unters Dach.

»Tja«, sagte der weißhaarige Familienrichter und schüttelte zweifelnd den Kopf. »Mit dem sorgenfreien Nichtstun wird es wohl nichts werden, Frau Lisbeth. Ihr getrennt lebender Gatte ist nicht leistungsfähig. Vom Standpunkt eines vernünftigen Betrachters erscheint es auch nicht angemessen, den Lebensunterhalt der Familie durch Kredite zu finanzieren. Die Klägerin kann vom Beklagten nicht verlangen, daß er weitere Schulden macht, um den früheren Lebensstandard zu finanzieren. Er ist ja schließlich nicht die Bundesregierung. Und zu einer Ausweitung seiner Arbeitszeit über 40 Stunden hinaus ist er nicht verpflichtet.«

»Der Sack ist nur zu faul zum Arbeiten«, warf Hausfrau Lisbeth ein.

»Wenn er als Anwalt keine Kohle macht, soll er in die Wirtschaft gehen. Dort verdienen sich die Juristen dumm und dämlich.«

Der Richter verschränkte die Hände und ließ die Fingerknöchel knacken. »Seien wir doch realistisch, gute Frau! Bei seinem Alter, seiner mäßigen Examensnote von 4,46 und ohne Spezialkenntnisse hat er keine Chance, eine gut bezahlte Position zu bekommen. Ihnen steht nur das zu, was er freiwillig zahlt, nämlich 260 plus 590 DM.«

Lisbeth rannte wütend aus dem Gerichtssaal. Sie hatte auf das falsche Pferd gesetzt. Zu Hause setzte sie sich hin und verfaßte Heiratsanzeigen. Schauspieler, Piloten, Schriftsteller, Ärzte: Aufgepaßt!

Bibliotheksmarder mußte zahlen

In den USA wurde durch Zufall ein Mann gefaßt, der seit Jahrzehnten systematisch Bücher stahl. Sämtliche Zimmer seines Hauses waren bis zur Decke mit Abertausenden Bänden vollgestopft.

Ingolf ist ein Kollege dieses Bücherwurms. Allerdings steht er noch am Anfang seiner Karriere: Eines schönen Tages wurde ihm ein gerichtlicher Mahnbescheid zugestellt, weil er aus einer Bücherei Bildbände im Wert von 400 DM entliehen und trotz mehrfacher Aufforderungen nicht zurückgebracht hatte.

Ingolf ging zu einem Rechtsanwalt. Er beauftragte ihn, Widerspruch gegen den Mahnbescheid einzulegen, was der Anwalt auch tat. Eine Weile passierte gar nichts, dann purzelte eine Klageschrift in den Kanzleibriefkasten.

Der Advokat schrieb noch am gleichen Tag an seinen Mandanten und bat ihn um Stellungnahme. Er wollte mit ihm die Verteidigungsstrategie besprechen. Doch Ingolf schwieg. Er antwortete auch nicht auf einen zweiten und dritten Brief. In diesem letzten Schreiben hatte ihn der Anwalt noch einmal eindringlich auf die Folgen seines Desinteresses hingewiesen: Wenn ihm Ingolf keine Hinweise gebe, könne er auf die Klageschrift nichts erwidern. Wer sich nicht wehrt, lebt verkehrt, verliert.

So kam es auch. Da zum Prozeß kein Beklagter erschien, erließ das Gericht ein sogenanntes Versäumnisurteil. Weil dagegen niemand Einspruch einlegte, wurde es vier Wochen später rechtskräftig: Ingolf hat 400 DM an die Bibliothek zu zahlen, er muß die Gerichtskosten tragen.

Jetzt endlich wurde der Bücherwurm aktiv und trabte zum Gericht. Er verklagte seinen Rechtsanwalt. Der Jurist habe ihm den ganzen Schlamassel eingebrockt, nun solle der feine Herr dafür geradestehen und alle Kosten tragen: »Der Rechtsverdreher ist ein ganz fauler Typ. Er hat mir nur einen einzigen Brief geschrieben, in dem stand, daß ich nicht zum Prozeß erscheinen muß. Er gab mir keinen Hinweis darauf, was mich erwarten würde, wenn ich mich nicht verteidigte. Anderenfalls wäre der Sieg mein gewesen. Ich konnte sehr gut beweisen, daß ich kein einziges Buch behalten habe. Der ganze Lügenprozeß wäre wie ein Kartenhaus in sich zusammengefallen.«

Hat Ingolf die zwei anderen Briefe tatsächlich nie gesehen? Wurden sie von der Christel von der Post verschludert? Vergaß der überlastete Anwalt, sie abzuschicken? Aussage stand gegen Aussage.

Der Jurist konnte nicht belegen, daß Ingolf die Schreiben erhalten, jener nicht beweisen, daß er sie nicht bekommen hatte. Das Zünglein an der Waage neigte sich gegen den Anwalt, da Rechtsanwälte in der Regel vor Gericht als notorische Lügner gelten und auf die Post nur insoweit Verlaß ist, als bald die nächste Gebührenerhöhung kommen wird.

Doch plötzlich wendete sich das Blatt. Der Anwalt legte die Kopie des ersten Briefes vor, dessen Erhalt Ingolf zugegeben hatte. In diesem Schriftsatz bat der Advokat dringend um Informationen, damit er vernünftig auf die Klage erwidern könne. Da Ingolf seinem Anwalt aber gemäß seiner eigenen Aussage keine Informationen gegeben hatte, konnte dieser auch nichts für ihn tun, meinte abschließend das Gericht. Deshalb hat Ingolf nun auch diesen Prozeß verloren, und der nächste steht ihm schon ins Haus. Jetzt will der Rechtsanwalt endlich seine Gebühren haben.

Reisen

An der schönen blauen Adria

Wer schon einmal einen Reisekatalog in den Händen gehalten und später die wunderschönen Beschreibungen mit der Wirklichkeit verglichen hat, der weiß, daß die deutsche Sprache mitunter sehr blumig sein kann: Das »zentral gelegene Hotel« befindet sich mitten an einer stark befahrenen Kreuzung, bei einem »Zimmer zum Strand« versperren andere Gebäude die Sicht auf die See, vom »Balkon mit Meeresblick« haben nur Personen mit einer Körpergröße ab zwei Meter etwas, »internationales Publikum« deutet auf lärmende Diskonächte hin, ein »beheizbarer Swimmingpool« ist mit Wasser nahe dem Gefrierpunkt gefüllt, und bei Zimmern »mit zweckmäßiger Ausstattung« besteht das Inventar aus Bett und Kleiderschrank.

Dietlinde und Ehemann Marco wollten es klüger anstellen. Marco schlug vor: »Schatz, wir mieten uns eine Ferienwohnung. Da ist alles paletti.«

Als das Ehepaar mit Sohn und Tochter im Feriendomizil an der blauen Adria eintraf, verschlug es ihnen aber die Sprache: Der Kühlschrank war defekt, und die Klimaanlage röchelte nur asthmatisch. Als Marco leichtsinnigerweise das Licht anknipsen wollte, flogen peng-peng die Sicherungen heraus. Die Kaffeemaschine besaß kein Elektrokabel, und im Küchenschrank sah es äußerst traurig aus. Auf einem schmierigen Bord standen lediglich zwei angeschimmelte Töpfe und zwei benutzte Teller. Besteck, Gläser und Tassen fehlten. Das bestellte Kinderbett für den einjährigen Sohn Daniel suchte das Ehepaar vergebens.

Nach einer komfortlosen Nacht und einem unerfreulichen Frühstück am anderen Morgen wandte sich Marco erbost an den Manager des Hotels, an dessen Rezeption er den Schlüssel für die Ferienwohnung in Empfang genommen hatte.

Nach einer halben Stunde und einem Schwall ihm unbekannter italienischer Redewendungen war er fast genauso klug wie zuvor. Für die Ferienwohnung fühlte sich niemand zuständig, und auch der bei der Buchung versprochene Prospekt zum »Reiseleiterservice« ließ sich nirgendwo finden. Dietlinde sprach ein Machtwort: »Männe, wir reisen ab!«

Zu Hause schrieb Marco einen bösen Brief an den Reiseveranstalter, doch der schaltete auf Durchgang. Nun reichte das Ehepaar Klage ein. Es forderte alles und noch viel mehr: den bezahlten Preis für die Ferienwohnung, die Fahrtkosten und einen Ausgleich für die vertane Urlaubszeit.

Der Reiseveranstalter: »Wir sind uns keiner Schuld bewußt. Die kleinen Mängel hätten sich leicht beseitigen lassen. Aber das Ehepaar war bockig. Es hat überhaupt nicht mit uns geredet!«

»So geht das aber nicht«, meinte der Richter. »Die Kläger haben alles getan, was in ihrer Macht stand. Sie kannten nur das Hotel als Anlaufpunkt, und dort wollte niemand etwas von ihren Problemen wissen. Ergo ist den Klägern nicht vorzuwerfen, sie hätten sich nicht um eine mögliche Abhilfe der Mängel gekümmert.«

Der Reiseveranstalter muß tief in die Tasche greifen. Reisepreis (2 228 DM) und Fahrtkosten (1 295,25 DM) sind zurückzuerstatten. Der Schadenersatz für den vertanen Urlaub beträgt 1 400 DM – plus Anwalts- und Gerichtskosten in Höhe von rund 2 000 DM. »Froh schlägt das Herz im Reisekittel, vorausgesetzt, man hat die Mittel«, dichtete bereits Wilhelm Busch.

Nachts, wenn die Wölfe heulen

Wenn einer eine Reise tut, dann kann er was erzählen. Eines Tages steckte bei den Eltern von Tim und Sandy ein schlichter Werbezettel im Briefkasten. Darauf pries ein kleines Reisebüro einen preisgünstigen Abenteuerurlaub für Kinder in Böhmen an. Auf eine Woche Badeurlaub direkt am See sollte ein mehrere Tage währender Ausritt per Pferd mit Übernachtung im Zelt folgen.

Das hört sich ja toll an, dachten die Eltern. Einen Swimmingpool würde es geben, Volleyball- und Tennisplätze, Exkursionen, Wanderungen, Baden, Sport und Spiel, Lagerfeuer und Disko, Fahrradverleih. »Wenn wir da im Wald schlafen und nachts die Wölfe heulen, wird es bestimmt schön gruselig«, freute sich Tim. Die Preise waren moderat. Auf dem Prospekt stand als letzter Satz: »Eines können wir jetzt schon garantieren: Nach diesem Urlaub gibt es viel zu erzählen.«

So war es dann auch tatsächlich. Aber ganz anders, als gedacht. Als die Kinder aus dem Bus kletterten, mußten sie verblüfft feststellen, daß vom See weit und breit nichts zu sehen war, und auch von den Pferden fehlte jede Spur. Die erste Nacht begann mit einem heftigen Gewitter. In die Zelte regnete es hinein. Am nächsten Morgen zogen die Kinder in ein festes Gebäude um. Der Bungalow starrte vor Schmutz. Die Toiletten waren verstopft, es gab kein Toilettenpapier. Im Swimmingpool blühten die Algen, im Speiseraum war Schmalhans Küchenmeister, und Getränke gab es kaum.

In den vierzehn Tagen gingen die Kinder dreimal baden – drei Kilometer hin, drei Kilometer zurück. Überdies mußten sie Eintritt bezahlen. Disko und Lagerfeuer fielen aus, die Fahrräder waren kaputt, auf dem Volleyballfeld fehlte das Netz, Tennisplätze hatten noch nie existiert.

Tim und Sandy zählten die Tage bis zu ihrer Rückkehr. Als sie endlich nach Hause kamen, hatte jedes Kind fünf Kilo abgenommen. Die Eltern schrieben einen wütenden Brief an den Reiseveranstalter Kuno und forderten einen Teil ihres Geldes zurück.

Kuno antwortete mit dem lakonischen Hinweis: »Einem verpimpelten Kind recht getan, ist eine Kunst, die niemand kann.«

Die Eltern fanden das gar nicht lustig und reichten Klage ein.

Kuno zum Gericht: »Die Jugendlichen hatten ihre Kräfte überschätzt und waren bereits nach drei Kilometern Wanderweg am Ende ihres Leistungsvermögens. Deshalb mußte der gesamte Abenteuerurlaub umgestellt werden. Die Pferde waren rund acht Kilometer weit entfernt. Die Kinder wollten nicht laufen, sondern hingefahren werden. Wer sollte das bezahlen? Die Zelte hatte der Hersteller undicht geliefert. Die paar Algen im Swimmingpool waren nicht schädlich. Ich halte Chlor für viel gefährlicher. Der Weg zum Badesee hätte lediglich zwanzig Minuten in Anspruch genommen. Da die Kinder jedoch jedesmal einen Umweg genommen haben, um Eis zu essen, sind sie eben länger unterwegs gewesen. Zu den Mahlzeiten wurden landestypische Speisen gereicht, die logischerweise nicht immer dem Geschmack der Mäkelfritzen entsprechen konnten.«

Der Richter verzichtete auf eine weitere umfassende Erörterung des Sachverhalts und sprach das Urteil. Kuno muß fast den gesamten Reisepreis zurückzahlen und die Kosten des Verfahrens tragen.

Er sollte in Zukunft besser Reisen für Erwachsene organisieren.

Für einen Abenteuerurlaub, in dem man mühelos fünf Kilo abnimmt, gibt es bestimmt viele Interessenten.

Richterliche Ratschläge für Sex in der Wüste

Wer es sich terminlich leisten kann und nicht allzu schwach auf der Brust ist (dort, wo die Brieftasche steckt), reist in ferne, unbekannte Länder. Australien, Asien, Afrika – je weiter weg vom heimischen Herd, desto besser. Doch wo viel Licht ist, ist auch viel Schatten. Schmutzige Quartiere, verdreckte Strände oder karge Kost am Frühstücksbüffet können dem goldkettchentragenden Touristen in Hawaiihemd und Bermudashorts die Urlaubsfreude total vergällen. Wobei die Deutschen allerdings besonders mäkelig sein sollen ...

Conrad beispielsweise, ein 27jähriger Bankangestellter, mußte ein ganz spezielles Martyrium erleiden. Gemeinsam mit seiner Freundin Kriemhild hatte er für 3 078 DM eine Reise nach Menorca, eine der balearischen Inseln, gebucht. Als er im Ferienquartier eintraf, rüttelte ihn das blanke Entsetzen: Im sonnendurchfluteten Balkonzimmer mit Meeresblick standen statt eines Doppelbettes lediglich zwei einzelne Lagerstätten, eine links, eine rechts in der Ecke!

Conrad schrie wie ein weidwundes Tier. Vergeblich, niemand tröstete ihn in seinem Schmerz. Deshalb verlangte er prompt nach seiner Rückkehr eine 20prozentige Reisepreisminderung vom Veranstalter. Seine simple wie einleuchtende Erklärung lautete: »Die Einzelbetten waren nicht miteinander verbunden. Bereits in der ersten Nacht mußte ich feststellen, daß ich dadurch in meinen Schlaf- und Beischlafgewohnheiten empfindlich beeinträchtigt wurde. Ein friedliches und harmonisches Einschlaf- und Beischlaferlebnis ist während der gesamten 14tägigen Urlaubszeit nicht zustande gekommen, weil die Einzelbetten, die zudem noch auf rutschigen Fliesen standen, bei jeder kleinsten Bewegung mittig auseinander drifteten.« Für Conrad war die Sache klar. Er hatte ein Doppelbett gebucht und nur zwei Einzelbetten bekommen. Da konnte keine Urlaubsfreude aufkommen.

Er hatte aber nicht mit dem lebensklugen Richter gerechnet. Der stellte zunächst allgemein fest: »Der Kläger hat nicht näher dargelegt, welche besonderen Beischlafgewohnheiten er hat, die festverbundene Doppelbetten voraussetzen.« Dann plauderte der Richter aus dem Nähkästchen: »Dem Gericht sind mehrere allgemein bekannte und übliche Variationen der Ausführung des Beischlafs geläufig, die auf einem einzelnen Bett ausgeübt werden können, und zwar durchaus zur Zufriedenheit aller Beteiligten.«

Zum Schluß erhielt Conrad noch einen praktischen Ratschlag: »Der Kläger hat ein Foto der Betten vorgelegt. Auf diesem Foto ist erkennbar, daß die Matratzen auf einem stabilen Rahmen liegen, der offensichtlich aus Metall ist.

Es hätte nur weniger Handgriffe bedurft und wäre in wenigen Minuten zu erledigen gewesen, die beiden Metallrahmen durch eine feste Schnur miteinander zu verbinden. Es mag sein, daß der Kläger etwas Derartiges nicht dabei hatte. Eine Schnur ist aber für wenig Geld schnell zu besorgen. Bis zur Beschaffung hätte sich der Kläger beispielsweise eines Hosengürtels bedienen können, denn dieser wurde in seiner ursprünglichen Funktion in dem Augenblick sicher nicht benötigt.«

Jeder weitere Kommentar ist überflüssig.

Bauernhofurlaub, der keiner war

Wolfdietrich wohnt mit Tochter Mandy und Ehefrau Sonnhild mitten in der Stadt in einem Hochhaus. Die Fenster können sie nachts zwischen ein und fünf Uhr öffnen, ansonsten: Tausend Motoren brausen, rumoren, rumms, bumms, krach, knall! Deshalb zieht es Wolfdietrich nebst Familie während der Ferien in die ländliche Abgeschiedenheit.

Beim Blättern in dicken Katalogen fand er genau das, was er gesucht hatte: Unter der Überschrift »Urlaub auf dem Bauernhof« wurde ein Gasthof in unberührter Waldrandlage angepriesen. 14 Tage Halbpension, Aufenthaltsraum, Gaststube, Terrasse, Sauna, Liegewiese, Fischteich, Grill, Kinderspielplatz, Fahrräder sowie ein jederzeit zugänglicher Bauernhof in der Nachbarschaft mit Kühen, Ziegen, Pferden. Geräumige Zimmer mit Dusche, WC, Balkon; zwei geführte Wanderungen und zwei Reitstunden.

Eine seltsame Annonce, denn beim »Urlaub auf dem Bauernhof« gibt es keinen »Reiseveranstalter«. Hier ist immer der jeweilige Landwirt Vertragspartner. Und der Hinweis auf Nachbarn ist da nicht üblich. Nur das Geschnatter, Gekicker und Gekacker des Viehs auf dem eigenen Hof zählt.

Wolfdietrich war aber weder permanenter Gummistiefelträger noch Experte für Spezialreisen. Er buchte, bezahlte den Preis in Höhe von 1 264 DM und fuhr wenig später mit seiner Familie los. Das geräumige Zimmer erwies sich als kleine Buchte mit feuchten Wänden, von denen sich die Tapete melancholisch löste. Die Dusche stammte aus der Kaiserzeit, aus ihr tröpfelte rostiges Wasser. Die Balkontür ließ sich nicht öffnen, was nicht weiter schlimm war, weil sich als einzige Aussicht der Blick auf die Fernverkehrsstraße erschloß.

Auf dem »Bauernhof« in der Nachbarschaft meckerte lediglich eine abgemagerte Ziege. Die Sauna war geschlossen. Wanderungen fanden nicht statt. Die Reitstunden wurden abgesagt, Rosinante ging es nicht gut. Auf dem »Kinderspielplatz« baumelte eine einsame Schaukel an versplissenen Stricken. Die Fahrräder hatten alle einen Platten.

Wolfdietrich reklamierte beim Hausherrn der Mißwirtschaft, doch der verwies auf den »Reiseveranstalter«. Wolfdietrich nahm seinen Fotoapparat zur Hand. Anstatt schöner Landschaften fotografierte er sein trauriges Urlaubsdomizil. Dann schrieb er einen Brief an den Reiseveranstalter und forderte 590 DM Schadenersatz.

Die Antwort fiel sehr knapp aus: »Unter Berücksichtigung unserer Prospektausschreibung ist eine Beeinträchtigung der Reise nicht zu erkennen.«

Wolfdietrich reichte Klage ein. Peinlich genau zählte er alle Dinge auf, die ihm und seiner Familie die gute Urlaubslaune vermiesten. Aber er hatte, so mußte er sich belehren lassen, die Rechnung teilweise ohne den Wirt gemacht. Alle Mängel – so sagt das Gesetz – hätte er innerhalb eines Monats gegenüber dem Reiseveranstalter geltend machen müssen. Da von ihm im ersten Reklamationsbrief jedoch nur der fehlende Bauernhof und der ärmliche Kinderspielplatz erwähnt worden waren, galten die anderen zahlreichen leeren Versprechungen als verjährt.

»Der Reiseveranstalter ist verpflichtet, dem Kläger den geleisteten Reisepreis teilweise zurückzuerstatten, denn er hat die geschuldeten Leistungen nicht frei von Mängeln erbracht«, lautete das Urteil.

Der Richter fuhr fort: »Der fehlende Bauernhof stellt einen Mangel der Reiseleistung dar, weil der zum Vertragsinhalt gewordene Zweck und Nutzen der Reise, die ausweislich der Prospektbeschreibung als ›Urlaub auf dem Bauernhof‹ gebucht war, nicht eintreten konnte. Eine weitere Minderung ist für die schlechte Ausstattung des Kinderspielplatzes gerechtfertigt. Das Vorhandensein eines Kinderspielplatzes dürfte ebenso wie der Zugang zum Bauernhof von entscheidender Bedeutung für den Kläger gewesen sein, weil an der Reise ein neunjähriges Kind teilnahm.«

Wolfdietrich erhält 30 Prozent des Reisepreises, das sind 360 DM.

Dafür hat er genau anderthalb Jahre lang prozessiert, viel Zeit und noch mehr Anwalts- und Gerichtskosten ans Bein gebunden. Unter dem Strich kommt für ihn ein großes Minus heraus.

Nicht Gegenstand des Verfahrens war, inwieweit dieser »Reiseveranstalter« wettbewerbswidrig unter dem guten Ruf vom »Urlaub auf dem Bauernhof« segelte. Nach der krausen Logik des Gesetzgebers können Wettbewerbsverstöße (viel versprechen, wenig halten) nur vom sogenannten Mitbewerber, aber nicht vom geschädigten Kunden reklamiert werden.

Schäbige Klage gegen Behinderte

Wir leben zwar in einem der reichsten Länder der Welt, doch das Portemonnaie in der Hosentasche scheint aus Zwiebelleder zu sein. Ein Blick hinein, und die Tränen beginnen zu purzeln. Ständig und immerzu wird alles teurer. Beim eigenen Einkommen aber herrscht kräftige Ebbe – ausgenommen Bundesbeamte mit dem Tornister von Bonn nach Berlin.

Auch Silvia und Pinkas saßen fast täglich am Küchentisch und schrieben Zahlenkolonnen untereinander. Unter dem Strich kam nichts Erfreuliches heraus. Beide waren seit kurzem arbeitslos.

Eines Abends beim Zeitungslesen sprang Pinkas plötzlich wie vom wilden Affen gebissen aus seinem Abholmarkt-Sessel auf. »Wir sind doch bescheuert, daß wir bei diesem miesen Wetter in unserem trüben Kaff hocken!« Pinkas hatte ein supergünstiges Auslandsreiseangebot in der Saure-Gurken-Zeit gefunden. Drei Wochen zum Preis von zwei, Kinder bis zu drei Jahren im Zimmer der Eltern frei. »Oh Baby, laß uns dort für wenig Kohle den großen Maxen machen.«

»Und das Arbeitsamt?« fragte Silvia zweifelnd.

Pinkas lachte höhnisch: »Die finden nicht mal ihren eigenen Hintern, geschweige denn einen Job für uns im Winter.«

Das junge Ehepaar stellte die Heizung auf Sparflamme, setzte den sechs Monate alten Rafael und die zweijährige Shirley in die Tragegestelle und fuhr kurzentschlossen in den sonnigen Süden, dorthin, wo die D-Mark noch etwas wert ist.

Das kleine Hotel stand am Strand, das Zimmer war freundlich, die Vollpension schmackhaft und ausreichend. Die Sonne schien von zehn bis fünfzehn Uhr, das Meer hatte noch immer muntere 19 Grad Celsius, und die bösen Regenwolken blieben hinter den schneebedeckten Bergen versteckt.

In der zweiten Woche aber zog eine Gruppe von zehn Schwerstbehinderten mit gestörter Motorik ein. Sie waren an Rollstühle gefesselt und mußten mit spritzenähnlichen Instrumenten gefüttert werden. Ein Ausweichen war wegen der gemeinsamen Mahlzeiten und der geringen Größe des Speiseraums nicht möglich. Pinkas rief beim Reiseveranstalter an und forderte vergeblich ein anderes Hotel.

Zornerfüllt reiste das Ehepaar am Ende des Urlaubs ab und verlangte sogleich eine Reisepreisminderung: »Wenn ich eine Freak-Show sehen will, schalte ich den Fernseher an.« Schließlich reichte Pinkas Klage ein und gewann – 350 DM Ersatz.

Der Richter meinte: »Die Kläger und die kleinen Kinder konnten ihre Mahlzeiten im Hotel nicht unbeschwert genießen. Der unausweichliche Anblick der Behinderten verursachte Ekel. Solche Erlebnisse gehören nicht zu einem typischerweise erwarteten Urlaubsverlauf.«

Nun hatte auch dieser rüstige Richter schon einmal etwas von der Menschenwürde gehört, die angeblich unantastbar sein soll. Um sich nicht in Konflikte mit dem Grundgesetz zu bringen, fügte er deshalb hinzu: »Dem Klageanspruch steht nicht entgegen, daß ein Teil der Bevölkerung die Geltendmachung von Gewährleistungsansprüchen aus dem Anlaß einer Begegnung mit Behinderten als unanständig oder geschmacklos empfinden könnte. Entgegen der Ansicht der Beklagten wird die Menschenwürde der den Anlaß zur Minderung gebenden Behinderten durch die Zubilligung von Gewährleistungsansprüchen nicht verletzt. Es findet auch keine Ausgrenzung statt. Die Behinderten sind weder unmittelbar noch mittelbar von diesem Verfahren betroffen.«

Daß Behinderte nicht ausgegrenzt, sondern in die menschliche Gesellschaft einbezogen werden sollten, fand keinen Eingang in die Urteilsbegründung.

Pinkas und Silvia haben ein neues Hobby entdeckt. Sie suchen preiswerte Reisen in billige Länder, wo sich anschließend der Preis noch weiter drücken läßt. Ist der Massa gut bei Kassa fährt er schleunigst nach Mombassa.

Richter und Rückübertragung

Der Richter fühlte sich überwacht

Anhand einprägsamer Beispiele wurde in diesem Buch immer wieder dargetan, als welch hehre Lichtgestalten die deutschen Gesetzeswächter dem gemeinen Volk erscheinen: Die gesamte Richterschaft ist mordsmäßig klug und weise, unparteiisch wie meine Schwiegermutter, abgeklärt, kolossal lebenserfahren sowie von übersprudelndem Gerechtigkeitssinn. Doch wo viel Licht ist, ist manchmal auch ein ganz klein wenig Schatten, wie Richter Oswald bitter am eigenen Leibe erfahren mußte.

Oswald arbeitet als Zivilrichter an einem kleinen, aber feinen Amtsgericht in einer allerliebsten mittelalterlichen Stadt in Baden-Württemberg, durch die rund um die Uhr Horden fotografierwütiger Japaner ziehen. Die alten Häuser rings um den Marktplatz wirken wie aus dem Ei gepellt, das frisch verlegte Katzkopfpflaster glänzt schwarz, und ein steinerner Recke mit güldenem Schwert bewacht das verwinkelte Rathaus. In den Wochenendausgaben vom Stadtboten stehen noch immer mehr Stellenangebote als -gesuche, das nächste Ausländerwohnheim ist 50 Kilometer weit entfernt, und viele zufrieden schlummernde Bürger lassen sorglos die Zündschlüssel in ihren parkenden Autos stecken.

In dieser Idylle traf es Oswald wie ein Donnerschlag: An einem kalten Montagmorgen klapperten im Amtsgericht Monteure in blauen Overalls mit ihren Werkzeugkisten über die Korridore. Die Postler installierten eine neue Telefonanlage. Dieses moderne Wunderwerk der Technik speicherte bei jedem Gespräch die Nebenstellennummer, die gewählte Rufnummer, Datum, Uhrzeit sowie die Dauer des Gesprächs, die anfallenden Gebühreneinheiten, die Gesamtgebühr und kennzeichnete darüber hinaus die Telefonate als Dienst- oder Privatgespräche. Außerdem konnte der Pförtner eingehende Gespräche mit einem Tonsignal auf gerade geführte Gespräche aufschalten, wenn er sie als besonders wichtig erachtete.

Nun kann in Deutschland alles passieren, nur nicht, daß ein Beamter minderer Güte einem Beamten im abgehobenen Dienst ungefragt Telefonanrufe aufdrängelt. Der Richter versperrte deshalb die Tür vor den Telefonunholden und führte ein vertrauliches Gespräch unter vier Augen mit seinem Vorgesetzten, der ihm geschickt die Schuld der Verwaltungsbürokratie in die Schuhe schob. Am Stammtisch im Ratskeller redete Oswald dem schulterzuckenden Bürgermeister ins Gewissen. Außerdem schrieb er zwei scharfe Beschwerdebriefe an den Justizminister. Als das alles nichts half, reichte Oswald Klage beim Dienstgerichtshof für Richter ein. Begründung: »Die richterliche Unabhängigkeit wird beeinträchtigt. Die Telefonüberwachung ist dazu bestimmt, meine richterliche Rechtsfindung durch psychischen Druck zu beeinflussen.«

Hackt die eine Krähe der anderen kein Auge aus? Weit gefehlt! Die Kollegen vom Dienstgerichtshof sahen das nämlich ganz anders: »Die automatische Erfassung und Speicherung von bestimmten personenbezogenen Daten dienstlicher Ferngespräche dient der Mißbrauchskontrolle bei der Benutzung von Arbeitsmitteln. Die richterliche Unabhängigkeit wird dadurch nicht beeinträchtigt. Dem Antragsteller steht es frei, ob und wen er in welcher Rechtssache anruft und wie lange er mit einem Verfahrensbeteiligten telefoniert.«

Pech für Richter Oswald. »Miese Kleinstadt!« schimpfte er nach dem dritten Schoppen. Nur eine Frage bleibt: Benutzen beispielsweise die Richter in Palermo ihre Diensttelefone, wenn sie den Paten von der Mafia anrufen, um Bericht zu erstatten?

Lachender Sieger mit weinendem Auge

Curt ist der Neffe von Tante Mathilde. Als die gute Tante starb, erbte Curt mehrere Felder, Wiesen und Wälder – allerdings nur auf dem Papier. Im Grundbuch standen weder Mathilde noch Curt als Eigentümer vermerkt, sondern dort gab es nur uralte Bodenreformvermerke.

Nachdem das Vermögensamt die staubigen Akten aufgearbeitet hatte, wurden die Bodenreformvermerke kraft Gesetz gelöscht. An ihre Stelle trat eine sogenannte Auflassungsvormerkung zugunsten des Landes Brandenburg. (Dies bedeutet: Irgendwann in näherer Zukunft wird das betreffende Grundstück auf den vorgemerkten neuen Eigentümer, also das Land, umgeschrieben.) Curt war Neese, oder – wie es neudeutsch heißt – er blieb außen vor.

Eine Chance allerdings gab es für ihn noch. Er erhielt einen Brief des Vermögensamtes. Darin stand in astreinem Bürokratendeutsch: »Eine Ausnahme besteht, wenn Sie nach dem Gesetz zuteilungsfähig sind. Die Zuteilungsfähigkeit ist gegeben, wenn Sie am 15. März 1990 in der Land-, Forst- oder Nahrungsgüterwirtschaft hauptberuflich erwerbstätig (nur LPG-Mitgliedschaft allein genügt nicht!) waren oder wenn Sie vor Ablauf des 15. März 1990 in der Land-, Forst- oder Nahrungsgüterwirtschaft mindestens zehn Jahre lang hauptberuflich erwerbstätig waren (nur LPG-Mitgliedschaft genügt nicht!), im Anschluß an diese Tätigkeit keiner anderen Erwerbstätigkeit nachgegangen sind und einer solchen voraussichtlich auf Dauer nicht nachgehen werden, zum Beispiel durch Eintritt in den Ruhestand.«

Curt wurde weiter aufgefordert, anhand von Urkunden nachzuweisen, daß eine dieser Ausnahmen bestehe. Anderenfalls habe er notariell die Auflassung zu erklären, das heißt, seine Genehmigung dafür zu geben, daß die Grundstücke an das Land Brandenburg fielen.

Curt saß abends am Küchentisch, stützte die Ellenbogen auf die geblümte Wachstuchdecke und versuchte vergeblich, den Sinn der Schreibmaschinenzeilen zu ergründen. Was wollte das Amt von ihm? Ihm eine Zuteilung geben? Wovon und wofür? Geld oder Leben? War eine Zuteilung gut oder schlecht?

Curt schrieb zurück, daß er dreißig Jahre lang in einem Sägewerk gearbeitet habe und derzeit keine Unterlagen einreichen könne, weil sich sein SV-Ausweis gerade bei der Rentenberechnungsstelle befände.

»Aha«, antwortete das Amt. »Es ist keine Zuteilungsfähigkeit im Sinne des Gesetzes begründet!«

Curt überlegte. Ist Zuteilungsfähigkeit eine Kurzform von Zugabteilungsfähigkeit oder ist sie dasselbe wie Zurechnungsfähigkeit? Bedeutet die Verneinung der Zuteilungs- bzw. Zurechnungsfähigkeit seine Unzurechnungsfähigkeit? Curt kramte den karierten Schreibblock vor, nahm den Kugelschreiber in die Hand und teilte dem Vermögensamt mit, daß ihm die Verneinung der Zuteilungsfähigkeit absolut unverständlich sei. Er bitte um weiteren erläuternden Bescheid.

Die Geduld der Bürokraten war jedoch inzwischen längst erschöpft. Die Behörde reichte gegen Curt Klage ein und forderte die Auflassung der Grundstücke. Auflassung, Ablassung, Freilassung, Entlassung oder was? Curt resignierte und gab die geforderte notarielle Erklärung ab. Damit hatte sich die Klage erledigt. Es blieben nur noch die Auslagen übrig. Die Behörde beantragte deshalb zum Abschluß des Verfahrens, daß Curt sämtliche Kosten des Rechtsstreits zu tragen habe.

Doch das Gericht brummte dem Land alle Gebühren auf. Der Richter meinte nämlich: »Wird der Staat dem Bürger gegenüber tätig, so obliegt ihm als Rechtsstaat die Pflicht, sein Verlangen in einer solchen Weise darzulegen, daß der Bürger dies verstehen, nachvollziehen und sein Verhalten dementsprechend einrichten kann. Das klagende Land ist im vorliegenden Fall dieser Pflicht nicht in ausreichendem Maße nachgekommen.«

Curt hat Tausende von Mark (an Bodenwert) verloren und Hunderte gespart. Ein schwacher Trost für den lachenden Sieger mit dem weinenden Auge.

Viel Gegacker um nichts

Die Grundstücke weit vor den Toren der Stadt wurden in den dreißiger Jahren parzelliert und als Gärten für ein paar lumpige Reichsmark verkauft. Es entstanden nur einige Lauben. Die Gegend war nicht sonderlich attraktiv. Sandboden auf einer Lehmkruste, Schichtenwasser, viele Tümpel und Rinnsale. So mancher Landbesitzer kümmerte sich herzlich wenig um sein Eigentum.

Oskar und Annegret profitierten davon: Sie pachteten 1958 von der Gemeinde ein sogenanntes Westgrundstück. Es lag in einer sumpfigen

Gegend und stand regelmäßig unter Wasser. Die Anschrift der Eigentümerin Hildegund war zwar bekannt, aber sie hatte andere Interessen, als in der Ostzone mit Gummistiefeln durch nasses Gras zu patschen.

Die Zeit verging. Generationen von Kaninchen und Hühnern erblickten im Birkenweg 12 das Licht der Welt und verließen sie wieder in Form von Ragout und Frikassee. Oskar kümmerte sich um das Viehzeug, Annegret züchtete die Beilagen: glückliche Möhren und zufriedene Kartoffeln. In den Pausen saß sie unter den schattigen Pflaumenbäumen und wiegte erst die eigenen Kinder und dann die Enkel in den Armen.

Mit der Wende kam die Angst. Was würde aus den Bäumen, den Sträuchern, den Hecken, den Kräutern, den Blumen, der kleinen Laube – kurzum, was würde aus den 30 Jahren Arbeit, Hege und Pflege werden?

Zunächst passierte nicht viel. Hildegund lag im Sterben. Kaum hatte sie ihren letzten Seufzer getan, kündigte Freya, ihre Erbin, den Pachtvertrag wegen dringenden Eigenbedarfs.

Oskar schrieb zurück und verwies auf den Einigungsvertrag, wonach eine Kündigung nicht möglich sei, wenn das Grundstück zur Erholung genutzt werde.

Den Antwortbrief verfaßte nicht Freya, sondern ihr Anwalt Alois. Er brachte die folgenden Zeilen zu Papier: »Die einzigen Lebewesen, die das Grundstück Birkenweg ›zur Erholung‹ nutzen, sind Hühner, die aus dem Fenster der Steinlaube zu schauen pflegen.«

Als diese spritzigen Worte ungehört verhallten, wurde Rechtsanwalt Alois deutlicher: »Anderenfalls würde sich meine Mandantschaft veranlaßt sehen, mit einer Planierraupe das Grundstück eben zu machen in der Hoffnung, daß nicht sozialistische Hühner damit ebenfalls plattgewalzt werden, was zu sozialistischem Rührei führen würde.«

Glücklicherweise kam es nicht zum Schlimmsten. Freya griff nicht – wie anderenorts geschehen – zum Preßlufthammer, sondern reichte lediglich Klage ein.

Oskar stiegen die Tränen in die Augen. Immer und immer wieder las er die Klageschrift. Was sollte nur aus den Muckis und den Puttputts werden? Plötzlich stieß er einen spitzen Schrei aus. Freya forderte nicht das Grundstück Birkenweg 12, sondern das Grundstück Birkenweg 14 zurück. Und das war der Garten nebenan! Irrtum, Zufall, Schicksal oder barmherzige Fügung? Oskar war das schnurz. Er beantragte, die Klage abzuweisen, da er und Annegret den Birkenweg 12 gepachtet hätten.

Die junge, hübsche Richterin strich ihr langes schwarzes Haar zurück und verkündete den Spruch: »Die Klage wird abgewiesen. Das Gericht kann nicht feststellen, daß die Beklagten Nutzer des streitigen Grundstücks sind. Der Klage bliebe jedoch selbst für den Fall bestehender Identität beider Grundstücke der Erfolg versagt. Nach bestehender Gesetzeslage kann ein Vertrag über die Nutzung eines Grundstückes zu Erholungs- und Freizeitzwecken nur wegen Nichtzahlung des Entgelts gekündigt werden.«

Freyas Anwalt richtete die Augen zum Himmel. Wo bleibt da die irdische Gerechtigkeit, fragte er sich verzweifelt, wenn man nicht einmal das zurückbekommt, was einem gar nicht gehört? Und an Oskar schrieb er noch einen letzten Brief: »Leute wie Sie sind schuld daran, daß sich viele Menschen die Mauer zurückwünschen – nur noch zwei Meter höher!«

Wie gewonnen, so zerronnen

Allenthalben kann man von neunmalklugen Meinungsmachern hören oder lesen, spätestens Anfang 1989 hätte doch jeder halbwegs intelligente DDR-Bürger merken müssen, daß die Tage des Arbeiter-und-Bauern-Staates gezählt waren. Hinterher sind immer alle schlauer. Der Abend weiß mehr als der Morgen, und das Ei ist klüger als die Henne.

Dietram war Anfang 1989 nur eines klar gewesen: Die Uhr steht fünf vor zwölf. Ich muß raus aus diesem terroristischen Zwangsregime, sonst hat mich die Steuer beim Wickel! Nichts wie weg, egal wie, egal wohin.

Theoretisch.

Praktisch gab es noch einiges, was der begabte Kfz-Meister ordnen wollte und mußte. In finsteren Nächten über glitschige Botschaftszäune hangeln wollte er nicht; zumal dies mit seiner hübschen Antiquitätensammlung schwierig geworden wäre. Dietram hatte deshalb den umständlichen, langwierigen, aber letztlich doch noch erfolgreichen Weg des Ausreiseantrags gewählt.

Eines schönen Tages im März 1989 schraubte er in seiner Werkstatt am dunkelblauen Volvo des in der DDR weltbekannten Schlagersängers Andy-Araldo herum und erklärte dem zahlungskräftigen Künstler sein Problem.

»Eh, Alter, alles easy. Du vakoofst mir deine Hütte, und ick helf dir auf die Sprünge«, meinte die treue Seele der Seemannslieder.

Gesagt, getan. Mit notariellem Vertrag vom 31. Mai 1989 verkaufte

Dietram sein hübsches Wassergrundstück für beachtliche 140 000 Mark der DDR an Andy-Araldo. Dieser wiederum ließ seine Beziehungen spielen und ermöglichte Dietram im Gegenzug in Leipzig den Erwerb von drei astreinen Konzertflügeln, die in der Szene als »Goldstaub« für hartes Geld gehandelt wurden.

Dietram stopfte Klaviere sowie Antiquitäten in die Möbelwagen und verschwand ganz legal hinter die Staatsgrenze West beim Klassenfeind. Andy-Araldo aber tauschte den Volvo gegen eine Segelyacht ein und verzurrte sie am eigenen Bootssteg. Beide handelten voreilig.

Im Januar 1990 stand Dietram bereits auf der Matte vor seinem ehemaligen Haus und begehrte Einlaß, der ihm jedoch verwehrt wurde. Ende Juni 1990 reichte er Klage ein. Er focht den Vertrag wegen rechtswidrigen Drucks staatlicher Stellen an. Ohne die Veräußerung des Grundstücks wäre ihm die Ausreise nicht genehmigt worden.

Das Kreisgericht wies die Klage als unzulässig ab.

Dietram konsultierte einen gewieften Anwalt, und der fand einen Dreh: In seiner Berufungsschrift trug er vor, während der Verlesung der Kaufurkunde am 31. Mai 1989 sei der Notar nicht im Zimmer gewesen. Aus diesem Grund wäre die Beurkundung unwirksam.

»Tja«, meinte der Richter, »da haben Sie Trauer, Herr Andy-Araldo. Ein Vertrag, durch den das Eigentum an Grundstücken übertragen wurde, war auch in der DDR beurkundungspflichtig. Diese Formwidrigkeit stellt einen – zu dem rechtswidrigen staatlichen Druck, unter dem das Geschäft zustande gekommen ist – hinzutretenden Mangel dar, der dem allgemeinen Risiko des Rechtsverkehrs in der ehemaligen DDR zuzurechnen ist.«

Die Rache des kleinen Mannes

Als die Welt in Ostdeutschland noch in Ordnung zu sein schien, verschob Freddy, ein kleinwüchsiger Herr mit hochgezwirbeltem Schnurrbart und pomadisierter Tolle, auf dem schwarzen Markt alles, was sich kaufen und verkaufen ließ. Er tauschte Genex-Waren gegen Forum-Schecks (zum Einkauf im Intershop), handelte mit Antiquitäten, Fliesen und Importautos. 1986 machte er ein ausgesprochenes Schnäppchen. Für 2 370 Mark der DDR luchste er seiner Nachbarin ein rund tausend Quadratmeter großes Gartengrundstück ab.

Zwei Jahre lang ließ er Gras über die Parzelle wachsen, dann bot er das Areal per Annonce zum Verkauf an. Aus rund 100 Zuschriften fischte er das lukrativste Angebot heraus: Handwerksmeister Hermann versprach ihm 70 000 Mark der DDR in bar plus eine Wartburg-Anmeldung, die damals unter Brüdern weitere 30 000 Mark wert war. Im notariellen Kaufvertrag erschienen allerdings nur 35 000 Mark, der Rest wurde unter vier Augen (aber gegen Quittung!) übergeben.

Dann kam die Wende, und Freddy konnte nachts nicht mehr schlafen. Schließlich stellte er einen Antrag auf Rückübertragung: Hermann hätte ihn durch unlautere Machenschaften und Machtmißbrauch zum Verkauf des Gartens weit unter Wert gezwungen.

Der Antrag wurde abgelehnt. Auch eine Klage verlief im märkischen Sande. Freddy schrieb einen Brief an Hermann: »Ich finde es unverständlich, daß Sie nicht endlich Ihre Schulden an mich zahlen. Das Grundstück hat jetzt einen Wert von mindestens 300 000 DM. Mit Indianerknete lasse ich mich nicht abspeisen.«

Der Handwerksmeister lachte nur müde. Doch Wochen später fand er einen anonymen Wisch: »Wenn Sie wüßten, was man in unserem Land mit Menschen macht, die Menschen betrügen und bestehlen, dann würden Sie Ihre Schulden schnellstens begleichen.«

Die nächste absenderlose Botschaft wurde deutlicher: »Wir arbeiten auf Erfolgsbasis und ohne Auftrag, aber wir sind sehr erfolgreich bei Schuldeintreibungen, auch ohne Schuldscheine.«

Die dritte Nachricht bestand nur aus Großbuchstaben: »Wir kriegen und finden dich überall! Du Lügner, Betrüger, Stasi- und Kommunistenschwein.«

Schließlich steckte ein Zettel im Briefkasten, auf dem ein zu einer Schlinge geknüpfter Strick mit dem Zusatz: »Benutzen Sie das gute Stück so bald wie möglich« zu sehen war.

Hermann ging zur Polizei. Doch er war weder berühmt noch reich genug. Die Beamten winkten ab: »Die Briefe sind mit Computer geschrieben. Wie sollen wir da den Urheber feststellen?«

Hermann war sich sicher, daß nur Freddy der Verfasser der Drohbriefe sein konnte, aber ihm fehlten die Beweise. »Haussuchung? Sind Sie irre? Ohne hinreichenden Tatverdacht spielt sich gar nix ab!«

Hermann reichte Zivilklage gegen seinen Widersacher ein. Freddy sollte durch Gerichtsbeschluß dazu verpflichtet werden, Auskunft darüber zu erteilen, welcher Person er sein Insiderwissen über den Grundstücksverkauf vermittelt hatte. Hermann wollte einen Umkehrschluß erreichen: Gab es keinen Dritten, konnte nur Freddy der Täter sein.

Das Gericht wies die Klage ab: »Allein die Tatsache, daß jemand Informationen besitzt, die für einen anderen von Bedeutung sind, begründet noch keine Auskunftspflicht. Es ist nicht ersichtlich, warum der Beklagte allein auf Grund des früheren Verkaufs des Grundstücks verpflichtet sein sollte, an der Ermittlung eines anonymen Straftäters mitzuwirken.«

Nicht der Mörder, der Ermordete ist schuldig – meinte der Schriftsteller Franz Werfel in den zwanziger Jahren.

Als Hermann von der Gerichtsverhandlung nach Hause kam, klingelte das Telefon. Es meldete sich niemand. Aus dem Hörer drang lediglich das schnarrende Gekicher eines Lachsacks.

5. Kapitel

Sachenrecht, SA- und SS-Männer

Der folgenreiche Wurf mit einer Kartoffel

In einem Punkt besteht in unserer heutigen Gesellschaft kein Unterschied zum real existierenden Sozialismus: Zwar sind die Taschen der staatlichen Spendierhosen leer, doch sobald der Rubel einmal rollt, gibt es kein Halten mehr. Wenn nach langem Papierkrieg Gelder für Sonderförderungen bewilligt werden, spielen logische Abfolgen keine Rolle. Stiftet das Land beispielsweise Moneten für den Straßenbau, müssen sie sofort ausgegeben werden. So mancher Autofahrer rauft sich dann verzweifelt die Haare, weil auf einen Schlag sämtliche Haupt- und Nebenstraßen einer Gegend rekonstruiert werden und die Umleitungen konsequent um das Ziel herumführen.

Dieses Ärgernis bekam auch Ewald zu spüren. Er wohnt in Kleinkleckersdorf kurz vor dem Waldrand. Jahrzehntelang sagten sich vor seiner Tür Fuchs und Hase gute Nacht. Das änderte sich, als die Chaussee erneuert wurde und die Umgehungsstraße durch das Dorf führte. Tag und Nacht schepperten nun Schwertransporter über das ausgewaschene Kopfsteinpflaster, hinterließen tiefe Risse in den Fundamenten der Wohnhäuser und zogen breite Staubwolken hinter sich her.

Doch damit nicht genug. Die schmale Dorfstraße ist zum Wenden zu schmal. Eines schönen Tages, Ewald karrte gerade eine Fuhre Mist aus dem Schweinestall, brauste zu seiner größten Verblüffung ein ihm völlig fremder grüner Pkw auf seinen Hof, drehte eine Ehrenrunde, wendete und raste zurück in Richtung Dorf. Ewald fiel vor Schreck die kurze Stummelpfeife aus dem Mund.

Dieses Schauspiel wiederholte sich von nun an fast täglich. Zu den unterschiedlichsten Tages- und Nachtzeiten kam der grüne Wagen auf den Hof gefahren, um zu wenden. Ewald sprang jedesmal wie von der Tarantel gestochen aus seinem Haus, drohte mit der Faust und schimpfte wie ein Rohrspatz – vergeblich.

So ging es sieben Monate lang! Bis dem guten Ewald der Geduldsfaden riß. Er klaubte einen bald einpfündigen Erdapfel aus der Kartoffelmiete und knallte ihn dem grünen Pkw mit voller Wucht gegen die Fahrertür. Dort klaffte nun eine Delle. Ewald schmunzelte. »Guter Wurf«, dachte er sich.

Pkw-Besitzer Frederick war da anderer Meinung. Er verklagte Ewald auf Schadenersatz. Nach Meinung des Gerichts aber hatte Frederick nicht das geringste Recht, auf den Hof von Ewald zu fahren: »Der Beklagte kann sich darauf berufen, daß er in Notwehr gehandelt hat. Notwehr ist nach der einschlägigen gesetzlichen Definition die Verteidigung, die erforderlich ist, um einen gegenwärtigen rechtswidrigen Angriff abzuwenden. Der Beklagte befand sich zweifelsfrei in einer Notwehrlage. Das Befahren des Anwesens stellt nämlich einen rechtswidrigen gegenwärtigen Angriff auf gesetzlich geschützte Rechtsgüter des Beklagten, eine Bedrohung sowohl des Eigentums als auch des Hausrechts dar.«

»Aber halt doch, Euer Ehren«, gab Frederick zu bedenken, »das Grundstück hatte kein Tor. Woher sollte ich armer Tor wissen, daß ich dort nicht wenden durfte?«

»Allein aus der Tatsache, daß der Beklagte die Zufahrt zu seinem Hofanwesen nicht durch ein Tor verschlossen hat, kann keine mutmaßliche Einwilligung hergeleitet werden.«

Frederick wollte nicht aufgeben: »Er hätte trotzdem nicht mit einer Kartoffel werfen dürfen. Ein rechtes Wort zur rechten Zeit hätte denselben Zweck erfüllt.«

Der Richter runzelte die Stirn. »Nach sieben Monaten? Der Kartoffelwurf erwies sich als geeignetes Verteidigungsmittel, den Angriff abzuwehren. Das war nach Art und Maß auch das relativ mildeste Gegenmittel.«

Recht hat er! Im Wilden Westen werden solche Torheiten mit der bellenden Antwort aus einem Smith & Wesson vom Kaliber ·357 Magnum geahndet.

Alles Gute kommt von oben

Der Montag ist der schlimmste Tag der Woche. In der Stadt sind die Straßen verstopft und die Parkplätze überfüllt. Die meisten Leute haben schlechte Laune. In der kleinsten Kneipe wäre es schöner als am größten Arbeitsplatz. Auch Harro, ein dynamischer Jung-Unternehmer, war an diesem Tag mit seinen Nerven am Ende. Um 12 Uhr sollte er in der Bank sein. Ihm blieben exakt noch fünf Minuten. Er war zwar nur noch knapp einen Kilometer von seinem Ziel entfernt, doch die Blechlawine, in der er sich befand, schlich gerade im ersten Gang durch die Gasse zum Marktplatz. In Harros Auto herrschten 40 Grad. Sein dunkelblau gestreiftes Managerhemd besaß inzwischen das Aussehen einer Wegwerfwindel, und das Deodorant hatte längst versagt. Schweiß tropfte von seiner Stirn und brannte in den Augen. Schließlich hatte Harro die Nase voll. Er brach nach rechts aus der Schlange aus, parkte seinen Wagen quer zum Bürgersteig unter einem Halteverbotsschild und rannte los.

Nach einer halben Stunde kehrte er zurück. In seinem nappaledernen Diplomatenkoffer befand sich nunmehr ein halbes Kilo Antragsformulare. »Bringen Sie bitte die Geburtsurkunden Ihrer Urgroßeltern mütter- und väterlicherseits in dreifach beglaubigter Abschrift bei, und der von Ihnen beantragte Geschäftskredit über 10 000 DM kann spätestens in vier Monaten zu 14,7 Prozent effektivem Jahreszins ausgereicht werden«, hatte ihm der stellvertretende Filialleiter schulterklopfend mit auf den Weg gegeben.

Als Harro in die Marktgasse einbog, bemerkte er einen großen Menschenauflauf. Mehrere Dutzend Passanten umringten interessiert sein Auto. Als Harro näher kam, erkannte er, weshalb. Von der Fassade des Gebäudes, vor dem sein Pkw parkte, hatten sich größere Putzteile gelöst, waren auf das Wagendach der (im Volksmund so genannten) japanischen Reisschüssel geknallt und hatten die Limousine blitzschnell in ein Kabriolett verwandelt.

Die Gutachter-, Reparatur- und Mietwagenkosten beliefen sich auf 6 873,01 DM, doch die Hauseigentümerin – eine Immobiliengesellschaft – wollte nicht bezahlen. Harro reichte Klage ein.

Die Immobiliengesellschaft beantragte, die Klage abzuweisen: »Die schlechte Bausubstanz vieler Gebäude in den neuen Bundesländern schließt es aus, ihren Besitzern Verkehrssicherungspflichten im gleichen Umfang aufzuerlegen, wie sie in den alten Ländern einzuhalten sind.« Außerdem habe Harro die Putzschäden erkennen müssen. Deshalb, und weil er falsch geparkt habe, läge ein Mitverschulden vor.

Der Richter war ein weiser alter Mann, der seinen Ruhestand aufgegeben hatte, um im Beitrittsgebiet noch einmal Recht zu sprechen. Deshalb konnte er sich noch an das Ende der vierziger Jahre erinnern: »Die baulichen Verhältnisse dürfen nicht unberücksichtigt bleiben. So hat etwa der Bundesgerichtshof in der unmittelbaren Nachkriegszeit mehrfach ausgesprochen, daß an Besitzer von Ruinengrundstücken keine so hohen Sorgfaltsanforderungen gestellt werden dürfen.« Doch bevor sich der Immobilienhai die Flossen reiben konnte, fügte der Richter hinzu, daß vorläufige Sicherungsmaßnahmen wie das Absperren der Gefahrenzone ohne großen Aufwand möglich gewesen wären.

Darüber hinaus sei das falsche Parken ohne Belang: »Die Straßenverkehrsordnung verbietet eine Verhaltensweise, um die Sicherheit und Leichtigkeit des Straßenverkehrs zu gewährleisten, und nicht deshalb, um Anrainer vor der deliktrechtlichen Haftung des Gebäudebesitzers zu schützen.«

Damit hatte Harro seine Klage gewonnen. Auf der Straße ist er leicht zu erkennen: Er trägt seit damals immer einen Sturzhelm im Auto.

Der unbedachte Fußtritt gegen Autoblech

Philipp braucht nur irgendwo ein Stullenbrettchen zu finden, schon brennt er mit einem Lötkolben kunstvolle Ornamente ein, bohrt ein Löchlein zum Aufhängen und verschenkt es händereibend an einen seiner Lieblingsfeinde oder erwachsenen Söhne. Auf diese Weise nimmt er genußvoll Rache für schaurige selbstgebastelte Weihnachtsgeschenke und gräuliche Mitbringsel aus dem Werkunterricht wie Serviettenhalter aus Wäscheklammern und Glasperlen-Untersetzer, die jahrelang auf Kommoden und Nachttischen verstaubten. Philipp fummelt jedenfalls gern und ist auch Besitzer eines Gartenhäuschens. Dort gibt es an jedem Wochenende genügend zu schaffen und zu richten. Sobald Philipp auch nur in die Nähe eines Baumarktes kommt, fühlt er sich so selig wie andere Mitteleuropäer im Sex-Shop.

An der Einfahrt zu einem Baugeschäft wurde die Straße repariert. Karlheinz, ein Arbeiter, fuhr mit einem kleinen Bagger hin und her, hob neben der Straße Gräben aus und versperrte den Weg. Philipp wartete eine Weile ungeduldig in seinem Auto, dann hupte er. Darüber war Karlheinz erbost. Er kletterte von seinem Sitz herunter und machte eine unanständige Handbewegung aus der internationalen Taubstummensprache. Dann gab ein gesprochenes Wort das andere, und schließlich trat Karlheinz mit der vollen Wucht seiner Arbeitsstiefel gegen den Kotflügel des Pkw.

Philipp schrie gequält auf und sprang aus seinem Gefährt. Eine tiefe Beule zeigte an, wo die Limousine von dem rüden Bauarbeiterfuß getroffen worden war. Glücklicherweise kam gerade ein Funkstreifenwagen vorbei.

Philipp steuerte anschließend eine Autoreparaturwerkstatt an. Er erbleichte nach dem Kostenvoranschlag, hantierte dann selbst mit Hammer, Spachtelmasse und Pinsel. Anschließend bestaunte er sein Werk, schrieb einen Brief an Karlheinz. Als der nicht reagierte, reichte er Klage ein. Er verlangte 996,50 DM Reparaturkosten, 124 DM Nutzungsausfall für zwei Tage und 40 DM Unkostenpauschale.

In der Gerichtsverhandlung stritt Bauarbeiter Karlheinz alles ab. »Ick? Niemals, Euer Ehren! Blech ist mir heilig. Nie und nimmer würd ick dagegenlatschen. Ick bin doch keen Vandale!«

Auf der Stirn des Richters zeigten sich Sorgenfalten. Er lud zum nächsten Termin den Polizeibeamten ein. Der sagte aus: »Den Vorfall selbst habe ich nicht gesehen. Doch bei einer ersten Befragung gab der Beklagte zu, gegen das Auto getreten zu haben.«

Der Richter knallte seine Akte zu. »Das wär's dann wohl, meine Herren«, meinte er.

»Halten Sie ein«, rief Karlheinz im reinsten Hochdeutsch. »Wer sagt denn, daß die Reparatur tatsächlich so viel gekostet hat? Ich will die Rechnung sehen!«

»Zu spät«, entgegnete der Richter. »Der Beweisantrag wird als verspätet zurückgewiesen. Sie haben 1 160,50 DM zu zahlen – nebst Zinsen, versteht sich.«

Später Nachtrag zur Blutwoche

Vom 20. bis 27. Juni 1933 wüteten die Nazis im Berliner Stadtteil Köpenick so grausam, daß diese Tage als »Köpenicker Blutwoche« in die Geschichte eingingen.

Es begann mit Hausdurchsuchungen, Absperrungen ganzer Wohnbezirke mit Personenkontrollen zum Ermitteln von politischen Gegnern und anschließenden Verhaftungen. In verschiedenen Gaststätten richteten die SA-Männer Verhörzentren ein. Dann begannen sie schwarze Listen abzuarbeiten und ihre Opfer aus den Wohnungen zu schleppen.

Im Lokal Seidler warfen die SA-Leute ihre Opfer über einen Tisch und schlugen sie mit Gummiknüppeln, Fahnenstöcken, alten Kavalleriedegen, Rohrstöcken, Stahlruten, Zaunlatten und Brettern bis zur völligen Bewußtlosigkeit. Sie prügelten derartig brutal auf Kopf und Körper ein, daß sich Haut und Fleisch lösten. Die Schreie der Mißhandelten waren bis weit auf die Straße zu hören. Die Grausamkeiten steigerten sich noch weiter, als der Gewerkschaftssekretär Paul von Essen, Mitglied der SPD, in das Lokal eingeliefert wurde. Nach mehreren Mißhandlungen starb Paul von Essen. Die Folterknechte steckten seine Leiche in einen Sack und warfen ihn in den Fluß Dahme.

Im Jahr 1950 fand die Abrechnung statt. Vor dem Ostberliner Landgericht mußten sich 57 ehemalige SA-Männer verantworten, die an den grausamen Taten beteiligt gewesen waren. Am 19. Juni 1950 wurden 15 Angeklagte wegen Verbrechens gegen die Menschlichkeit zum Tode, die übrigen Angeklagten zu lebenslänglichen oder viele Jahre umfassenden Zuchthausstrafen verurteilt.

Die politischen Verhältnisse haben sich in diesem Jahrhundert mehrfach radikal geändert. Was auf Dauer Bestand zu haben schien, endete wieder und wieder in einem Scherbenhaufen oder einem großen Katzenjammer. Als sich die DDR selbst aufgelöst hatte und im politischen Denken vieler Menschen ein Rechtsruck einsetzte, richtete die Enkelin eines Verurteilten und inzwischen verstorbenen SA-Mannes einen Kassationsantrag an das Landgericht Berlin. Sie beantragte, ihren 1950 zu einer Zuchthausstrafe von 25 Jahren und einer zusätzlichen Gefängnisstrafe von 5 Jahren verurteilten Großvater Wernhard nachträglich freizusprechen.

Doch das Landgericht wies den Kassationsantrag der Enkelin des SA-Mannes Wernhard als unbegründet zurück: »Das Landgericht Berlin (Ost) hat als Ergebnis der Beweisaufnahme festgestellt, daß der Betroffene täterschaftlich, wenn auch nicht eigenhändig, insbesondere an der Mißhandlung des Gewerkschaftssekretärs von Essen mitgewirkt hat. Es sind auch keine Anhaltspunkte dafür ersichtlich, daß die Entscheidung ein rein politisches Willkürurteil darstellt. Die Feststellungen sind nicht übertrieben politisch einseitig eingefärbt. Leichtfertig zu Lasten des Betroffenen oder anderer Angeklagten vereinfachende Darstellungen sind nicht vorhanden. Die anerkannten Regeln der Beweiswürdigung werden beachtet, sachfremde Erwägungen sind nicht ersichtlich.«

Mitunter scheint es so, als ob Justitia auf dem rechten Auge blind sei.

Im Fall der gescheiterten Rehabilitierung des SA-Mannes Wernhard war sie es nicht.

Ein Scheingeschäft im Konzentrationslager

Der Fall führt weit zurück – noch vor die Zeit der Nazidiktatur. 1931 trat Eduard, damals ein junger Bursche, der NSDAP bei. Nach Hitlers Machtübernahme wurde er mit einem Posten belohnt: Leiter der Meldestelle. Eduard stand auf Wacht für Volk und Vaterland. Er folgte blindlings allen Führerbefehlen und verspürte nicht den geringsten Zweifel an der »Überlegenheit der arischen Rasse«.

Am 10. November 1938, dem Tag der »Reichskristallnacht«, erhielt er Befehl, zum jüdischen Kaufhaus der Stadt zu marschieren. SA-Obertruppführer Eduard machte sich an der Spitze eines SA-Trupps auf den Weg ins Zentrum. Unter seinem Kommando standen 30 Männer. Sie umstellten das Warenhaus. Eduard entsicherte seine Pistole und drang als erster unter dem Ruf ein: »Ein Volk hilft sich selbst!« Die ihm folgenden SA-Leute zertrümmerten Einrichtung und Schaufenster. Eduard hielt einen der Geschäftsinhaber fest, während einer seiner Komplizen das wehrlose Opfer zusammenschlug.

Der jüdische Kaufhausbesitzer und sein Kompagnon wurden in »Schutzhaft« genommen und in das Konzentrationslager Sachsenhausen verschleppt. Dort »kaufte« ihnen wenig später einer von Eduards SA-Männern das gesamte Warenhaus mit Grundstück und allen Lagerbeständen für 14 000 Reichsmark ab. Doch selbst diese lächerliche Summe stand nur auf dem Papier. Tatsächlich erhielten die KZ-Häftlinge keinen einzigen Pfennig. Über ihr weiteres Schicksal ist nichts bekannt.

1949 wurde Eduard vom Landgericht Cottbus wegen »Verbrechens gegen die Menschlichkeit und Verfolgung aus rassischen Gründen« zu drei Jahren Zuchthaus verurteilt. Auf Grund der Direktive Nummer 38 des Alliierten Kontrollrates verlor er darüber hinaus sein gesamtes Hab und Gut, sein Vermögen wurde eingezogen.

Der ehemalige SA-Mann ist zwar inzwischen verstorben, jedoch seine Erben leben. Gleich nach der Wende beantragte Eduards Tochter die Rehabilitierung ihres Vaters und forderte eine Entschädigung für das beschlagnahmte Familieneigentum.

Doch das nunmehr zuständige Landgericht sah für die Wiederherstellung der Ehre des ehemaligen Nazischlägers keinen Raum und wies den Antrag zurück. Die Tochter legte Beschwerde ein. Aber auch das Oberlandesgericht konnte keinen vernünftigen Grund dafür erkennen, das Urteil von 1949 aufzuheben: »Die vorgeschriebene Einzelfallprüfung ergibt keinen Verstoß gegen wesentliche Grundsätze einer freiheitlichen rechtsstaatlichen Ordnung. Das gilt insbesondere für die verhängte Strafe. Diese ist offenbar deutlich milder als sonst üblich ausgefallen«, meinten die Richter.

Scheidungen

Der lange teure Weg zur Freiheit

Das Ehescheidungsrecht in Deutschland ist kompliziert und umständlich. Ein passendes russisches Sprichwort sagt: »Der Eintritt kostet eine Kopeke, der Austritt fünfzig Rubel«.

Mit anderen Worten: Heiraten ist die einfachste Sache der Welt, aber der Weg zum Scheidungstermin wird lang und dornenreich. Da gilt es (bei der sogenannten einvernehmlichen Scheidung) zunächst das gesetzlich vorgeschriebene Trennungsjahr zu absolvieren, einen Scheidungsfolgenvergleich abzuschließen, diverse Formulare auszufüllen und sich vor allen Dingen mit Geduld zu wappnen. Eine Verfahrensdauer von drei, vier Jahren ist völlig normal.

Da sind natürlich diejenigen Brautleute gut beraten, die gleich nach dem Standesamt zum Notar gehen und einen Ehevertrag abschließen. In den USA ist das nichts Besonderes, in Deutschland aber eher die Ausnahme von der Regel.

Verliebt, verlobt, verheiratet – wer auf einer rosaroten Wolke schwebt, denkt nicht an Rechtsanwälte und juristische Spitzfindigkeiten. Sollte er aber, denn für den Ehevertrag gilt dasselbe wie für jede andere schriftliche Vereinbarung: Beim Vertragsabschluß braucht ihn eigentlich niemand, weil sich die Partner einig sind. Der schriftliche Vertrag wird einzig und allein für einen möglichen späteren Konfliktfall geschlossen, wenn plötzlich Streitigkeiten entstehen.

Maria hatte bereits eine Ehe hinter sich gebracht, als sie am 30.7.1984 von Lukas zum Traualtar geführt wurde. Gebranntes Kind scheut das Feuer, deshalb bestand Lukas, der das ganze Drama der Scheidung Marias von ihrem ersten Mann hautnah miterlebt hatte, auf dem Abschluß eines Ehevertrages. Maria sah darin lediglich eine lästige Formalität und willigte ein. Kernstücke der notariellen Urkunde waren, daß beide fortan im Ehestand der Gütertrennung lebten und für den Fall der Scheidung auf den Versorgungsausgleich verzichteten.

Der Versorgungsausgleich bedeutet kurz gesagt, daß derjenige, der später einmal mehr Rente bekommt, etwas von seinem Rentenanspruch an seinen geschiedenen Ehepartner mit dem geringeren Einkommen abgeben muß. Der Versorgungsausgleich ist gesetzlich vorgeschrieben, er kann aber in einem Ehevertrag ausgeschlossen werden.

Lukas hatte Pech. Die Ehe mit Maria hielt nicht das, was er sich von ihr versprochen hatte. Im Januar 1992, nach einem heftigen Streit, zog Lukas aus der gemeinschaftlichen Wohnung aus und reichte am 18.11.1993 die Scheidung ein.

Maria stimmte der Scheidung zu, beantragte aber die Durchführung des Versorgungsausgleichs, weil sie den Ehevertrag von 1984 für sittenwidrig hielt: »Unsere beiden Kinder waren häufig krank und bedurften intensiver Pflege. Deshalb mußte ich meinen Beruf aufgeben, verfügte über kein Einkommen und konnte in dieser Zeit keine Rentenansprüche erwerben. Mein Mann kletterte unterdessen Stufe für Stufe auf der Karriereleiter nach oben und verdiente viel Geld. Er wird deshalb später einmal als Rentner – im Gegensatz zu mir – keine materiellen Sorgen haben.« Denn, so sagt Nobbi, die Renten sind sicher.

Die Familienrichterin konnte keine Sittenwidrigkeit erkennen: »Beweggrund für den Abschluß des Vertrages auf seiten des Ehemannes war das Miterleben der Trennung und Scheidung der Ehefrau von ihrem ersten Mann gewesen. Er hat die Folgen einer möglichen Scheidung befürchtet und diese für sich ausschließen wollen. Auf seiten der Ehefrau ist der Beweggrund gewesen, daß der Ehemann anderenfalls die Ehe mit ihr nicht eingegangen wäre, sie diese aber gewünscht hat.«

Statt zu heiraten und einen Ehevertrag abzuschließen, hätten Lukas und Maria etwas ganz anderes tun sollen: »Drum prüfe, wer sich ewig bindet, ob er nicht noch was Besseres findet.«

Der Mann im Schrank

»Die Liebe ist ein seltsames Spiel. Sie kommt und geht von einem zum andern ...«, heißt es in einem alten Schlager. Viel Lebensweisheit. Wenn die Liebe von dem einen zum anderen gegangen ist, verwandeln sich die beteiligten Personen vielfach in blutrünstige Bestien.

Sebastian traf es völlig unvorbereitet. Eines Tages kam er früher als erwartet von einer Dienstreise nach Hause und bemerkte im Flur ein Paar ihm unbekannte Herrenslipper. Er machte sich auf die Suche nach dem fremden Gast und fand ihn im Schlafzimmer, wo er gerade an Petra, der Frau des Hauses, Doktorspiele praktizierte. Sebastian erstarrte zur Salzsäule. Sein Blut gefror in den Adern. Doch seine bis dahin stets treusorgende Gattin, mit der er bereits seit zwölf Jahren verheiratet war, richtete sich im Bett auf und sagte eiskalt: »Nun weißt du endlich Bescheid, Schlappschwanz. Ab sofort wirst du im Wohnzimmer schlafen. Ich reiche die Scheidung ein.«

Die nächsten drei Wochen wurden zur absoluten Hölle für Sebastian. Günter, der Neue, machte es sich nämlich im Ehebett bequem und fand das ganz normal. Nacht für Nacht hörte Sebastian nebenan die Spiralfedern quietschen. Dagegen halfen weder Goldbrand noch Ohropax. Sebastian forderte von seiner Frau mit fein gewählten Worten, ihren neuen Freund aus der Wohnung zu weisen. Doch Petra meinte nur achselzuckend: »Wenn dir hier was nicht paßt – verpiß du dich, du Flasche!«

Nun besann sich Sebastian auf eines seiner Hobbys. Er nutzte die zeitweilige Abwesenheit der beiden Turteltäubchen, um mit der Kreissäge den großen Kleiderschrank im Flur zu bearbeiten. In Augenhöhe sägte er eine Öffnung in die Tür und kaschierte sie kunstvoll. Abends kroch er heimlich in den Schrank und legte sich mit einer Videokamera auf die Lauer. Er mußte nicht lange warten. Die Schlafzimmertür öffnete sich, und das eng umschlungene Liebespaar schlenderte im Adamskostüm ins Bad.

Tag für Tag bannte Sebastian nun interessante erotische Aufnahmen aller Art auf Film. Doch eines Nachts vernahm Günter ein seltsames Surren, als er in Unterhosen über den Flur schlurfte. Bei der anschließenden Schlägerei gab es keinen Sieger und keinen Besiegten. Nur die Kamera gab ihren Geist auf.

Petra forderte die Herausgabe der Filme, doch Sebastian weigerte sich: »Sie liegen bei meinem Anwalt im Tresor. Beim Scheidungstermin werde ich das Gericht damit erfreuen.«

Nun reichte Petra Klage gegen Sebastian ein. Begründung: Ihre und Günters Persönlichkeitsrechte seien durch diese abscheulichen und perversen Eingriffe in die Privatsphäre verletzt worden.

»Ne, ne«, wehrte der Richter entschieden ab, »der Beklagte hat sich die Besuche verbeten. Er kann sich gegen das Eindringen eines Ehestörers in den räumlich-gegenständlichen Bereich der Ehe wenden. Daher durfte er die Videoaufnahmen anfertigen, um eine Klage auf Unterlassung der Besuche anstrengen zu können.«

Sebastian darf die Filme später im Scheidungsprozeß als Beweismittel verwenden, was beim Sorgerecht für die Kinder wichtig sein könnte. Aber leider finden solche Verfahren unter Ausschluß der Öffentlichkeit statt ...

Telefonsexgelder reichten Scarlett nicht

Wieviel ist eine Ehe wert? Am Anfang ganz viel. Die Verliebten schweben im siebenten Himmel, und es hagelt gute Gaben. Als beispielsweise am 18. November 1995 der Prinz von Dänemark (Joachim, nicht Hamlet!) heiratete, sammelte sein treues Volk umgerechnet 2,5 Millionen Mark als Hochzeitsgeschenk. Doch auch eine zerbrochene Ehe kostet viel. »Sein oder nicht sein«, das ist die Frage, die sich zum Beispiel der Schauspieler Antonio Banderas stellte. Er wollte seine Noch-Ehefrau Ana Arena Leza Banderas mit 300 000 DM abspeisen, sie aber wollte 450 000 DM pro Jahr nebst zweier luxuriöser Wohnungen in Madrid und New York haben. Manche Glückspilze säen nicht und ernten nicht, leben aber trotzdem herrlich und in Freuden.

Auch in Deutschland gibt es häufig für Geschiedene (oder in Scheidung Lebende) Ehegattenunterhalt. Ob Ehemann oder Ehefrau, wer wesentlich mehr verdient, muß an den anderen zahlen – ganz unabhängig davon, welcher Partner die Scheidung wollte, will oder die Ursachen dafür setzte. Das ist eine Regelung, die im Gerichtssaal häufig auf wenig Gegenliebe bei den Betroffenen stößt.

Die große Liebe zwischen Ulf und Scarlett begann in einer Sommernacht im »Schwarzen Kater«, wo das junge Fräulein aushilfsweise kellnerte. Scarlett sieht aus wie eine Mischung aus Claudia Schiffer und Eva Herzigova. Doch nach der Hochzeitsreise begann für Ulf das bittere Erwachen. Scarlett konnte weder kochen noch Ordnung halten. Und die

Arbeit hatte sie auch nicht erfunden. Ulf schinderte von morgens bis abends auf dem Bau, und wenn er völlig ausgelaugt nach Hause kam, glich die Wohnung einem Trümmerfeld. Scarlett lag entweder im Bett, in der Badewanne oder war bereits auf Tour. Nach wenigen Wochen hatte Ulf die Nase voll. Er packte seine Koffer und zog zurück zu seinen Eltern. Ein Jahr später reichte er die Scheidung ein.

Aus den Augen, aus dem Sinn? Nichts da! Eines Tages bekam Ulf einen Brief: »Liebster Ehemann, ick bin blank. Drücke ordentlich Kohle ab, sonst krachts!« Ulf warf den Brief in den Ofen. Das war ein Fehler. Gegen hungrige Hyänen hilft es nicht, sich taub zu stellen. Scarlett zog vor Gericht.

Das Amtsgericht verurteilte Ulf zu Unterhaltszahlungen an seine arbeitslose Ehefrau in Höhe von 8 930 DM. Nichts zu zahlen hatte er für die Zeit, als er auch arbeitslos war. Scarlett im schwarzen Lacklederkostüm knallte ihre goldberingte Faust auf den Tisch, schüttelte ihre blond wallende Mähne und legte Berufung ein: »Ick hab nüscht, und der Olle macht sich Fettlebe von die Stütze. Dit kann nich sein!«

Für Ulf stand nunmehr die beachtliche Summe von rund 25 000 DM auf dem Spiel. Er dachte nach. Denken hilft Kosten senken. Irgendetwas war ihm seltsam vorgekommen, als er noch mit Scarlett zusammenlebte. Was war es nur gewesen? Ja, genau. Sie hatte immer ein Handy bei sich gehabt, im Bett und im Bad, obwohl in der Diele ein Telefon stand. Ulf sprach mit ein paar Bekannten, blätterte in alten und neuen Zeitungen. Dann hatte er herausgefunden, womit sich Scarlett seit Jahren ihr Geld verdiente: Mit Telefonsex!

Das fanden die Richter beim Oberlandesgericht gar nicht mehr lustig. Die Stimme des Vorsitzenden zitterte vor verhaltenem Ekel, als er sagte: »Die Klägerin hat sich aus eigenem Antrieb auf eine Anzeige für die Tätigkeit einer ›Telefonsexdame‹ für ›freie erotische Gespräche‹ gemeldet und derartige Gespräche in größerer Zahl (mehrere Hundert) gegen Entgelt geführt.« Dann sprach der Richter von Prozeßbetrug, vollendetem Betrug im Sinne des Strafgesetzbuches, tiefgreifender Verletzung ehelicher Pflichten, schwerwiegendem Fehlverhalten und einem betrügerisch erlangten Urteil.

Scarlett hat die Berufung mit Pauken und Trompeten verloren und muß sämtliche Prozeß- und Anwaltsgebühren zahlen. Um die Unkosten hereinzuholen, wird sie wohl so lange Überstunden machen müssen, bis die Telefondrähte glühen.

Scharfe Schüsse auf den Meister-Skatspieler

Das Skatspielen an sich ist schon eine Wissenschaft für sich, denn die Regeln sind kompliziert genug. Doch die absoluten Feinheiten, miesen Kniffe, fiesen Tricks und gemeinen Bluffs bedürfen langjähriger Erfahrung in der Kunst der Menschenführung sowie großen mimischen und gestischen Talents. Die wahre Kunst besteht darin, die Mitspieler ständig zu täuschen, ihnen den Spielverlauf aufzuzwingen und trotzdem den Überblick zu behalten. Wer hat den Alten? Wo steckt das Trumpf-As? Was liegt im Skat? Wieviel Augen fehlen noch an 61?

Skat spielen viele. Doch Könner sind selten. Skat ist ein Männerspiel. Es taugt nicht für Sensibelchen, weil jeder nach Herzenslust brüllen darf: »Warum hast du nicht gestochen, du verdammter Vollidiot?« Skat eignet sich nicht für Kaffeekränzchen; denn feine Damen rufen nicht: »Hosen runter!«

Kommen wir zur Praxis. Ferdi gilt als einer der bedeutendsten Skatspieler des Landes. Er ist Beamter. In seinem Büro stehen keine Grünpflanzen; denn Blumen gehören nicht ins Schlafzimmer.

Abends, im »Blauen Affen«, ist Ferdi aber in seinem Element. Eine Runde Schieberramsch, eine Bockrunde, und schon klingelt es wieder in seiner Kasse. Um zwölf kommt er geschafft nach Hause. Im ehelichen Bett hat es sich dann allerdings ausgereizt. Er dreht sich auf die Seite, grunzt ein-, zweimal, und schon geht das Sägewerk an.

Ehefrau Mechthild hatte mit der Zeit immer weniger Verständnis für das Hobby ihrer Schnarchnase. Morgens ging der Alte aus dem Haus, um Mitternacht tauchte er besoffen wieder auf, und im Bett herrschte nur Trauer. An einem sonst heiteren Sonntag gab ein Wort das andere. Mechthild griff in den Schubkasten und holte einen Kleinkaliber-Revolver heraus. Piff-paff-puff peitschten drei Schüsse. Ferdi hatte einen blauen Arm. »Die Dinger fange ich mit den Zähnen auf«, meinte er gelassen und zog seine Skatjoppe an.

Als er nachts nach Hause kam, war die Wohnung leer. Mechthild hatte ihn verlassen. Einige Wochen später kam ein Brief vom Anwalt. Mechthild wollte Trennungsunterhalt. Einen Teil vom Gehalt – und einen Teil der Skatgewinne!

Ferdi schrie auf. Diese Bestie! Ihn verlassen – in Ordnung. Aber ihm seinen Lebensinhalt nehmen – niemals!

Herr Richter, was spricht er? »Der Beklagte macht eingestandenermaßen Gewinn, weil er offensichtlich besser spielt als seine Mitspieler. Damit wird dem Beklagten keineswegs angesonnen, auch in Zukunft nach einem Acht-Stunden-Tag weiterhin in den Skatklub zu gehen. Es steht ihm frei, diese Tätigkeit jederzeit einzuschränken oder aufzugeben. Solange er aber Skatgewinne macht, sind die daraus resultierenden Einnahmen anzurechnen.«

»Ich soll mein sauer verdientes Geld abgeben, wo die Furie auf mich geschossen hat?« schrie Ferdi empört.

»Das Verhalten des Beklagten unmittelbar nach den Schüssen deutet darauf hin, daß er seinerzeit nicht beabsichtigt hat, aus dem Verhalten der Klägerin irgendwelche Konsequenzen zu ziehen.« Der Richter hielt inne und fragte dann: »Wieviel gewinnen Sie durchschnittlich im Monat?«

Ferdi flüsterte eine Zahl.

»Lauter, ich kann Sie nicht verstehen!«

Räusper, wisper, tuschel.

»Noch etwas lauter bitte!«

»Hmhndhimhunht Mark.«

»Wieviel?«

»Eintausendvierhundert Deutsche Mark, etwa 50 DM am Abend,« gestand der Meister. Verloren, Schneider, schwarz.

Der plötzlich eifersüchtig gewordene Ehegatte

»Jung gefreit hat nie gereut«, behauptet eine deutsche Spruchweisheit in völliger Verkennung der Realitäten. Nicht die lebenslange Ehe ist der Normalfall, wenn man die Statistiken sieht, sondern Scheidung.

Siglind, eine Mittvierzigerin mit zwei fast erwachsenen Kindern, wirkt in ihrem Scheidungsverfahren als die treibende Kraft. Um ihren Mund gräbt sich eine tiefe Falte, wenn sie von der Vergangenheit spricht. Die Hochzeit mit Marian fand 1975 statt.

Siglind arbeitete damals als Krankenschwester, Marian als Gewerkschaftsfunktionär. Er war der große Zampano, sie das kleine Huschelchen. Er bestimmte, was gemacht wurde, und sie sorgte für gutes Essen und eine aufgeräumte Wohnung. Marians Beruf brachte häufige Umzüge mit sich. Der Gewerkschaftsboß rief, und Marian folgte, von Nord nach Süd, von Ost nach West.

1990 endete die Karriere des Funktionärs. Es folgte Arbeitslosigkeit. Alles, was vorher hübsch geordnet war, hatte sich in das totale Chaos gewandelt. Wer wollte schon einen Berufsfunktionär beschäftigen, der nichts weiter konnte, als Reden vom Papier abzulesen und Berichte nach oben zu verfassen? Marian kroch in einer ABM-Stelle unter, wurde wieder arbeitslos, begann erfolglos Klinken zu putzen.

Siglind besah sprachlos die Verwandlung ihres Gatten vom alleswissenden Despoten zum katzbuckelnden Einschleimer. Oder hatten diese Charakterzüge schon immer einen großen Teil seines Wesens ausgemacht? War ihr das im häuslichen Umfeld nie aufgefallen? Siglind hatte jedenfalls genug von dem winselnden Häufchen Unglück, dem zu Hause die Decke auf den Kopf fiel. Das Faß kam zum Überlaufen, als Marian die gesamten Ersparnisse vom Konto abhob und sich eine gebrauchte Limousine jener Bauart kaufte, mit der ansonsten erfolgreiche Geschäftsleute übers Land zu brausen pflegen. Ihm war Schein wichtiger als Sein.

Siglind, die sich gedanklich längst von Marian gelöst hatte, traf zufällig eine Jugendliebe, und von da an gab es kein Halten mehr. Sie packte ihre Koffer und zog von einem Tag zum anderen zu ihrem Liebsten. Für Marian brach die nächste Welt zusammen. Sein Selbstwertgefühl sank auf den Nullpunkt.

»Wenn meine Existenz zerstört ist, dann will ich das Leben von Siglind auch zerstören«, dachte er sich. Und als sie in die frühere gemeinsame Wohnung kam, um ihre restlichen Sachen zu holen, handelte er sofort und brutal. Ohne Vorwarnung schlug er Siglind mit der Faust in den Magen, hämmerte auf ihre schützend erhobenen Arme ein, und als der Widerstand gebrochen war, vergewaltigte er seine Frau auf die widerlichste Weise.

Stunden später sammelte Siglind schluchzend ihre zerrissenen Sachen zusammen und schlich aus der Wohnung. Nach einigen Tagen verklagte sie ihren Mann und verlangte Schmerzensgeld.

»Nötigt der Ehemann die Ehefrau mit Gewalt zur Duldung des Geschlechtsverkehrs und mißhandelt er sie dabei körperlich, kann dies strafrechtliche Sanktionen wegen Körperverletzung und Nötigung auslösen. Zivilrechtlich ist sie gleichfalls nicht schutzlos«, meinte das Gericht und billigte Siglind ein Schmerzensgeld in Höhe von 2 000 DM zu.

Ob damit die Spirale der Gewalt unterbrochen wurde, erscheint fraglich. Marian mußte sein Auto verkaufen, um das Geld aufbringen zu können. Zum Scheidungstermin brachte er einen Blumenstrauß mit und verlas eine Weihnachtskarte, deren Empfang Siglind verweigert hatte. Als er später auf dem Gang seiner frisch geschiedenen ehemaligen Frau alles Gute wünschte, flackerte gelb der Wahnsinn in seinen Augen.

Schneeballsysteme und Schule

Life-Spiel: Nichts gewonnen, alles zerronnen

Geld allein macht nicht glücklich, aber es beruhigt ungemein – so man es hat. Die Sache mit Friedhelm kam so: An einem lauschigen Frühlingstag marschierte der Endvierziger mit erhobenem Haupt durch die Fußgängerpassage der Kreisstadt, als ihm ein altes Mütterchen ein Blatt Papier in die Hand drückte. Darauf stand eine Botschaft: »Fremder, aufgepaßt! Heute kann Dein Glückstag sein. Wir treffen uns um 12 Uhr im Saal vom Kulturhaus am Park. Laß Dich überraschen!« Friedhelm zerknüllte den Zettel und warf ihn weg. Hundert Meter weiter überlegte er sich die Sache. Er hatte keine Eile, und außerdem lag das Kulturhaus am Weg.

Als er den Saal betrat, saßen rund hundert Leute an Tischen, tranken Kaffee und mümmelten Streuselkuchen. Ein kleiner dicker Mann mit Glatze drückte auch ihm Pappteller und Plastikbecher in die Hand. »Ein leerer Bauch studiert nicht gern, ha, ha«, lachte der Kahlkopf. Anschließend ging er zur Bühne und hielt eine Ansprache, deren Sinn sich in einem Satz zusammenfassen läßt: Keine Kohle zu haben ist Mist. Dann kam er schließlich auf den Punkt: »Unser Life-Spiel ist besser als Lotto, besser als Bingo, viel besser als Pferderennen. Wer hier einzahlt, hat die reelle Chance, sein Kapital in kürzester Frist mindestens zu verzehnfachen. Der Einsatz beträgt 6 500 DM, nach 14 Tagen sind 65 000 DM so gut wie sicher. Cash, bar auf die Kralle, steuerfrei. Schneller und einfacher kann keiner reich werden. Mercedes Benz, wir kommen!«

Dann hüpfte er wie ein Gummiball von der Bühne und verteilte Anmeldeformulare. Friedhelm war noch unschlüssig und schlich zur Tür. »Halt, mein Freund, wer wird denn gleich an die Luft gehen«, sagte der Dickwanst. »Nimm ein Formular mit. Lies es dir in aller Ruhe durch. Dann ruf mich an. Ich heiße Konstantin.«

Das Prinzip des Spiels war ganz einfach. Jeder neue Lebenskünstler zahlte 6 500 DM ein und erhielt eine Startnummer. Mit jedem neuen Spieler rückte er eine Stufe weiter vor, und sobald der Lebemann von Platz 11 auf Platz 1 gerückt war, gab es 65 000 Mäuse.

Friedhelm dachte nach: »Wer zuerst kommt, mahlt zuerst, soviel ist klar. Die Trottel im Saal sahen alle ziemlich bescheuert aus. Wenn von den hundert Pfeifen nur fünfzig mitmachen und ich zuerst am Drücker bin, hat sich mein Einsatz schon über Nacht verzehnfacht.«

Am nächsten Tag zahlte er 6 500 DM auf das angegebene Konto. Eine Woche später erhielt er die Bestätigung und seine Platznummer.

Nach einem Monat rief er bei Konstantin an: »Was machen meine Piepen?«

»Das Spiel ist aus, und du bist raus«, lautete die freundliche Antwort.

»Gib mir mein Geld zurück!« schrie Friedhelm.

Konstantin legte auf.

Friedhelm reichte Klage ein.

Der Richter: »Ein Anspruch auf Rückzahlung des Spieleinsatzes von 6 500 DM steht dem Kläger aus keinem rechtlichen Gesichtspunkt zu. Über Kettenbriefe, Pilotenspiele und so weiter wird verstärkt seit Anfang der 80er Jahre in Tageszeitungen, Zeitschriften und anderen Medien berichtet. Es ist daher nach der allgemeinen Lebenserfahrung davon auszugehen, daß dem Kläger progressive Systeme und deren Auswirkungen, insbesondere die daraus resultierenden Verluste der Mehrzahl der Teilnehmer, grundsätzlich bekannt waren. Im übrigen mußten bei dem Kläger Bedenken an der Lauterkeit des Systems aufkommen, weil er ohne besonderen persönlichen Einsatz einen astronomischen Gewinn erzielen sollte.«

Ein Trost bleibt Friedhelm: Eine Nacht in Monte Carlo wäre ihm noch teurer gekommen.

Opfer des Schneeballsystems

Eine Zeitlang grassierten außer dem Life-Spiel noch ähnliche Geldbetrügereien wie die Pest. Sie hörten auf klangvolle Namen wie »General- und Pilotenspiele« und waren nach dem Schneeballsystem der Kettenbriefe aufgebaut: Ein »Spielleiter« suchte eine gewisse Anzahl von Mitspielern, die einige hundert bis zu mehreren tausend DM einzuzahlen hatten. Jedes dieser Schafe kam damit auf eine Liste, wurde »Soldat« oder »Passagier 2. Klasse«. Weiterhin mußte jeder Teilnehmer mehrere Nachrücker benennen, die als nächste auf der Liste erschienen, ihrerseits zu »Soldaten« sowie »Passagieren 2. Klasse« wurden und ihre Vorgänger zu »Gefreiten« und »Passagieren 1. Klasse« beförderten. Solange sich genügend neue Hasardeure fanden, rückten die Glückspilze vor ihnen immer weiter, bis sie womöglich »General« wurden und tatsächlich ein Vielfaches ihres Einsatzes kassierten.

Aber wehe, wehe, wenn ich auf das Ende sehe. Sehr, sehr schnell waren die Dummen alle. Auf der Beförderungsskala rührte sich nichts mehr. Der zum reichen Mann gewordene »Spielleiter« war verschwunden, und die am Ende der Schlange hatten ihr Geld in den Sand gesetzt ...

Bei einem Gartenfest sprach Maximilian seinen Freund Justus an: »Du, ich weiß ein Ding, da verdienst du Kohle noch und nöcher. Lumpige drei große Scheine mußt du löhnen, und am Ende bekommst du zwischen 6 000 und 30 000 Steine rübergereicht.«

»Du willst mich verschaukeln. Umsonst ist noch nicht mal der Tod, denn der kostet das Leben«, meinte Justus und dachte an die Postkartenspiele seiner Jugend. Zehn Karten sollte er verschicken, und nach vier Wochen würde er 54 918 Karten erhalten ... Gekommen war gar keine.

So sprach jedenfalls laut und deutlich die innere Stimme. Justus hörte nicht auf sie. Vernunft und Habgier ... Er ließ sich überreden, gab Maximilian 3 000 DM und hoffte auf einen großen Gewinn beim »Fair-Play-Computer-System-Spiel«. Aber Fortuna ließ auf sich warten. Schließlich verlor Justus die Geduld und forderte das Geld von Maximilian zurück. Doch dessen Spargroschen war ebenfalls im »Fair Play« verlorengegangen.

Justus reichte Klage ein. Gegen seinen (nun ehemaligen) Freund. Aha, feixt der aufmerksame Leser. So einfach ist also die Jurisprudenz. Looky, looky, zwei Seiten zurück. Einen Fall verstanden, zack, zack, Schablone paßt. Fertig ist der Hausanwalt. Denkste, Puppe!

Diesmal gab das Gericht dem Verlierer Recht: »Wer einen – vermeintlich – Fachkundigen zu Rate zieht, gibt zu erkennen, daß er selbst nicht die erforderlichen Erkenntnisse hat, und verdient besonderen Schutz. Es besteht ein Anspruch auf Rückzahlung des Einsatzes, wenn der Beauftragte den Auftraggeber nicht umfassend über die Risiken des vermittelten Spiels aufgeklärt hat.«

»Nun ja«, wird jetzt der Leser denken, »beim Richten habe ich zwar

Pech gehabt. Aber ich bin trotzdem ein helles Köpfchen. Mir kann so etwas nicht passieren.« Doch Vorsicht! Die Schneeballsysteme haben nur ihre Namen und Gesichter verändert. Verwandte, Freunde, gute Bekannte, Versicherungsvertreter oder Vermögensberater kreuzen mit ihnen in der Aktentasche auf und preisen sie als Goldesel an: Immobilienfonds, Super-Spar-Pläne, Lebensversicherungen, Beteiligungen an Eigentumswohnungen und Schiffen, Warentermingeschäfte, besonders günstige Kapitalanlagen, selbständige Handelstätigkeiten (für die man vorab Ware kaufen muß), Kosmetiksortimente, Kochtöpfe. Finger weg! Reich dabei wird immer nur einer: der »Spielleiter«.

Dummer-Mädchen-Streich mit Folgen

Iris ist 14 Jahre alt, geht in die neunte Klasse und hat den Kopf voller Unsinn. Sie provoziert gern und bringt andere liebend gern in Verlegenheit. Eines Tages las sie in der Zeitung, daß an vielen Schulen mit Rauschgift gehandelt würde. Nun wollte Iris ein bißchen Polizei spielen. Sie erkundigte sich auf dem Schulhof reihum, ob ihr nicht jemand etwas Haschisch verkaufen könne. Ergebnislos. Dann geriet sie an Samira.

Die griente: »Klar doch, jede Menge. Das Gramm kostet zehn Mark. Haschst du Haschisch in den Taschen, haschst du immer wasch zu naschen. Aber im Vertrauen, Goldkämmchen, wie willst du das Zeug wegschnurpseln? Na, keine Ahnung, wußt' ich's doch. Zum Einstieg brauchst du eine Haschischpfeife, Dummerchen. Die kann ich dir auch besorgen.«

Iris schluckte, lief rot an und verdrückte sich, so schnell es ging. Sie hatte sich bis auf die Knochen blamiert. Am nächsten Tag ging sie zur Polizei, gab sich ganz naiv und erstattete Strafanzeige gegen Samira: Versuchter illegaler Haschisch-Handel.

Lange Zeit passierte nichts. Scheinbar. Tatsächlich ermittelte die Kriminalpolizei fieberhaft. Dann sah der Staatsanwalt in die dicke Akte und witterte Unheil. Er beantragte einen gerichtlichen Durchsuchungsbeschluß von Samiras Wohnräumen. Begründung: Gefahr im Verzug! Was auch immer das bedeuten mag.

Ein gutes halbes Jahr nach dem Schulhof-Intermezzo klingelte es abends an der Tür. Samiras Vater öffnete. Mehrere Polizisten in Kampfanzügen stürmten in die Wohnung, stellten das Kinderzimmer auf den

Kopf. Ergebnislos. Dann nahmen sie bei Samira eine Leibesvisitation vor. Nackt an die Wand, Arme und Beine breit. Wieder nichts.

Vor der Wohnungstür drängelten sich unterdessen die staunenden Nachbarn. Sie wollten noch schnell einen Blick auf die verbrecherische Sippe vor deren Abtransport in den Knast werfen.

Für die nächsten Tage und Wochen gab es im Kiez und auf dem Schulhof genügend Gesprächsstoff. Samiras Vater telefonierte mit der kanadischen Botschaft und erkundigte sich nach den Aus- bzw. Einwanderungs-Modalitäten. Im Mai wurde das Strafverfahren gegen Samira eingestellt: Ihre Schuld sei »als gering anzusehen«. Wieder brodelte es in der Gerüchteküche: »Kein Rauch ohne Feuer«. Samiras Noten wurden schlechter. Sie magerte ab und bekam schwarze Ringe unter den Augen.

»Das Rauschgift scheint ihr nicht gut zu bekommen«, wurde getuschelt. Nun endlich schlug Samira mit ihrer kleinen Faust auf den Tisch und ging in die Offensive. Sie verklagte Iris auf Schmerzensgeld.

Für den Richter war die Sache klar: »Durch ihre Angaben gegenüber der Polizei, die Klägerin habe ihr auf dem Schulhof der gemeinsam besuchten Schule Haschisch sowie eine Haschischpfeife zum Kauf angeboten, hat die Beklagte eine üble Nachrede im Sinne des § 186 StGB begangen, da diese Behauptung von ihrem Inhalt her, es handele sich bei der Klägerin um eine Drogenhändlerin, geeignet war, diese in der öffentlichen Meinung als Kriminelle herabzuwürdigen.«

Iris muß an Samira ein Schmerzensgeld in Höhe von 500 DM zahlen.

Wer dumm fragt, bekommt dumme Antworten, und – wie man in den Wald hineinruft, so schallt es heraus.

Die verschlossene Schultür

Ach, wie oft muß man von bösen Kindern hören oder lesen, wie zum Beispiel von den diesen, welche Till und Dennis hießen. Till und Dennis sind 14 Jahre alt, gehen in die achte Klasse, haben es faustdick hinter den Ohren. Sie tragen ihre Basecaps, diese Baseball-Mützen, stets verkehrt herum; sie sprühen mit Farbdosen allerlei Schmierereien an Häuserwände, verprügeln ihre Mitschüler.

Bei so viel Interessen bleibt natürlich für schulische Belange kaum noch Zeit. Till und Dennis kommen grundsätzlich zu spät zum Unterricht. Sie machen andauernd Faxen, schwatzen und stören, haben nie Hausaufgaben gemacht, rauchen in den Pausen, und ständig hagelt es bei ihnen schlechte Zensuren.

An einem Donnerstag im Frühling stand handwerkliches Basteln auf dem Stundenplan. Die Klasse 8a zog dazu in den sogenannten Keramikraum der Schule. Lehrer Lempel teilte Ton aus; denn die Schüler sollten mittels Töpferscheibe Vasen formen. Nur Till und Dennis vertrieben sich ihre Zeit damit, mit Tonklumpen nach den Mädchen zu werfen. Lehrer Lempel beobachtete sie und sagte nichts dazu.

Doch als es klingelte und die Kinder aus dem Keramikraum rannten, stellte er sich den beiden Störenfrieden in den Weg und sperrte die Tür ab. »Ihr kommt hier erst wieder raus, wenn ihr jedes einzelne Tonkügelchen aufgehoben habt.«

Die Übeltäter ließen sich widerwillig, aber wortlos auf die Knie fallen und räumten auf.

Nur ihre demokratiebewußten Eltern schrien Zeter und Mordio: »Freiheitsberaubung, Kindesmißhandlung, Zwangsarrest, Zonenterror.« Sie verklagten kurzerhand Lehrer Lempel.

Der Richter sagte: »Den schulrechtlichen Bestimmungen ist zu entnehmen, daß Schüler verpflichtet sind, das Schuleigentum und das sonstige Eigentum der Schule pfleglich zu behandeln, und daß Lehrer verpflichtet sind, die Schüler auch insoweit zu beaufsichtigen. Zu dem erzieherischen Auftrag des Lehrers gehört es auch, jedenfalls bei Pflichtwidrigkeiten, deren Folgen ohne größeren Aufwand zu beseitigen, so daß die betroffenen Schüler dabei heranzuziehen sind. Die Aufforderungen an die Schüler, den durch das Werfen von Tonklumpen angerichteten Schaden zu beseitigen, ist eine durch den pädagogischen Auftrag geprägte Maßnahme. Es handelt sich dabei nicht um einen Arrest beziehungsweise um eine andere Art von Freiheitsentziehung.«

Die Klage der Eltern wurde abgewiesen. Wieder einmal hatten die finsteren Stasiknechte gewonnen.

Lehrer Lempel sitzt wieder gemütlich im Lehnstuhl und schmaucht sein Pfeifchen. »Wehe, wehe, wenn ich auf das Ende sehe«, meint er mit Bedacht.

Der kleine Autofeind

Waltraud ist Lehrerin. Schon viele, viele Jahre. Auf ihren zarten Schultern lastet ein schwerer Makel: Sie war zwar weder in der Partei noch informelle Mitarbeiterin gewesen, aber 1976 hatte sie aushilfsweise ein halbes Jahr als Pionierleiterin die armen Kindchen in deren Freizeit tyrannisiert. Der Direktor runzelte sorgenvoll die Stirn, wenn er der gramgebeugten Pädagogin im Treppenhaus begegnete.

Am Schulgebäude, vormals nach einem sowjetischen Kosmonauten benannt, geschah im Sommer 1991 ein Wunder: Über Nacht löste sich die Inschrift über dem Hauptportal in Luft auf, die Bronzetafel am grob behauenen Gedenkstein war wie weggezaubert. Dann hielt der Fortschritt Einzug. Die ehemalige zehnklassige polytechnische Oberschule wurde in eine sechsklassige Grundschule umgewandelt.

»Zwergenschule«, wetterten die Bauern im Dorfkrug.

In der Schule wehte frischer Wind den sozialistischen Mief zum Fenster hinaus. Beispielsweise wurden aus Datenschutzgründen die Zensuren zur geheimen Verschlußsache erklärt. Sie waren nun so geheim, daß sie noch nicht einmal mehr die Eltern erfahren durften.

Für die Kinder brachen herrliche Zeiten an. Ihre werdenden Persönlichkeiten konnten sich endlich frei entfalten. Beispielsweise in den vielen Ausfallstunden. Vieles änderte sich – auch für das Lehrpersonal. Waltraud lebte in der ständigen Angst, etwas falsch zu machen, die Schüler zu hart oder zu sacht anzufassen.

Das Unglück traf sie aus einer unvermuteten Richtung. An einem ganz gewöhnlichen Vormittag machte sie sich mit den Schülern der dritten Klasse auf den Weg zur Bushaltestelle. Sie wollten zum Schwimmunterricht fahren.

Waltraud ging voran, die munteren Rangen tollten hinter ihr her.

Auch Roberto, der im Satellitenfernsehen am liebsten »Catch as Catch Can« sieht. Am Straßenrand parkte die chromblitzende Limousine von Johann, einem Kleinunternehmer, der eine Reinigungsfirma betreibt. Roberto machte sich einen Spaß. Er sprang hinten auf die Stoßstange, hopste auf die Klappe vom Kofferraum, stieg auf Dach und Motorhaube. Johann, der in diesem Augenblick aus seinem Haus trat, glaubte seinen Augen nicht zu trauen. Ein uriger Wutschrei entrang sich seiner Kehle. Erst jetzt wurde Waltraud aufmerksam.

Hastig hetzte sie zurück, breitete ihre dünnen Arme aus und schützte wie eine Glucke den frechen Wicht.

Das dicke Ende kam später. Johann suchte und suchte, bis er tatsächlich eine kleine Beule an der Karosse entdeckte. Triumphierend brachte er den Wagen in die Werkstatt.

1 229,83 DM betrug die Rechnung. Der Unternehmer reichte Klage gegen die Schule ein und gewann. »Die Pflicht der Schule, die Schulkinder in ihrem Bereich zu beaufsichtigen, ist grundsätzlich eine Amtspflicht. Die Bediensteten der Schule haben ihre Aufsichtspflicht über die Schüler der fraglichen Klasse verletzt«, sagte die Richterin kurz angebunden und rief den nächsten Fall auf. Was der Kreisschulrat dazu meinte, ist nicht bekannt. Waltrauds Haar ist grau geworden. Wie lange wird sie der Direktor noch durch die Korridore flitzen lassen?

SED-Unrecht

Der Ex-Staatsanwalt wand sich wie ein Aal

Die Geschichte ist gerade mal knappe vierzehn Jahre her. Aber es klingt, als sei sie in fernen Zeiten geschehen. Doch die Story spielt im Frühjahr 1984.

Bernhard und Brigitte, ein junges Ehepaar, waren gerade in ihre sogenannte Vollkomfortwohnung eingezogen. Ringsum herrschte totales Chaos. Glitschiger Lehmboden saugte sich schmatzend an den Gummistiefeln fest. Zerbrochene Betonplatten, verbeulte Ölfässer lagen überall herum.

Die Wohnungen waren so schlecht schallisoliert, daß man hören konnte, wenn sich der Nachbar die Nase putzte.

Bernhard sah seiner jungen Frau in die Augen und meinte: »Das ist nun die Endstation für uns. In dieser Wohnung bleiben wir hocken, bis wir sterben. Wollen wir das?« Brigitte hatte Tränen in den Augen und schüttelte mit dem Kopf. Bernhard klappte das Schreibfach aus der Hellerau-Anbauwand heraus und schrieb einen Brief an das Ministerium des Inneren: »Liebe Genossen. Ich bin Automechaniker von Beruf und möchte meine Nase gern einmal in andere Kühlerhauben als die von Wartburgs und Trabanten, Skodas, Ladas oder Wolgas stecken. Deshalb stellen meine Frau und ich Antrag auf Ausreise in den Westen!«

Der Antrag wurde abgelehnt. Bernhard stellte einen neuen. Nun teilten die Genossen schnell und unbürokratisch mit, daß keine Aussicht auf Erfolg bestünde.

Bernhard und Brigitte hatten zwar auf ein anderes Ergebnis gehofft, sie waren aber weder verrückt noch Selbstmörder, noch solch unerschrockene Revolutionäre wie jene Berufswiderständler, die heutzutage in Talkshows über ihre Heldentaten berichten. Nein, das Ehepaar knüpfte Draht zu einem großen »A« wie »Ausreiseantrag« zusammen, brachte eine Lichterkette daran an und stellte alles am 5. Mai 1984 ins Wohnzimmerfenster. Da leuchtete es bis zum nächsten Neubaublock.

Doch in der DDR, einem Land ohne Telefax- und Kopiergeräte, war das öffentliche Zeigen antistaatlicher Symbole ein größeres Verbrechen, als beispielsweise einer Rentnerin die Handtasche zu klauen. Ein »A« mußte wohl auch dazu gehören.

Am 23. Mai 1984 wurde Bernhard zur Kriminalpolizei vorgeladen und belehrt, er habe das »A« zu entfernen. Anderenfalls könnten staatliche Maßnahmen gegen ihn eingeleitet werden. Die Eheleute nahmen das »A« aus dem Fenster. Zu spät. Am 24. Mai 1984 wurden sie festgenommen. Bis zum Prozeß am 16. Juli 1984 blieben sie in Untersuchungshaft. Sie hätten »zusammen handelnd die staatliche Ordnung durch Beeinträchtigung der staatlichen Tätigkeit angegriffen«. Das Kreisgericht verurteilte sie zu einer Freiheitsstrafe von jeweils einem Jahr.

Nun, viele Jahre später, ging es dem damaligen Staatsanwalt an den Kragen. Er habe 1984 Rechtsbeugung in Tateinheit mit Freiheitsberaubung in mittelbarer Täterschaft begangen, weil er sowohl einen Haftbefehl gegen Bernhard und Brigitte beantragt als auch Anklage gegen sie erhoben hatte. Denn auch in der DDR gab es keinen Paragraphen, nach dem man sich strafbar machte, wenn man den ersten Buchstaben des Alphabets ins Fenster stellte. Der ehemalige Staatsanwalt konnte sich winden wie ein Aal, es gelang ihm nicht zu erklären, inwiefern staatliche Tätigkeit beeinträchtigt wurde, weil in einem Fenster ein einzelnes »A« leuchtete.

In der Bibel steht: »Auge um Auge, Zahn um Zahn.« In der Bundesrepublik kann man zwar auf die Bibel schwören. Zum Glück für den ehemaligen Staatsanwalt wird aber nicht nach ihr Recht gesprochen. So kam er mit neun Monaten auf Bewährung davon.

Zweierlei Maß

Hildegard trägt aus alter Gewohnheit schwarze Kostüme mit weißen Blusen und großen Broschen. Ihr dunkles Haar durchziehen graue Strähnen. Hildegard ist Ende Vierzig und neigt zur Fülligkeit. Um ihren schmalen Mund graben sich bittere Falten. Sie fühlt sich mißverstanden und ungerecht behandelt.

Ihre Laufbahn begann einst sehr hoffnungsvoll. 1972 schloß sie ein juristisches Hochschulstudium in Ostberlin mit passablen Ergebnissen ab. 1975 wurde sie in Sachsen an einem kleinen Kreisgericht zur Richterin gewählt. In der DDR war ein solches Amt – anders als in der BRD – keine Stellung auf Lebenszeit. Aber wen interessierte das schon in einem Land der Vollbeschäftigung, in dem ein Dachdecker regierte? Von 1977 an arbeitete sie vier Jahre als Richterin an einem Bezirksgericht. Es gab den ersten kleinen Karriereknick.

1981 mußte sie an das Kreisgericht zurück – allerdings als Direktorin, was ihr die bittere Pille halbwegs versüßte.

Hildegard blieb auch nach der Wende Chefin vom Kreisgericht. Kurz nach der Wiedervereinigung herrschte im Beitrittsgebiet akuter Richtermangel, denn die neue Justiz befand sich im mühsamen Neuaufbau. Bei der einst strammen SED-Genossin wurden alle Augen zugedrückt. Zunächst, bis zum Juni 1991. Dann lehnte der Richterwahlausschuß ihre Übernahme und damit eine weitere Beschäftigung als Richterin ab.

Hildegard stand vor dem beruflichen Nichts – so wie viele Tausende andere Bürger auch. Aber sie sah im Gegensatz zum arbeitslosen Metallarbeiter noch eine Chance: Sie beantragte beim Sächsischen Staatsminister für Justiz ihre Zulassung als Rechtsanwältin. Die Rechtsanwaltskammer als zuständige Berufsorganisation wurde um eine Stellungnahme gebeten. Nach vielen Monaten, am 2.12.1992, lehnte die Kammer den Antrag ab. Im Gutachten hieß es, daß Hildegard in überdurchschnittlicher Art und Weise mit der sozialistischen Staatsmacht verbunden gewesen sei und außerdem viele politische Unrechts-Urteile gefällt habe.

Hildegard beschritt den langwierigen Rechtsweg und stellte einen Antrag auf gerichtliche Überprüfung. Doch das Glück hatte sie verlassen. Nach Meinung des Senats war sie nicht für den Rechtsanwaltsberuf tragbar. Ihre damalige parteipolitische Tätigkeit und die erhaltenen Auszeichnungen – wie z. B. die Medaille für Verdienste in der Rechtspflege der

DDR in Bronze – seien nicht so gravierend ins Gewicht gefallen, um so mehr jedoch fünf Urteile, in denen sie sich zwar im Rahmen der Gesetze bewegt, aber dennoch deutlich überhöhte Strafen gegen »Republikflüchtige« und »Staatsfeinde« ausgesprochen habe: – ein Jahr und zehn Monate, – ein Jahr und drei Monate, – ein Jahr und drei Monate, – ein Jahr, – ein Jahr und vier Monate. Sie habe das Unrechtmäßige ihres Tuns erkennen und mit ihren Urteilen im unteren Drittel des Strafrahmens verbleiben können. Trotzdem hätte sie keine persönlichen Nachteile befürchten müssen. Meinten jedenfalls die klugen Kollegen von der sicheren Seite der Mauer.

»Bezeichnend ist dabei ihr Vorbringen, wonach zwei andere ehemalige Richterinnen, die jetzt als Rechtsanwältinnen zugelassen seien, solche Vorgänge in ganz ähnlicher Weise entschieden hätten«, schlußfolgerte das Gericht messerscharf. »Die aufgeführten fünf Urteile – bei den übrigen Urteilen kann eine besondere Härte nicht festgestellt werden – zeigen, daß die Antragstellerin in einer Reihe von Fällen ausreisewillige Bürger mit unnachsichtiger Härte verfolgt hat.« Der seitdem verstrichene Zeitraum schien dem Gericht noch nicht dafür ausreichend zu sein, um einer Zulassung als Rechtsanwältin zustimmen zu können.

Ob Hildegard Sympathie oder Antipathie gebührt, spielt keine Rolle. Es wurde mit zweierlei Maß gemessen. Hildegard steckte fünf angebliche Staatsfeinde für Monate ins Gefängnis. Im dritten Reich wurden politische Gegner zu Tausenden hingerichtet. Daß nach 1945 auch nur einem einzigen solcher NS-Richter die Tätigkeit als Rechtsanwalt untersagt wurde, ist nicht bekannt. Aber sicherlich war es unmöglich festzustellen, ob beispielsweise ein Robenträger die Todesstrafe mit unnachsichtiger Härte oder extremer Milde gegen einen politische Witze erzählenden und »Feindsender« hörenden Wehrkraftzersetzer verhängt hatte, wenn auf diese Delikte der Tod durch den Strang stand.

Der liebe Verwandte und sein Judaslohn

Zu DDR-Zeiten kursierte dieser Witz: »Weshalb ist die Sowjetunion unser Bruderland und nicht unser Freundesland? Ganz einfach, Verwandte hat man, und Freunde sucht man sich aus.« Für den ehemaligen Hochschullehrer Rudolf hat dieser politische Scherz einen besonders bitteren Beigeschmack.

Die Geschichte begann im April 1985. Während eines feuchtfröhlichen Familientreffens führte Rudolf ein langes Gespräch mit einer Flasche Schnaps und seinem Lieblingsneffen Tobias. Ihm erzählte er voller Überschwang, daß er keine Lust mehr habe, in der DDR zu bleiben. Aber wie? Bei Nacht und Nebel über die tschechische Grenze? Unter dem Sitz eines Fluchthelferautos nach Bayern? Mit einem kühnen Sprung über die Mauer?

Tobias war Fluglehrer bei der Nationalen Volksarmee. Rudolf hatte eine Idee: »Wie wäre es, wenn wir uns ein Agrarflugzeug kaperten und damit über die Grenze flögen?«

»An sich kein Problem«, antwortete Tobias. »Mich widert dieses terroristische Zwangsregime auch an.«

»Überleg es dir in aller Ruhe«, grinste Rudolf hocherfreut und kippte den nächsten Nordhäuser. Er hätte Abstinenzler bleiben sollen.

Tobias dachte nämlich nicht lange nach, sondern erstattete gleich am nächsten Tag schriftliche Anzeige bei der Staatssicherheit. Damit nicht genug, erklärte er seine uneingeschränkte Bereitschaft, das MfS bei der Aufklärung der Straftat zu unterstützen. Blut ist eben nicht immer dicker als Wasser oder Klarer.

In der Folge fanden etliche Treffen zwischen Tobias und einem Horch & Guck-Führungsoffizier statt. Dabei wurde vereinbart, daß Tobias seinen Onkel anrufen und sich mit ihm verabreden solle, um ihn nach etwaigen weiteren Komplizen auszuhorchen. Der Neffe handelte wie gewünscht, nicht grenzenlos frei, sondern grenzenlos willfährig.

Rudolf hatte inzwischen mehrere Nächte in der Nähe von Agrarflugplätzen verbracht und die Sicherheitsvorkehrungen per Feldstecher beobachtet. Die dunklen Schatten hinter sich, die ihn mit russischen Nachtsichtgeräten bespitzelten, bemerkte er nicht. Im Mai berichtete er Tobias, daß die Chancen, per gekapertem Flugzeug zu entkommen, gleich Null seien. »Die Plätze werden zu gut bewacht. Wir fahren besser nach Ungarn und schlagen uns dort nach Jugoslawien durch.« Tobias ging zum Schein auf diesen Plan ein.

Ende Mai 1985 wurde Rudolf von der Stasi verhaftet und die Wohnung durchsucht. Die Schergen beschlagnahmten Auto, Fernglas, Sportausrüstung und Radio. Tobias bekam im September 1985 auf der Grundlage des Befehls K 3523 des Genossen Minister eine Geldprämie von 1 500 Mark überreicht.

Im Dezember 1985 fand der Prozeß gegen Rudolf statt. Er erhielt eine Freiheitsstrafe von 46 Monaten. Die Haft, die bis zum 30.11.1987 dauerte, verbüßte er größtenteils im MfS-Sondergefängnis Bautzen II im sogenannten Hochsicherheitstrakt in abgedunkelter Einzelzelle. Nach seiner Entlassung durfte er nicht mehr in seinem Beruf arbeiten. Er wurde teilweise unter Hausarrest gestellt und dann noch am 13. November 1989 (!) aus der DDR ausgebürgert.

Nach der Vereinigung suchte Rudolf natürlich nach seinem »lieben« Neffen. Er forderte von ihm 80 000 DM Schadenersatz und Schmerzensgeld (Verdienstausfall während der Haftzeit, Lohneinbußen danach, die beschlagnahmten Gegenstände, das Auto usw.).

Da Tobias nicht freiwillig zahlte, wurde die Sache vor Gericht verhandelt. Der Neffe wies alle Schuld von sich: »Der Onkel wollte meine Existenz vernichten. Es hätte ein Trick sein können, um meine Loyalität zu überprüfen. Dann wäre ich im Fall des Schweigens in den Knast gewandert!« Außerdem verlangte er, daß die geforderte Summe von vornherein um die ersparten Aufwendungen reduziert werden müsse. Der Richter schaute sehr grimmig, als er zu diesem Ansinnen sagte: »Die ersparten Aufwendungen in der Haft (der Beklagte meint wohl Unterkunft, Essen und Trinken) sind nicht anzurechnen. Das entsprechende Begehren des Beklagten erscheint geradezu zynisch, da es keinem Zweifel unterliegen kann, daß der Kläger auf diese Art von Zuwendungen gern verzichtet hätte.«

Tobias muß Schadenersatz und Schmerzensgeld voll zahlen. Die verlorenen Jahre kann er dem Onkel jedoch nicht ersetzen.

Der Spion auf Schienen

Diversanten und Agenten – aus zahllosen Romanen und Filmen kennen wir sie. Sie sind trinkfest, skrupellos, sportlich durchtrainiert, beherrschen die Kunst des lautlosen Tötens, tragen Schlapphüte und lange Mäntel. Sie rasen in Autos, so groß wie Panzer, auf zwei Rädern um die Ecke, feuern 20mal (ohne nachzuladen) mit ihrem Revolver und treffen das flüchtende Opfer genau zwischen die Augen.

Julius war ein solcher Spion. Täglich steuerte er schwere Wagen auf quietschenden Rädern um die Kurve. Allerdings handelte es sich dabei nicht um schwarze Limousinen, sondern um orangefarbene Tatra-Züge. Julius war sozusagen ein nebenberuflicher Agent. Seine Brötchen verdiente er als Straßenbahnfahrer. Statt schwarzem Anzug zur passenden Sonnenbrille trug er eine schlichte mausgraue Uniform. Die einzige fernöstliche Kampfsportart, die er perfekt beherrschte, war Mikado.

Weil Julius das Strafgesetzbuch der DDR nicht kannte, wußte er jedoch überhaupt nicht, welch ehrenamtlicher Tätigkeit er da nachging. Der § 98 StGB lautete nämlich: »Wer ... sich zum Zwecke der Sammlung, des Verrates oder der Auslieferung von geheimzuhaltenden Nachrichten zum Nachteil der Interessen der Deutschen Demokratischen Republik anwerben läßt, wird ... wegen Spionage bestraft.«

Folgendes war passiert: Julius, der mit dem real existierenden Sozialismus nicht allzuviel im Sinn hatte, machte am 16.10.1971 einen interessanten Fund. Ein Fahrgast (Obermeister der Volkspolizei und Mitarbeiter der Film- und Fotostelle der zentralen Leitung der Sportvereinigung Dynamo) hatte pflichtvergessen seine Aktentasche in der Straßenbahn stehen gelassen. Julius fand sie, schmökerte in ihr herum und entdeckte drei interessante Schriftstücke.

Die Tasche gab er beim Fundbüro ab, die Schreiben behielt er. Aus ihnen ging hervor, daß die Biathlon-Olympiakandidaten einen Farbfernsehapparat und einen Videorekorder zur Verfügung gestellt bekommen hatten. Da in der damaligen Zeit ein durchschnittlicher DDR-Bürger noch nicht einmal vom Hörensagen wußte, was für ein trefflich Ding denn ein Videorekorder sei, kniffte Julius die Zettel, steckte sie in einen Umschlag und schickte den Brief an den RIAS Berlin. Er wollte der freien westlichen Welt gründlich die Augen darüber öffnen, mit welch hinterlistigen Tricks die DDR-Sportler nach Medaillenruhm strebten.

Doch die wachsamen Genossen der Staatssicherheit durchkreuzten das finstere Komplott. Sie fischten das Kuvert aus dem Briefkasten und verhafteten Julius am 19.1.1972. Am 30.6.1972 wurde ihm der Prozeß gemacht. Die Anklage lautete auf Spionage.

Im Urteil hieß es: »Aufgrund seiner Zugehörigkeit zur SPD und zur Arbeiterwohlfahrt von 1950 bis 1961 hat sich der Angeklagte ausschließlich von den westlichen Hetzzentralen und seinen vielen Westberliner und westdeutschen Bekannten beeinflussen lassen. Zu diesem Personenkreis gehörten besonders seine Parteifreunde aus der SPD und der Arbeiterwohlfahrt. Darin liegt auch in erster Linie die Entwicklung einer feindlichen Einstellung zu den sozialistischen Verhältnissen in der DDR und den mit ihr verbündeten Bruderländern, ganz besonders aber galt sein Haß der Sowjetunion. Der Einfluß der politisch-ideologischen Diversion der westlichen Massenmedien war so stark, daß der Angeklagte es für erforderlich hielt, die Klassengegner, insbesondere in Gestalt des Hetzsenders RIAS, aktiv zu unterstützen.«

Julius hatte Glück. Er wurde nicht standrechtlich erschossen, sondern kam mit einer Freiheitsstrafe davon: Zwei Jahre und sechs Monate! Und er hatte noch viel mehr Glück. Bereits am 31.12.1972 wurde er aufgrund einer allgemeinen Amnestie aus dem Gefängnis entlassen.

Nun, nach knapp zwanzig Jahren, verlangte er seine Rehabilitation.

Das Landgericht stellte fest: »Das angegriffene Urteil entbehrt jeder Rechtsgrundlage ... In Wahrheit handelt es sich um die willkürliche Verfolgung Andersdenkender. Bereits die Sicherstellung des beanstandeten Briefes erfolgte unter Verstoß gegen das gesetzlich geschützte Postgeheimnis.«

Recht hatten sie, die Richter. In einem Rechtsstaat würde es kein Mensch nicht niemals nicht wagen, das Briefgeheimnis zu brechen.

Das Urteil wurde aufgehoben und Julius freigesprochen.

Das Ende der Aktion Rose

Es war im kalten Februar des Jahres 1953. Lkw-Kolonnen mit eingemummten Volkspolizisten auf den Ladeflächen rumpelten über die Landstraßen. Es handelte sich um eine generalstabsmäßig geplante militärische Aktion. Jeweils in den frühen Morgenstunden schlugen die Polizisten zu: Zwischen dem 10. Februar und 1. März durchsuchten sie 711 Kleinbetriebe, Hotels und Pensionen entlang der Ostseeküste. Die »Aktion Rose« (so lautete der Deckname des Kommandounternehmens) diente dazu, den Mittelstand in den Ostseeorten zu zerschlagen. Wo sich keine »Beweise« für »Wirtschaftsverbrechen« finden ließen, wurden sie konstruiert. Wie zum Beispiel bei Landolf aus Baabe. Ihm gehörten eine florierende Fischräucherei und eine Schweinemästerei. Die Beamten kehrten das Unterste zuoberst, doch Beweise für kriminelle Aktivitäten fanden sie nicht. Landolf wanderte trotzdem in Untersuchungshaft und kam vor Gericht.

In Bützow war speziell für die »Aktion Rose« ein aus vier Staatsanwälten und vier Kreisrichtern bestehendes Sondergericht gebildet worden, weil die Staatsanwaltschaft befürchtete, in den eigentlich zuständigen Kreisgerichten würden sich keine Verurteilungen durchsetzen lassen. Die Richter beim Sondergericht handelten so, wie es die Staatsführung von ihnen erwartete. Es hagelte saftige Strafen.

Im Eilverfahren, ohne eine Möglichkeit der Verteidigung, verlor Landolf sein gesamtes Vermögen, einschließlich Fischräucherei, Schweinemastanlage, Lkw und Pkw. Er mußte außerdem für ein Jahr und vier Monate ins Gefängnis. Er verließ es als gebrochener Mann. Worin hatte sein »Verbrechen gegen die Volkswirtschaft« bestanden? Ihm war zur Last gelegt worden, er habe »unberechtigt Räucherholz bezogen und es weiterhin unterlassen, leere Fässer für marinierte Fischwaren im Bestand aufzuführen, und sie dadurch der Wirtschaft vorenthalten.«

So wie ihm ging es noch vielen anderen. Damals wurden 440 Hotels und Pensionen, 181 Wirtschaftsbetriebe, Gaststätten, Wohnhäuser, Grundstücke sowie Villen im Gesamtwert von 30 Millionen Mark beschlagnahmt. Hinzu kamen 17 Omnibusse, 54 Pkw, 10 Lkw, 11 Lieferwagen, 11 Motorräder sowie diverse Fischerboote. Die Richter hatten bei ihren Urteilssprüchen kaum Skrupel. Im Abschlußbericht der »Aktion Rose« steht dazu: »Gab es bei allen in den einzelnen Abschnitten eingesetzten Staatsanwälten in keiner Weise irgendwelche Schwierigkeiten, so war bei den Genossen Richtern lediglich in zwei Fällen zu verzeichnen, daß man formal und versöhnlerisch in der Beurteilung der strafbaren Handlung vorging oder sich zum Teil von Sentimenten leiten ließ. In einem Fall handelte es sich um den Kreisrichter von Bad Doberan, der inzwischen republikflüchtig geworden ist. Im anderen Fall hat der Genosse Richter im weiteren Verlauf zufriedenstellend gearbeitet.« Dies bedeutete, daß die beiden milden Richter in die Mangel genommen wurden. Der eine gab klein bei, der andere sah sein Heil nur noch in der Flucht.

Die Angelegenheit wirbelte damals viel Staub auf. Immer bohrender wurde die Frage gestellt, inwiefern sich diese Aktion mit der vielbeschworenen sozialistischen Gesetzlichkeit vereinbaren lasse.

Schließlich befaßte sich sogar der Kreml mit der Sache. 1953 übergab Stalins rechte Hand Berija an Walter Ulbricht ein Papier, in dem gefordert wurde, »Maßnahmen zur Stärkung der Gesetzlichkeit und Gewährung von Bürgerrechten zu treffen, von harten Strafen abzusehen und die Gerichtsunterlagen zu prüfen«. Der Aufstand am 17. Juni 1953 verhinderte den Vollzug des Ukas. Von da an wurde ein noch schärferer Kurs verfolgt.

Landolf mußte seine Strafe bis zum letzten Tag verbüßen. 1978 verstarb er, alt und verbittert. Nach der Wende stellte sein Sohn den Antrag, den Fall nochmals aufzurollen. Das zuständige Gericht prüfte den Sachverhalt und kam zu dem einzig möglichen Ergebnis:

Das Urteil wird aufgehoben, das Verfahren eingestellt.

6. Kapitel

Sozialrecht, Sportvereine, Steuerrecht, Telefone, Transporte

Die dummen Streiche der Armen

Weshalb der Aufschwung nicht so richtig aus den Schuhen kommt, ist nach Meinung der Politiker völlig klar: Schuld daran sind die sogenannten Sozialbetrüger, die ihren Mitbürgern auf der Tasche liegen und sich schmarotzend im dichtgestrickten sozialen Netz räkeln. Sie sind viel, viel schädlicher als die milliardenschweren Steuerflüchtlinge in Monaco oder Liechtenstein ...

Sicherlich gibt es jede Menge von Sozialhilfeempfängern, die nicht im entferntesten beabsichtigen, jemals wieder arbeiten zu gehen. Doch auch bei ihnen hat das Leben den Schweiß vor den Erfolg gesetzt. Wer bereits einmal etwas mit einer Behörde zu tun gehabt hat, weiß, daß jeder Bittsteller zwar auf alles mögliche Anspruch hat, aber niemand verrät ihm, worauf und wie er es bekommt. Und um das Formblatt 827a-IV-my korrekt ausfüllen zu können, muß man mindestens acht Semester ingenieurtechnische Kybernetik studiert haben.

Bei der Sozialhilfeempfängerin Tanja war der Fernseher kaputt gegangen. »Ich kotze ohne Glotze«, meinte sie und beantragte Reparaturbeihilfe. Nachdem der Antrag abgelehnt worden war, ließ Tanja das Gerät zunächst auf eigene Kosten reparieren und klagte dann vor dem Verwaltungsgericht um die verauslagten 176,60 DM.

Nach Jahren und drei Instanzen: »Der Anspruch auf Hilfe zum Lebensunterhalt umfaßt einmalige Leistungen zur Reparatur eines Fernsehgerätes nicht. Denn die Kosten dienen der Deckung eines Regelbedarfs, der von den laufenden Leistungen zum Lebensunterhalt nach Regelsätzen umfaßt wird.« Tanja schaute also in die Röhre.

Sozialhilfeempfänger Roger hingegen standen ganz konkrete fleischliche Gelüste im Sinn, als er Beihilfe zum Kauf von Kondomen beantragte.

Seine Begründung war völlig einleuchtend. Permanent finanziell klamme Underdogs wie er rammelten in Ermangelung anderer Möglichkeiten wie die Kaninchen. Kondome schützten vor Aids und vor Schwangerschaft und damit den Staat vor weiteren Ausgaben.

Die alte DDR-Regel »Spare mit jedem Pfennig, koste es, was es wolle« gilt auch in der Bundesrepublik. Deutsch bleibt deutsch. Das Sozialamt lehnte demzufolge ab: Ein etwaiger Bedarf an Kondomen sei durch den Regelsatz gedeckt.

Auch Roger klagte. Ebenfalls durch drei Instanzen. Das Bundesverwaltungsgericht verwies die Sache zur erneuten Entscheidung zurück: »Dem Kläger ist Gelegenheit gegeben, nachträglich darzulegen, aus welchen Gründen er wegen seines Sexuallebens dem ernstlichen Risiko einer HIV-Infektion ausgesetzt war, und das Bestehen dieser Gefahr ärztlich begutachten zu lassen, sofern sein Hilfebegehren nicht etwa daran scheitert, daß ihm Kondome von anderer Seite in ausreichendem Umfang zur Verfügung gestellt werden.«

Der Sozialhilfeempfänger Achmed war da besser dran. Er hatte 47,80 DM pro Monat für Kondome beantragt. Das Sozialamt billigte ihm 20 DM zu – zuwenig für Achmeds Ansprüche. Erst Klage, dann Urteil: »Die gewährte Hilfe ermöglichte ihm, 20 Mal im Monat ohne Risiko einer Empfängnis geschlechtlich zu verkehren. Daß der Kläger möglicherweise mehr leisten könnte, ist unerheblich. Es ist nicht die Aufgabe der Sozialhilfe, maximale Bedürfnisbefriedigung zu ermöglichen. Im übrigen braucht der Kläger nicht rund 1 DM für ein Kondom aufzuwenden. Einfachere Markenpräservative – und nur darauf besteht sozialhilferechtlich ein Anspruch – gibt es weit unter diesem Betrag.«

Richter kennen sich eben im Leben und in fremden Betten aus.

Finanzielle Folgen eines Fußballspieles

Traktor A-Dorf und Empor B-Dorf sind erbitterte Konkurrenten. Seit Jahrzehnten kämpfen die beiden Mannschaften um den ersten Platz in der Kreisliga. Mal gewinnt Traktor dank des besseren Mittelstürmers, mal Empor wegen eines fast unfehlbaren Torhüters. Elfmeter, Kopfball, Abseits, Hand – schrill tönt des Schiedsrichters Pfeife an fast jedem Wochenende. So auch an jenem Sonntag im September.

Empor rückte an. In einem Lkw mit Kastenaufbau kamen sie angebraust. In einer Turnhalle unweit vom Fußballplatz befanden sich die Umkleideräume. Die Traktor-Mannen zogen sich in den Mädchen-Kabinen, die Empor-Leute in den Jungs-Räumen um. Soweit, so gut.

Doch als das Empor-Team zum Spielfeld eilen wollte, fand sich kein Schlüssel zum Versperren der Garderobe. Der Trainer befragte den gegnerischen Spielleiter, aber der winkte nur ab: »Mach dir keine Gedanken, Sportfreund, wir haben hier alles im Griff. Bei uns kommt nichts weg.«

Die alten Empor-Herren trauten dem Frieden nicht. Sie stopften ihre Brieftaschen, Uhren und Feuerzeuge in einen Campingbeutel und hängten ihn ihrem Trainer um den Hals. Wie gut sie damit taten, zeigte sich am Ende des spannenden Spiels (5:4 für Traktor). Als das durchgeschwitzte und demoralisierte Empor-Team in die Umkleideräume drängte, erwartete es eine bittere Überraschung. Schlechte Menschen (vermutlich Fußballfeinde) hatten in den Sachen gewühlt. Hemden, Jacken und Taschen fehlten. Gesamtschaden: 2 400,00 DM! »Ha!« rief der Trainer aus. »Diese krummen Hunde. Erst geben sie uns keinen Schlüssel, dann besiegen sie uns, und zum Schluß klauen sie noch die Klamotten. Aber denen werden wir es zeigen ... Ein Glück nur, daß wir wenigstens die Wertsachen gerettet haben.«

Empor B-Dorf ging vor Gericht. Die Sportler verlangten Schadenersatz. Sie verwiesen dabei auf eine Satzung des Fußballverbandes, in der es heißt: »Der Platzverein hat dem Gastverein und dem Schiedsrichter eine einwandfreie Gelegenheit zum Umkleiden zu bieten und für angemessene sanitäre Anlagen Sorge zu tragen. Der Umkleideraum muß sicher verschließbar sein oder vom Platzwart während des Spiels überwacht werden.«

Das Gericht hielt den Anspruch zwar für berechtigt, aber es sah auch ein gewisses Maß an Eigenverschulden: »Der Trainer durfte sich nicht auf die Zusage des gegnerischen Spielleiters verlassen. Ihm war bekannt, daß solche Diebstähle aus Umkleideräumen leider immer häufiger vorkommen. Er hätte sich vergewissern müssen, daß der Umkleideraum tatsächlich abgeschlossen wurde. Wie stark die Gefahr von Diebstählen allen bekannt war, folgt aus der Tatsache, daß die Spieler ihre Wertsachen mit zum Platz nahmen.«

Eine beinharte Logik. Wer seine Brieftasche liegenläßt, handelt fahrlässig, wer sie mitnimmt, leichtsinnig. Aus diesem Grund gab das Amtsgericht der Klage lediglich zu 50 Prozent statt. Traktor A-Dorf hat also nur 1 200 DM Schadenersatz zu leisten. Was die nächsten Spiele zwischen den beiden Mannschaften anbelangt: Da werden wohl in Zukunft noch härtere Bandagen getragen.

Die Göttliche und der Fiskus

Eleonore (Name geändert, d. Autor) kennen wir alle. Wir beten sie an, wir vergöttern sie. In unzähligen Film- und Fernsehspielen ist sie uns begegnet, sie lächelt uns ständig von Werbeflächen und den Titelblättern großer Illustrierter an. Eleonore, die Schauspielerin, deren Name in einem Atemzug mit dem von Greta Garbo und Marlene Dietrich genannt wird, die ewig junge, die ewig weibliche. Sie verkörpert das Schönheitsideal schlechthin. Doch nichts kommt von ungefähr. Innerhalb von drei Jahren setzte Eleonore forsch 83 199 DM für Kleidung und 18 676 DM für Kosmetika als berufsbedingte Ausgaben (Betriebsausgaben bzw. Werbungskosten) von der Steuer ab.

Ob die Damen und Herren des zuständigen Finanzamtes Kinomuffel sind, wissen wir nicht. Sie schrieben unfreundlich: »Nach § 12 Nr. 1 Satz 2 Einkommenssteuergesetz besteht ein Abzugsverbot der Aufwendungen für die Lebensführung, die die wirtschaftliche oder gesellschaftliche Stellung des Steuerpflichtigen mit sich bringt, auch wenn sie zur Förderung des Berufs oder der Tätigkeit des Steuerpflichtigen erfolgen.«

Wer Ausgaben hat, die sowohl beruflich als auch privat veranlaßt sein können, also sogenannte gemischte Aufwendungen, darf sie in seiner Steuererklärung nicht berücksichtigen. Das teuerste Samtkleid, speziell für die Eurovision-Supergala angefertigt, zählt nicht als Betriebsausgabe, weil es die Trägerin auch zum privaten Theaterbesuch anziehen könnte. Eleonore sollte deshalb Steuern nachzahlen, und zwar kräftig.

Die Diva sah das gar nicht ein. Sie meinte, eine Schauspielerin ohne teure Garderobe und Schönheitsmittel sei nicht arbeitsfähig. Sie brauche teure Parfüms und Pelze wie ein Schlosser seine Feile. Und sei nicht jeder Arbeitsmann berechtigt, Werkzeug als Betriebsausgaben abzusetzen?

Nun beschäftigte sich das Finanzgericht mit der Angelegenheit: »Auch die als besonders hoch empfundenen Ausgaben müssen sich vom normalen Aufwand nach objektiven Maßstäben zuverlässig und in leicht nachprüfbarer Weise abgrenzen lassen. Im Streitfall fehle es an einem solchen objektiven Beurteilungsmaßstab, welcher Aufteilung rechtfertigen würde.« Niemand dürfe dadurch bevorteilt werden, daß er zufällig einen Beruf ausübe, der es ihm erlaube, Dinge der täglichen Lebensführung von der Steuer abzusetzen, während andere Steuerpflichtige gleichartigen Aufwand aus versteuerten Einkünften decken müssen.

Eleonore darf also auch außergewöhnlich hohe Aufwendungen für Kleidung und Kosmetika nicht als Betriebsausgaben oder Werbungskosten zum Abzug bringen. Freuen wir uns auf die nächste Grand-Prix-Verleihung, in der die Diva in einem Kleid kommen wird, das sie beim Winterschlußverkauf aus der Grabbelkiste gewühlt hat.

Telekoms Tücken den Kampf angesagt

Zu DDR-Zeiten teilte sich die Bevölkerung in zwei Gruppen: Eine kleinere, die über einen eigenen Telefonanschluß verfügte, sowie eine größere, die ohne Fernsprecher blieb. Zu einer sogenannten posteigenen Drahtfernmeldeeinrichtung konnte man damals nur auf zwei Wegen gelangen. Entweder der Glückliche ererbte sie aus grauer Vorzeit, oder er gehörte zu den bewaffneten Organen. Die Variante, daß ein besonders hartnäckiger Bürger nach jahrzehntelangem Ringen sowie ständigen Eingaben an Volkskammer, Partei und Regierung der Post einen Telefonanschluß abtrotzte, ist eine sehr seltene Sonderform.

Heutzutage sieht die Welt schon anders aus. Telekom wirbt seit langem für den ISDN-Zweitanschluß. Selbst Hintertupfingen ist voll verkabelt. Deshalb ist auch Helmfried selbstverständlich glücklicher Besitzer einer Quasselstrippe. Aber in einem Anfall von geistiger Verwirrung ließ er seine Telefonnummer im örtlichen Fernsprechbuch abdrucken und gelangte auf diese Weise in den Datenbestand diverser Telefonauskunft-CDs.

Wo viel Licht ist, ist auch viel Schatten. Plötzlich rief ihn Tante Othilde sonnabends früh um halber sechse an und fragte, ob er ein Schock Eier haben möchte. Oder mitten im rhythmischen Liebesspiel mit Freundin Siegrun erkundigte sich ein freundlicher Vertreter für Haushaltsgeräte, wie weit sein Interesse an dem neuen Kühlschrank »Eiskalt Öko 2.000« gediehen sei.

Das Drama wurde komplett, als sich Helmfried in kritikloser Fortschrittsgläubigkeit von seinem alten Tastentelefon trennte und sich ein hypermodernes drahtloses Wunder der Technik zulegte, welches über 97 Funktionen verfügte, aber nie richtig funktionierte. Das neue Telefon klingelte unmotiviert, rauschte, brummte und ließ wichtige Gespräche mittendrin irgendwo im Nirwana enden.

Den ersten Anlaß zum Mißtrauen erhielt Helmfried, als im Mai seine Telefonrechnung lediglich zwei Gespräche verzeichnete und über den Mindestbetrag von knapp 23 DM lautete. Bislang hatte er immer zwischen 50 und 60 DM bezahlt. Helmfried beschloß, eine Strichliste für jedes von ihm geführte Telefongespräch zu führen. Er tat recht daran. Im Juni forderte die Telekom von ihm Gebühren in Höhe von 538,27 DM, im Juli waren es bereits 649,32 DM.

Helmfried fragte höflich und in gesetzten Worten, ob die Kollegen in der Gebührenermittlungszentrale möglicherweise ein Rad ab hätten. Außerdem weigerte er sich strikt, die ausgewiesenen Beträge zu bezahlen.

Telekom reagierte prompt und unbürokratisch: Sie stellte ihrem Kunden das Telefon ab. Helmfried schrieb mehrere Briefe. Als dies nichts fruchtete, beantragte er bei Gericht den Erlaß einer einstweiligen Verfügung. Das Gericht entschied bereits einen Tag später: »Es gibt zwar ein Zurückbehaltungsrecht. Dies gilt jedoch dann nicht, wenn der Leistungsanbieter ein Monopolunternehmen betreibt und die Ausübung des Zurückbehaltungsrechts sich in der Weise auswirkt, daß der Kunde gezwungen ist, die für nicht berechtigt gehaltene Forderung zu begleichen. Diese Handhabung stellt eine bei einem Monopolunternehmen unzulässige Ausübung des Rechts auf Unterbrechung der eigenen Leistung dar.«

Wie üblich bei Richtern ein bißchen versponnen formuliert, aber Helmfried kann seitdem wieder telefonieren. Er hat sich einen Gebührenzähler zugelegt und überprüft mit Argusaugen jede neue Telefonrechnung. Ein gutes Beispiel dafür, wie die neue Technik dazu dient, das Leben zu erleichtern und zu verschönern.

Kampf dem gefräßigen Schwein

In den USA, in dem Land der unbegrenzten Möglichkeiten, ist alles anders als bei uns. Dort gibt es zum Frühstück Eierkuchen mit gebratenem Speck und Spiegeleiern. Dort ist der Kaffee heiß, schwarz und fade. Dort führen schnurgerade, autoleere Highways so weit, wie das Auge reicht. Dort mag der Beruf eines Truckers möglicherweise tatsächlich nach Freiheit und Abenteuer schmecken.

In Deutschland hingegen hat ein Lkw-Fahrer tagtäglich harte Knochenarbeit zu leisten. Die Termine drücken. Rund um die Uhr auf dem Bock. Immer Stau. Ständig die Polizei im Nacken, die Fahrtenschreiber und Papiere kontrollieren will.

Eugen weiß ein Lied davon zu singen. Mit seinem Lkw transportiert er Tiere. Auch Pferde. Das kommt sogar oft vor. An einem Tag im Herbst erhielt er von einer Spedition den Auftrag, für einen Zirkus sieben Kamele und ein dressiertes Schwein namens Rudi Rüssel von einem Auftrittsort zum anderen zu fahren. »Leichtverdientes Geld«, freute sich Eugen zu früh. Als er nämlich am Zielort die Ladeklappe öffnete, glaubte er seinen Augen kaum zu trauen: Rudi Rüssel hatte einen Teil des Holzfußbodens zerspant und aufgefressen. Die Bretter mußten erneuert werden. Schaden etwa 5 500 DM.

Im Dezember ging der Zirkus wieder auf Reisen. Eugen lud die Kamele und das verfressene Schwein in seinen Lkw. Rudi Rüssel kam in einen Verschlag mit besonders hartem Holzbodenbelag. Pustekuchen. Beim Entladen stellte Eugen dieselbe Schweinerei wie beim ersten Mal fest. Wieder hatten die Bretter nicht standgehalten. Schaden diesmal: 8 000 DM!

Doch aller guten Dinge sind bekanntlich drei. Als Eugen im Januar erneut Schwein und Kamele fahren sollte, nagelte er eine Preßspanplatte auf den Dielenbrettern auf. Doch Rudi Rüssel blieb auch diesmal nicht untätig. Das gefräßige Schwein zerschrotete erst die Spanplatte und verschmatzte dann zum Nachtisch einen guten Teil des Fußbodens. Wieder betrug der Schaden 8 000 DM. Eugen platzte nun der Kragen. Er forderte Schadenersatz von der Spedition, die ihm den Auftrag erteilt hatte. Als keine Zahlung erfolgte, reichte er Klage ein.

Doch das Gericht konnte keine Anspruchsgrundlage erkennen: »Wie der Kläger selbst einräumt, war er durch die beiden Vortransporte über die Neigung des Zirkusschweins, die Böden von Transportfahrzeugen aufzufressen, informiert und vorgewarnt. Die Durchführung des Transports lag ausschließlich beim Kläger als Frachtführer.«

Doch Eugen nahm blutige Rache. Nach der Gerichtsverhandlung raste er mit seinem Lkw die Autobahn entlang und hielt am nächsten Truck-Stop. Dort bestellte er sich ein riesengroßes Schweineschnitzel.

Tiere

Fällt er in den Graben, fressen ihn die Raben

»Alles Glück dieser Erde liegt auf dem Rücken der Pferde« meint ein Schlager aus vergangenen Zeiten, doch »Hoppe, hoppe Reiter, wenn er fällt, dann schreit er«, heißt es in einem alten Kinderreim. Von der letzten Weisheit werden viele noch nicht ganz sattelfeste Hobby-Reiter schmerzvoll ein Lied singen können.

Theodor – ein Western- & Country-Fan – kennt solche Probleme schon lange nicht mehr. Er reitet seit über zwanzig Jahren und könnte jedem Apachen Konkurrenz machen. Seinem Pferd »Servus« hat er allerlei Kunststückchen beigebracht. Wenn er über die Felder galoppiert, sieht es aus, als sei Buffalo Bill auferstanden.

Ende Mai kehrte Theodor von einem solchen Ausritt heim und band seinen vierbeinigen Freund am Lindenbaum vor dem Dorfkrug fest. Der Pferdefan wollte sich nach guter alter Cowboy-Art an einem dreistöckigen Whiskey laben. Da sprach ihn Petula, die fünfzehnjährige Gastwirtstochter, an: »Onkel Theo, darf ich mal reiten?« – »Ich denk', die Mutter hat's verboten?« – »Sie braucht's ja nicht zu wissen.« – »Von mir aus, mein Kind, Servus ist lammfromm, sei aber trotzdem vorsichtig, und reite nicht so weit«, entgegnete Theodor, übergab dem Mädchen die Zügel und klopfte den Staub von seinem Hut.

Petula saß auf und trabte leicht an. Obwohl sie erst einmal im Sattel gesessen hatte, gab es keine Probleme. Zunächst jedenfalls.

Auf dem freien Feld stach Petula plötzlich der Hafer. Sie fühlte sich wie die Squaw von Winnetou persönlich und rief aus voller Kehle: »Yippieh!« Petula wußte nicht, daß das dressierte Westernpferd auf diesen Ruf hin zu steigen pflegte. Servus hob die Vorderhufe in die Höhe, und die Reiterin machte plumps.

Als Theodor nach einer Viertelstunde mit gut geölter Kehle aus der Kneipe kam, stand zwar sein Gaul vor der Tür, doch das Mädchen fehlte. Er suchte und fand Petula bewußtlos. Im Krankenhaus wurden Schädelbruch der linken Kopfhälfte, Trümmerbruch des linken Sprungbeins und -gelenks sowie mehrere Schürfwunden und Prellungen festgestellt.

Mit der »Guter-Onkel-Theo-Zeit« war es nun vorbei. Petulas Mutter forderte 10 000 DM Schmerzensgeld plus Ersatz von Auslagen in Höhe von 600 DM. Da Theodor nicht zahlen wollte, mußte sich das Gericht damit beschäftigen.

Der Westernheld meinte, ihn träfe keine Schuld, denn das Mädchen habe schließlich darum gebeten, reiten zu dürfen. Und wenn es eine Reitkappe getragen hätte, wäre der Schädelbruch vermieden worden.

Der Richter kannte Pferde vielleicht nur aus einem belgischen Restaurant in Form von Bouletten. »Mit der Reitkappe – das ist reine Spekulation. Der Tierhalter hat haftungsrechtlich dafür einzustehen, daß er andere mit den Gefahren, die von Tieren ganz allgemein ausgehen, belastet. Trotzdem liegt ein Mitverschulden von einem Drittel vor, da sich das Mädchen ohne ausreichende Erfahrung auf ein Pferd gesetzt hat.«

Theodor muß 5 734,13 DM Schmerzensgeld und Schadenersatz zahlen.

»Fällt er in den Graben, fressen ihn die Raben«.

Gefährlicher Wächter im neuen Autosalon

Vor der Wende arbeitete Tilo als Kfz-Meister regelmäßig nur hundert Tage im Jahr, dann legte er sich auf die faule Haut. Das Finanzamt wollte so viel Steuern von ihm, daß es Quatsch gewesen wäre, mehr zu tun.

Nach der Wende wendete sich auch dieses Blatt. Es sollte zwar keinem schlechter gehen, aber Tilo, obwohl er nicht »Keinem«, sondern »Mustermann« hieß, ging es jetzt viel, viel schlechter – auf die Arbeitszeit bezogen. Doch aus der kleinen Autobude entstand ein schmucker Limousinen-Verkaufssalon: »Tilos Neuwagen mit angeschlossener Werkstatt«, alles vom Feinsten. Nun kann der Frömmste nicht in Frieden leben, wenn es dem bösen Nachbarn nicht gefällt. Tilo hatte wohl viele Neider. Andauernd stiegen nachts Stehlemänner in sein Autohaus ein. Der Schaden, der durch Verwüstungen entstand, war groß.

Tilo griff zur Selbsthilfe und ging zu seinem Schulfreund Friedemar, einem Hundezüchter. Dieser richtete Deutsche Schäferhunde als Wachhunde ab, dressierte sie scharf auf den Mann. Nur wer regungslos zur Salzsäule erstarrte, hatte bei diesen Vierbeinern eine reale Chance, den nächsten Tag zu erleben. Der Autohändler sperrte so ein Exemplar in seinem Karossensalon ein. Der Hund lief frei im Gebäude herum. In der Nacht erschienen wie erwartet die Gangster, zerdonnerten die Schaufensterscheibe und wollten gerade einsteigen, als Rex angesaust kam. Die Einbrecher änderten sofort den Plan, hüpften in ihr auf der Straße stehendes Auto und rasten, so rasch es eben ging, davon.

Rex, der kluge Hund, nahm die Verfolgung auf. Doch das Auto war schneller als er. Das Tier verharrte unschlüssig. In diesem taktisch ungünstigen Moment strampelte Hugo, ein Radler, vorbei.

»Feind«, knurrte Rex und machte einen Luftsprung. Wenig später begann das Tier intensiv auf dem Oberarm von Hugo herumzukauen, was diesen nicht gerade zu Freudenschreien veranlaßte. Nun näherte sich ein einsamer Passant. »Mehr Feind«, dachte Rex, sprang den guten Mann an, biß ihn erst in den Rücken und dann, als er zu Boden ging, in den Fußknöchel.

Die Schreie der beiden hörte Aribert, der aus der Kneipe auf dem Weg nach Hause war und zu Hilfe eilen wollte. »Viel Feind, viel Ehr«, dachte Rex, und rapps, rapps knusperte er an Ariberts linkem Oberschenkel herum. Mehr Heldentaten konnte er allerdings nicht vollbringen. Sein Herrchen, durch die Alarmanlage im Autohaus munter geworden, legte ihn an die Leine.

Das dicke Ende kam später. Der Autohändler wurde zu einer Geldstrafe von 2 000 DM verurteilt. Rex sitzt nun im Zwinger und knaupelt ersatzweise an Gummiknochen herum.

Streit um entflogenen Falken

Waldemar ist schmächtig und hager, hat eisgraue, borstige Haare, trägt ausschließlich grüne Försterkleidung. Waldemar ist Jahrgang 1920. Über seine Erlebnisse im Zweiten Weltkrieg und die sowjetische Gefangenschaft spricht er nicht. Für ihn hat das Leben erst nach 1948 begonnen. Da trat er der kasernierten Volkspolizei bei. Die Welt war in Gut und Böse eingeteilt, und er stand auf der Seite der Guten. So einfach war das damals.

In den sechziger Jahren spazierte er als Abschnittsbevollmächtigter durch sein Revier in der Kreisstadt, in den siebziger Jahren saß er als Wachposten am Eingang zum Volkspolizeikreisamt, und in den achtziger Jahren ging er dann in Pension. Von nun an widmete er sich seinem einzigen Hobby, der Jagd.

Mit der Wende kam der große Umbruch auch im Leben Waldemars. Das

Jagdkollektiv löste sich auf, er mußte seine Waffe abgeben. Auf sein kleines Häuschen meldete ein Alteigentümer Ansprüche an, mit der Rente gab es Probleme, und seine beiden erwachsenen Söhne machten ihm auch nur noch Kummer. Der eine wurde kriminell, der andere trat in eine Partei ein, die Waldemar zutiefst verabscheute.

Den einzigen Trost gab ihm sein Saker-Falke Samura. Mit diesem treuen Tier, das er seit 1973 hegte und pflegte, beschäftigte er sich den ganzen Tag. Mit ihm strich er über die weiten Felder vor dem Dorf, sobald es das Wetter nur irgendwie zuließ.

Anfang Februar passierte ein Unglück. Samura kehrte von einem Trainingsfreiflug nicht zurück. Nächtelang lag Waldemar schlaflos im Bett. Tagsüber machte er sich mit seinem Moped auf die Socken oder telefonierte mit Falkner-Kollegen. Ende Februar wurde Waldemar fündig. Samura befand sich in einer Greifvogelauswilderungsstation nahe der Kreisstadt.

Doch Henning, der Betreiber der Vogelstation, weigerte sich, den Saker-Falken herauszugeben. »Ein gezähmtes Tier wird herrenlos, wenn es die Gewohnheit aufgibt, an einen bestimmten Ort zurückzukehren«, sagte Henning. »Das steht im § 960, Absatz 3 des Bürgerlichen Gesetzbuches. Und eine herrenlose Sache gehört dem, der sie besitzt.«

Waldemar bat, er bettelte, schimpfte, fluchte und drohte. Als alles nichts half, wandte er sich an das Gericht um Hilfe. »Der Antragsteller konnte vom Antragsgegner die Herausgabe des Falken verlangen. Er war nämlich nach wie vor der Eigentümer des Saker-Falken; denn er hat das Eigentum nicht dadurch verloren, daß ihm der Falke entflogen ist. Ein Eigentumsverlust tritt nämlich nicht ein, wenn der Eigentümer das Tier unverzüglich verfolgt und die Verfolgung nicht aufgibt. Der Antragsteller hat hinreichend glaubhaft gemacht, daß er das Tier, nachdem es entflogen war, unverzüglich verfolgt hat und die Verfolgung auch nicht aufgegeben hat.«

Per Gerichtsbeschluß wurde angeordnet, daß Henning den Falken herauszugeben hat. Er muß auch die Kosten des Verfahrens tragen.

Wellensittich in Eierpampe

Kunst hat nichts mit Erfolg zu tun, wie man beispielsweise an Vincent van Gogh sehen kann: Zu seinen Lebzeiten wollte kein Mensch ein Bild von ihm kaufen, mittlerweile ist er zum teuersten Maler der Welt geworden.

Kürzlich soll ein Berufskollege von ihm in New York eine völlig weiße Leinwand unter dem Titel »Vision einer Winternacht« für 100 000 Dollar verkauft haben. Ist das Kunst? Zweifellos. Wer in der Lage ist, einem Dummkopf für eine leere Leinwand so viel Geld abzuschwatzen, muß ein begnadeter Künstler sein!

Die magersüchtige Dolores ist auch ein solcher. Bei ihren Aufführungen bekleckst sie sich gern mit verschiedenen Farben, wälzt sich auf ausgebreiteten Tapetenrollen und verkauft anschließend die so entstandenen Bilder.

Eine ihrer künstlerischen Darbietungen war der Gründung der Bundesrepublik gewidmet. Sie füllte ein rundes Goldfischglas mit einer Masse aus zerschlagenen Eiern und Wurstresten. Danach setzte sie – stellvertretend für leidende Menschen in der Überflußgesellschaft – den Wellensittich Wallenstein in die Mischung, so daß Beine und Unterkörper des Tieres von der Pampe bedeckt waren. Unter den Klängen der Nationalhymne wurde das Glas wenige Sekunden von der Künstlerin hin und her geschwenkt und dann auf dem Fußboden abgestellt. Der Rührei-Vogel hüpfte auf den Rand des Glases und von dort auf den Fußboden, wo er kräftig mit den Flügeln um sich schlug und mehrere gelbweiße Kunstwerke auf Röcken und Hosen der Zuschauer in der ersten Reihe produzierte. Anschließend wurde Wallenstein liebevoll in einem Wasserbad gereinigt.

Doch einem üblen Kunstbanausen mißfiel das gedankenreiche Spiel. Er erstattete Anzeige wegen Tierquälerei. Prompt erhielt Dolores einen Bußgeldbescheid über 1 000 DM zugestellt. Begründung: Verstoß gegen das Tierschutzgesetz. Die mißverstandene Performance-Künstlerin schnitt sich kein Ohr ab wie einst der mißverstandene van Gogh, sondern legte Einspruch ein.

Das Gericht prüfte die Angelegenheit und meinte völlig ernsthaft: »Ordnungswidrig handelt, wer einem Wirbeltier ohne vernünftigen Grund erhebliche Schmerzen, Leiden oder Schäden zufügt. Das Wohlbefinden des Wellensittichs wurde zwar dadurch beeinträchtigt, daß durch die Eimasse mikroskopisch kleine Fasern der Federn verklebten und das Tier hierdurch nicht mehr flugfähig war. Dieser Umstand und das anschließende Säubern mit Wasser lösten bei dem Vogel Angstgefühle aus. Diese Beeinträchtigung des Wohlbefindens des Wellensittichs war jedoch nicht von solcher Intensität, daß die Zufügung eines erheblichen Leidens im Sinne des Tierschutzgesetzes anzunehmen ist. Von dieser Vorschrift soll nicht jede, sondern nur eine nach Art und Dauer gewichtige Beeinträchtigung erfaßt werden. Der Wellensittich befand sich lediglich für fünf bis zehn Sekunden in dem mit Eimasse gefüllten Glas und wurde anschließend sofort gesäubert. Die kurzfristige Minderung seines Wohlbefindens ist deshalb nicht als eine gravierende Beeinträchtigung anzusehen.«

Freispruch, Dolores hat 1 000 DM gespart. Ernst ist das Leben, heiter die Kunst. Für den Wellensittich eher anders herum. Das arme Vieh rudert weiter in der Eierpampe.

Brauereigaul contra Stoßstange

»Dasjenige Bier, welches nicht getrunken wird, hat seinen Beruf verfehlt«, soll der Abgeordnete Alexander Meyer am 21.01.1880 bei der Beratung des Gesetzentwurfs betreffend der Steuer vom Vertrieb geistiger Getränke gesagt haben. Dieser weise Spruch hat auch nach über 100 Jahren nichts von seinem Sinngehalt verloren.

Nur die Konkurrenz ist größer geworden. In gut sortierten Getränke-Märkten sind rund 100 Biersorten im Angebot: Schwarzes, dunkles, helles, weißes, hochprozentiges, alkoholfreies, in- und ausländisches Bier, Altbier, Weizenbier, Bockbier, Kirschbier, Fliegerbier und jenes klebrige Klostergesöff, welches sich nicht mehr Bier nennen darf, weil es angeblich entgegen dem deutschen Reinheitsgebot gepanscht wird. Für jeden Geschmack etwas, denn – wie heißt es so schön – selbst Malzbier mundet besser als Schäksbier (lies: Shakespeare).

Und : Die Werbung läuft auf vollen Touren.

Die XY-Brauerei hält von modernem Schnickschnack nicht viel. Sie braut keinen Bölkstoff für Yuppies mit messerscharfen Bügelfalten, sondern ein gepflegtes Bier für traditionsbewußte reifere Herren, die in ausgebeulten Hosen zum Stammtisch in die Wirtschaft schlendern und statt superleichter Zigaretten noble Zigarren und klobige Pfeifen rauchen.

Doch auch die XY-Brauerei kommt nicht ohne Werbung aus. Allerdings verplempert sie das Geld nicht für teure Farbanzeigen in Illustrierten, sondern wirbt auf etwas altertümliche Weise: Sommers wie winters, tagein, tagaus fährt ein Bierkutscher mit zwei Brauereigäulen durch die Straßen. Die Routen wechseln, allein die Fässer auf dem Wagen sind immer leer.

Am 31. Januar machte die Tour keinen Spaß. Es war kalt und naß; unangenehmer Nieselregen peitschte dem Kutscher Knut ins Gesicht. Die Finger wurden klamm und wollten die Zügel nicht länger halten; selbst Ledermütze und Lederschürze konnten vor der Feuchtigkeit nicht schützen. Das Gefährt rumpelte an einer Kneipe vorbei. Knut beschloß, ein wenig zu pausieren und sich aufzuwärmen. Den Brauereiwagen nebst Gäulen ließ er vor der Tür stehen.

Die geplanten 15 Minuten dehnten sich zu einer Stunde; aus dem einen Pils mit Kompott (ein doppelter Doppelkorn) wurden vier. Als die Turmuhr mehrmals schlug, bezahlte er.

Frischvergnügt mit roter Nase und getrübtem Blick trat Knut auf die Straße hinaus. Und wurde blaß. Nicht die Turmuhr hatte geschlagen, sondern Fritz, der Kaltblüter. Seitlich ausgekeilt, in Richtung eines dort geparkten Autos.

Die Stoßstange der grünen Limousine wies mehrere Dellen auf. Was war die Absicht des Pferdes gewesen, als es zutrat? Wollte es in der Einsamkeit sein Herz mit dem schönen Klang erfreuen? Oder dem fließenden Verkehr signalisieren, daß es sich bei dem Brauereiwagen um ein stehendes Hindernis handelte? Wir werden es nie erfahren!

Knut schwang sich auf den Kutschbock, schnalzte mit der Zunge, ließ die Peitsche knallen und preschte von dannen. Der 2-PS-Hafermotor lief auf vollen Touren. Allerdings machte der Fuhrmann die Rechnung ohne den Zeugen Siegmund. Der hatte alles beobachtet und notiert. Das Amtsgericht entschied: »Beschädigt ein Brauereigaul durch Huftritt einen geparkten Pkw, hat sich damit die typische Tiergefahr im Sinne des § 833 BGB verwirklicht. Der Beweggrund des Tieres ist rechtlich ebenso unbeachtlich wie der Umstand, daß auch Menschen sich gelegentlich so zu verhalten pflegen.«

Die Brauerei muß Schadenersatz in Höhe von 1 950 DM leisten.

Time-Sharing, Titelhandel, Tratscherei

Der Urlaubsschwindel vom Schloßherrn

Geld besitzt zwei unangenehme Eigenschaften: Erstens bleibt es nicht gern in der Tasche, denn es möchte ausgegeben werden. Zweitens reicht es nie. Immer gibt es irgendein Ding, das größer, schöner, moderner, besser zu sein scheint als das, wofür die paar Pimperlinge gerade so reichen. »Zu kurze Finger«, sagt in diesem Fall der kluge Mann und entscheidet sich für die volkstümliche Sparvariante Selters statt Sekt.

Benno und Gabriele erging es ähnlich. Sie hatten 15 000 DM auf der hohen Kante und wollten sie sinnvoll anlegen. Zuwenig für ein Häuschen mit Garten, aber genug für etwas anderes, meinte jedenfalls ihr fröhlicher Finanzberater. Aus seiner Aktentasche klaubte er possierliche Prospekte nebst einem Vertrag über ein einwöchiges Wohnrecht pro Jahr in einem Schloß in Österreich. »Sozusagen maßgeschneidert für die jungen Herrschaften.« Benno und Gabriele ließen sich überreden und bezahlten ihre 15 000 DM für ein 24 Quadratmeter großes Zwei-Personen-Appartement zuzüglich 308 DM Betriebskosten per anno. Gutes muß nicht teuer sein.

Viel, viel später rechneten sie alles nach und kamen zu einem verblüffenden Ergebnis: Wenn sie statt der einwöchigen Ferienwohnung im Schloß eine gleichartige Eigentumswohnung gekauft hätten, würde diese umgerechnet 782 142,84 DM kosten (15 000 DM : 7 Tage x 365 Tage). Mit anderen Worten: Der Quadratmeterpreis betrug hochgerechnet 32 589,28 DM, also rund das Acht- bis Zehnfache des marktüblichen Preises.

Das Ehepaar kündigte den Vertrag, doch nichts passierte. Kein Anschluß unter dieser Nummer. Deshalb ging es zu einem Anwalt. Der fand folgende Fäden: Der »Finanzberater« war in die Karibik verzogen. Die Hochglanzprospekte hatte eine Immobilien GmbH vertrieben. Als Partner für den Time-Sharing-Vertrag war eine Hausbau GmbH aufgetreten. In einer Klausel im Kleingedruckten stand, daß der Vertrag österreichischem Recht unterläge. Die 15 000 DM waren dem Treuhandkonto einer Rechtsanwältin gutgeschrieben worden, und das Schloß gehörte einem Ferienklub-Verein jenseits der Alpen.

Wer steckte hinter diesem schier undurchdringlichen Gespinst von Firmenverflechtungen? Der Rechtsanwalt entdeckte die Spinne im Netz: Ein gewisser Kaufmann Moritz in München agierte sowohl als Geschäftsführer der GmbH als auch als Vorstandsvorsitzender des Ferienklub-Vereins. Doch es reicht nicht aus, hereingelegt worden zu sein. Man muß auch beweisen können, wer der Übeltäter ist. Das Recht unterscheidet zwischen natürlichen und juristischen Personen. Wer sollte an welchem Ort verklagt werden? Wer war der eigentliche Vertragspartner gewesen?

Der Anwalt beschloß, erst einmal auf den Busch zu klopfen. Er erkundigte sich in Dutzenden Telefongesprächen mit Gewerbeämtern, Industrie-

und Handelskammern sowie Handelsregistern nach den einzelnen Firmen und stieß auf etliche Ungereimtheiten. Damit schien er eine kleine Lawine losgetreten zu haben, denn wenige Tage später klingelte bei ihm das Telefon. Kaufmann Moritz bot im Namen der Hausbau GmbH an, den Vertrag gegen Rückzahlung von 10 000 Mark einvernehmlich aufzulösen.

Der Spatz in der Hand ist besser als die Taube auf dem Dach. Benno und Gabriele stimmten zu. »Ein Glück, daß wir nicht alles verloren haben, Schatz«, meinte der gute Gatte und raschelte mit der Zeitung. »Hier wird ein tolles Auto zum Leasing angeboten. 10 000 DM Sonderzahlung würden gerade reichen.«

Hexeneinmaleins und Urlaubsschwindel

»Jobst, sieh nur!« meinte Pia zu ihrem Mann, der in der Hollywoodschaukel saß und ein Stück Erdbeertorte mit Schlagsahne aß. Sie wies auf eine Annonce, die einen palmenbewachsenen Sandstrand zeigte. Unter dem Foto stand: »Wollen Sie für nur eine Mark pro Tag Urlaub machen?«

»Quatsch mit Soße«, erwiderte Jobst und spülte mit reichlich Kaffee nach. »Soon billigen Urlaub gibt's nirgendwo. Die wollen uns nur reinlegen.«

»Trotzdem lasse ich mir einen Prospekt schicken«, entgegnete Pia, »das ist völlig ungefährlich.«

War es aber nicht. Drei Tage später klingelte das Telefon: »Hier ist die Fäntesie-GmbH. Sie haben in unserem Preisausschreiben eine Reise gewonnen. Bitte kommen Sie zu unserer Filiale in der Stadt, um den Scheck in Empfang zu nehmen.«

»Glaub mir, Mutti, zu verschenken haben die nichts«, meinte Jobst. Doch Mutti fuhr in die Stadt. Mit Jobst.

Das Gespräch dort fing ganz harmlos an. Ein netter Herr in buntem Hemd erzählte von Reisezielen um die ganze Welt. Nach einer halben Stunde begann Pias Hüfthalter zu kneifen. Nach einer Stunde wurde Jobst müde und bekam heftiges Sodbrennen. Nach anderthalb Stunden mußte Pia auf die Toilette und traute sich nicht. Nach zwei Stunden wollte Jobst nur noch an die frische Luft und eine rauchen. Nach zweieinhalb Stunden war das schwitzende und völlig entnervte Ehepaar am Ende seiner Kräfte. Es unterschrieb einen Time-Sharing-Vertrag über ein Ferienwohnrecht für

14 Tage im Jahr in einer Ferienanlage auf Ibiza. Immer in der Hauptsaison, 50 Jahre lang, Preis: 19 500 DM.

»Die ersten zwei Wochen sind geschenkt, das ist Ihr Gewinn. Und wenn Sie 14 mit 50 multiplizieren, mal zwei Personen nehmen und die Nebenkosten abziehen, dann kostet Sie ein Ferientag sage und schreibe nur eine Mark am Tag!« schmunzelte der nette Herr im bunten Hemd und grabschte sich den Scheck mit der Anzahlung über 15 500 DM.

Am nächsten Tag brachte Jobst die Sache auf den Punkt: »Erstens möchte ich nicht fünfzig Jahre lang nach Ibiza fahren. Zweitens werde ich in fünfzig Jahren nirgendwo mehr hinfahren, weil ich dann nämlich 105 Jahre alt bin, falls ich noch lebe!« Und er schrieb einen Brief: »Hiermit widerrufen wir! Scheck zurück!«

Als statt des Schecks nur bunte Prospekte von Ibiza kamen, reichte das Paar Klage ein.

Das Landgericht: »Vertrag ist Vertrag.«

Pia und Jobst gingen in Berufung. Die Richter am Oberlandesgericht sahen die Sache etwas anders. Sie meinten, der Vertrag könne als sogenanntes Haustürgeschäft widerrufen werden: »Ursprünglich hatte die Beklagte eine Informationsveranstaltung über eine gewonnene Urlaubsreise angekündigt. Die eigentliche Zielsetzung, der Abschluß eines Time-Sharing-Vertrages, war erst überraschend während des Gesprächs selbst offenbar geworden. Die Kläger konnten sich vor Ort den Verkaufsbemühungen nicht mehr entziehen. Genau dies ist die typische Situation der Überrumpelung des Verbrauchers, vor der das Gesetz über den Widerruf von Haustürgeschäften schützen soll.«

Namen sind wie Schall und Rauch

Als die armen Ostler ihre Nasen noch an Intershop-Vitrinen plattdrücken mußten, glaubten sie in ihrer Einfalt im Tal der Ahnungslosen, daß es im Westen immer alles geben würde. Inzwischen konnten sie jedoch erkennen, daß auch heutzutage nicht alles und jedes käuflich ist. Wenn Karottenjeans modern sind, gibt es nirgendwo welche mit Schlag. Kein Geschäft führt die praktischen Allwetterkappen, auch Heimkehrer-Mützen genannt. Jesuslatschen, Kletterschuhe und Parkakutten sind MEGA-OUT. Und die Buslinie nach Kleinpüsteritz wurde schon lange eingestellt ...

So viel zu den Sorgen der kleinen Leute. Doch die Reichen sind nicht viel besser dran. Was tut so ein bedauernswerter Mensch, der zwar über Villa, Limousine nebst Chauffeur, fünf Reitpferde und zwei Geliebte verfügt, mit Namen aber nur Hansi Krause heißt? Ohne wenigstens einen Professorentitel ist der völlig aufgeschmissen.

Armin glaubte, auf eine Marktlücke gestoßen zu sein. Die Idee war ihm beim Studium gekommen, als er einigen seiner Kommilitonen aus reichen Elternhäusern gegen gewisse Entgelte beim Schreiben von Klausuren behilflich gewesen war. Nach dem Staatsexamen nannte sich Armin Studien- sowie Promotionsberater und schrieb für weniger sattelfeste Geistesgelehrte die Doktorarbeiten. Das Geschäft blühte zwar, aber es war auch sehr arbeitsintensiv.

Eines Tages meldete sich bei ihm ein gewisser Hektor. Professor Doktor jur. stand auf seiner Visitenkarte. Er bot an, für jeweils 30 000 DM einen echten, international anerkannten Doktortitel einer renommierten Schweizer Universität beschaffen zu können.

Armin hielt Rücksprache mit zwei seiner Kunden. Die waren hocherfreut, das langwierige Promotionsverfahren abkürzen zu können. Sie wollten jeder gern 50 000 DM für einen echten Doktortitel zahlen.

Das war schnell verdientes Geld. Armin schloß mit Prof. Dr. Hektor einen Vertrag mit Rückfallklausel bei unkorrekter Lieferung ab, zahlte 60 000 DM und bekam nach zwei Wochen einen dicken, eingeschriebenen Brief. Darin befanden sich zwei hübsch gestaltete Zertifikate. Die lauteten auf »Doktor Magister Perfectum Potestatus«, stammten von der Fraternitas Fortune Universität Bern und waren mit einem Farbkopierer vervielfältigt worden. Auf einem Trödelmarkt hätten sie einen Liebhaberpreis von vielleicht 20 DM erzielt.

Mit diesem Plunder brauchte Armin seinen Kunden nicht zu kommen. Er schrieb an den Professor: »Entweder echte Titel oder Geld zurück!« Doch Hektor war nicht untätig gewesen. Über 40 000 DM hatte er inzwischen bereits unters Volk gebracht. Er übergab Armin 18 820 DM und zuckte bedauernd mit den Achseln. Armin schäumte vor Wut und reichte Klage ein.

In zweiter Instanz entschied das Oberlandesgericht, daß der Vertrag von vornherein ungültig gewesen wäre, weil die entgeltliche Vermittlung von akademischen Graden verboten sei. »Auch die Zusage, das Geld werde bei ausbleibendem Erfolg zurückgezahlt, kann nicht eingeklagt werden. Diese Zusage suchte das Verbot zu umgehen und ist sittenwidrig. Das Gesetz verweigert demjenigen die Rückforderungsmöglichkeiten, der sich außerhalb der Rechtsordnung stellt.«

Statt Konsul nun Karnevalsprinz

Haben auch Sie sich ein romantisches Eckchen in Ihrem Herzen bewahrt, in dem strenge Logik keinen Platz hat? Im Buntfernsehen schunkeln bärtige Lederhosenträger vor Fachwerkhäusern aus Pappmaché, von Titelblättern vielfarbiger Bilderzeitschriften lächeln uns hochwohlgeborne Herrschaften an, und falls blaublütige blonde Damen mit dem Auto verunglücken, verfallen Millionen Gute-Bohne-Trinker in kataleptische Katatonie. Doch nicht nur damische Dödel möchten den alten Kaiser Wilhelm wieder haben. Für Posten im gehobenen Dienst von Industrie und Verwaltung werden einfache Herren Schulze oder Müller nur ungern genommen. Nur falls gerade kein »Von und Zu« zur Verfügung steht, tut es notfalls ein »Schulze-Müller-Lüdenscheidt«.

Da ansehnliche Fürsten, Barone und Grafen im heiratsfähigen Alter nicht gerade in Scharen herumlaufen, hat sich im Verborgenen – ähnlich wie beim Handel mit akademischen Titeln – ein Servicebereich besonderer Art etabliert. Dort kann man gegen viel, viel Geld Adelsprädikate und Ernennungsurkunden zu Botschaftern einsacken.

Kilian hatte bis nach der Wende als Sparkassenangestellter in Paaschen/Rheintal, OT Paaschen-Würzigk, gesessen. Einmal in der Woche war er ins Autokino gefahren. Dort würde er noch immer hocken, wenn ihn nicht 1990 ein verzweifelter Schulfreund, der damals dringend einen Dummen brauchte, als Direktor in die Treuhand geholt hätte. Drei Jahre lang ritt Kilian den Bullen. Er verdiente haufenweise Geld, darunter viel schwarzes. Er nannte es »erstattete Auslagen«, die desorientierte Staatsanwaltschaft »Bestechungsgelder«. Sie saß vor drei Waggonladungen konfiszierter Akten und ließ den Termin zur Anklageerhebung ungenutzt verstreichen.

Nach seiner fristlosen Entlassung wechselte Kilian in die Chefetage eines Großkonzerns. Ein amerikanischer Traum war wahr geworden: vom Tresenwischer zum Millionär. Als Krönung, als I-Tüpfelchen sozusagen, wollte er noch in den diplomatischen Dienst einsteigen. Ein neuer guter Freund hatte einen Bekannten, dessen Neffe neben einem Titelhändler namens Prinz Leopold wohnte ...

Kilian traf sich mit Leopold auf neutralem Schweizer Boden und wählte aus dem reichhaltigen Angebot den eindrucksvollen Titel »Honorarkonsul von Sierra Leone in Ungarn« aus. Zwar wußte der Titelgierige nicht genau, ob es sich bei Sierra Leone um einen Berg, ein Land oder einen Fluß handelte, aber er reichte 50 000 Dollar als Anzahlung auf den Gesamtkaufpreis von 125 000 Dollar rüber. Prinz Leopold nahm das Geld. Den Titel jedoch konnte er nicht besorgen, da sein Farbkopierer entzweigegangen war. Aber anstatt sich einen neuen anzuschaffen, verjubelte er nach echter Hochstaplermanier das Geld bei Sekt und Kaviar, mit Wein, Weib und Gesang.

Kilian reichte erbost Klage ein. Zu seiner größten Verblüffung entschied das Gericht gegen ihn: »In den Augen anständiger Menschen, die Ämter und Titel durch Mühen und Verdienste erwerben und nicht einkaufen, ist der Ämter- und Titelhandel in hohem Maße zu mißbilligen. Die Käuflichkeit würde zur Sinnentleerung von Titeln und zu einer wesentlichen Beeinträchtigung der Funktionsfähigkeit öffentlicher Ämter führen. Die entgeltliche Verschaffung der Ernennung zum Honorarkonsul ist wegen Verstoßes gegen die guten Sitten nichtig.« Fazit: Prinz Leopold muß keinen roten Heller herausrücken! Völlig überraschend ist die Rechtsprechung beim Handel mit diplomatischen Titeln nahezu identisch mit der Rechtsprechung beim Handel mit akademischen Titeln! Wer hätte das gedacht?

Für die gesparten 75 000 Dollar kaufte sich Kilian den Titel des Faschingsprinzen in seinem ehemaligen Heimatort. Als »Prinz Kilian der Erste« wird er den Rosenmontagszug eröffnen.

Die Wut der Schlange

Diethard ist Polizeibeamter in einer kleinen Stadt. In seiner schwarzen Lederjacke sieht er schmuck aus, denn er hat ein Kreuz wie ein Schrank und ein kantiges Mützengesicht. Eines Tages bekam Diethard ein Buch geschenkt, in dem sein persönliches Horoskop stand. Zu seinem größten Erstaunen las Diethard (Wassermann) über seine Beziehung zu seiner Freundin Verena (Löwe): »Die Löwe-Frau ist eine liebevolle, treue Partnerin, neigt aber auch zur Herrschsucht, womit Sie sich auf Dauer nur schwer abfinden können.«

Plötzlich fiel es Diethard wie Schuppen aus den Haaren: Er stand völlig unter der Fuchtel dieser Verena! Sie hatte ihm das Rauchen abgewöhnt, statt Bier gab es nur noch alkoholfreie Cocktails mit ekelhaften Oliven und Fernsehverbot bei Fußball.

Dann saß eines Tages eine neue Kollegin bei ihm im Streifenwagen – Clio, Sternbild Schütze. Abends schlug Diethard sein Horoskop-Buch auf: »Wenn eine Schütze-Frau Sie zu ihrem Herzbuben auserwählt hat, so können Sie sich gratulieren.« Beim Polizeiball tanzte Diethard eine Runde zuviel mit Clio. Daraufhin schüttete Verena ihrer Rivalin ein volles Sektglas über den Kopf. Diethard brachte die weinende Clio nach Hause. Über den Rest der Nacht schweigt des Sängers Höflichkeit.

Verenas Augen blitzten zornerfüllt, wenn sie an den folgenden Tagen die beiden Turteltäubchen im Streifenwagen vorüberrauschen sah. »Die Rache ist mein«, schwor sie sich wutschnaubend und schrieb einen Brief an den Leiter der Schutzpolizei. Diethards Chef staunte nicht schlecht, als er schwarz auf weiß lesen konnte: »Schicken Sie meinen Ex-Freund, das alte Schwein, zum Dienst ins nächste Altersheim. Er liebt Sex mit Rentnerinnen.« Auch der Bürgermeister der Kleinstadt wurde bedacht. Er erhielt mehrere Liebesbriefe, die Diethard vor langer Zeit an Verena geschickt hatte: »Mein kleines Schnuckelpüppchen, ich liebe deine prallen M...«

Diethard wollte nicht warten, bis auch der Papst Post bekam, und reichte Klage ein. Er forderte Unterlassung und Schmerzensgeld.

Das Gericht untersagte Verena die weitere Verbreitung ihrer diffamierenden Äußerungen: »Die Beklagte hat mit ihren Briefen Fakten aus dem Intimleben ihres Ex-Freundes der Lächerlichkeit preisgegeben. Die Intimsphäre eines jeden ist aber grundsätzlich geschützt.« Schmerzensgeld bekommt Diethard allerdings nicht: »Daß die Beklagte ihre Diffamierungen nunmehr unterlassen müsse, genüge hier als Ausgleich.«

Wie sagte doch der Dichter: »Wahrhaftig, keine Schlange ist so schlimm, / Tritt man sie auf den Schwanz, noch halb so grimm / Als eine Frau, wenn sie in Wut gerät, / Weil all ihr Sinnen dann auf Rache steht.«

Verkehrsrecht

Rechts hat meistens Vorfahrt

In dem märkischen Angerdorf Entenhausen gibt es zwar viele schmucke Häuser, aber nur zwei befestigte Straßen. Eine führt längs, eine quer durch den Ort, der Rest – holprige Sandwege.

Anna wohnt in der Birkenallee, die vor allem aus Pfützen und Schlaglöchern besteht. An einem Tag im Februar rollte Anna mit ihrem Kombi aus dem Hoftor. Die Birkenallee mündet als gleichberechtigte Straße in den Wiesenweg, eine der beiden Betonpisten. Der Wiesenweg verläuft leicht abschüssig einen Hügel hinunter. Als Anna mit dem Kombi um die Ecke bog, sah sie Kai mit seinem kleinen Auto den Berg herunterkommen. Die Straße war überfroren und spiegelglatt. Kai fuhr nicht schnell, aber Anna befürchtete, er könnte seinen Pkw nicht mehr rechtzeitig zum Halten bringen. Sie bremste deshalb und hielt an. Die Vorderräder standen bereits auf dem Wiesenweg.

Kai versuchte ebenfalls, sein Fahrzeug zum Stehen zu bringen, aber die Bremsen zogen nicht. Es war zu glatt. Rumms, bumms, krach prallte er mit seinem Auto gegen Annas Kombi. Leichter Blechschaden. Kai und Anna stiegen aus, gaben sich die Hand und füllten noch am Unfallort ein Schadensformular für die Versicherungsgesellschaften aus. Beide verzichteten darauf, die Polizei zu holen.

Am nächsten Tag brachte Anna ihren Kombi in die Werkstatt und ließ ihn reparieren. Die Rechnung schickte sie an Kais Versicherung. Über ein Vierteljahr später bekam sie 778,61 DM überwiesen, weniger als die Hälfte des tatsächlichen Schadens: »Laut Darstellung unseres Versicherungsnehmers hatte dieser die Kreuzung noch nicht erreicht, als Sie unter Benützung der Gegenfahrbahn links abbiegen wollten.«

Nun reichte Anna Klage ein und forderte die gesamte Summe. Doch das Amtsgericht stand auf Kais Seite: »Die Klägerin durfte nicht darauf vertrauen, daß der vorfahrtspflichtige Fahrzeugführer seiner Pflicht nachkommt und ihr die Vorfahrt uneingeschränkt einräumt. Insbesondere hätte die Klägerin erst dann mit ihrer Bevorrechtigung beginnen dürfen, nachdem sie den Kreuzungsbereich gut hätte einsehen können. Das Gericht wertet den Verschuldens- und Verursachungsbeitrag beider Verkehrsteilnehmer gleichwertig.«

Anna war verblüfft. Hat rechts nun immer Vorfahrt oder nur meistens? Sie ging in Berufung und gewann den Prozeß vor dem Landgericht.

Die Richter in der zweiten Instanz meinten, daß der Vorfahrtsberechtigte grundsätzlich darauf vertrauen darf, daß ihm die Vorfahrt eingeräumt wird.

Seit dem Zusammenstoß waren inzwischen über anderthalb Jahre vergangen. Ein kleiner Blechschaden mit großen Folgen. Die Unfallgegner geben sich schon lange nicht mehr die Hände.

Der falsch eingelegte Gang

Eines Tages holte Traugott seine Rennpappe aus dem Schuppen, um einkaufen zu fahren. Ehefrau Marina nahm auf dem Beifahrersitz Platz. In gemäßigtem Tempo holperte der Trabbi über das Kopfsteinpflaster. An der Kreuzung bremste Traugott ordnungsgemäß am Vorfahrtsschild ab und kam hinter einem roten Skoda zum Stehen.

Im Skoda saßen Inka und Freundin Solveig. Als die Straße vor ihr frei war, fuhr Inka los. Allerdings nicht nach vorn, sondern nach hinten, weil sie sich beim Schalten vertan hatte. Skoda und Trabant kamen einander viel näher, als es ihren Besitzern lieb war. Das linke Blinklicht des Trabant lag zerscherbelt auf dem Boden, mehr war nicht passiert.

»Nicht so schlimm, gute Frau«, sagte Traugott. »So ein Plasteteilchen ist schnell wieder angeschraubt.«

Die beiden Bruchpiloten waren sich einig, wegen dieser Bagatelle nicht die Polizei zu holen.

»Wir stehen hier sehr ungünstig und behindern den Verkehr. Am besten ist, wir parken auf dem Bürgersteig«, schlug Traugott vor.

Inka startete, ruderte mit dem knubbeligen Hebel verwegen hin und her. Schalten ist kein Geheimnis. Jeder kann es hören. Dann fuhr sie an. Pech gehabt. Es war wieder der Rückwärtsgang gewesen. Jetzt sah das Ergebnis eindrucksvoller aus: Scheinwerfer Trabant und Kotflügel Skoda waren eine Symbiose eingegangen.

Traugotts Ärger verwandelte sich in Wut, als er sich über ein Jahr später vor dem Richtertisch wiederfand.

Inka wollte 1 886,73 DM Reparaturkosten haben: »Ich stand an der Kreuzung, weil ich die Vorfahrt beachten mußte. Herr Traugott ist zu schnell gefahren, hat zu spät gebremst und knallte deshalb gegen mein unschuldiges Auto. Meine Beifahrerin kann alles bezeugen.«

Und Solveig sagte: »Es gab nur einen einzigen Aufprall. Die Polizei wurde nicht geholt, weil es Herr Traugott auf gar keinen Fall wollte.«

Marina dagegen bestätigte natürlich die Darstellung ihres Ehemannes. Der Richter blickte zweifelnd von der einen Partei zur anderen. »Die Wahrheit ist ein selten Kraut, noch seltener, wer sie verdaut«, dachte er wohl bei sich, als er den Urteilsspruch fällte: »Der Beklagte Traugott wird verurteilt, an die Klägerin Inka 1 646,73 DM zu zahlen. Von den Kosten des Rechtsstreits haben die Klägerin 1/8 und der Beklagte 7/8 zu tragen.«

Das eiskalte Händchen auf der Schulter

Autos sind für vieles gut: Mit ihnen kann man Personen, Gegenstände – und sein eigenes Selbstwertgefühl transportieren. »Je größer der Minderwertigkeitskomplex, um so größer der Wagen«, lautet eine einfache psychologische Faustformel. Kleine Männer lieben große Autos.

Heiko ist ein phantasiebegabter Hänfling. Er trägt Cowboystiefel mit versilberten Spitzen, ausgewaschene Designer-Jeans, föngewellte Haare, offene Hemden und Goldkettchen. Er duftet nach exclusivem Eau de Cologne, und sein Auto ist hochmotorisiert. Wenn auch eine ausgelutschte Schlurre einer bekannten Edelschmiede.

Abends zieht der junge dynamische Geschichtenerzähler durch die Kneipen. Er bleibt nirgendwo lange, und er trinkt auch nicht viel. Er ist auf der Suche nach dem Abenteuer, nach der großen blonden Frau. Das richtige Abenteuer ist ihm noch nicht begegnet.

An einem Wochenende im Frühling geriet sein Pkw ins Schleudern. Das Auto prallte gegen eine Laterne. Neben der Laterne stand ein Polizist. Der Mann in Uniform öffnete galant die Fahrertür. Heiko roch sehr gut und würzig nach Aftershave und sechs Gin Tonics. »Sie sind festgenommen!« sagte der Ordnungshüter.

Heiko wurde zur Blutprobe ins Krankenhaus gebracht. Nachts um drei wartete er im langen, gekachelten Flur. Links neben ihm gähnte eine übermüdete Polizistin. Als sie sich die Tränen aus den verquollenen Augen wischte, sprang Heiko auf und rannte den Flur in Richtung Ausgang hinunter. Tock, tock, tock knallten die Absätze seiner Westernboots auf den Fliesen.

Heiko hatte einen dummen Denkfehler begangen: Ein abgefüllter Macho läuft nicht so schnell wie eine zwar müde, aber gut durchtrainierte Schutzfrau. Nach fünf Metern packte ein eiskaltes Händchen nach seiner Schulter. Heiko wendete sich halb, riß den Arm hoch und streifte eine Uniformbluse. Die Polizistin rutschte aus, knallte mit dem Kopf an die Wand und sackte zusammen.

Heiko verharrte ein, zwei Sekunden. Zu lange. Ein harter Gegenstand traf ihn hinterm Ohr. In seinem Schädel explodierte etwas, und er fiel in Ohnmacht. Ein Kollege der Beamtin gab später zu Protokoll: »Ich brachte ihn mittels meiner Ausrüstung zu Fall.«

Heiko war natürlich seinen Führerschein los. Dagegen konnte er nichts machen. Aber die Polizistin verlangte für ihren Sturz Schadenersatz und Schmerzensgeld. Heiko erinnerte sich an einen ähnlichen Fall. Seiner Oma war einstens ein Blumentopf vom Balkon gefallen und hatte einen humorlosen Passanten getroffen. Großmutters Assekuranz mußte damals einspringen, doch diesmal wollte seine Haftpflichtversicherung nicht zahlen: »Ein Fluchtversuch ist eine ungewöhnliche und gefährliche Betätigung, für die es nach den allgemeinen Versicherungsbedingungen keine Ersatzleistung gibt.«

In der ersten Instanz verlor er. Aber in der Berufung fand er ein offenes Richterohr: »Herrn Heiko ist kein vorsätzliches, leistungsbefreiendes Handeln vorzuwerfen. Die Drehbewegung, mit der er sich losgerissen hat, stellt keinen absichtlichen Angriff auf die Beamtin dar. Der Kläger hat vielmehr sehr spontan reagiert, um sich der drohenden Alkoholprobe zu entziehen.«

Heiko hat sein Abenteuer gehabt, er kann etwas erzählen. Blonde Frauen umschwärmen ihn wie Motten das Licht.

Im Kreuzfeuer böser Erdstrahlen

Seitdem es die Bibel gibt, wissen wir, daß der Glaube Berge versetzen kann. Das gilt ganz besonders in der Medizin. Jedem Arzt ist bekannt, daß der Patient den Heilerfolg wollen muß, um gesund werden zu können. Ärztliche Kunst allein, ohne den Glauben des Kranken an die Richtigkeit der Diagnose, ist zum Scheitern verurteilt. Die chromblitzende High-Tech-Klinik wird den freundlichen Onkel Doktor deshalb nie ganz und gar ersetzen können.

Etliche Krankheiten lassen sich sogar ausschließlich von innen heraus, nur durch den mobilisierten Willen des Patienten, bekämpfen und vertreiben. Von diesem Phänomen leben die sogenannten Wunderheiler. Das sind Leute mit der besonderen Begabung, sich in die jeweilige Psyche des Menschen im Behandlungsstuhl hineinversetzen zu können.

Mittels allerlei Zaubertricks, aber auch durch Mimik, Gestik und vor allem durch das gesprochene Wort, verstehen sie es, auf den Maladen so suggestiv einzuwirken, daß sich manch böses Zipperlein wieder wie von selbst verflüchtigt.

Ricardo ist von Beruf Kaufmann, und er besitzt ein Sägewerk. Sein eigentliches Talent liegt aber auf dem Gebiet des Wunderheilens. Ricardo hat sich dabei eine schwierige Spezialstrecke ausgesucht. Er bekämpft »äußerst gefährliche Erdstrahlen«, die den Körper eines Menschen befallen haben und dort beispielsweise Durchblutungsstörungen, Ziepen an der Bauchspeicheldrüse, Kopfweh, Atemnot, Ischiasbeschwerden, Asthma, einen Knoten in der weiblichen Brust, Neuralgie, allgemeines Unwohlsein, Kreuzschmerzen und Schlafwandeln hervorrufen. Er bekämpft all dies mit der einzigen wirksamen Waffe, die es seiner Meinung nach dagegen gibt, mit dem sogenannten Heilmagnetisieren.

Das wichtigste Arbeitszeug von Ricardo ist eine Wünschelrute. Mit ihrer Hilfe stöbert er die erdstrahlverseuchten Körperpartien auf. So, wie andere Wünschelrutengänger verborgene Wasseradern unterm Blumenbeet suchen. Es existiert sogar eine Theorie dazu, die der Freiherr von Reichenbach 1840 aufgestellt hat. Er sprach von der sogenannten Odstrahlung. Danach geht von jeder Materie eine spezifische Strahlung aus, die nur von besonders Strahlenfühligen, den Sensitiven, erfaßt (oder gerochen?) werden kann. Na ja ...

Womit wir bei der Behandlung wären, wie sie Ricardo praktiziert: Der Patient muß sich entkleiden und auf den Rücken legen. Dann stellt der Wunderheiler mit der Wünschelrute fest, welche Körperpartien von Erdstrahlen befallen sind. Anschließend bestreicht er diese mit einer Flüssigkeit und fährt mit seinen Händen in geringem Abstand zum Zwecke des Heilmagnetisierens darüber.

Die Kranken strömten in Scharen herbei. Doch vom Amtsgericht bekam Ricardo eine saftige Geldstrafe in Höhe von 7 000 DM wegen »vorsätzlicher Ausübung der Heilkunde ohne Erlaubnis nach dem Heilpraktikergesetz« aufgebrummt. Der Strahlenvertreiber, gar nicht dumm, beantragte beim

Landratsamt die Feststellung, daß er für seine Tätigkeit keine Genehmigung benötige.

Die Beamten dort waren aber anderer Meinung. Darüber hinaus verbot das Amt ihm jegliches Heilmagnetisieren. Es drohte für jeden Fall der Zuwiderhandlung ein Zwangsgeld in Höhe von 500 DM an. »Neidische Kleingeister«, dachte sich Ricardo und reichte Klage ein. Das Verfahren schleppte sich durch zwei Instanzen.

Dann fällte das Gericht einen trefflichen Spruch: »1. Wer berufs- und gewerbsmäßig Menschen von körperlichen Beschwerden durch sogenanntes Heilmagnetisieren zu befreien versucht, übt Heilkunde im Sinne des Heilpraktikergesetzes aus.«

Logisch. Aber weiter im Text: »2. Für den Erlaß eines Verwaltungsaktes, mit dem die Ausübung der Heilkunde ohne Erlaubnis untersagt wird, fehlt es im Heilpraktikergesetz an der erforderlichen gesetzlichen Grundlage.«

Mit anderen Worten: Ricardo benötigt zwar eine Genehmigung für das Heilmagnetisieren, aber das Landratsamt darf es ihm nicht verbieten, wenn er ohne Genehmigung praktiziert. Oder: Der Glaube an Erdstrahlen ist Aberglaube. Darauf drei Kreuze geschlagen und zweimal über die Schulter gespuckt!

Regenwürmer, lecker gebraten

Regenwürmer sind nette Tiere. Die zur Klasse der Wenigborster gehörenden Schlängerlinge lockern den Boden auf und sorgen so für einen besseren Luftaustausch. Diese Wesen sind in der Lage, nahezu alle Materialien zu fressen, mit Ausnahme von Kautschuk, Plastik, Glas und Metall. 20 Millionen Regenwürmer verwerten jeden Tag 80 Tonnen verbrauchtes Maschinenöl – 5 Gramm pro Regenwurm täglich.

Doch Regenwürmer haben kein leichtes Leben, denn nicht nur Angelfreunde stellen ihnen nach. Seit einiger Zeit werden sie in Japan, Kanada, in den USA, auf den Philippinen und auf Taiwan regelrecht gezüchtet, um dann Vieh- und Fischfutter beigemengt zu werden. Wissenschaftler haben nämlich festgestellt, daß Regenwürmer neben Aminosäuren zu 72 Prozent aus Eiweißen bestehen und damit über mehr Eiweiße verfügen als Fisch (69 Prozent) und Soja (45 Prozent). Damit könnten sie, so meinen manche Experten, bei der Lösung akuter Ernährungsprobleme gerade in den Entwicklungsländern Bedeutung gewinnen. Mittlerweile exportieren die Philippinen bereits Regenwürmer nach Japan. Japan ist gegenwärtig der weltgrößte Verbraucher von Regenwürmern bei der Lebensmittelproduktion. Ihre Verarbeitung ist sehr einfach. Nach dem Säubern und Trocknen werden sie zu Pulver zerrieben, das Brot, Biskuit und Makkaroni beigemengt wird.

Und von den Japanern lernen, heißt siegen lernen – dachte jedenfalls Oberleutnant Horstmar, Zugführer in einer Sanitätskompanie der Bundeswehr. Während einer Übung in der Grundausbildung machte er es sich mit seinen Rekruten am Lagerfeuer gemütlich und unterwies die Soldaten im Zubereiten von Regenwürmern. Der Erfolg der leckeren Mahlzeit war durchschlagend. Ein Soldat namens Benny mußte sich nach dem Genuß der eiweißhaltigen Speise übergeben, andere Kämpfer kämpften statt mit dem Feind mit dem Brechreiz.

Wenige Tage später erfuhr Soldat Benny, der immer noch mit kalkweißem Gesicht herumlief, daß im Rahmen des Ausbildungsprogrammes wiederum das Essen von Regenwürmern vorgesehen war. »Überleben und Durchschlagen« hieß das Thema der Dienstvorschrift, die beinhaltete, daß ein auf sich allein gestellter Soldat zum Überleben lernen muß, sich mit den jeweils verfügbaren Nahrungsmitteln selbst zu verpflegen.

Schnurstracks eilte Benny zu Hauptmann Fürchtegott, dem Kompaniechef, und flehte ihn um Erlösung von dem Übel an. Hauptmann Fürchtegott winkte ab. »Ich habe schon so manches Geschlängel gegessen, und es hat mir nicht geschadet. Ich komme nachher vorbei und werde auch einen leckeren Regenwurm verspeisen.«

Während der nun folgenden Ausbildung beschwor Soldat Benny Oberleutnant Horstmar beim Leben seiner Mutter, ihn von weiteren Kochkünsten zu verschonen. Vergeblich.

Oberleutnant Horstmar drohte dem mäkligen Rekruten disziplinare Schritte und Konsequenzen an. »Wir stehen schließlich erst am Anfang. Die wahre Kunst des Meisters erweist sich erst beim Zubereiten von Schnecken, Fröschen und Schlangen.«

Doch da wir in einem Rechtsstaat leben, hatte die Sache ein Nachspiel. Das Truppendienstgericht befand nämlich: »Indem Oberleutnant Horstmar seinen dienstwidrigen Befehl durchsetzte, hat er vorsätzlich die Pflichten zur Fürsorge für seine Untergebenen, zur Kameradschaft und zu achtungs- und vertrauenswürdigem Verhalten im dienstlichen Bereich verletzt. Hauptmann Fürchtegott verstieß vorsätzlich gegen seine Dienstaufsichtspflicht.«

Das Truppendienstgericht verurteilte den Oberleutnant und den Hauptmann jeweils zur Herabsetzung um einen Dienstgrad. Vielleicht hätte sonst für Soldat Benny demnächst ein appetitliches Schaben-Steak oder ein schmackhaftes Kartoffelkäferragout auf dem Speiseplan gestanden? Wissenschaftler haben nämlich inzwischen herausgefunden, daß sich mehr als 100 Insektenarten für die menschliche Ernährung eignen, weil sie wertvolle Proteine enthalten. Beispielsweise sollen Ameiseneier wie Kaviar schmecken. Guten Appetit!